U0935736

自我的挣扎

Karen Danielsen Horney

The Struggle of Self

〔美国〕卡伦·霍尼 著

贾 宁 译

译林出版社

目　录

导论——进化的道德　001

第一章　执着于荣誉　001

第二章　神经官能症患者的要求　028

第三章　“应该”下的强权　056

第四章　病态的自负　082

第五章　自恨与自卑　110

第六章　与自我脱离　163

第七章　减轻紧张的一般方法　190

第八章　夸张型的解决方法：控制一切　203

第九章　自谦型的解决方法：渴望爱　236

第十章　非正常的依赖性　268

第十一章　退缩：渴求自由　295

337　　第十二章　神经官能症患者的人际关系困扰
360　　第十三章　工作中的神经官能症困扰
391　　第十四章　精神分析治疗途径
433　　第十五章　有关神经官能症的理论

导论——进化的道德

在人性的发展中，神经官能症的产生形式是比较特别的，在这个过程中，人们的精力被浪费了，所以这个过程是不正常的。在某些特点方面，和正常的人性发展相比，神经官能症的过程存在一些与众不同之处，人们对它认识的范围要比实际情况狭窄很多。在很多方面，他的表现可能和正常人完全相反。当他处在顺境中的时候，实现自我潜能是他最要花费精力的地方，但在神经官能症的情况下，人们就会根据自己的喜好、能力、特别气质和生活中的情况而有所变化，他会变得更加强壮，或者反而变得懦弱；变得缺乏自信心或者自信过度；变得轻信他人或者谨小慎微；变得更加活泼或者更加镇静。一旦这些变化发生了，个人特别的天分就可以得到发展。然而，不管它向什么方向发展，人们天分的发展是这一切变化的根源。

由于内心压力的作用，一个人可能和自己的真我（真正的自我）永远脱离了,他的大部分精力都会用在怎样通过“内心的驱使”的力量，将自己打造成完美的形象。这是因为，任何事物都不能让他的理想化形象成为现实，不能让他为自己拥有的、能够拥有的，以及应该拥有的美好的品德而感到满意和骄傲，当然，那种比他想象中的完美还要彻底的完美是个例外。我在本书中对神经官能症的发展趋势进行了详细的论述，人们在病态方面的理论或者临床的研究兴趣，远远不如对神经官能症的兴趣浓厚。还有一个基本的道德问题需要我们进行讨论，这个问题与人们的欲望、动力和对完美的追求的宗教条款有关系。任何一名学者，只要他对人性的发展做过真正意义的研究，他就会相信，如果自负成为一种刺激性力量，那么就会有很多缺点因为自尊自大和追求完美的驱动力而产生。为了保证道德行为没有错误，就需要建立一个严格的内部控制体系。人们对这个内部控制体系的必要性和存在价值持有不同的见解，大家对此各抒己见。我们暂时认为，对于人类的自发性行为来说，这种“内部的驱使”确实能发挥一定的限制性作用，这也与一些宗教的说法相一致，那么我们就因此不需要为了追求至善至美、为了生活更加完美而努力了吗？如果真是这样，如果“内心的驱使”是不存在的，那么社会生活和人类道德是不是要面临困难，或者处于被摧毁的边缘了？

我并没有打算在这里讨论人们是怎样将这个问题提出来的，也不想讨论怎样去处理这个问题。我想说的是，想要回答这个问题，关键在于我们对人性信仰的“特点”是不同的。

从广义上来说，我们对人性的解释各不相同，能够解释道德问题的主要有三种观点。第一，有的人（比如，弗洛伊德等人）认为，人生来就是有罪的，或者认为原始的本能对人的行为起激励作用，他们是不可能放弃附带的限制和指控的。所以，道德规则目的的形成是非自发性的，在天然状态下也是可以由培养或者被压抑而形成的。

第二，有的人认为，不管人性是善还是恶，这都是天生的，这些人所认为的道德目的也必然是和众人不一致的，同时他们的观点一定会集中于相信“最终取得胜利的一定是人类生来就具有的美德”，比如，人们天生的良好道德因为忠诚、意志、理性或者悲悯而得到培养、引导和强化，这一点和伦理以及宗教的观点是相符的。作者将要在这里强调的，并非是制服或者对抗邪恶，而是从更加积极的角度指引人过上愉快的生活，也就是说，这其中存在一定的积极因素。不过，这些积极因素对人们的帮助有很大的依赖性，当然对理性和意志观念的指引也存在一定的依赖性，从它的本质来说，它的作用还是抵抗或者限制“内心的驱使”。

第三，如果我们相信促使人们实现自身潜力的进化动力是人类的遗传性，那么在道德方面，将出现和以上两种观点不相同的问题。这种信仰并不是说善良是人类的本质，因为它认为，之前对善与恶的认识程度是人们善良的最主要的前提条件，同时还说明，人们生来就本能地去努力实现自我，人们的价值观念也是从这些努力中建立起来的。我可以举一个明显的例子，人们不可能将自己的全部潜力都发挥出来，除非人们能够积极努力，认真地和他人沟通，并且能够做到严于律己。同时，如果人们陷入“无知的自我崇拜”（出自雪莱）中，或者认为自己的缺点是他人导致的，那么就一定会安于现状，不会进步。真正意义上的成长应该是为自己负责任，也为他人负责任的。

所以，我们收获了“进化的道德”，我们可以从下面这些问题看到人们需要放弃或者培养的道德标准：对于人类的成长和人性的发展来说，人们对待道德的特别态度所起到的作用是破坏性的，还是指引性的？这个答案和精神疾病所揭示的一样，人们本来是精力充沛的，但因为各种压力的作用，人们的精力变得缺乏建设性，甚至具有破坏性了。不过，只要我们仍然相信为了实现而努力的主观意识，我们就不需要使用“束身衣”来紧紧地绑缚我们自由的身体，我们也不需要让内部控制这根鞭子来限制自己的一言一行，同时我们也不需要做到最完美的程度。很明显，人性中一些不好的因素可以被这些严苛的规则清理干净，然而对人类的发展来说，这些规则也存在不利的一面。这种苛刻的规则是我们根本就不需要的，因为我们在应对那些人类成长之路上的破坏力时，有更好的方法，那就是在不断的成长过程中变得成熟，同时将不良的习惯改正，也只有真正地了解和认识了自己，人们才能做到摒弃邪恶、发展善良。当然，认识自己并不是目的，这只是人们发展成长的工具而已。我们可以从这里知道，对自己进行研究不但是一种基础性的道德责任，实际上也是基础性的道德权利，从成长的深度和广度来说，人们是非常期望了解自己的。

如果人们的心理疾病障碍被清理干净，人们就可以健康而自由地发展，进而才可能去关心和爱护他人。同时，年轻人也可以得到一个没有任何阻碍的发展机会。如果一个年纪不大的人在成长中遇到了困难，受到了挫折，那么年纪大的人就应该尽自己全部的努力去帮助他发现和实现自我。不管怎么样，无论是为自己，还是为了别人，人们的脑海中都应该有“实现自我理想”这件事。

本书将对心理障碍方面的问题进行详细的论述，我希望这对人们的身心健康发展是有益处的。

卡伦·霍尼

第一章　执着于荣誉

只要没有智商上的不足，一个小孩无论成长的环境如何，自然会学习如何待人接物，水到渠成地会拥有某种独有的技能。但是，并不是所有的能力都能够逼迫孩子们从学习中获得。一粒种子的生长潜力会在恰当的时候自然地表露出来。人们无法做到也不需要强势地让每一粒种子都能够成长为顶天立地的大树。同样的道理，人类当中的每个个体，也会在恰当的时候将自己的潜在能力展示出来，随后其本身的丰富技能得到发展进步：拓展本身的兴趣爱好使其愈发广博，也让情感能够更加丰富，思维想法愈发清晰明确，对于未实现的心愿愈加渴望。个人资源的开发要与增强巩固意志力同时进行，用自己所特有的形式来与其他人交流，自己的天赋或才能得到发挥。而所有的这些都可以让他们快速准确地找到自己的生活目标及价值观。简单地说，这些能够让他坚定不移地向着“自我实现”的目标前进。这便是我写这本书的目的所在。每个人的自我虽然千差万别，可每个人所特有的“真我”才是人类能够成长的本源[①]。这本书可以帮助你了解到人的关键内涵力量

① 其意义与后面提及的有关人性发展的意义都是与人类本性及天赋潜能对应的，自由与健康的发展。

是“真我”。

外界的力量无法开发潜能，唯有人类本身才能够做到。适当的环境是人类成长所必需的，它就像种子在条件成熟的情况下才会生根发芽一样。人们若要毫无顾虑地表明自己，就必须在一个友好并且温和的氛围下，这不仅能够使人们没有恐惧感，还可以让人们充分地感受到脱离桎梏的自由感觉与思想。友好与关爱是人类成长所必需的，在满足人们简单需求的同时还要引导鼓励他们实现自我价值。当然，他人的看法和意图也是我们应该思量的，而困苦能够让人们明白世上还有他人的存在，所以矛盾与阻碍在成长中是必不可少的。人们如果与真正的自我共同成长了，就能够在关心与冲突之中给予宽容和谅解。

生活中不利于小孩成长的因素数不胜数，这些因素让孩子的发展方向无法按自己的意愿来决定。表现最明显的一个因素就是，家长对孩子享有完全的控制权。家长们根据自己的情绪决定对待孩子的态度，不去了解理会孩子的想法与需求，而将自己的想法强加给孩子，更把孩子的纯真当作特殊的表现。有的父母对待孩子过分虚假造作，部分家长会对孩子不闻不问、放任自流，有的则过分严苛，还有的会吓唬孩子，更有甚者会对孩子粗鲁野蛮，有的则对孩子过度宠溺甚至是放纵孩子，而孩子多的则会偏向某一个，如此等等。

无益于孩子健康成长的因素不胜枚举。这些因素为孩子的成长之路设置了重重阻碍，关键是，这些因素往往不是单一的，而是多个共存的。这些因素将会对孩子的成长造成各种不利的影响。

其结果就是孩子们缺少团队精神与“归依感”，不但这样，这些因素还能够使孩子们产生缺乏安全感与莫名恐惧的心理反应。这种心理我们称为“基本焦虑”。在自己认为处于敌对的环境中时，会让人产生孤立无援的感觉，这种由基本焦虑所产生的压力，会令孩子们没有办法用真实的感情来自然地与他人交流，还会逼迫他们去找寻对付心理假想敌的方法。他们会在无意识中想方设法地以某种行得通的方式来对付这个假想敌，这种方式会缓解和释放他们累积在内心的基本焦虑，而不会唤醒或者增加内心的焦虑。小孩子当时所处的环境以及性格决定了这种无意识对策需要的特别态度。简单地说，小孩子会以争辩来抗拒，他会依仗于他周围最有权威、势力的人，会将他的内心封锁上，不与外界沟通，乃至冲动地疏远他人。这些行为在原理上象征着他会有选择地接近、抗拒或者疏远别人。

正常的人际交往中，除了亲近、疏远和抗拒这三种倾向，还需要一些其他的能力来维持正常的人际交往，如坚持己见的能力、情感上的需要与付出的能力、顺服听从于他人的能力等。但是，这些现象对一个因基本焦虑而自觉境况危险的孩子来说，则会表现得非常严重与极端。例如，一个心理处于焦虑恐慌的小孩子，如果他的某种行为获得了人们的好感，以后他就会依赖这种行为，并认为这种行为合理，进而发展为姑息放纵。同样，在特殊的情形下他的性格也会变得叛逆与淡漠寡情，他会不在意自己的真实感情以及不适当的态度。其态度的倔强与盲目是与内心潜伏的基本焦虑的强度成正比的。

在这些情况下小孩子可能会表现出上述的全部现象，而不仅仅表露其中一种。他们与别人的冲突由亲近、抗拒与疏远这三种行为融合为一种冲突，即他与别人的基本冲突。为了化解这种冲突，他们会及时调整并自己寻找方法，他们所选的方法理所当然地是他们自我感觉的强项，屈从、进攻或是冷漠处之的其中之一。

我们绝对不能以浅薄和表面上的东西为首要目的去解决"神经性冲突"。它不仅与待人的态度相关，甚至难免造成整个人格的部分变化，而它对未来的神经官能性疾病的发展过程所起到的是决定性的影响。从小孩子的主观倾向来说，他会有一些正常的需求，对事物的敏锐感觉以及克制自己的能力，还能够激发自己的道德价值观。比如，一个小孩子的性格柔和，那么他在群体中就容易依赖和顺从于他人，而且尽可能地为其他人考虑并且多做好事。相反，一个小孩子的性格极具攻击性，他的价值观则会倾向于他的身体强壮程度以及对抗能力方面。

但是，以后我们要讨论的神经性疾病的解决方法比起第一种解决方法，从总体功效上来说更加稳固而且全面。比如，有个女孩子，性格顺从倾向显著，她所表现出来的是盲目崇拜成功人士，并且会表露出她的开心与满意，但是会害怕表达其意愿与想经常帮助他人的打算。比如，她八岁的时候，悄悄地把一些她所喜爱的玩具丢在街上，想让那些贫困的孩子玩；十一岁，她天真地祈求神秘的引渡，幻想自己喜爱的老师处罚自己的场景；然而到了十八岁，其他的孩子设计报复老师时，她却参与其中。而在学校里，她一贯是寂寂无名的，有时又带头违反校规。如果教堂的牧师令她失望，她对宗教信仰就会由虔敬变为讥讽。

两点原因造成了“人格整体作用”涣散，一点是由于个人不成熟的人格，另一点是由于早期以将个人与其他人的关系单一化为主要目的来作为解决方法。所以，巩固人格的整体作用还是需要做的。

到目前为止，我们描述过的，绝对不是单一形式的人性发展。人性的发展过程与其结果千差万别，因为无论遭遇何种不适应的环境，都有不同的特点。通常，这样的发展会破坏一个人的“内在力”和“一贯性”，与此同时，轻易弥补此缺陷的迫切需求也产生了。并且我们可以将这些相互混杂的需求区分开来。

无论他多么努力去解决与别人发生的矛盾，哪怕很早他就这么做了,可他依然是人格分割不全的,还需要牢固精准的“人格统合”。他的大部分人格是无法发挥建设性作用的，因为种种理由，他真正的自信心已没有机会再发展，他的“内在力”被他的小心戒备、分立和“偏向发展”的初期解决方式消耗干净了。所以自信心是他所急需的，就算是替代品，他也愿意。

一个人的时候，他不会感觉到自己的软弱，却唯独感受到生活中比起别人来说，少了很多乐趣，不实际且没意义。而“归依感”能帮助他，假如他有了“归依感”的话，那不如他人的感觉，即便会形成阻碍，也并不严重。社会是充满竞争的，而他在这个社会中成长，从根源上说，就会感觉到孤独，且对他人抱有敌视态度，因此，为了提高自己超越他人，他只能发展一种迫切的需要。

以上这些要素建立的基础，就是开始脱离自我。不仅他的真自我发展受阻，由于要发展有计划的方法来对付他人的需要，导致他必须把自己的真实想法、意愿和感情全部都抹杀掉。当主要目的变成“安全”时，为了获得安全感他觉得其他的都不重要——包括思想感情，他的想法和感情实际上已经被压制得不能辨认。他的感情和意愿已经决定不了什么了，他从一个支配者沦为被支配者。总体来说，这种自我分割把他变得怯懦，增加了他的恐惧感，加剧了他的精神混乱。他是谁？身处何地？他自己也不清楚。

“脱离自我”的现象加剧了其他损害的严重程度，是一个最根本的原因。一个人如果沉溺于“自我生活中枢”，脱离不得，我们可以对所有可能发生的情况，大胆地假设猜想，也会让我们对上述的意义有更加准确的了解。这种病症会让病人产生某些矛盾心理，可是并不会让他们转侧不安。其自信心（就是词义本身，需要自我相信）会受损，而又不会全军覆没，与他人的交往中会有障碍，可在其心中依然与他们保持着关系。脱离自我的人普遍需要某种东西（这种东西是根本不存在的，也无法取代真我）能给予他们支持，也就是一种自我感，也就是“个体统一的感觉”。这种感觉给予他一种生活有意义、有权力的感觉，即使身体再虚弱，也不在乎，因为他觉得此刻的生活更有乐趣。

如果他仍然在一个安逸的环境中生活，“内在条件”没有变化，那么上面说的全部需要对他来说都没用，也许可以满足他所需要的只有一种方法，那就是“幻想”，它能够立刻使他的所有需求得到满足。幻想慢慢地又作为潜意识悄悄地在他的意识中孕育出自己的理想形象。想象中自己能力无与伦比——当然这是他自己赐予的，立刻成了英雄或者情圣甚至神灵。

自我吹嘘是自我理想化的必需品，它能给人凌驾于别人之上的优越感，让人觉得自己非常重要，谁都需要他。但这绝对不是盲目自傲，自我理想形象对任何人来说，都是由过去的遐想与独特经历，还有本身的需求与天赋勾勒出来的。假如设想的人格特性与现实不符，就不会感觉幻想与自身完美融合。解决“基本冲突”的方法在初始阶段就被他理想化了，用他独有的解决方法，比如，把顺从、攻击、冷漠美化为善良、领导力、独立、无所不能；把自己想象成英雄；觉得自己的爱是高尚伟大的，从而改正或遮蔽其本身明显的缺陷。

他的矛盾倾向将会转化成以下的某种方法。第一种，如对一个在爱情上喜欢占据主动的人来说，懦弱是可耻的，他理想的形象是内心温柔外表威猛的金甲武士。这种倾向也许在私下里为人们所赞赏，只有分析才能有些头绪。

第二种，为了不再形成障碍性的冲突，矛盾的目标除去被别人赞扬以外还会在意念中被人孤立。病人幻想着自己是拯救万民的救世主、与邪恶战斗的英雄，或者是一个看穿了一切的智者。这些都只是自我感觉的，是非矛盾且非冲突的方法。《化身博士》[①]的作者史蒂文森在他的著作中已经提过了。

第三种也是最后一种，矛盾冲突可能成为优化复杂人格的一

---

① 这本书是史蒂文森的经典之作，其中的主角杰科尔喝下了一种实验药剂，使得自己白天是仁慈的杰科尔医生，晚上变成邪恶的海德。在心理学中，杰科尔与海德是双重人格的典型代表。

部分，因为冲突的目标可能会晋升，从而成为实质的才华、能力。在别处（《我们内心的冲突》），我已经举过例子了，一个人很有天分，把他的顺从、攻击、遗世独立三种倾向转变为基督般的美德、宝贵的领导能力、哲学家一样的睿智。这三种基本冲突顿时就被美化且变得融洽。

其后果就是他不再暗自憧憬那些完美理想的形象，而是主动去效仿，悄然无声地完成了形象的转变，理想的形象变为理想自我。“真我”对他来说，远远没有这种理想自我来得真实；主要因为它能让他的种种迫切需求得以满足，而并非它的诱惑力有多大。这种重心转移是一种内在的过程，外在显示得并不明显可见。这些都是内在发生的变化，它是一种奇妙的进化过程，就发生在生活当中，这种变化自己能感觉到。它只在曾经不辨真我的人身上发生，而不会发生在爱尔兰小猎犬的身上。在这样的发展状态中，努力奔向“真我”才是正常过程，可是他现在为了“理想自我”抛弃了它。他的行动由理想自我所决定，他能做什么、该做什么，能否做到，理想自我成为衡量自我判断感知的一个量具，就像测量棒一样。

从多方面考虑，我的观点是把“自我理想化”叫作“广泛的心理疾病的解决方法”，即它不只可以用来解决个人的矛盾，也能使某一特定时间发生的内在需求得到满足。另外，它既能让人从过度的情感与苦痛（失落、焦虑、自卑还有精神分裂）中解脱，又能让人获得工作生活成就，而后者是自己的突破发展。很肯定的是，这样的解决方法被他发现后，为了自己宝贵的生命他会坚持的，用恰当的精神医学名词来称呼，就是会造成一种“强迫性”[①]。心理性疾病的症状中，因为在较为容易形成心理性疾病的环境中所养成的“强迫性需要”出现频率较高，所以自我理想化的出现频率也较高。

“自我理想化”的两大优点可以当作我们的出发点，来讨论早期人格发展的必然结果，与未来发展的开端。在发展的过程中，最合乎逻辑的步骤便是舍弃真自我，所以对于未来的发展，它的影响势必会非常深刻长远。因为“自我实现”的精力发生转移，开始朝着实现“理想自我”的方向发展，所以才会产生这种“变革性效果”。对于个人来说，这一重大改变贯穿了整个生活与人生发展。

很多具有塑造人格作用的转移方式都可以从本书中看到。它的作用是能够让自我理想化与个人的生活实现完美相融，避免在内在的过程中停滞不前。如果能够做到这一点，那个人就会渴望或者是被驱使着去表达自我，即希望展现出自己理想化的一面，并会用行动来证明这点。人们的思想行为和与他人的关系的界限再也不能制约他了。基于此，自我理想化会产生一种更加广泛的驱动力，我用一个能概括它的范畴与本质的名称将其命名为“探求荣誉”，其核心不变，还是自我理想化，其他的组成元素也存在一些，其强度和感觉上的差别是因人而异的，但共同点就是，完美达到目标的需求，心理疾病患者的志向与报复性成功的需求。

① “强迫性”的真正含义，需要等我们进一步了解这种解决问题的方法之后，再去讨论。

“需要完美”是实现“理想自我”的基础，把整个人格打造成理想的自我，正是它的目的，比如，萧伯纳笔下的皮格马利翁[①]。只是美化自己不是神经官能症患者的唯一目标，他要实现的终极目标是把自己塑造成理想中的圣人，这个过程中他凭借的是一种繁复的“应该与禁忌系统”。这一过程十分重要，又因其很复杂，所以留在本书的第三章再讨论。

神经官能症患者的“青云壮志”，是“探求荣誉”的组成元素里最显著的一个，这为他们提供了一种探寻外在成就的驱动力。这种探寻现实的优越表现的驱动力非常普遍，遍布于探寻所有事情的好坏表现之中。一般情况下，它有效地应用在特定时间，能轻易表现其优秀的事情上面。所有人一生中，这种抱负都是反复多变的。比如在学校里，有人认为不拿到第一名就是耻辱，是他们无法忍受的事情。随着年龄的逐渐增长，他会跟喜欢的女孩约会，对于这点他乐此不疲，还会为了想发财或者扬名政坛而感到困惑等。这些变化极易滋生自欺的现象。一个人在一段时期里决定做一个左右战局的英雄或者扬名体坛的健儿，也许在另一个阶段里，又决定做个最令人钦佩的圣人，随后他的壮志也许就消退了，也可能是他觉得残酷的战争与激烈的竞技并非他想要的。他只是还不知道，自己依然在探求荣誉的路上，只是偏离了方向。当然，个人也要分析在特定的时期自己为何改变方向。我为什么强调这些变化？因为，由此能发现一项事实：被青云壮志左右的人，通常

① 希腊神话中的塞浦路斯国王，擅长雕刻。他看不上世间的女子，用自己高超的手艺雕刻出了自己理想中的完美女子，并与之相恋。

对所为之事的内容不甚关心，而侧重于此事能否体现优越感。若不了解有这样一种不相关性，就无法理解许多变化。

人们很少关注特殊的“青云壮志”介意的范畴。对此特征我们列举如下，我是不是拥有决策权的领导，我是不是擅长与人交往，人们是否称呼我为音乐家或冒险家，在生活中我是不是一个不可或缺的人，所写作的书籍是否人人知晓，能否把自己打扮得大方得体，诸如此类的问题。可为什么要有壮志？这是根据个人渴望而定的。简单地说，它或者是在增添权力，如职位提升带来的管理权、宰相大臣的一人之下万人之上等，又或者增添了威望，如名誉提高、收获了更多的赞赏、别人的狂热崇拜等。

相对来说，在一切夸张性的驱动力中，这些“青云壮志”的驱动力是最为现实的。从下面所述的意义来说，这种说法是正确的。与此有关的人们把“优越感”定为最终目标，并把他们的实力倾注进去。这些驱动力大概来得也比较现实，幸运的是，这种驱动力的确能够让人获取他们渴望的名利和魅力。从另一角度看，拥有更多的金钱与名利，让他们被竹篮打水般追求所带来的冲击力震撼着。心灵的平静被打破了，心里的安全感与对于生活的情趣无法得到保证。内在的压力一如既往地包围着他，作为对荣誉幻想的弥补。这些结果发生在你我身上，是必然的趋势而绝不是“意外”。也许更准确的说法是，一切对“成功”的探求，都是不符合实际的，是虚假的。

我们所生活的社会，是一个竞争激烈的社会，所以对我们来说，上述的评论似乎说不过去。超越他人，让自己趋于完美化，这是我们所有人根深蒂固的思维，所以我们理所应当地把这种倾向当作天性使然。可实际上，在竞争的传统风俗下，人们的心理性疾病病症并未因探求成功的“强迫性驱动力”而减少，甚至对大部分人而言，在竞争的环境中，与其他人竞争而产生的优越感，远没有其他的价值观尤其是成熟的价值观重要。

而“探求荣誉”的最后一个元素——为了得到“报复性胜利”而产生的驱动力，远比其他元素的破坏性要大得多。也许它与“实际的成就与功名”的驱动力的关系是紧密的，但是让他人受辱或者向别人示威从而战胜征服他人，或是为了权力而借此达到高高在上的地位，或是把那些受侮辱人的痛苦当作自己的快乐，才是它真正的目的。另外，获得优越感的驱动力，也可能是幻想，在人际关系上也会自然地变出“报复性胜利”的需要，从而引发人们产生机关算尽、挫败和战胜他人等冲动，这些冲动是无法控制且无意识的。因为这种驱动力是人们为了一雪小时候耻辱的报复冲动，所以我们把这种驱动力叫作“报复性驱动力”，在“心理性疾病的发展”的末期，此冲动会明显增强。可能是为了让“报复的胜利”的需求成为“探求荣誉”的因素，导致了此种冲动的增强。这种驱动力的强度几何？人们对它的“知觉”多少？差异是十分巨大的。大部分人对于这种需求，只当作短期的了解认识；有时候它会成为主要动机隐含在生活当中，偶尔它会公开出现。在人类的近代史上，希特勒就是个典型的例子，因为他曾有过耻辱的经历，所以他幻想着战胜所有人，并将生命倾注于此。这个例子中，我们轻易地理解到那种需求在不断增加的恶性循环，有种就是他唯独关注“胜利”或“失败”,所发展出来的恶性循环。由于害怕失败，所以他决心在下次的战争中必须胜利，他的狂妄自傲会随着每次胜利而增加，对于那些不赞同他的人或者国家，他的自傲感都让他对其容忍不下。

与此雷同的故事或病例还有很多，我们从现代的作品中选出一例——《目视火车驶过的人》。书中的主人公是个正直的执业者，家庭生活及工作杂事一直困扰着他。显然他除了恪尽职守外，也没有其他办法。有一天，他发现公司破产的真相，那就是老板利用了欺诈的手段，他的价值标准一下子崩塌了。那些拥有一切的上位者与像他一样安分守己的卑贱者之间的差距原来是人为的，如今已经彻底消失了。他突然意识到,原来我也可以变得“伟大”和“自由”,也能有一个像老板太太那样迷人的女主人。这一刻，他自负到了离谱的地步，所以当老板太太拒绝他的亲近时，他起了杀心，杀死了她。当警察全力要逮捕他时，虽然他有时也会感到害怕，但击败警察取得胜利，却是他的主要动机，这甚至激发他产生了自杀的念头。

“胜利性报复”之驱动力，可能只在相当“疯狂的壮志”中才会明显一点儿，因为其本身拥有破坏性，在荣誉的探求中是最为隐秘的，通常都是隐藏在暗处的。分析中我们发现，这种驱动力就是,凭借凌驾于他人之上来取得击败或者侮辱他人的需求。对“优越”来说，消除更加具有破坏性的“强迫性”，是否这种需求就没有害处？这样的话，人们可以按需而行，然后会自认为所做皆为正当。

“探求荣誉”倾向的特点是必须要彻底分析的一种独特集合体，了解它很重要。可对于这些倾向的本质，还有它所引发的剧烈影响，我们都不甚了解；我们要想对其他点进行进一步的研究，只能把它看成“连贯实体”的一部分。而首位把它看成“可理解的想象”的精神分析学家是阿尔弗雷德·阿德勒，指明了它对于神经官能症疾病所具有的意义十分重大。

已经有各类的事实证明，对荣誉的探求是一种“可理解的”与“连贯的实体”。首先，一个人身上常常会同时发生上述的多种个人倾向。固然占优势的可能是其中一种元素，所以我们称赞他有梦想、有抱负，但这种说法并不准确。不过，这不意味着元素间会此消彼长，单一元素凸显其他元素就得贫乏，这种有抱负的人必然会有他自我的崇高形象，而有梦想的人，对获得实际的霸权也是很渴望的，当后者的自负与他人的成就冲突时才会明显化[①]。

其次，与这种问题有关的全部个人倾向，相互关系也很密切。所以，人的一生中，占优势的倾向是不固定的，常常会有所改变。动人的白日梦会被他当成主人或完美的缔造者，随后变成恒久、伟大的爱人。

最后，那些倾向有两种特性是相同的，我们要了解这种特性，可从整个现象与影响着手，就是“幻想性”与“强迫性”。虽然上

---

① 与较占优势的倾向相比，个人的人格或者个性常表现得与前者不一致，因而，这些倾向被大多数人武断地当作了独立的实体。在弗洛伊德看来，相似的这类现象就是分立的“本能驱动力”，而且，在其来源和特性中，都具有个别现象。当我首次意图把神经官能症中的“强迫性驱动力”列举出来时，我发现，这些驱动力同样也是种分立的“神经官能症倾向”。

面对这两种特性略有提及，但是有必要更加全面且扼要地阐明。

“强迫性”源自“自我理想化”（这种发展的结果就是整个探求荣誉的过程），是种“神经官能症的解决方法”。神经官能症结构的内在需要，我们把它称为“强迫性”的驱动力，意在表明它没有遵循自然的愿望与奋斗，是违背“真我”的。一个人为了免于身陷焦虑，避免被负罪感压垮，避免冲突带来伤害，又或者遭到拒绝等，所以他必定会对真实的愿望、兴趣或者感情不加顾及，死守着它们。换种说法，“自然的”跟“强迫的”差异就是前者是“我想要……”而后者是“为了免于危险，我必须……”他“想要”实现的“青云壮志”与“完美的标准”已经被他察觉到了，可实际上，他是“被驱使”着得到它们。他陷入“荣誉的需求”的掌握当中。因为“想要”跟“被驱使”的不同之处不被他所知，所以我们要建立一个标准，用以区分它们。其中最为明显的是——他被驱使着求取荣誉，无视自己本身与自己的兴趣。举一个例子，有个十岁的女孩，因为对班级上第一名的位置太过在意，用功到几乎双目失明。我们有充足的理由相信，有没有更多人的时间，是为了寻求荣誉之外的理由而被浪费的，不管这些理由是真的还是虚假的。约翰·加百利·博克曼临去世前，对于自己是否能，或是有必要达成天职产生了疑惑，参演这一幕的，有一个真实的“悲剧元素”。假如为自己以及多数正常人内心所认可的价值而牺牲自己，是十分有意义的，虽然这也许会很痛苦。如果荣誉的幻想，让我们莫名其妙地沉浸其中，并且造成了生命时间的流逝，那是一种悲哀的浪费——生命蕴含的价值越高，代价就越高昂。

“不辨善恶”，是探求荣誉的驱动力的强迫性与其他强迫性的驱动力共同的标准。如果一个人认为实际的兴趣在探求中无足轻重，那他不管怎样也要吸引目光，让自己成为人们关注的中心，让自己成为一个最有魅力的人、最有创造力的人（无论情况需要与否）。总之，他为了能独占鳌头，无所不用其极。他对真理视而不见，而每一次争辩都必须要最终获胜，他的这种见解恰好与苏格拉底“……毫无疑问，我们现在的辩论并不是为了胜利，而应该是为了真理”的观点背道而驰。神经官能症患者藐视真理，因为他那种盲目探求“霸权”的“强迫性”不管是否有关自己、他人或者事实真相，他都选择藐视。

“荣誉的探求”具有与其他的强迫性驱动力一样的特性，即为“贪欲”，这种贪欲会发生在有不自觉的力量驱策他的情况下。也许工作上取得的成就，或者受到了赞誉与慰勉让他有些得意忘形，但这种心情不会长久，转瞬即逝。基本上来说，他的第一次作为都以失败告终，或许至少能让他对以后的失败与恐惧有个心理准备。不管怎样，对于权力、女人、金钱以及胜利的要求，都是多多益善的，永远得不到满足，也没有尽头。

此外，从驱动力遭受挫折之后所表现的反应中，我们可以发现驱动力的强迫性。其达成目标的推进力随着主观的重要性而改变，重要性越大所需推进力也越大，而“对挫折的反应”也就越强，我们用这种方法来测定驱动力的强度。虽然这了解起来不易，但最有力的驱动力的确是荣誉的探求。他像被魔鬼附体了一样，自己创造了个体，又把它吞噬了，如同一个怪物一样，所以，受挫后有很强烈的反应，也是必然趋势，其反应可以表现在对死亡和屈辱的恐惧中。对多数人来说，这种恐惧都意味着失败。在认为自己失败后，惊慌、忧郁、失望的反应油然而生，十分情绪化，对自己以及他人发火的反应都是不足为奇的，而从实际的重要性上来说，这些与造成它们的原因相比较，根本微不足道。恐高的心理，通常表现为从幻想中的高处往下坠落的恐惧感，当他怀疑自己建立的优越自信心的时候，这种恐惧的感觉就会随之而来。梦里他站在山顶的最高处，随时有失足跌落的危险，并且正在艰难地顺着山势攀爬。他会说“我现在的首要任务就是把握生活中的分分秒秒，因为我已经无法超越现状了”。他会在谈话中有意识地彰显社会地位，“我无法超越现状”从更深一层的意义上来说，这只是他的自我错觉。在他的信念里自己已经如同神一样无所不能了，这要如何去超越？

“想象”是探求荣誉的全部元素的第二种固有特性，在这些元素当中,它所扮演的角色是十分重要且独特的。它是“自我理想化”的过程中必不可少的。这个因素非常重要，所以整个荣誉的探求肯定会充溢着幻想的元素。一个人不论现实的成就让他怎样骄傲，又是怎样与胜利、成功和完美更近一步，“想象”肯定如影随形，并且会误导他把幻想当作真实的。人对其他的事物会情不自禁地去完全相信,却几乎无法面对真实的自己。一个旅客行走在沙漠中，感觉又渴又累，当他发现了海市蜃楼时，将会不遗余力地向它迈进，而这座海市蜃楼就是“想象”本身的产物，可以消除他的忧虑。

“想象”实际上也会影响到正常人的精神和智力：当别人的喜

悦与悲伤被我们所感受到的时候，就会想象着某天在自己身上发生;“想象”会在我们盼望、希望、害怕、确信或者别有所求的时候，把可能的结果告知我们。“想象”有时有益，有时又是无益的。像它在梦中的作用一样，能让我们与“自我的真相”更近或离“真我”更远。我们的实际经历也会受到“想象”的影响，变得更加丰富或贫乏，这里的差别可以大略地用来区分“神经官能症的”想象与“正常的”想象。

神经官能症患者策划的大计谋，或他们“自夸”且“要求”的幻想，当我们对这些反复思量的时候，就更能确信他们的“想象力”比常人丰富。因此我们很容易就走上歧途了，这种观点并不是我个人的经历。在神经官能症患者之间这种想象力有所差异，就像正常人之间也存在不同一样，但是神经官能症患者的想象力是不是天生就比其他人的丰富，这一点我无法证实。

虽然此观点的观察方法是正确的，但所得到的结论却是不对的。在神经官能症患者中，“想象”扮演的角色确实很重要，但是这其中的差别是机能性元素的差别，并非性质元素的差别。“想象”时常发生，这点神经官能症患者与正常人一样，但此种想象满足了“神经官能症的需要”，这是常人所不具有的。在荣誉探求的事例上，这点表现得更加明显，就跟我们所知道的一样，此种探求被“权利的需求”的震撼力推动着。将事实作“想象性的扭曲”，在精神医学文献中称作“如愿想法”，尽管这一术语目前已建立，但还是不正确。它太过狭隘，一个术语正确与否，主要看它是否蕴含“思想”，还要看它是否有“期望的”观察、信仰、感觉，这尤为重要。另外，它不是一种感觉或者想法能被我们的“愿望”所决定，而是取决于我们的“需要”。这些需要拥有的冲击力，既能让“想象”更加丰富（非建设性），又能让其在神经官能症中拥有权势与固性。

在探求荣誉中，白日梦可以准确直接地诠释“想象”所扮演的角色。十几岁的小孩会有坦率而高尚的品格的幻想；一个大学生尽管觉得羞涩和退缩，但他却幻想着自己会成为体育健将、天才或唐璜。它不会随着年龄的增大而改变，比如，包法利夫人，她几乎一直沉浸在浪漫爱情的体验中，以及难以想象的完美与神秘圣洁的梦里。有时这些梦让人羞赧或是难忘，甚至流露于荒诞的交谈中。有的人情况则要复杂得多，为了对付屈辱或者是高尚的痛楚，他们会利用不得已遭受的残酷和沉沦。一般情况下，白日梦并不是一个巧妙的故事，而是伴随着日常事宜的幻想而来。当一个女人做一些行为的时候会认为自己如同在电影里一样，当她照顾小孩的时候会觉得自己是个温柔的母亲，当她弹钢琴的时候会觉得自己是个痴狂的钢琴家，当她梳头的时候则会认为自己是个迷人的明星。某些病例中，一些人白日梦的倾向十分显著，导致像沃特·米迪一样，在两个不同的世界中长时间生活着。另外，有的人在荣誉的探求中缺乏白日梦，或是做得有残缺，于是他们会主观地说自己没有幻想的生活,并且态度非常诚恳。他们是错的，这点不用多说。如果他们对于以后到来的灾患充满忧愁，那也是由他们对这种意外的想象引发的。

“想象”最有害的后果并非白日梦，尽管它十分重要且明显，但一个人对于自己在做白日梦大多是清楚的。也就是说，对于那些不曾发生或者不可能发生的事情，他能假借着幻想去体验一番。起码了解白日梦的存在与不真实对他来说并不难。对比来说，把事实精巧且宽泛地歪曲，然后固执地觉得必须继续扩大过去的成果,这才是“想象”的有害结果。激励他不懈奋斗的是“虚假的事实”，同时，还要把自己的需求变成美德或更正当的期许，以便于实现理想与自我。在实际行动中，他必须表现出诚实与体贴。所以，论文中的独到见解使他成了伟大的学者，他的潜能变成了实际的成就。“正确”的道德价值，让他成了良善的人，乃至一个是非分明的天才。自然，为了不使阻碍这一事实的反证出现，他必须要为自己的想象作额外的努力。

神经官能症患者一贯的信仰也是可以被“想象”改变的。他需要确信他人的善与恶，而后，就把人们分为了善人和恶徒两个行列。人的感情也是可以被想象改变的，他需要觉得自己不被伤害，于是他的“想象”便会充满能量，去消除痛苦与劫难。他需要丰富的情感，包括坚定的信念、对弱小的恻隐之心、痛苦的感觉、浪漫的爱情，于是他就会真切地表露出痛苦感、同情心及其他的情感。

“想象”在探求荣誉中会引发内在或者外在实际的扭曲，了解到这一点之后，我们碰到了一个难题：神经官能症患者“想象”的跨越度到底有多大？他终归还是有真实感觉存在的，并未全部失去，而精神病患者与他有何不同，二者的界限在哪里？假如想象的表现真的有某种界限，那它也是不可辨识的。精神病患者容易把自己的心路历程非常轻率地当作唯一的事实，这点是我们唯一能说的，而神经官能症患者不管原因如何，始终关心的是外在世界及他在其中所处的位置，所以他的定向力[①]还比较完善。虽然他们看上去生活得很正常，并无明显的障碍，但是，他们翱翔在“想象”天空中的高度是无穷无尽的。在探索荣誉中，“想象”进入了“空想”和“无限机遇”的国度里，实际上就是一个最为明显的特征。

寻求“荣誉”的所有驱动力都拥有一个同样的特点：探寻外在的东西，而且要凌驾于人类天生拥有的知识、智慧、品德、权势之上，他们的目的是“无可置疑的”“不受限制的”与“无穷无尽的”。被“探求荣誉”的驱动力困扰着的神经官能症患者，不会为绝对的勇气、绝对的成功、绝对的神圣以外的任何东西分心。所以他与虔诚的教徒对比，不同处十分鲜明。虔诚的教徒认为，唯有上帝是全能的；而神经官能症患者的观点是：我才是全能的。他对此观点的信念非常诡秘，除此之外，他的论据也应当是完全可靠的，他应当拥有完美无缺的先见，他理当是全知全能的。于是，“魔鬼协定”出现了，并且贯穿全书。有一个很典型的神经官能症患者弗罗斯特，他虽然很满足于“广知”，但是自认为必须对一切都要知晓。

探求荣誉的驱动力背后藏匿的需要力让其沉迷于探求“无限”。这些都非常急迫地需要“绝对”和“终极”，来打破阻挠我们想象脱离现实的禁制。人既要有对所有机遇的幻想和对无限空间的展望，还要完全地理解对人的局限性、必要性以及存在性表现的具

---

① 因为各种复杂的原因，所以造成了这种差异，但是，这些原因很有探究的价值。其中有一点原因最重要，那就是：是否像精神病患者那样，从根本上舍弃真我，同时，更加彻底地向“理想化自我”转变。

体事实，才能如愿以偿地过上理想的生活。如果一个人在幻想机遇以及展望无限的空间上倾注了全部的思想感情，那么对现有具体事物和对目前所处环境他不会有任何感觉，也就是他没有了在这个世界上生活的能力。对于自身的全部需求及任何“人类的缺陷”，他已无法容忍。他不知道何为成就事业所必备的基本要素，乃至在头脑中妄想把每种不可能变为事实，人们无法理解他那过度抽象化的思维。“残酷性的知识”成为他的见识,人类因它而“自我”的浪费，这像极了建造金字塔的浪费行为。他觉得人性是个捉摸不定的东西,因此变得敏感多变,且对别人的感觉会消亡殆尽。另外，如果一个人看待事物的眼光始终是狭隘的，而不能超越现实存在的事物局限，那他的胸怀将变得狭隘且会感到自卑。对于人性的正常发展来说，这两方面的问题都十分重要，解决其中一个问题,并不是就可以高枕无忧了,这两方面的问题必须同时处理。人们对有限空间、全部法律及必需品的浅薄认识，似乎形成了一种禁制，保护人们不会被拉入无限的幻想中，免于一直“在机遇中挣扎”[①]。

在探求荣誉上，对“想象”的禁制会有不好的效果。这不表示对需求无法理解，而且要加以恪守。在神经官能症的发展中，未来会产生发展趋势，这种趋势很特别，它让绝大多数人认为想要更安全一点儿的话，最好对自己的生活加以限制；他们认为“迷失于幻想中”的可能是危险的，必须要逃避开来。所有他们看来属

① 我在这个哲学性的讨论中，基本上都是采用《绝症》一书的观点，此书的作者是丹麦大思想家祁克果。

于幻想的事情都不在他们的考虑范围之内，对抽象思考充满了厌恶，对那些可触摸、看得见、实际存在或直接有用的事物会过分急躁地依赖。虽然对所偏向的事物彼此立场不相同，但是基本上来说，哪个神经官能症患者也不愿承认“自己所期望的以及有信心能获得”的那种能力存在局限。对于实现理想，他的需要是非常强烈的，所以对于全部“禁制”他都必须要予以摒弃，且要把它当作微不足道或者莫须有的东西。

他越是被荒谬的想象约束着，越可能对所有真实存在的、有限的、现实的或者是终极的事物感到惶恐。因为如此，他的倾向是，憎恨有限的时间，憎恨真实的金钱，憎恨代表终了的死亡。对于明确的梦想和观点，他也深恶痛绝，所以他不会轻易作出任何承诺或决定。对上述的观点，我可以举例说明：有个渴望伴随月光翩翩起舞的病人，跳舞时周身散发着令人目眩的神秘光芒，好似在磷火中欢悦。当镜子摆在她面前时,恐惧感会不由自主地阵阵袭来。并非镜中的她丑陋无比，而是她被镜子拉回到了现实，她模糊地感觉到，她实际存在着，而且保留着原来的特定形状。这样，她会感觉自己像一只鸟儿，只是双翅已被钉死在木板之上，这种感觉产生在她心里时，想要挣脱束缚、打碎镜子的冲动便会不由自主地产生在其脑海中了。

病患的发展虽然并不一定是这样趋于极端，可每个神经官能症患者（即便看上去是个正常人）产生错觉时，对于用事实证明来加以禁止这点，并非他们所愿。主要是因为，他们会因为制止而崩溃。对于身外的法律和规章，每个人态度反应各有不同，但是，对于自我制定的法律，他通常倾向于否定态度，对于造成精神问题的原因与反应的必然性，或去探究某些息息相关的因素彼此之间的必然性，他都敬谢不敏。

对于那些他不想了解的事实，他有源源不断的方法来不加理会。有的时候对于某些事情，他会忘记，而造成他忘记的原因是，这些事情本来就是可有可无的，是意外，是环境所造成的，或者是别人惹恼了他；对于“自然发生的”的这些事情，他只能表示无能为力。他不会似奸商般为了利益绞尽脑汁，他相信自己，作出对自身最有利的选择来显现出别人的无知。堂而皇之地对抗现实，而自己却不为此感动的人，我从没见过，就像哈维说的：“我与现实奋战二十年，终于战胜了它。”再引一段病人的老话：“要不是现实，我永远是正确的。”

探求荣誉与常人奋斗之间的差异非常清楚明显。它们表面上相似，只是程度上有差异罢了。如此说来，神经官能症患者只是比较有抱负，比起正常人来说，对威信、权势或成功更加关心，比起别人的道德标准，他的似乎更高更牢固；他们似乎更加自负，认为自己的重要性要高于他人，仅此而已。可实际上没人敢画线而分地说道：“这条线代表正常人的结束，是神经官能症患者的开始。”

神经官能症患者的驱动力与正常人的努力奋斗间有很多相似之处，它们的来源在特殊的人类潜能中相同。因为开发使用自身的智力，人类有了超越自我的能力，相比于动物，大脑可以被人类用来想象和设计。人类能在很多方面使自己的能力慢慢得到扩充，正如历史所展示的那样，人类所表现的正是如此。此说法对于个人生活来说是确切的。人类无法圈定一个人的生活、创造力、发展能力和道德等这些界限。这些事实被人们考虑之后，对它的界限无法确定，所以目标定得容易有偏差，过高或过低，这些事情似乎无法避免。“探求荣誉”能够发展的必要基础就是这种现实存在的不确定性。

神经官能症患者的驱动力与正常人的努力奋斗之间的不同因素也很多，根本差别主要是它们各自拥有不同的推动力。人类的天性和发展天赋的潜能是常人努力奋斗的根源。我们理论与治疗上仰赖的信条已经变成“相信自然成长的冲动”。

我曾经在介绍《我们内心的冲突》时说到过：于我个人而言，人类具有发展潜能的能力与欲望是一定的。……同时请参考库特·戈德斯坦所著《人性》一书。但他并没把“实现自我”和“实现理想化的自我”区分开来，而对于人类来说，这种差异非常重要。纵然是不断出现新的经验，可是这种信仰认识的影响力依然没有消减，唯一改变的是，把这种信仰利用更详尽的体系来阐明。此刻，我坚定地认为:“真我的活力”鞭策着个人向“理想化的自我”前进。对此，在本书第一页我已有所表述。

此外，最基本的一点差异就是，荣誉的探求源自“为实现理想自我的需要”，它衍生了其他的所有差异。“自我理想化”拥有强迫性，且本来就是解决神经官能症的方法，导致它衍生出的所有驱动力都是强迫性的需求。当神经官能症患者不得不依赖他的错觉时，对“有限性”就无法了解，将会陷入“无限”寻觅荣誉的探求中。因为取得荣誉是他的首要目的，因此，他对学习、做事过程或者“按部就班”的探求经过提不起丝毫兴趣，而且还倾向于蔑视这些过程。他想要站在高山之巅却又嫌爬山累，所以对成长进化真正的意义他根本不懂，虽然它们也会被他所谈及。最终，唯有放弃“真我”才有可能创造出理想化的自我，所以把事实更加歪曲，再加上“想象”的作用（想象是实现理想自我的最忠实仆人），方能实现理想化的自我。因此，人性的发展过程中，他或多或少地会失去对事实的关注和兴趣，同时对辨别真假的感觉也会失去，从别的方面来说，这的确是一种损失，而这也恰恰诠释了他为何区分不出存在于自己或者他人之间的真实感情、信念、奋斗及相似情感的替代品（潜意识的伪装），同时着重点由“实质”转移到了“外表”。

因此，正常人的奋斗与神经官能症患者所具有的驱动力，二者在探求荣誉的过程中的区别在于，前者是“自发性”，有限地持认可态度，是进化的感觉，是实质的，是真实不虚幻的；而后者则相反，为“强迫性”，否认有限，只专注于荣誉结果的幻想，是外表上的，是幻想而不真实的。由上述比较可知，正常人不可能专心致志地去实现真我，而神经官能症患者不可能完全被驱策从而去实现理想的自我，此即为二者间的差异。“实现真我的”这种倾向，神经官能症患者也会有，假如这种奋斗倾向患者从未有过，那在治疗上对于病人的人性发展，我们将无计可施。正常人与神经官能症患者这方面的差异虽然只是程度上的，但在真实的奋斗与强迫性的驱动力（表面上有相似之处）之间的差异，却不是量上而是特质上的差异[1]。

我认为“魔鬼协定”这个故事中观念化的内容，是对因为探索荣誉而引发的神经官能症过程的最恰当比喻。一些被精神或物质烦恼困扰的人，是魔鬼所觊觎的对象，魔鬼用能给予他们无限的权势来引诱他们，但要得到这些权势，就必须要出卖自己的灵魂或者下地狱。精神内涵丰厚或贫乏的任何人,都可面对此种诱惑力，因为它代表了两种愿望:渴望“无限”从而引发出摆脱烦恼的方法。在宗教中，人类最伟大的精神导师——佛陀和基督对于此种诱惑都有过亲身经历，但是他们有非常稳固的“自我”的基础，能辨明诱惑且可以把这种诱惑拒之门外。另外，“魔鬼协定”上约定的条件，对在神经官能症发展的过程中所应付出的代价说得淋漓尽致；从象征性的词语来说，想从近路通往无限荣誉，那就肯定会走上通往“自闭”和“自我折磨”的炼狱的道路。假如一个人真的从这条路上走，最终他肯定会灵魂不保，即失去真我。

① 在本书中，我所常提到的神经官能症患者，是指那些神经性的驱动力战胜了正常人的奋斗力的人。

第二章　神经官能症患者的要求

神经官能症患者在探求荣誉的途中，已经在充盈着幻想与无限机遇的国度里迷失了自己。至少从表面看，他也许生活得很正常，与他周围的家人或其他人一样，正常工作或参加娱乐活动。对于自己生活处在隐秘与公开两个世界中这点，他并不了解，至少他不了解其中的程度。他无法统筹兼顾这两种水火不容的生活，重复上章引用的病人的话："生活很可怕，因为太现实！"

"现实"早已强势地把神经官能症患者分为两份，尽管他非常不愿意面对现实来反思自己；或许他天赋异禀，但从本质上讲，他依然有一般人的缺陷并且在人生的路途上也会遭受很多人所遇到的困难。对他来说，一个小时也只不过是六十分钟，不多不少，别人要排队等出租车他也不能例外，老板对他也不会另眼相看。

病人所回想起的孩童时代的小事情，可作为一个人感受到的轻视和侮辱的象征。比如，有个爱做白日梦的小女孩，三岁左右，总想象着自己变成了一个如童话里般漂亮的女王。一次，偶遇一位相熟的老伯对她打趣道："呀！小脸蛋好丑！"当时的羞愤和无奈她一辈子都记得。像这种人大概经常会被疑惑、痛苦和矛盾所困扰。她该做什么？她该怎样表达自己的感受？说出来能有什么影响？又或者如何消除它们呢？假如她觉得非常有必要增加自己的权力，却对自己的无能为力而苦恼时，那么这个世界有问题将成为她的托词。所以她不去思考解决自己的错觉，而提出了对外界的要求，她有权按自己的意志，让自身的命运被青睐。享受更好的待遇是她的权利，对于她的错觉，人人需要迎合，如果不这样的话，她就会认为所有的这些都没有公平可言。

自己应该被别人照顾、尊重和体贴，这是神经官能症患者常有的感觉。所需“尊重”的囊括面很大，有时会有明显的表现。但这仅仅是那些更加广泛要求中的主要部分，即人们应该满足和尊重他们因忌讳、恐惧或者矛盾及解决方法而有的需求，或者适当的为人敬重。另外，不论他们想什么、做什么，总感觉无论如何都应该有好的结果。对他来说，精神疗法实际上已经起了作用。因此他觉得自己没有必要去做什么或者改变什么。何况解决问题与他没有任何的关系，别人不应该去影响他的生活。

发现这些神经官能症患者隐藏要求的首位现代分析家是德国的精神分析家哈罗德·舒尔茨-亨克。他把它叫作“巨型需求”，认为它在神经官能症患者中起很大的作用。当我反复推敲他提出的重要性意见时，个人观点与他有很多的分歧。“巨型需求”这个术语我认为不恰当。容易让人误解，因为病人所提的要求已与要求本身的内容相去甚远。很多的例子里这些要求不仅过分而且是不切实际的，可在一些个例中又显得非常合理。人们普遍关注要求的内容是否过分，假如把关心的重点单独集中在这一点上，那么人们很难认识自己或者周围理性的人。

举例说明，一个商人对火车没按他方便的时间发车而愤恨不平。他有个性格对得失淡然的朋友，说这个商人的要求太苛刻了。商人认为这位朋友不理解他，所以对他恶语相向。因为对于忙碌的他来说，想让火车能在可知的时间段准时开动，并不是一个过分的要求。

的确，他的要求并不过分，谁都希望火车能按自己方便的时刻表来运行。可我们实际上无权干涉火车的运行时间。这让我们发现了一个重要的现象：当一个人合理的愿望或需求变为一种要求的时候,而事实没有理会这种“要求”,会让人感觉受到挫折或者打击。这样，我们就有权对此表示愤怒。

要求与需求的差别是很明显的。可其现状若是被心里潜藏的情绪改变了的话，那么此差别神经官能症患者不仅不了解，甚至对此逃避。诚然，他嘴上所说的愿望，非常合理且不过分，可实际上是他内心的某种要求，对于那些未必属于他的东西，他的明确思想让其认为自己有权享受。比如，某些病人生气的原因是一天多次缴纳停车费，当然我们可以理解这种浑水摸鱼的期盼，可事实上停车场是他们无权免费使用的。不是他们不懂法律才会有这种想法，是因为他们对别人蒙混过关而自己不行感到不平。

神经官能症患者的“需要”一步步演变成了无理的要求，其无理处在于所假设的权利和资格并不是真实存在的。换句话说，把神经官能症患者的需要当作要求，这种看法本身就是过度需求的特殊内容，它们的细节差异由神经官能症患者的需要决定。一般情况下，病人感觉对自己来说重要的东西自己都有权得到，也就希望全部特殊神经官能症的需要得到满足。

当我们说起一个需要较多的人时，首先想到的通常是他的需求是什么？的确，人性的关系对神经官能症的要求起主导作用。如果我们有控制他的要求的想法，那就把他要求的范围低估了，它们正被引导为人造习惯乃至超越了它，参与到生活中。

单说人性的关系，一个病人的行为举止猥琐胆怯，但其内心所提要求也许是全面的。他之所以苦恼于普遍的惰性在于自身在智力上得不到开发，因为他们没有从根本上理解这种要求，他会说："这个世界应该帮助我的，我不应该被这些问题困扰。"

一个不敢去怀疑自己的女人，其拥有要求与上述同样广泛，她觉得自己的所有需求都应该得到满足，她有这种权利。她说："如果我看上的男人，他就必须爱我，不爱我，他敢吗？"她的要求可以说来源于宗教术语："我虔诚祈求的每样东西都会得到的。"以她的情况来说，她的要求有反面影响。如果愿望没法实现，那是无法想象的打击。所以她把大部分的愿望收敛起来，防止被"打击"所影响。

那些有权利需求的人，觉得自己不该被指责、猜忌或者诘问，因为他们有这种权利，而被权利所支配的人，觉得自己应该盲目服从并把这当作义务。有些人为了能高明地操纵别人，把生活当作竞赛，他觉得自己有权戏弄任何人而保证自己不被戏弄。那些害怕直面矛盾的人认为自己有不去面对困扰自己问题的权利。如果以公平交易来要求一个经常搜刮别人且飞扬跋扈的人时，他会认为对自己不公平，并且十分愤怒。一个骄傲自大的人假如不得已而冒犯别人又要别人体谅他，不管他因为什么冒犯别人，他都会认为自己有得到“宽恕”的权利，他觉得自己有权让别人不与他计较，与这种要求相同的另一种说法就是为了得到“原谅”，不论一个人脾气多么暴躁易怒,他都有得到原谅的资格。认为“爱情”是种稳妥解决办法的人，会要求对方感情专一且要绝对奉献。看起来淡泊名利的人，却有不被打扰的要求。他觉得自己别无所求，所以，不管什么时候他都有权不被打扰，包括那些紧要关头。“不被打扰”暗指免于努力奋斗，不用被寄予期望，免于错误与批评，尽管这里包含对他有利的也是枉然。

神经官能症患者在人格关系上的要求，通过上述的观点及例子也许足以得到诠释。通常在更多非人格的情况或法律方面，带有否定内容的要求会较占上风。譬如，通过法律规章而得到的利益被视作合乎情理，没得到的话，就会让他有不公平的感觉。

上次冲突中所发生的事件，让我注意到自己乃至他人隐藏在潜意识里的要求，所以我至今仍感激它。那次从墨西哥参观归来，没有坐上飞机，因为圣诞节那天有太多的人排队买票了，尽管我原则上认可排队买票的规定也觉得它很合理，可我却非常生气它发生在我身上。去纽约的路程历时三天，在火车上我一直心情很不舒畅，并且非常疲惫。但是，当我开解自己，飞机可能会出事故，可能是上帝在保佑我，心情顿时舒畅许多。

我忽然在那个时候感觉自己心情糟糕得没有理由。我思考那些反应，让我发现了两种“要求”：一是想与众不同；二是期待好运降临。从那时开始我对坐火车的看法发生了根本性的改变，我不再对一整天坐在普通车厢里而感到疲惫，虽然那并不舒服，我甚至对旅行感兴趣起来。

任何人的这种体验，都会随着多观察他人或者自己而得到增长扩大，这一点我始终相信。举例来说，不管开车还是步行，对绝大部分人来说完全遵守交通规则是不可能的事情，这一般是由对这些规则人们潜意识中所产生的逆反心理所导致的，觉得自己不用遵守这些规则。有的人讨厌银行总盯着他们透支账目不放的“失礼”行径。人们对考试或者考不过的惧怕，也是因为有“免试”的要求。相同地，因观看到低水平表演而感到生气的心理，也是由于他感到自己没有享受到应得的上等待遇。

寻求“特例”的这种要求与精神或者身体方面的自然规律有关系。一个病人很聪明，当他知道了自己精神问题的来源及结果后，竟然会变得极其愚笨，这个现象令人非常惊讶！对此我想到一些原因：假如我们让某事成功就要尽力而为，若要自立就得有担当。换种说法就是“满招损，谦受益”；不自爱就会对爱有怀疑，而不再相信别人会爱我们。病人被告知这些因果后，可能起初病人会心生疑惑引发争辩，乃至有逃避的想法产生。

造成这种“愚笨”的原因非常多，我们先要了解为何让病人懂得这种因果关系？是要病人面对“内在变法”的重要性。固然，我们很难改变任何神经官能症的因素。除此之外，跟我了解的相同，病人有应受制的需要，但他们大多数都讨厌去了解这些需要。如果病人只是从字面意思理解的话，规则、必要或限制这类词语的出现会让他们心惊胆战。病人在他们自己的世界里会认为可以心想事成。而那些在他们身上运用的必需领悟，实际上会把他们拉回“现实”中，现实里他脱离了高高在上，而变得与别人一样地被自然规律制约着。那些“必需”的想法需要在他的生活里消失，这种需要能够变为要求。经过分析，此现象可以表现在他们认为有超越“改变”的必要性。所以潜意识告诉他们不要去发现，他们想要自力更生而不受到打击，或者想赢取别人的爱和信任，这些的前提条件就是必须要改变自己的态度。

多数的“迟疑”总体来说是对生活的隐秘要求，在此范围里对无理性“要求”的猜忌必定不复存在。毫无疑问，它会让病人高高在上的感觉支离破碎且无法重拾，从而让他面对现实，我们所能够做的对于命运来说微不足道，所以生命是短暂而充溢着危险的，他感觉自己无所不能，然而各种不幸因素，如死亡、意外等随时可以摧毁他的良好感觉。我们只能够尽量避免那些能导致死亡的危险活动，而且目前我们能够做到的只是让自己避免与死亡相关的财产损失，但是人避免不了死亡。与人类害怕面对生命的波动性相同，神经官能症患者提出了许多要求：他们不能被冒犯，好运一直跟随自己，拯救世界的人，舒服的生活等。

那些跟生活有关的“要求”与产生于人性关系上的要求相比得不到有效的维护。而只有两件事是有这些要求的神经官能症患者能够做的，在对于所有可能发生在自己身上的事情都持否定观念的情况下，他的倾向会悍然不顾，在他感冒发烧的时候，哪怕是天寒地冻也不能够影响他的出行，不预防也不理会可能会发生的传染性疾病，好像他永远也不会被衰老和死亡所影响一样无忧无虑地活着。当不幸猝然降临到他的身上，当然会有一种天崩地裂的感觉并且可能会让他惊慌失措，虽然这不幸也许无足轻重，可是却对他那高不可攀的超级信仰造成了毁灭性的打击。或许他走向另一个极端从而过分小心地面对生活。假如那些高不可攀的要求无法让他依赖或他的要求没有受到尊重的话，那么发生什么事情都有可能，他就没有能够依赖的东西了。这不意味着他已经放弃了全部要求，只是不想让自己面对吃力不讨好的行为而已。

表现更加明显的似乎是对生活和命运所抱的其他态度，问题是态度背后所隐藏的要求能否为我们所察觉。很多病人苦恼于特别的困难，因而直接或间接地表现在情绪方面愤愤不平。比如，当他们说起朋友的时候，通常是对自己的神经质不加顾忌地指出：某人有神经质问题，可却能够在社交场合左右逢源；某人更加善于同女性打交道；某人比自己更加上进或者更会享受生活等。这样的闲聊并没有什么特殊的意义，大概也更容易理解。毕竟每个人所看重的都是自己的困难，认为也许没有那些困难他们会活得比较舒服等。但是，这些病人和他们羡慕的人在一起时的反应，说明了一个更加严重的过程。也许他态度会突然转变，变得冷漠或沮丧，分析这些反应，发现其源自一种固执的要求，他本该没有任何问题。他的要求是：他的天分有权比别人的更高。而且他所拥有的权利不仅仅是生活不存在丝毫问题，还要拥有如同电影人物般的才略，查尔斯·卓别林的聪明谦虚，斯赛宾·特雷西的仁慈果敢，克拉克·盖博的矫捷和胆识，这些他都要有。“我不应该是现在这样”，这个要求有点过分，十分明显且无理，他根本无法得偿所愿。此要求表现在多方面，比如，嫉妒比他运气好或者天赋好的人，崇拜或效仿他人，分析者被要求满足他全部这些合适却又矛盾的完美要求等。

为了拥有至高无上的属性，蕴含的意义非常不确定，致使人们有长时间的不满和嫉妒产生，还给分析工作造成了实质上的阻碍。任何神经官能症的苦难对病人来说都是不公平的存在，如果再期望他考虑自己本身的问题，必然会让不公平感加倍。相反地，病人认为没必要通过艰苦的改变解决问题。

我们并没有充分地研究神经官能症的要求种类。因为对每个神经官能症患者来说,其“需要”都能随时转变为“要求”，所以我们必须要作个别讨论给予“要求”更加全面的描述。而有的时候，纵然简短的研究也能让我们感到它的特性。我们现在试着对其共性给出一个更加透彻的诠释。

“要求”本身就有不切实际的两个方面，一是权利要求仅仅在想象中存在，二是不理会“要求”能否实现，这在很多方面都表现得很显著，最突出的是对于自己不会生病、衰老和死亡的天真愿望。自然其他的要求也是一样的。一个好客的女病人，觉得自己有权让别人都接受自己的邀请，所以当遭到拒绝时，她都会不问理由地愤怒。一位学者一直觉得他所遇到的任何事都该是简单的，所以他对撰写论文或者实践理论的工作很厌恶，不论这种工作的重要程度有多高，即便是知道不竭尽全力将无法完成这项工作，他也会有厌恶感产生。一个穷困潦倒的醉汉，觉得自己有权利得到他人的无私帮助，而假如这种帮助来得不够及时或者是帮助者显得不情愿（无论别人的表现是否真是这样），都会让他感到不公平。

上述例子阐明了神经官能症要求的第二个特征，“以自我为中心”十分明显，以至于在别人看来觉得就是“天真、幼稚”的表现，如同被宠坏的孩子一样。理论上这些观念可支持一项结论：全部的这些要求是“婴儿”的特性，存在于无法长大成熟的人群中。可是，这个论点在实际上是错误的，小孩子也都是以自我为中心的，那仅仅因为他们还没有在心理上发展出想要与人沟通的感觉。通常小孩子并不知道别人也有自己的需要和能力的上限，譬如，妈妈也要睡觉休息，妈妈也没钱买玩具等。然而，神经官能症的“以自我为中心”所建筑的基础，是完全不同而且十分复杂的。因为精神需要驱使着他，所以他被自我所占据，矛盾冲突困扰着他，他被逼迫坚持着他那种特殊的解决办法。这里有两个现象表面相似而本质不同。由上述可知，要想达到治疗效果，绝对不能告诉病人他的要求是多么天真。只能够适当地用事实来引导，让他了解这些要求是没有理由的，这最多只能引发他的思考。如果不进行下一步的分析治疗，这对他产生不了任何作用。

“以自我为中心”是神经官能症患者普遍都有的要求，而且这些要求间的差异十分大，用我的经验解释就是：优先权有时是正确的，但前提是我要有绝对的优先权。假如神经官能症患者的身体感到不适或是想要做某事，那其他所有人都要停下手头上的事务来帮助他，当分析者有礼貌地回绝他的交谈时，要么根本不被理会，要么就会经常遭到病人愤怒无礼的报复。病人需要跟他谈话的时候,他就得有时间。神经官能症患者越疏远同周围世界的关系,就越不能理解他人及其情感。就像一个偶尔对现实表现出狂妄且轻蔑的态度的病人所说的:“我就是一颗彗星，放荡不羁，穿越在宇宙中。这表明我所需要的就是真实的，而别人需要的是虚幻的。”

期望“不劳而获”是神经官能症要求的第三个特征。对于孤独的时候会想起别人，他予以否认。相反地，他认为应该是别人想起他。想要减肥就得对食量加以控制，病人通常会从心底里反对这个简单的理由，他依然不停地吃喝，而且会对他不像别人一样苗条感到不平。另外，可能有人对自己的职业、地位、工作量及薪资要求为职业应该是得体大方的、地位应该是优越的、工作量与薪资应该是少劳多得，最重要的一点是不用去乞求工作。至于自己想要什么他不需要准确地知道，而应该处在一个决策的地位拒绝或者接受任何事物。

人们常会用貌似合理动人的话来表达自己十分渴望幸福。但很快，他的家人或朋友就会知道，让他快乐是件多么不容易的事情。于是有人便告诉他，他之所以不快乐是因为他心里积压了太多不满的情绪。在听了劝告后，也许他会去找心理分析医生。

病人为求得快乐的愿望，在分析者看来是达成分析的良好动机，他也会问自己病人对快乐充满渴望却又得不到，这到底是为什么？这个病人许多条件都令人羡慕：富足的经济条件，和睦的家庭，美丽的妻子，可一切多余的事情他都不会做，什么事都无法引起他的浓厚兴趣，许多的消极性和自我放纵都被这个描述所包含在内。第一次交谈中他发现病人并没说他的困难，而是表达了一系列的“愿望”且很急迫。接下来的交谈使分析者证明了第一次诊断的观点，惰性是分析工作中病人的首个障碍。所以真相得以水落石出，这是一个遗失了自由的人，他的智力不能自行开发，却固执地要求生活中一切完美事物，包括心灵的满足都应该在他的身上发生，这样他就能求得自满了。

而另外的一个例子更让“不劳而获”的要求特性得到诠释。一位病人因为被前一次治疗时引发的问题所困扰，所以他中断分析治疗一个礼拜。离开前，他表示了对于克服这些困难的愿望，这是个非常合理的愿望。于是我尝试对发生在此人身上的特殊问题的根源进行挖掘，但是不久我就发现他不是很配合，他的惰性会阻止事情的顺利进展，而我得一直引导着他。他会随着时间的推迟而变得越来越没有耐心，我直截了当地问他是不是感觉不耐烦了的时候，他对自己的状态予以肯定的回答，整个礼拜都被这些困难所烦恼是他所不愿意的，而且我一直也没有把任何有效解决的方法告诉过他。我指明他的愿望必须是自己能够感觉到的，可明显的是它已经转变成了无理的要求。问题的难易程度，他与我的配合程度，都决定了我们能否更好地解决这个特殊的问题。对他来说，肯定有些事情阻碍着他向渴望的目标前进。他经过了反复斟酌也理解了我话中的本意。他安静了下来，那些无理要求与急迫感也在他身上不见了踪影。与此同时，他的另一个特征浮现了出来：他把问题原因归咎于我，认为我有责任去解决它。他觉得我对此有什么责任呢？他的本意并不是说我犯了错误，只是通过上次谈话他了解到，自己依然存在报复心理，而当时他毫无察觉。

实际上那个时候的他，并不想去除它，仅想把它带来的一些困扰解决掉而已，因为他的要求我无法即刻满足，所以报复的要求被他当作自己的权利。这个解释已经让他指出了要求的根本所在：他从心底里抗拒自我负责，而且建设性的利己观点十分匮乏。这让他变得麻木且不能独立作为，从而导致一个需求的产生，依靠别人（此处指心理分析者）来为他解决事情，这种需要转变成了一种要求。

“报复性”是他们具有的本性，这就是上述例子所告诉我们神经官能症患者要求的第四种特征。这种特征很早就被人发现了，这种病人觉得自己是无辜的而且对于报复非常坚决，比如，它在创伤性的神经病与某些妄想性的神经病的情况下都显而易见。许多关于这种特征的描述在文学著作中都可以看到，如《威尼斯商人》中夏洛克斤斤计较的性格，对海达·高布乐的描述：当丈夫无法获得教授职位被她知道后，她就变得刻意要求铺张奢侈。

在这里我提出一个问题：在神经官能症患者的要求中，报复性需求是否为“常见”（如果出现时间不定的话）元素？对报复性的要求的感知程度，人们给你相互间都不一样，这一点是毋庸置疑的，从夏洛克的病例来说，那些是有意识的需要：就好像病人对我发怒的时候，他们都处在有意识的状态，但在大部分例子里他们是无意识的。按照我的经验来说，我猜想在全部神经官能症要求中这些需要都是普遍存在的。但我发现，这些要求频繁出现，于是我把它们当作一贯的规律来观察。说到“报复性胜利”的需要时，我发现数量相当庞大的神经官能症患者都隐藏着报复的心理。因为曾经受到的打击痛苦而产生的要求，或是提出暗示战斗的要求时，还有认为满足要求是一种胜利，反之则是失败的时候，就是报复性元素在发挥作用。

怎样发觉自身的要求？当一个人需要去了解自身要求的时候，在他对自己及周围人的看法中他的“遐想”越是起到决定性作用，他就越觉得自己及其生活是全部真实的。他的心里已经没空对自身是不是真的有某种需要或者要求而去做了解了，而且，他还会攻击那些提到他要求的人。等待是他完全不需要的东西。他认为任何意外都不该来找自己，并且他将永远平安愉快。在他旅游时天气必须是万里无云的，任何事情都得符合他的心意，并且要顺顺利利的。

神经官能症患者好像都了解他们的要求，他们对自己特殊权利的要求从来都是明目张胆的，或许对当事人自己来说，观察者感觉明显的事情他并没有感觉，他所感觉的与别人看到的是两码事。主动强调自己要求的人，他所察觉到的顶多是他所要求的一些表现和所蕴含的意义。比如，感到不耐烦，或者忍受不了跟自己相斥的观点。也许他知道不喜欢向你表示感谢或者索要什么，也许他也知道自己对别人指手画脚的感受，但这两种感觉之间是有天壤之别的。有的时候他可能也知道自己的莽撞，但通常会被他掩饰成自信和勇敢。比如，一份非常理想的工作，他会没有任何理由地选择放弃，态度十分坚决，而没有工作用来替换，他认为这是自信的表现。这也许仅仅是个个案，但它凸显出了病人的莽撞，他觉得自己对命运带来的一切都有权利去承担。他在灵魂的深处暗地里以为自己能够长生不老。这些他或许知道。尽管如此，对于自己经逾越了生物极限的想法他还是毫无察觉。

在某种情况下，“要求”也许在有这些要求的人和没有经过训练的观察之间潜藏着，只要是因需求而提出的正当理由后者都会接受，这些通常并不是他心理上的无知，而是因为他自身的神经官能症理由。比如，他的妻子提出了挑逗的要求，他一方面会感到厌烦，同时又让他遐想自己对她来说是无法替代的。或者，一个女人仅仅感觉到自己的需要做了无用的要求，这都是因为她的痛苦与无助，她也许会变得过度小心，她会要求自己不要去利用那些对于不满足她的愿望就有负罪感的人。（对她来说，这些人可能是保护者与帮手，也许是一些坚持原则的人，他们都有一种特性，若是无法满足女人的期望，就会产生负罪感。）

即便是知道了自己有某些要求，但他还不知道，其要求是不恰当而且无理的。事实上消灭要求的第一步，就是去怀疑它的真实性。所以，神经官能症患者只要觉得这些要求对自己是重要的，就会为了让这些要求变得合理，而在心里把情形建立得天衣无缝。他也肯定会深信那些要求的公正与合理性。在分析过程中，病人会竭尽所能地证实，他对于即将获取事物的期望是心无旁骛的。相反，以治疗目的为出发点，对于特殊要求的理由性质及其存在性的认知是十分关键的。“要求”是否能够成立是伴随着它所根据的基础而变换的，而这个基础自然处于战略地位。比如，一个人认为自己的功劳让自己有受到各种优待的权利，所以他对这些功劳一定会言过其实，致使他在所求无法实现之时义正词严地认为自己被亏待了。

文化毕竟是普遍衡量要求的基准。因为我是女人，因为我是男人，因为我是你母亲，因为我是你老板，等等。这些看上去貌似正当合理的理由之中，每条都让人有权提出要求，所以其重要性被过分烘托。比如，某国并没有传统明确规定洗碗是对男人尊严有损的事情。假如，有个病人有避免这种杂务的“要求”的话，必定会把男人或者老板的尊严夸大，觉得洗碗是自己不能做的事情。

“优越感”作怪是永远不变的基础，因此“要求”的依据都是，我在什么地方表现得特别出色，我有什么样的权利去怎样，等等。这些大多是下意识的直接阐述，可是这类人会很在意他的工作、时间、规划以及他永远正确的这一特殊意义。

相信“爱情”足够解决所有问题，并且觉得“爱情”有权让人面对一切的人，肯定会把爱情的作用或者价值夸大，这结论并非是刻意的借口，而是更多的爱所带来的真实感受得出的。这种浮夸的重要性常会造成恶性循环，特别是对那些孤独、痛苦产生的要求更加严重。比如，有许多人胆小，不敢打电话去询问别人。假如以确定其压抑程度为目的而对这样的人做调查以了解情况，这会让他感觉到压抑的情绪比过去还要多。一个女人如果因为过分的孤独抑郁而不能操持家务了，那么她会让自己的孤独抑郁感比以前更加剧烈，其结果就是这些痛苦会现实化。

可是仓促地就下结论说别人对神经官能症患者的要求也肯定持同意态度，是不对的，因为同意与否都能够让情况更加棘手，也就是同意与拒绝都可能导致要求变得更让人惊异。一般情况下，只有在神经官能症患者开始或是正在开始能自我负责的时候，“拒绝”才能有所帮助。

也许从“要求”的的基础来说，最有意思的就是“公平”。因为我虔诚地相信神，我一直勤恳地做事，我一直都是遵纪守法的好公民，这都是合理的，所以任何的不幸都不该降临到我身上，并且我理所当然地应该万事顺利。世界上的一切好处当然应该给好心、虔诚、勤恳的人，而背道而驰的事实，“无私奉献”却被抛弃了。病人如果拥有此种倾向，这种他自认为“合理”的感觉常被他提出也得适用于他人，别人的行为如果不合理，就会引得他大发脾气。从某种程度上来说，这是正确的，可这仅仅意味着他在公平的基础上建立了要求，很明显，他已经把这种需要总结成了一种“真理”。

强调“公平”也有相对的一面，在出乎意料的困境中它能够让人更有担当。一个人“自觉、公正”程度的高低，决定了他能否专注应对困境，如果不够坚定则他会认为（基本前提是自觉），所经历的全部困境都是不合理的，可将“报应性的赏罚”规则强加于他人身上对他来说是更加容易做到的。比如，他会把被解雇，当作别人“真的”不想工作，又好像宗教迫害的责任在某些方面也许该由犹太人来担负。

这种人在更多的人格问题中会觉得为了既定的价值而去接受某种价值观是自己的权利，前提是他不会为两种价值观而分神，或许这种现象没有错。因为他认定的价值无论善意与否在其心里已经过于夸大。所以它在人性关系上造成的困难被忽视了。通常这种价值标准也是不平衡的。例如，病人在受分析时，通常会专心于从自己的立场出发来合作、渴望去除障碍性的症候或让自己出入均衡。使病人康复应该是分析者的立场。但是，这两种立场并不平衡，病人如果不愿意了解自己或者做不到了解自己，从而改变自己的话，那么他是很难痊愈的。所以病人的有效努力加上善意，对病情的康复将会是卓有成效的。如果病情反复使得病人产生厌烦情绪，那么上当的感觉就会油然而生，他会认为分析师不值得相信，而埋怨与指责是他表达不平的方法。

对公平的过度夸大，可能(但非必定)是在掩饰“报复”。假如为了“应付”生活而从根本上提出“要求”，那么通常会夸大个人的优点，要求所造成的伤害程度与它本身具有的报复性是成正比的。而这种伤害与其带来的同情必然会被夸大，这种伤害程度不达到依稀地让“牺牲者”认为自己可以做任何事情挽回是不会停止的。

对于神经官能症的保持来说，“要求”是非常必要的，所以对这些要求的“保护”是很重要的。只是这仅仅是针对人们的要求来说的，无须赘述这种对要求自身的保护行为会遭到生活与命运的嘲笑。众多场合里我们对此问题将重新探讨，这里要说的是，神经官能症患者从各方面来说，为了让别人接受他的要求所用方法与要求的根据基础是脱不开关系的。简单来说，他能利用其独特的重要性来尝试加深别人对他的印象，献媚、迷惑或者是应承他人，这些他都可以做到，夸大自己的痛苦来博得别人的同情或者愧疚感，利用别人的罪恶感或者美妙感觉来驱使他们为自己效力，夸大对他人的爱勾起别人对爱情的渴望或者骄傲，用愠怒来威逼强迫他人，这些他都可以做到。欲壑难填的要求是每个报复型的人破坏他人的惯用伎俩，为了胁迫他人服从自己他会全力严酷地斥责别人。

我们在对神经官能症患者诠释或保护要求的动机进行分析后，当要求受挫时的激烈反应也就在意料当中了，在这当中隐藏着恐惧感，可不满才是主要的反应。这种不满的特别之处在于，“要求”在主观上被认为是公正合理的，相反，挫折就是不公正合理的。所以这种不满本质上是义愤。换言之，此人感觉不满与其不满的理由都是理所应当的，患者在分析过程里竭尽全力地保护着这种“自认为理所应当”的感觉。

在深入谈论这种愤怒的不同表现之前，我要说一个主要由约翰·杜兰德和其他人所提出的理论——对于任何挫折我们都抱以敌意对待，即实际上敌意主要是对挫折的一种反应。可事实上这种论点是错误的，发现这点并不需要复杂的观察。相反，人面对挫折时没有敌意的例子多不胜数。敌意产生的前提只有挫折是不公平的或者别人认为神经官能症患者的要求是不公平的。愤怒与受虐是它所具有的特性。其造成的伤害或祸患，偶尔被夸张得让人忍俊不禁。假如一个人感觉被虐待的时候，那么他会认为虐待他的人残酷、卑鄙、肮脏、可耻，也就是说，我们对他人的判断被这种愤怒所强烈地影响着。“神经官能症的猜忌”就来源于此。综上所述，就是造成许多神经官能症患者认为他人阴险不可信赖或态度轻易变得不友好的主要原因。

不满或者愤怒的强烈反应简单来说不外乎以下三种表现。第一种，不问理由地压制，如同敌意一般被压制，紧接着身心出现疲劳、偏头痛、恶心等症状。第二种，明确地表现出来，或者人们完全可以感觉到它，此种情况下病人认为更加不能生气，他一定会把其认为别人的错误更加夸大，接着他为了还击犯错者貌似毫无理性的错误会无意地建立一种情势。病人越发表现出肆意报复，理由已经不重要了，必然的结果都是报仇。第三种，表现为沉浸在自艾自怜和痛苦当中，其意志消沉并会感到极度地被伤害或受虐。此种情况下，谴责把痛苦当作了介质，他会觉得“他们怎么能够如此对我”。

因为自我批判被“正当”所抑制，所以与观察自己相比，观察别人的反应要容易许多。当某些不好的想法徘徊在我们脑海时，或是开始想起某些人的可恨之处时，或涌起一股报仇的冲动时，我们真正该做的是检讨自己的反应。然后我们一定要注意自己的反应与错误行径所呈现的比例是否合理，假如二者比例经过我们诚实的详查后发现并不相符，那对于隐藏在其中的某些要求，我们就很有探究的必要了。假如想要了解个体对挫折的剧烈反应与其隐藏的要求，那么对一些特权的需求我们就得甘心放弃，又或者能熟识那些因为我们遏抑了心中敌意而表现出的特殊形式。可是发现了一两个例子中的要求不代表要求就可以被我们全部丢掉。一般情况下，我们所能克服的要求只是那些非常明显而又荒诞不经的。这一过程能让人联想到条虫的治疗过程，虫体的一部分虽然去除了，可是只要它的头还在，它依旧会再生并还会继续不停地损耗我们的体力。这意味着我们要想摒除全部的要求，除非我们可以完全遏制对荣誉的所有探求和由探求引发的所有行动。与治疗条虫所不同的是，人在重寻自我的道路上，每一步的前进都是有价值的。

在生活和人格上很大程度都受到具有渗透性要求的影响。他们的不满情绪与强烈的挫败感都是由这种要求产生的，所以我们简称其为性格的特点。当然，其他因素也是助长这种长久不满情绪的原料。具有渗透性的“要求”在这种不满情绪产生的根源里，是最为明显的。之所以变得对境遇无法产生满足感，是因为不满情绪主要针对其本身所匮乏的东西或者为难的事情等，这些与任何的形势或境遇都无关。比如，有一个男人，他所从事的事业是他最满意的，他还有一个和睦的家庭，可对于弹琴这件对他极有生活意义的事情来说，他却没有充足的时间来做，或者是他的一个女儿体弱多病，这些因素在很大程度上让他困惑苦恼，从而让他没办法发觉自己已经拥有的幸福。又比如，有一个人，每天过得都很幸福，而这些也许会被逾期未到的货物给破坏掉。再比如，有个人对旅游的目的地虽然回忆是美好的，可是他对旅行的感受会被交通不便所破坏。基本上人人都有这样的经历，而这些态度也是很常见的。人们偶尔会对此惊讶，为什么总是看到坏的那一面，而忽视了积极的那面呢？也许他们自以为悲观绝望地对所有问题都排斥，这种态度除了让人无法理解，而且在论点上也很含糊，进而认为对逆境自己是不能够忍受的。

这种态度会让人们在多方面把自己的生活堕入逆境当中，假如我们认为辛苦本身就是不公平的体现，那么无论何种辛苦都会成倍上涨。对于这一点，我的亲身经历就是最好的证明。在一次旅行中，所乘坐的是普通客车，其收费让我觉得不公平，导致什么都不顺心，而自己也肯定更加不舒服。可当察觉了事情背后隐藏的要求以后，忽而觉得不是特别难受了，尽管座位不怎么舒服而且行车时间很长。这一点用在工作方面也是一样的，抱有“它不公平”的厌烦情绪或是“它本来该简单的”隐秘要求来做任何工作，必定会变得事倍功半。换言之，我们因为神经官能症的要求而失去了部分的生活艺术，其中包括轻松工作的态度。有些经历无疑非常重要而具有代表性，可是我的一生中这些经历非常少。一些细微的小事情对神经官能症患者来说也会变成极端的灾患，然后生活会变成一系列的困扰。相对而言，也许神经官能症患者会特意关注生活中别人比他强的事情，如这个人业绩好，那个人有小孩，有些人有更多的业余时间能做更多事情，有些人的房子很漂亮，那家的草地长得比自己家的膏腴，等等。

这些想象虽然描述起来非常容易，但难的是彻底地了解它们，尤其是了解我们自身。别人有而己方所没有的重要事物，这看起来既真实又实际。所以，可能会在记录本上记下下述两方面的扭曲：有关自己的方面和有关他人的方面。大多数人都谆谆教诲过自己不要把自身的缺点与他人的优点相提并论，要全面整体地看待他人与自己，而不要把自己的生活与他人优越的部分作比较，尽管他们知道但是却无法遵守这种正确的劝告，他们扭曲的观点单纯是因为内在情感的盲目所导致的，也就是说，因为内心潜意识的需要引发的盲目所导致的，并不是无知或者一时松懈的表现。

神经官能症酿成了对别人既羡慕又冷酷的心理结果。总的来说，这种羡慕心理并不是遍布在每一个细节当中，仅仅在生活方面存在而已，一般会有下述的感觉伴随：觉得只有自己被拒绝了，唯独自己是烦恼的人，感觉到孤单、惶恐和束缚等。“没有感觉”不是对一个人肯定失去全部知觉的判定，而是源自广泛的要求，凭借着神经官能症患者为自己的“自我中心”作辩白，他在思想中会疑惑别人的全部都比他好，为什么还要追求更多？他更容易被忽视且不被人理会，周围所有人都没有他的需求大，他就该有权只身寻求自己！所以他对确立这些要求更加坚决了。

而第二个结果就是对于多数权利的怀疑，这种现象十分复杂，广泛的要求只是当中一个决定因素。神经官能症患者在自己的世界中觉得自己拥有任何权利，而这是虚幻的，所以在现实世界中他会混淆自己的权利。他有各种无所顾忌的要求，可他在能够实现或是行使这些权利的时候，又因为胆怯而感觉不到或者无法保护权益所在。比如，有一个病人，他觉得任何人都应该帮他可又对我提出改变日期的要求或者向我借笔来记录。还有个病人，一旦其对寻求尊重的神经官能症要求没有得到满足的时候，就会变得极度敏感，可是他对于某些朋友的欺骗行径却能够容忍。病人无权的感觉也许是抱怨的中心或者是起因，尽管对那些不合理的要求他感到不在意，但是这些要求刚好正是一个促成或者就是困扰的原因。

促成“惰性”的强力因素就是具有广泛的要求，惰性也许是最常见的神经官能症障碍，它的表现形式或是隐藏的或是公开的。它与闲散的随性享受比起来，就是精神能力上的麻木。惰性不单普及存在于工作方面也触及在感知与思考方面。神经官能症患者对于一切问题研究的主动性都根据惰性的定义被要求所取而代之，他们因此无法得到发展成长。他们在无数例子里都是因此而普遍嫌恶排斥努力。所以他的意图被潜意识的要求所主宰并且是唯一的意图，这也许能够让他有所建树，让他谋取一个好的工作、获得充分的幸福或能够战胜困难，可以拥有不劳而获地完成这些事情的权利。这偶尔表示实际的工作应该由别人来做，即工作就让别人去做吧。假如无法实现这个目的，他便有了表达不满情绪的理由。所以他一般都讨厌做一些诸如购物、看电影之类的额外事情。人的疲劳从分析角度看偶尔可以快速地去除。比如,一位病人，当他想到还有很多事要在旅行之前做完的时候，在工作开始前甚至就会感到累，所以我建议他把“怎样做好每件事”当作智力挑战来考验自已，这一建议让他很感兴趣，所以，很快累的感觉不见了，这以后他就能够逐步地完成每件事并且不感到有丝毫累的感觉。可那种全心全意做好每件事情的冲动消退得十分快，尽管他也体会到了积极主动的一面，并且也感悟到自己有主动并且快乐做事的能力，但是，在他的脑海里潜意识的要求实在是太过坚不可摧、无法动摇了。

“要求”具有的报复性对“惰性”的程度所起的是增幅作用，前者越多则后者越强。其论点在潜意识当中呈现为：我面对的困扰都是别人的责任，我理当为此获得补偿。既然是补偿，我就没必要尽全力了。可以确定的是，唯有当一个人觉得生活既没有意义又无趣的时候，才会这样辩证。所以他们推卸了生活相关事情的任何责任，让“他们”自生自灭，或是听天由命。

病人在分析当中，为了维护他们的要求而采用了“固执”的方式，这说明了相当主观的价值，“要求”应该有的价值。他得拥有多种维护方法来交替使用而不是只有一种。最初，他基本没有任何要求，所以对于分析者所说的他全都不了解，后来“要求”成了合理的，反正他为了自己的主观根据开始据理力争。他起码在了解到事实上这些要求是不正当的而且自己其实没有要求时，对于要求好像没有了兴趣。他也许会意识到要求对他造成的影响是严重而众多的。比如，他会变得总是不悦而且极易动气，假如他没有固执地憧憬着事情发生在自己身上而能够更加主动，情况至少比现在好很多。要求实际上就是在麻痹他的精神力量，而其所收获的微不足道，这点是他所无法忽视的。人们偶尔会满足他显示或没有显示的要求，但这也是迫于他的压力。可如果只有这种方法可以用的话，那没有人会快乐地生活。不管怎样关于他对生活的要求都是有害的。他是否认为自己有破例的权利都不重要，因为生物或者精神的规律都约束着他。而他也并没有被他所求取的“杰出”的要求改变一丝一毫。

病人认识到“要求”的不利影响和本身的有害对于病情本身来说不一定会有坏处：分析者把希望寄于病人所了解（看法）到的而戒除的要求，可事实上却屡战屡败。分析发现病人的要求并没有根除而是隐藏了起来，但其减小了要求的强度。我们在进一步的深究中发现了病人潜意识中无理想象的内容，他的理智虽然告诉他自己他的要求是没好处的，可他潜意识里还固执地相信，有意志力的奇效在万事上皆可为。只要愿望够强烈就能够心想事成，只要够坚决就会事事顺心顺意。假如实现不了，原因也是他的意念不够坚定，并不是要求本身不切实际，然而，分析家们就想让他相信事实上原因正在于此。

我们已经了解了，病人的这种意念稍微改变了整个局面，他自己以为可以享受并不存在的种种特权，从这种影响来说其要求是不切实际的。某些要求我们也了解完全是幻想的。所以我们现在知道了期望力量驱使着所有的要求，为了实现理想的自我，“要求”是必不可少的。虽说病人如果想凭着成就或业绩证实自己的杰出，而这种价值并不是现实，但却让他有了借口和证据，他要证明自己是凌驾于精神和自然规律之上的。尽管他频频发现别人不认可这样的要求，在他身上法律仍会奏效，而平常的失败、烦恼依然与他并驾齐驱，但是，这些都不能够让他的那种“无尽机遇”的凭证遭到否定。他依然坚信有一天自己的要求肯定能够实现，只要他坚持。最后事实只能表明到现在为止，他以后要想获得荣誉就得有要求的保障，这就是他已经遭遇的一项不公平。

我们现在知道了病人为何明知“要求”对现实生活的有害影响后还会选择熟视无睹，对于损害他不会作丝毫辩解，他无视现在的状况只是为了期望以后获得的荣誉。他就好似一个对自己拥有遗产合法继承权坚信不疑的人，倾尽所能维护他的权益而不是生活。到那时他也就丧失了对实际生活的兴趣，看不到一切能够让他活得更有意义的东西。所以期望将来的成就遂成为他对生活唯一的所求。

比起那些幻想自己拥有遗产继承权的人来说，事实上，神经官能症患者的情况要更坏，他觉得如果想要满足以后的愿望，就不能对自身及其人格发展感兴趣，这一点是他的根本感觉。以他的条件来说这是合理的，但那个例子中实现理想的自我事实上没有任何价值。一旦目标的诱惑能够摆布他，那可以肯定的是选择途径是具有阻碍性的。这表示他不把自己区别开来，而是与别人一视同仁，大家同样会为困难所扰，他应该对自己负责，还要知道只有自我负责才能克服困难、发展潜能。这时困难会让他觉得一无所有。这条路唯有当他坚强起来并且能够把自我理想化中发现的障碍克服掉之后才会考虑到，从而走向健康。

我们如果要彻底理解坚持性，就不能仅把神经官能症患者的“要求”当作幼稚的表现（指的是实现自我荣誉化的形象），或者是把它当作患者对别人满足自己要求的强迫性的需要欲望。神经官能症患者所依赖坚持的这种态度，恰恰表明其在神经官能症的构造中所起的作用是无法替代的。要求大概为他解决了许多问题，这点是我们是已知的，要求的全部作用就是神经官能症患者对自身那种长时间存在的错觉并且把责任转嫁给除了自己以外的因素。凭借把需要升级到“要求”的高度,来对自己身上的困扰进行否定，推脱自己的责任，把它们转嫁给命运环境或者他人身上。他觉得自己有权利让别人为他安排好幸福的生活供自己享受，他不应该被困难所烦扰，而困难降临到自己的身上是不公平的。比如，他虽然讨厌别人向他募捐或者借钱，但是在心里觉得要施舍给他们。实际上他已经生气了，由于他的要求是不被骚扰。他的要求因为什么而变得不可或缺？这个要求实际上已经让他陷入了自身存在的一种矛盾当中——在同情他人与让他人受到挫折之间的矛盾。无论是何种理由，只要他害怕或者不愿意面对自身矛盾，他一定会对自己的要求坚定不移。从他不希望被骚扰的想法里可以发现他的要求,但他对别人不要触动自己矛盾冲突的要求（并让他认识）却是更加明确。我们会在今后了解摆脱责任对他为什么那么重要。不过我们已然了解了“要求”的实际价值就是能够让他避免亲自处理麻烦，这就是为什么神经官能症能够存在。

第三章 “应该”下的强权

到目前为止，我们大概对神经官能症患者理想自我的外在表现进行了探讨。他们通过以下途径来实现：万事成功，拥有不受限制的权利，对胜利荣誉的探求。神经官能症患者的要求与外界是分不开的，他尝试着对自己的特权进行维护，而且他是特殊的，所以，他对于所有一切都有权要求，没有时间、方式的限制。有权凌驾于需要与法则之上的感觉，让他生活在虚拟的世界中，就好像他真的逾越所有一样。这些要求会在他无法实现理想自我的时候，为他缔造一些外部因素为“失败”负责。

自我实现的问题在第一章已经简单提过，只不过当时的重点是人类自身，现在我们再来探讨一下这个问题。皮格马利翁为了满足自己的美好观念，意图改变另一个人，与此相反，神经官能症患者会把自己塑造成自己描绘的上帝，并且付出实际行动。他坚信自己的完美形象，还会不自觉地催眠自己：现实中的可耻行径要扔掉，你应该做的事情是坚持自己的完美形象，当务之急是成为理想化的自我，你对于一切都应该能够理解和容忍，喜欢所有人,有利的事情要多做。这些在他的内心指使中仅仅占据了一部分。其地位是坚不可摧的，故而我们以“应该的绝对权利”称呼它。

神经官能症患者已经存在或感觉到的而且全部理解的，或能做的事以及不该做的禁忌都被内心的指使囊括在内。我举一些事例作为开始来简要地说明内心指使。

他应该是个最完美的人，诚实、体贴、慷慨、富有正义感、勇敢无私这些他都应该做到最好。他应该是位深情的好情人，一位体贴的好丈夫，一位博学多才的好教师。对于所有的不公平和公平他都应该能忍受，他理当喜欢所有人，孝敬双亲、关爱妻子、热爱国家这些都是他理应做的。任何事情都与他没有重要关系，他不应属于某事或者某人。他永远感觉不到被伤害,永远保持安详。他的生活应该是永远快乐且要凌驾于这种快乐享受。他应该无拘无束；他永远能保持理性；他应该理解且能预知所有的事；他应该能够马上解决所有人的任何问题；他应该能够克服一切困难，他应该永远不会累，永远不会得病；他应该能够随时找到工作；他应该在一小时内做三倍于以前的工作。

这个说明大体表明了内心指使的范围，而给我们一种尽管是可以理解的，却太难以实现，而自我要求又是非常严格的印象。假如我把病人对自己期望过高告诉他，对这点他会丝毫不怀疑地觉察到，实际上也许他早就知道了。但是，一般情况下，他都会直接或者间接地觉得，对自我的期望高总比低要好。可对自我要求过高显示不出内心指使的特质。这些要求通过详细的检查可以明显解除。造成上述要求重叠的原因就是，病人因为必须转变为理想自我而且对于能够做到这点深信不疑。

他们通常不理会实现的可能性，这点非常引人注意，而这些现实的情况普遍存在于实现自我的驱动力上。有许多人类无法达成的要求都在这些要求中出现了。即使自身并无察觉，可它们始终是虚拟存在于幻想中的要求。但当他的愿望呈现在“有判别能力的思考”下的时候，对这些要求他就必须要去深入地了解了。此种在智力上的领悟所能改变的微乎其微。跟一位医生一样，自己每天工作九个小时，还要广泛参加社交活动，此外就无法进行深入的科研活动了，也许对此他自己认识得很清楚，可是若真的每天减少一两种活动，他依旧按照以前的方式度日，还是没有多少闲暇从事科研。于他而言，时间与精力应该是无限的，这种要求永远要压过理智。我们也许可以举一个更奇妙的例子：有位病人在一次心理分析会谈中感到很失落。她的一个朋友曾经跟她谈过自己的婚姻问题，这个问题非常复杂，因而我的病人无法帮助她把问题解决。我的病人跟她丈夫结识于偶然的社交场合。她自己也接受分析好几年了，对于婚姻双方的关系已经认识得很透彻了，对于以后可能会遇到的心理繁乱现象，已经有了相当的了解。她无法告诉那位朋友是不是应该继续维系婚姻，虽然她认为应该能做到。

我对她说她对自己的期望过高，谁都实现不了她的期望，一个人必须要把现实中存在的问题弄明白之后，才能够去理解在某种情况下与之有关的因素。最后我所说的这些困难她大概都领会了，可她依然觉得自己拥有第六感，对一切困难都了然。

对于自我的其他要求，本质也许并不是幻想的，但是为了达到人们的自我要求，其态度表现得对境况完全无视。所以许多病人自我感觉很聪明，希望对其的心理分析立刻结束。对于病人的智力，心理分析是影响不了什么的。这些病人的推测力事实上甚至常会使分析受阻。这时，病人的坦率与自我的责任感等情感力量才是最有用的。

对轻易获得成功的期待，除了在分析的整个过程中存在外，病人自身对神经官能症的了解，对他们来说就像要他们把要求根除了一样，所以分析要有耐心。病人忽略要求的情感需要，没有意识到，只要它一直存在，那么要求就永远不会消失。他们对自己的智力非常有信心，认为它是高高在上的动力，所以无法避免地会遭遇失望和沮丧。相同地，一个教师从业久且经验丰富，他对于自己能轻易写篇有关教学的论文这一点非常坚持。可当他无法书写出来时，会对自身十分厌恶。而与此相关的问题，都已经被他无视或者抛弃了。比如，他想要表达什么？有没有把经验转化为具体适用的、有条理的内容正确叙述出来？即便答案是肯定的，一篇论文所代表的工作内容依然是诚实的表达与有条理的叙述。

内心的指使所表现的精神状况，就像霸权主义在政治方面的专横暴行一样，对于个人本身极端漠视——对于他的感觉、他正在做的事丝毫不顾及。举个常见的例子，一个人应该从未感到过被伤害，所有人会发现，这种绝对不受伤害的要求，十分难以实现。能有多少人觉得自己活得无忧无虑或者安稳平静，甚至没有感到被伤害过？这最多也只能是我们的理想，假如一个人把它当作计划实行的话，那么他肯定会积极且有耐心地去研究，研究我们潜意识里为求防护的要求，研究我们错误的自负——换个说法就是，研究存在于我们人格之中让我们容易受到攻击的各个因素。可是，一个认为自己不应该被伤害的人，他心里没有这样一个具体的计划。他否定了自己的全部弱点，只给自己定下了一条“绝对”的法则。

而我们要讨论另外一个需求：我们应该永远聪明，我们应该永远富有同情心，我们应该永远乐于助人，我们应该能让罪犯悔改。确实，这些也不都是幻想。很少有人像维克多·雨果的《悲惨世界》中所描写的牧师那样，在精神上获得了成就。这位牧师的形象对于我的一位病人来说，是一个重要的象征，她认为自己应该是那样的，但她没有像那位牧师一样对待凡人的态度及能力。偶尔她表现得仁慈时，也是因为她认为自己应该仁慈，可实际上她心里并没有仁慈的感觉。事实上，她对所有人都充满了怀疑，她常会害怕被某些人欺骗，东西找不到，她便会认为是被盗了。还没有了解它，神经官能症已经让她变得自我而且专注私利，而这些本来是被一层强制性的谦虚和善良掩饰的东西。到了那个时候她还是不会愿意了解研究自己的困难，这是由盲目制造规则导致的自我欺骗。

“应该”的盲目性是匪夷所思的，为了说明这一点，我们必须得提出些非主要目的。可是从“应该”在荣誉探求中的根源，或者在自我理想化所起的作用来看的话，必然能够发现一项事实：觉得自己无所不能，是“应该”产生的前提。如此的话，就不需要理会现存的问题。

表现最明显的就是“针对过去的要求”倾向，患者的童年时代，不仅对治疗是重要的，还可发现他目前对曾经历的逆境所持的观点。这些主要是由他现在的需要所决定的，与别人对他的善恶关系不大。比如，他如果常有过去是美好的需要，那他就会让他的童年金光闪耀。他如果强行抑制自己的感情，就会因为需要父母的帮助而去爱他们。如果平常不对自己的生活负责，那他可能会把全部困难归罪于父母，这种随之而来的报复心理，或是公开化，或是被强压下去。

他有很大的概率走向相反的极端，表面上为自己担当责任，而那些责任都是荒谬的。这种情况下，他可能已经知道早期影响所带来的威迫性与组织性的冲突，他感觉自己的态度非常客观合理。比如，也许他会指出他父母的某些行为是出于无奈而为的，病人偶尔也奇怪，为什么自己完全不会感到愤恨，其实他不感到愤恨的理由就是“应该”，尽管他明白自己被冒犯了，而这冒犯任何人都无法忍受，但无法影响到他，他应该丝毫无损地战胜它。他应该早就拥有了内在的力量与坚忍不拔的精神，这些因素都无法对他造成困扰。所以，这也就证明了，从一开始他就在做无益的事情，换句话说，他真的可以不被伤害。他会说：“的确，那是满溢着伪善与残酷的污潭。”但是，接下来他的洞察力就变得不清晰了：“虽然我无助地面对这种环境，但我应该早就可以战胜它们，如同莲花一般不染尘埃，洁身自好。”

假如他可以对自己的生活负起真正的责任，而不是这么虚假的责任的话，那他就试着思考各种不同的问题。他会承认早期的影响真的可以让他产生不利的改变，而且他会发现不管自己的困难因何而起，都会阻碍他现在及以后的生活，因此，他最好振作力量战胜它们。但是，事实并不是这样，他只是把全部问题都推至完全幻想且无益的层次上，而固执地要求自己不应该被这些影响到。同一个病人，后期能够扭转自己的处境，从而确定自己没有被早期环境完全征服，这一点是进步的表现。

“记忆性的应该”不仅仅表现在对童年的态度方面（这里的“应该”带来了虚伪的责任，致使其做无用功）。比如，有个人始终坚持认为，自己应该用坦诚的批评来帮助朋友，并且他还认为，自己应该将孩子养育成人，而不让他们变得神经质。我们的确都会感到遗憾,我们在这些方面是失败的。但我们可以检讨失败的原因，用来学习改善方法。我们肯定会知道，从失败时引发的心理障碍或是困难来看，我们当时的确是尽力了。可是，对于神经官能症患者来说，他们并不会因为尽力而为感到欣慰，因为他们觉得他们在某种奇迹出现时，会做得更好才是对的。

同样，去了解目前的任何缺点，都是令那些被专横的“应该”所困扰的人所容忍不了的，不管困难为何，它必须迅速被除去。困难的去除方法各不相同：越是在想象中生活的人，越容易摆脱这种困难。所以，有位病人发现自己拥有非常强烈的凌驾于王权之上的驱动力，并且他知道这种驱动力在生活中是如何发生的，到了次日，他却肯定了:这已经是过去的事了。他不应该被权力奴役，所以他不再去渴求。类似此事的状况经常发生颠覆，让我们明白对于权力与控制渴求的驱动力，仅仅是表现在他想象中所具有的一种魔力而已。

一些人试图凭借绝对的意志力来对已知进行肃清，就这方面来说，人们的确能收获异常的结果。这让我记起了两个年轻女孩，虽然她们认为自己无所畏惧，但其中一个却很害怕夜贼，所以她强迫自己在一间空屋里睡觉，直到她不再害怕为止。另一个，不敢在浑浊的水中游泳，因为她感觉也许会被蛇或鱼咬到，于是她强迫自己从一个鲨鱼聚集的海湾游过。这两个女孩都利用这种方法来克服自己的恐惧,她们用这种做法证明了强迫的必要性。可是，实际上人们对于蛇虫或者夜贼的惧怕，是常见且明显的表现，它就隐藏在人们心里。其实这种潜伏着的焦虑并不会因为她们采用的“挑战”法而略有改观，自然，表面上看来她们也许不再害怕了，但并没有从病源下手解决，只是让焦虑被埋藏得更深了。

我们在分析中能发现，一旦他们发觉自己的弱点，控制意志力的机器是如何以某些方式运行的，他们便下定决心并试着去维持运算、与人们相处、变得更加果断或者更加宽容。这些变化都是好的，只要他们会同样地去关心了解自己的苦恼的意义和原因。但不幸的是这种关心少得可怜。这只是开始的第一步，更进一步了解全部的特殊困扰范围，可能会让他大为不快，这真是和他们那种欲使障碍消除的高昂驱动力恰恰相反。同时，他们认为可以凭借意识的控制来征服这些障碍，所以仔细地解决障碍的过程，等同于对自己软弱与失败的默认。自然此种认为的努力迟早会结束，所以被控制的困难少之又少。我们能确信的是，困难已经被隐秘地驱策，并会继续以另一种形式出现，且更加隐秘。分析者当然不应该鼓励患者有这种努力，而是要去分析他们。

神经官能症的大部分障碍，甚至会对最艰辛的努力控制发生抗阻作用。对于抗忧郁、抗工作上万年不变的规矩或者抗耗费性的白日梦来说，意识的努力实在是束手无策。大家普遍认为那些在分析中已经在某方面得到认识的病人，自己会很清楚这种结果。可是，清晰的头脑对于“我应该能克服它”的观点并无影响，其结果就是，他会更加忧郁而诉苦等，原因是不言而喻的，除了他原有的痛苦感觉外，他缺乏了全能的感觉。有些时候，分析者可能在初始就了解了这个步骤，从而未雨绸缪。因此，当有一个显露出白日梦病症的患者，开始详细揭露他的大部分生活是如何为白日梦所影响时，他自然而然地会去对白日梦的害处作了解——至少要知道它是怎样令人精力耗竭的。如果白日梦依然存在，他会因此感到有些许的歉意与罪孽感。在了解了他对自己的需求以后，我个人相信人为地让那些需求终止，是做不到的，也是不理智的行为，因为我们能够确信在他的生活里那些需求也是有重要作用的——我们会逐渐了解这一点。他在感到病情好转很多之后，跟我说他已经决定终止这些白日梦了，可是因为他过去没有这么做，所以他认为我肯定会对他厌烦。过去他已经把对自己的期望都寄托在我身上了。

在很多分析中，患者产生的气馁、暴躁或恐惧的反应，与困扰患者本身的问题并无关系，其主要原因是因为病人感到无法立即去除困扰问题所导致的。

所以，从维持形象上来说，内心的指使比其他方式更为根本，但与其他方式相同，其目的在于寻求快速绝对的完美，并非是真的要改变什么。他们力图让缺点消失或者出现，好像得到了一件特殊的完美之物一样。如同上例，这在内心的需求外移时显得十分清楚。所以，一个人的现实状况乃至他所诉的苦衷都变得可有可无了，唯有他人能看到的才能让他产生强烈的忧虑，如社交场合中手颤、脸红或者做作。

因此，“应该”缺乏对真正理想的道德真诚，就好像被“应该”支配的人们,无法为迈向更诚实而奋斗,但却又被驱使着渴求“绝对”的诚实，这个目标实在是太遥远了，大概也只能在想象中实现吧。

他们最多能完成一种行为主义的典型，如赛珍珠所著的《群芳亭》一书中所描写的吴夫人的性格。她是一个典型的女人，她好像永远都在实行、摸索或是思考正当的事情。不需要说，这种人是最虚伪的。如果街头恐惧症或者机能性心脏病毫无预兆地出现在他们身上，他们自己会产生混乱感。他们会问自己，这样的病症怎么可能降临到自己身上？他们已经完美地支配了自己的生活，已经成为父母的骄傲，已经有了理想的结婚对象，已经是活动的组织者或者工作中的佼佼者。最后，他们一定会因此而遇到无法正常生活的情况，所以他们的平衡性就更加混乱了。分析者在慢慢熟悉患者极端的精神紧张后发现，他们只要没有遇到大障碍，就能够维持正常的行为。对此，分析者也感到惊讶。

我们对“应该”的性质发觉得越多，就越能清楚地了解到，它与真实的理想或道德标准间是质的差异而非量的差异。它是弗洛伊德派最重大错误中的一项，总体来说，他把内心的指使（他已发现此类现象并描述其为超我)当作道德的组成元素。但在实际上，它们与道德问题关系并不密切，为求道德而充实的“指使”，它们确实在“应该”中角色显著，因为在我们的生活中道德问题是重要的。可我们不能把这些特别的“应该”与其他的分开，很显然，其他的常常是因为潜意识的自大而决定的，比如，“我们应该能避免周日下午的交通拥堵”或者“我们应该不用经过努力的练习和实作就能学会绘画”。我们肯定会记得有很多的需求明显地缺乏道德托词,其中有“我应该能逃避全部惩罚”“我应该永远比他人强”，还有“我应该永远有能力向别人报仇”。我们要得到对道德完美要求的正确观点，只有把重心集中在事情的全貌上才行。就好像其余的那些“应该”，它们充溢着自大的心理，所以力求加强神经官能症患者的荣誉并且让他神圣化。对此意义来说，它们算是正常的道德奋斗，一种神经官能症的赝品，假如个人能发现这种赝品的“潜意识的欺骗性”（这种特性，是去除污点必需的），就肯定会觉得它们是“邪恶的”而非“道德的”心理现象。要想让患者有“再定向”的能力，从而找到由虚幻世界进入真实理想的人性发展的道路，就更加要清楚这些区别才可以。

还有一项“应该”的性质可以用来区分真正的标准。它在前面的注解中已被囊括了，但是它自身太有力了，所以要单独且明确地阐明，那就是它们的强制性。理想也有种支配我们生活的“拘束力”，比如，假如我们确信那些责任我们应该完成，虽然可能困难重重，但我们会不遗余力地去尝试完成，完成它们是我们的终极欲望或我们认为是正当的事。愿望、判断与决定都是我们自己的事，因此我们才能尽最大努力去完成它，所以这样的努力所带给我们的是力量与自由。另外，在遵循“应该”的例子中，大概有像霸权主义或者专制独裁所赞赏的自由一样。这两个例子中，如果我们与期望的标准不符，那么惩罚肯定会转瞬即到。在内心指使的情况下，这表示一种对失败的强烈反应——串联起焦虑、失望、自责与自毁等冲动的一种总反应。对于旁观者来说，这些反应的表现与激怒的原因毫不相关，却与其对个人意义有关且成比例。

我再举一个例子，说明内在指使的强迫性。有一个女人，她很坚定地认为的“应该”中有一项是“必须预见所有的突发事件”，她对于自己的此种远见才能非常骄傲，并且能够凭她的预知与智慧来保护家人免于危险。有一次，她为了劝诱儿子接受分析作了个巧妙的计划，可她却没有办法让他儿子的朋友来接受分析，他儿子的朋友正是一个反对分析的人，当她了解到她儿子的朋友不在她的预料中时，随即发生了休克反应，并且有种脱离地面的感觉。实际上她能不能帮助儿子的朋友，或者那位朋友是否有她想象中那样有影响力，都是非常不确定的事情。完全是因为她突然认识到自己之前没有想到这些事情的缘故，所有才有了这种休克与崩溃的连锁反应。同样地，一个优秀的女司机，因为与前面车辆的小摩擦被警察叫出车外，而突然产生不真实的感觉，尽管这种意外影响不大，而且她也觉得自己没有错，不需要怕警察，但是这种感觉还是产生了。

因为反抗焦虑的自然性防御瞬间就发挥作用，所以焦虑反应通常都被人们忽略。比如，一位朋友，自我感觉是个圣人，当他认为已经给予了朋友很多帮助时，却发现自己曾严厉地对待过这位朋友，他就会变得无节制地酗酒买醉。又如，有个女人认为自己永远讨人喜欢，但是因为一个朋友指责她没有邀请其参加某次舞会，她便感到一阵焦虑，霎时几欲昏倒，但她立刻就反应出情感的需要，她用此法来抑制焦虑。一个男人，因其未完成应该的束缚，而产生了与女人共枕同眠的一种强烈冲动，性能力对他来说是种手段，是被用来感到被渴求以及重建已丧失的自尊心。

与这种报偿相关的“应该”，其具有的某种强制力不足为奇。要是个人生活能与内心指使和谐相处，那么他就能生活得非常顺利，但是，当他被两个相互矛盾的“应该”夹在中间时，或许就会产生毛病。比如，一个人，自我感觉应该是个理想的医生，而且他会把全部时间投到患者的身上，但是，他又应该是个理想的丈夫，需要抽空满足他妻子的需求并且给她带来快乐。当他知道二者无法兼得的时候，于是产生了轻微的焦虑，但是没有加重的趋势，原因是他马上试着用快刀斩乱麻的方式解决问题，他决定在乡下定居，这表示他将冒着整个事业前途受挫的风险，放弃了更进一步的学习机会。

最后，通过分析完美解决了这种两难的情况，但是表现了冲突性的内心指使产生的气馁。有一个女人，无法协调好做一个好母亲与好妻子这两个角色，而后者代表她要忍受酗酒丈夫的全部所为，这种无法协调让她简直快要神经错乱了。

所以，这种矛盾的“应该”不是让人的困扰无法解决，就是让人难以合理地取舍，因为两种需求虽然相对但却具有同等的强制性。一个患者，在跟妻子度短假还是工作之间犹豫不决，导致他好几夜都失眠。他应该满足谁的期望呢？是他太太还是他老板？而他却不会问自己他最想做的是什么。所以，从“应该”的角度说，这个问题就无法作出决断。

虽然有些人对“内在的暴行”及其性质的一切冲击力不了解，但对这种暴行的观点与体验它的方式却彼此不同，而不同的差别就在极端顺从与反抗之间。当在一个人身上产生两种不同态度时，一般情况下会有其中一种占据优势。比如，我们可以预测反抗者的特征，他对生活感兴趣的程度，决定其对内心指使的态度以及体验它的方式。这些差异我们会作讨论，所以就在这里简单地说明一下，对“应该”与禁忌来说，它们是如何产生的。

“驾驭生活”对夸张型的人是十分重要的，此种人可以轻易做到谐调自己与“内心的指使”，而且无论在意识或潜意识上都以他的“标准”骄傲，对它们的真实性，他从不怀疑，而且力求实现它们。也许他会用实际行动去达成它们，他应该拥有别人羡慕的一切，无论何事他都应该比他人理解得更清楚，他不应该犯错，对于任何他想做的事或者应该做的事，他都不应该失败。在他心里，他一切都应该和他所认定的至高无上的标准契合。他的自大让他看不到失败的可能性，即便是失败了也不能让他接受这种可能。对于自己所做正确与否，行为是否合理，他都轻率地持肯定态度，所以他心里面认为自己几乎没有犯过错，而且这种态度异常强硬。

他越在想象中无法自拔，就越不需要实际行动。在他心里，他坚信，不管被怎样恐惧包围他依然会非常忠诚、勇敢，但实际上他是何等不诚实。他对“我应该是”与“我现在是”界限的认识非常模糊，不过，我们中间可能也有人对此界限不清楚。德国有个诗人叫摩根斯坦，是位基督教徒，他在一首诗中简明地表述了这种说法。一个男人，他的一条腿被货车轧断，在医院治疗时，他看报纸时偶然得知车祸发生的街道是禁止通行的，因此，他把整个事件论断为一场梦，他会强词夺理道：不应该发生的事情，就不会发生。你越想反驳他，越会加速上述界限的消失，所以他变得像任何他觉得应该是的人物：好丈夫、好父亲或者好公民等。

爱情，对于一个自谦型的人来说是一件至宝，它可解决任何问题，同样地，他也认为他的“应该”形成了一条不被质疑的规则，可当他满怀焦虑地尝试满足它们时，却发现根本无法做到，这是何等的可怜。所以自我批判在他意识的经历中，是最为明显的元素，这是因为自己在事实上并不是高高在上的人所引发的一种罪恶感。

当其达到顶点的时候，对内心指使的两种态度让个人难以分析自我。当“自大”极端占优势的时候，他会忽略自己的缺点；而当另一个极端占据优势时，过度情愿的罪恶感会引发危险，让他过度洞察那些有压服性作用而没有诱发性作用的缺点。

下面我们要说的是退却型的人。任何事都没有“自由”的概念能吸引他，在三种类型的人中，退却型的人是最容易反抗其内心指使的。自由或者自由的概念对他来说都是非常重要的，不论何种的“强制”在他面前都无所遁形。也许反抗的方式有点被动。他是被迫地去做任何他应该做的事情，不论是工作或阅读，包括与妻子的性关系也是这样，他都是被逼迫的，这些让他在态度或者潜意识上产生了愤恨的情绪，后果就是他对任何外物变得麻木冷漠。就算是把应该做的完成了，其过程中心中也是充满紧张的，这种紧张来源于抗拒心理。

对于自己“应该”的事情，他们会尽力将其彻底放弃，他们会热衷于与“应该”对抗。有的时候，他们甚至会因此而走向极端，认为那些让自己快乐的事情必须要在快乐的时候才能做。他们可能会用非常激烈的方式进行这种对抗。不过大多数对抗都以失败告终。所以，他们要么谎话连篇，喜欢侮辱别人，是一个与正义完全不相关的人；要么表现得态度恭敬、诚恳而又优雅。

对于一个平时非常恭顺的人，如果外部环境出现了某种限制，他也可能会经历一个抵抗期。J.P. 马昆德曾用一种非常巧妙的方式解读这种暂时性的抵抗。他告诉我们,压制这种抵抗是非常容易的，这样的人之所以迟钝又冷淡，是因为在这个人内心的指使内，有一个限制性外在标准的支持者，而且这个支持者的力量非常强大。

最后，有些人可能游荡在对所有标准的混乱抗拒的反对与自责的“真善美”之间。如果你善于观察，你就会发现，这些人心中的痛苦是无法排除的。对于金融和性方面的一些事件，这种人有的时候会显得非常无礼，而且缺乏责任心。但有的时候，他们的道德责任感又会非常强烈。所以每当这种人（对自己的观察感觉不够确切）因为自己的一些庄重肃穆而感到绝望时，会再次相信自己是一个好人，但没过多长时间又感到十分疑惑。对于其他人来说，在“不，我不要”和“我应该”之间，总是要不断地进行某种移动。人们经常会这样想：“我应该把欠下的钱还了。不行，我凭什么要还呢？”或者想：“我应该保持饮食规律。不，我没必要这样做。”这些人经常自然而然地产生一种想法，只不过他们错误地将“应该”出现的矛盾态度归结为一种“自由”。

在各种态度发展的过程中，无论占据优势的态度是哪一种，这些态度中都有很多要被具体化（也就是外移了），被认为是在自我与他人之间的态度上发展起来的，这种变异与被外移的特殊事件和实行的方式不无关系。总的来说，一个人很可能从本质上就将自己的标准凌驾于他人之上，并提出一些苛刻的要求达到这些标准。他们越是认为一切事物的判断标准应该是自己制定的，就越是坚持自己的标准，除了坚持一般的完美之外，还要求别人满足他们自己的特殊标准。一旦别人不能满足这些人的标准，他们就会轻视别人，内心就会感到十分愤怒。更加过分的是，他们因为自己不能满足自己认为应该达成的标准而极其激动，还有可能随时在他人身上发泄自己的情绪。比如，作为一个情人，他并不完美的时候，或者有人欺骗他的时候，他就会对一些让他感到沮丧的人产生敌视心理，还会强化这种敌视的心理。另外，他可能发自内心地认为，他人是自己希望的来源，无论他人是否有这种希望，或者仅仅是自己认为别人对他提出了这样的要求，他们的希望最终都转化成必须完成的任务。他们认为分析者在交谈中对他提出了一项不可能完成的任务，他们经常认为分析者将下面这些感想强加在自己身上：他必须永远保持积极的状态，他应该是有追求、有梦想的人，是一个小有成就的人；对于分析者要求他讨论的事情，他应该一直要讨论下去；对于他们的帮助，他不但应该永远存在感激之情，而且还要将这种感激之情进一步表达出来。

假如他可以确定别人到底想从他那里得到什么，那么他将有两种反应，这两种反应是完全不同的。他有可能去猜想或者估计别人有什么期待，同时还有强烈的欲望去实现别人的期待。此时，他一般会考虑如果失败了会怎么样，想一想人们对他的态度是贬低还是责备。假如他们敏感地感受到了“强迫性”，他们就会感觉自己被人欺骗了，自己的事情遭到了他人的干涉，感到自己被人催促着或者逼迫着。接下来，一股强烈的反抗欲望从他们心底产生，他们甚至会直截了当地对抗别人。如果期望收到圣诞礼物是众人的心态，他的心理活动必然是反对送圣诞礼物，目的就是希望别人的愿望无法实现。他们会在约会或者上班的时候迟到一会儿。对于周年纪念、写信或者答应帮助别人的事情，他们一定会故意忘记。虽然他希望和亲戚们见见面，也认为与亲戚们在一起是一件愉快的事情，却因为被母亲要求准时赴约而故意不去。他会极其排斥他人的请求，他不怕被人指责，而且还非常痛恨别人的指责。他对自己的批判有失公正而且颇具生动性，而且还被他们固执地外移了。他认为，别人给他以不公正的评价。他还会认为别人不断地猜测他心中到底隐藏着何种不为人知的目的。如果他使用了更加具有攻击性的反抗活动，他就会不断显摆，同时还坚信不管别人怎样看待他，他都毫不在意。

想要更好地认识内心的需求，就要先认识因为“被要求”而产生的逆反心理。那些对自我分析特别有帮助的反应，可能就是一些与我们自身感受不匹配的反应。对于有些人的自我分析，自我观察所得出的结论可能是错误的，如果想要认识这些错误，下面的这些例子可能是比较有用的。这是一个关于和我偶然见面的行政长官的例子。他总是忙得停不下来，他的一个朋友在电话中问他要不要到码头去，因为有一名来自欧洲的难民作家要过来。这位长官一直都对这位作家存有敬仰之情，他曾经访问过欧洲，因此，过去和这位作家在社交场合遇见过。因为长官平时将时间都花在会议和其他的工作上，所以他是不可能有时间到码头去的，更何况要挤出时间在码头上等好几个小时。解决这个问题的方法有两种，而且这两种方法都是比较可行的。他可以对自己不能去码头表示歉意，并且提出如果有需要帮忙的地方，可以找他；另外，他也可以回复他的朋友说："我要好好看看我的行程安排才知道有没有时间。"但他没有采用这两种好方法中任何一个，而是非常不客气地表明自己非常忙，不管谁要过来，他都不会去码头迎接。

没过多长时间，他就后悔自己所说的话了，所以他立刻查找作家的地址，希望能在作家需要的时候给对方提供帮助。这件事不只是让他感到后悔，还让他感到疑惑。他把那位作家想象得过于高贵了吗？真是这样吗？他非常确信，他将那位作家当作贵客。他没有自己想象的那样愿意帮助他人吗？果真如此吗？如果他真是一个乐于助人的人，那么当别人要求他证明自己的友善时，他会感到疑惑和愤怒吗？

他对自己的分析是没有任何错误的。因为在他的理想世界中，他视自己为人类的恩人，所以对他来说，怀疑自己是否真的是一个大方的人，是一种非常明智的做法。不过，他当时并不是那么慷慨，可他很快又认为这种说法是错误的，他想起来他曾经也表示自己愿意帮助别人。他的大脑中正想着这些事情的时候，突然又开始想另一个问题。他应该主动地作出愿意帮助他人的决定。可实际情况是，别人先请他提供帮助，他才这样做的。所以，他认为自己当时认识到了有人给他增加了一种不平等的负担，这种负担就是有人请求他这样做。假如他很早就知道这名作家要来这个城市，他一定会想是否提供帮助这个问题，也一定会到码头迎接这名作家。诸如此类的事件，他想起了不止一件，有的时候如果别人请他帮忙，他就会非常生气。他还认为，被人逼迫着做或者成为一种负担的事情是非常常见的，然而实际上，这些事情只是他人的一种请求，或者是他人提出的一种建议而已。对于一些争论或者责怪的事情，他会感到暴躁，他在思考这个问题之后得出一个结论：他有支配他人的欲望，他是一个恃强凌弱的人。因为人们常常把这种反应错误地当作有支配欲，所以我们要在这里讨论这个问题。他从自己身上看到的只是对批评和被逼迫过于敏感而已。因为不管怎么样，他都感觉有人将他束缚起来了，所以他才不能忍受强迫。因为他认为别人对他的批评太多了，所以他才对批评感到难以忍受，不管是谁的批评，他都不想再听了。真的只是这样而已。我们在讨论这个问题的时候可以继续沿着怀疑自己的友善而放弃这条思路。总之，因为他可以帮助别人，他才是乐于助人的，这与他拥有人性中相当抽象的爱无关。他知道他对人的态度有分裂性。他内心的冲突可能因为任何一种要求而产生，这是因为实际上的分裂性要比他所知道的还要严重。他不能接受任何人对他的逼迫，但他知道，对于别人的请求他应该是要答应的，而且是痛痛快快地答应。因为他在解决问题时感到非常为难（这是一种情感矛盾），所以才有脾气暴躁的表现。

随着人的经历方式或者人的反应的变化，“应该”对生活方式和人格的影响也不同。虽然表现的程度有大有小，但有些影响是必然发生的,而且还具有一定的规律性。“应该”时常让人感到紧张，如果一个人想要将“应该”付诸实践,那么他的紧张程度就比较大。比如，他可能感觉自己似乎一直脚尖点地，这种疲惫的站姿维持了很长时间，这让他感到非常痛苦。他可能莫名其妙地就感觉到有什么东西让他困扰，感到紧张和不安。他可能认为，“应该”与他的教育期望态度要保持一致，他可能感觉这种紧张感已经微小得几乎察觉不到了。但当他感受到强烈的“紧张”时，他就不再积极参加各种活动，对于自己应该履行的义务，他会在履行的过程中悄悄地退出。

另外，由于客观因素的作用，“应该”经常通过特定的方式给人际关系增加麻烦和困扰。对他人批评的过度敏感就是这方面最常见的例子。不管是预期的责怪还是实际发生的责怪，不管这种责怪是否友善，他都认为自己要遭受他人的谴责，他一定会尽量避免这些责怪和批评，因为他对自己提出了过于苛刻的要求。他会因为不能达到自己的标准而痛恨自己，如果我们知道他在此时有多痛恨自己，我们就可以知道他有多敏感了。至于其他方面，外在的客观因素是比较占优势的因素，决定人性关系障碍的类别，他对别人是过于顺从、过于激烈、过于担忧、过于苛刻还是过于挑剔，都是由这种人际关系障碍决定的。

最重要的一点是，人的情感、期望、想法以及信仰的自发性，如表达情感和理解的能力等，都会被“应该”弱化。（用一位病人的话来说）这种人的行为最多只能算得上是“本能的强迫性”，他们在表达自己的感受、期望、自己相信或者思考的事物时，应该是“无拘无束”的。我们一直认为自己只能控制自己的行为，无法控制自己的情感，这只是一种习惯性的想法。在人际交往中，我们不能强迫一个人喜欢他的工作，却可以强迫他从事某种工作。同理可推，我们可以让自己立刻装作没有任何犹豫的样子，但不能让自己的内心真正地相信我们已经是这样的了，这一点是没有任何疑问的。如果我们还想要继续证明，可以从精神分析中得到大量资料。不过，这些有关情感的定则是由“应该”得出的，但“想象”一定会产生作用的，会消灭“我现在的感觉”与“我应该的感觉”之间的界限。因此,我们可能顺其自然地感觉到或者相信，就像我们应该感觉到或者应该相信的那样。

病人在分析中如果认为自己受到了虚假情感的欺骗，就会无意识地颤抖，也可能经历一段“迷糊期”，这期间虽然是痛苦的，但也是非常有建设性的。比如，有位女患者认为，她之所以主动喜欢人，是因为她感觉自己“应该”对所有人都有喜欢之情。她可能会这样问自己:“我确实喜欢我的父母、我的丈夫、我的学生吗?我对每一个人都有喜欢之情吗？”我没有办法回答这些问题。想要解决诸如恐惧、疑惑、痛恨（有的时候，“应该”还将这些情感掩盖住了）这些妨碍人们抒发真实情感的问题，就需要让它们显现在眼前。因为病人的“求真”就是从这里开始的，所以我说这是一段有建设性的时期。

内心指责压制自发欲望的程度是令人震惊的，一位病人写下了这样一段话，描述了她发现“应该专制”行为后的情况：

我知道，任何事物都不能激发我的渴望，对我来说，死亡都是一种奢望，更何况那些美好的生活！究竟是哪些因素困扰着我？直到现在我才知道。正是因为我没有什么渴望的事情，所以就算我将耐心、伤心事和纯粹的意志力摆脱了，我还是不能将我的梦想放弃，还是不能解决我自己的事情，也不能忍受或者控制容易发火的性格，我不能让我变得更加仁爱。

我真的不能让自己对某一种事物产生感觉，我现在真的发现了。（真的就是如此，我知道我神经过敏，而且还非常明显。）我对痛苦的了解是非常彻底的，内在的愤怒、自卑、绝望和自艾自怜堵塞着我的每一个毛孔，这种情况已经持续了六年！所有的事物都是反动的、被逼迫的、消极的，所有的事物都是来自外面的欺骗，我现在是彻底知道这些了。很明显，我有着一颗空洞的内心啊！

有些人将善良、友好和神圣作为理想的形象，这些人的“虚幻情感”表现得最明显。温柔体贴、慷慨大方、受人欢迎、专注钟情、同情他人是这些人应有的品质，所以他们的内心也应该有这些特质。他们似乎要将善良和钟情的品质表现在自己的一言一行中。他们应该拥有让别人在短时间内相信的能力，因为他们相信自己就是这样的人。在环境许可的条件下，这些虚构的情感应该是一直保持着的，而且不会遭到他人的怀疑，因为他们本身不需要有支持力,也不需要有一定的深度。吴夫人是《群芳亭》中的人物，当她怀疑自己的真实情感时，要么是她遇到了一位十分诚实并且感情真挚坦率的男人，要么就是在她家里有困难的时候。

“定做的情感”没有什么稳固性，没过多长时间就会消失，在其他的方式中可以看见它的浅薄。当有人伤害了他的虚荣心和自尊心时,“毫不关心”“怨恨”“鄙视”很快就会占领“爱情”之路。此时，人们不太可能自我检讨:“我的思想和情感怎么这样轻易就发生了变化？”更可能简单地认定，人性方面的一些问题非常容易让一个人感到失望和挫败，还可能认为自己并没有真正地被人相信。这句话的意思并不是人们没有足够的心胸包容一些生动而剧烈的情感，这只不过在意识层面上表现出一种真实性和说服力比较欠缺的说辞。长久以来，人们对他们的印象一直都是难以猜透的、虚幻的，用更通俗的话来说，就是让人感觉他们是“骗子”。唯一不能掩饰的真实情感就是突然之间爆发的愤怒。

还有一种行为是非常极端的，在这种行为中，残酷和无情都被过分地夸大了。对于一些神经官能症患者来说，有关自信、悲悯、温顺之类的感觉的禁忌和其他人在报复、敌视方面上的禁忌是一样大的。在这些人看来，他们相信自己不需要人际关系，所以不管缺少哪一种亲密的人际交往，他们都能够生活下去，他们没有任何担忧的事情，对一些与此没有关系的事情也关心不起来，因为他们不需要任何享受。所以他们虽然是缺乏情感的人，却不是被扭曲的人。

在这两种极端与从“内心指使”产生的情感之间，后者并不完全如前者合理。“内心指使”产生的法则可能是矛盾的：你根本不能逃脱掉牺牲，因为你是一个富有同情心的人。你应该是一个极度残忍的人，因为你需要复仇。最终的结果是，他有的时候是非常仁爱的，但有的时候他又是非常冷酷无情的。对于某些人来说，如果他们的期望与感情被阻止了很多，他们普通的情感就会消失。比如，他们想将一些限制加在某些事物上，所有活跃的期望都可能被这些禁忌掩盖住，而且还会普遍限制他们的独立行事。有些原因可能是，他们的普遍要求是因为这些限制才发展起来的；还有一些原因是，他们认为自己有让生命中的每件事情都公之于众的权利。后来，有些怨恨因为这种要求而产生，“我们要忍受生活”将在最终终止这些怨恨。

在这些普遍的“应该”与其他损害之间，人们不太容易发现前者对人们情感造成的损害。事实上，人们总是要求自己成为一个完美的典范，这种“应该”就是为之付出的最高代价。我们生命中最灵活、最具有生命力的一部分就是情感，如果情感被专制、被独裁控制，那么我们的基本生活将会非常不稳定，它一定会对我们自己和我们与外界的关系产生非常不利的影响。

内心驱使的力量到底有多大？我们根本就估计不出来。在一个人的心中，如果实现理想化的自我驱动力越占优势，那么在驱动他、督促他、改变他的动力中，“应该”就越有可能成为唯一的。当“应该”的一些阻碍效果被一个远离真我的病人发现时，他仍然很难将这些所谓的“应该”放弃掉。在他看来，如果没有这些“应该”，那么他就什么事情都做不了，或者什么事情都不会做。有的时候，为了表达出这种关系，他可能会有以下这些说法：他内心感受的具体表现（外在表达）就是如此，他认为一个人没有办法让他人做出正确的事情，除非使用武力。所以，对于患者来说，一旦“应该”的思维方式已经深入骨髓，那么他根本不会放弃这种主观的价值，除非他自身内存有的另一本能力量被他体验到。

“应该”的强制力的能量是非常大的，我们在了解这一点之后会产生一个疑问，第五章将会讨论这个疑问：当一个人发现他内心的指使不能被满足时，他的反应是什么样的？对于这个问题的答案，我先作一个简单的提示：因为他内心的指使不能被满足，他将对自己产生怨恨和轻视之情。实际上，除非我们知道“应该”与自恨之间相混合的程度，否则“应该”这种压力到底有怎样的强大力量，我们根本就不能完全了解。这种自恨应是在“应该”背后隐藏的，并且可以使“应该”成为一种真正的恐怖的力量，因为惩罚性自恨的表现就是这种“应该”的震撼力。

第四章　病态的自负

神经官能症患者总是浪费很大精力追求完美，他们坚信自己是能够追求到完美的，在某种程度上，这是一种冒险行为。尽管他们如此追求，他们还是没有得到自己想要的自尊和自信。在他们的想象中，自己和神明是一样的，然而他们不能像牧羊人那样自信、纯朴和天真。他们可能因为地位和名誉的提升而感到骄傲，但这并不能让他们内心感到安全。他们还是感觉到别人并不需要他们，也不重视他们，所以这样的人非常容易受伤，他们需要进一步努力，这样才能证明自己的价值。如果权势为他们所控制，他们就获得了影响力，获得了人们的尊敬和称赞，就能够感受到生命的意义，也因此而变得更加坚强。然而在有些场合，这种让他们兴奋的感觉会消失，比如，他们独自一个人的时候，遭受到挫折的时候或者在一个不熟悉的地方失去他人的帮助时。

在神经官能症患者的发展中，“自信”到底扮演了怎样的角色？让我们来观察一下。显而易见，外界的帮助可以帮助小孩子发展自信心。被关心和照顾、受到人们的欢迎和温暖的感觉都是小孩子所必须得到的。他们还需要一个能够鼓励自己行为的环境，这个环境应该是值得信任的，也应该是具有建设性惩罚功能的。当这些因素都齐全的时候，人的“基本信赖”就可以产生。玛丽·拉塞的经典术语对此的描述是“一种对自我和他人的信赖”。不过实际情况正好与之相反。如果发生了一件有伤害性结果的事情，这对小孩子的健康成长是非常不利的。在第一章，我们已经讨论了在通常情况下，这些因素会有什么影响。所以，我要在这里补充说明，使他很难获得适宜的“自我评价”的原因到底是什么。盲目崇拜可能让他感觉自己被人赞赏、喜欢或者需要，所以他因此而感到非常有意义，但这只是他的父母亲对崇拜、特权或权力的需要被满足了而已，并非是他个人方面的原因。有一些追求至善至美的规定是非常严格而苛刻的，他的自卑感就是因为不能够满足这些要求而产生的。比如，在学校里，良好的成绩和文明的行为举止被认为是必须达到的，所以有些学生受到惩罚的原因就是成绩不好或者一些行为比较恶劣，有的学生之所以被嘲讽可能就是因为他们的行为太过特立独行。有的学生可能很少感受到温暖，也没有什么兴趣爱好，加上学校制定的高标准因素的影响，他们就会产生羞耻感，感觉自己没有受到关爱，他们会认为自己一无是处，唯一的出路就是改变自己。

有些神经官能症是很多早期不适的因素导致的，他生存的重心会因为这种神经官能症的发展而被削弱。他会因此而感觉被割裂了，从此变得脱离自我，或者变得比较疏远。“为了超过别人，提升我心中的自我”是非常残酷的观念，这种观念对他造成了某种损害，他的理想化自我就是对这种损害的补偿，也就是对自我的一种期望。这就像故事“魔鬼协定”中讲的那样，他没有得到自信，只是得到了幻想中的荣耀，当然有的时候也可能得到现实中的荣耀，他最终得到的礼物是耀眼的，也是让人倍感怀疑的，这个礼物就是存在心理问题的一种自负。我们可能感觉这两种东西非常相似，所以很多人都混淆了两者的差异，也无法了解两者的差异。比如，韦伯斯特在旧版本上就这样下定义：现实或者想象中的优点让人产生自负心理。有一点区别是，他们用“自我尊重”描述想象的实际中的优点，这样一来，两者之间的区别就不那么重要了。

大部分病人认为“自信”是由众人渴望的一种神奇的物质产生的，是没有缘由的，这也是不能区分两者的原因。在纯粹逻辑推理的层面上，他们希望分析者这样做：用一些方法将自信慢慢地灌入他的内心。说到这里，我想起一部动画片，有一只兔子和一只老鼠都被注射了“勇气针”，所以它们的身体比平时大了五倍，它们也因此而拥有了不屈服和英勇的精神，不管是什么人、什么事，它们都无所畏惧。有的病人可能就希望分析者给他们也注射一支“勇气针”。一个人的积蓄、财产、金融状况和他的生存能力之间是存在因果关系的；一个人的自信和他的优点之间是存在因果关系的，后者的因果关系非常紧密，丝毫不亚于前者。有的病人可能并不知道这种因果关系（也有可能是因为过于焦虑而真的不知道了）。人们在经济上取得安全感的原因是上面说到的那些因素都得到了满足。我们换一种方式来解释这个问题，在下面这些实质性的因素满足的情况下，一个渔夫才能拥有自信心：渔网比较先进，熟知天气如何变化，捕捞船的功能齐全，渔夫自己身体健康而且水性较好。

我们不同生活的文化背景将产生某种程度上的差别，所以我们每个人的优势都各不相同。例如，以下特征都是一些接受西方教育的人所拥有的：不依靠外界的帮助而是依靠自身具有的条件，对自己负责，自主性强，有自己的想法并且能依靠这一点行事，能够如实地评价自己的资产、负债，能够清楚地认识到自己的不足，有能力，性情坦率，有能够建立和维护良好人际关系的能力，等等。如果一个人没有完全具备以上这些因素，那么他所拥有的自信就是不稳固的。如果以上这些因素都具备了，一个人就能够将自信的感觉用比较主观的方式表达出来。

同理可推，具有现实意义的品质也是正常的骄傲的基础。对非一般成就的最高敬仰就可能是正常的骄傲，如因为做好一件事而感到骄傲，或者因为品行良好而感到骄傲。正常的骄傲可能是对自身价值更为普遍的认识，也是一种更加高级、更加温和的感受。

我们认为，对于神经官能症患者来说，他们的自负对于“伤害”的过于敏感就是“正常的骄傲”走向极端的发展。两者的主要区别不在于量而在于质。神经官能症患者自负的因素是完全不同的，这些因素都是支持个人自我的，是一种荣誉化的、虚幻的自负。外来的资源，如声望的价值，可能是神经官能症患者自负的一大因素，神经官能症患者自负的因素还可能包括个人独一无二的能力或者品质。

“声望价值”的自负是神经官能症患者各种自负中最接近正常的。比如，我们的传统观念认为，人们在以下条件下会感到骄傲：自己的家庭比较有声望，是本地人或者是南方人，属于比较有声望的政治或专业团体中的一员，曾经见过比较著名的人物，或者有一个漂亮的女朋友，或者有一辆高级的轿车，也可能是具有灵活处事的能力等。

在神经官能症患者中，这种自负是最不典型的。对于许多有心理障碍的人来说，这些事情并没有什么特别的，正常人也是这样认为这些事情的意义的。如果真的对其他人有意义，这种意义也小得可以忽略不计。但这种自负对一些人是非常重要的，以至于他们被这种体现声望价值的精神自负束缚住了，自负影响到他们生活的各个方面，自负奴役了他们的大部分精神。对于这些人来说，加入重要的机构或者加入一个声誉非常好的团体是非常必要的。他们“合理化”了自己的兴奋活动，而且他们有一个可以令自己不断前进的好借口，那就是合理的期望和真实的兴趣。他们可以因为所有能够使这种声望增加的事物而感到发自内心的愉悦。对于他们来说，团体是增加个人声望的一种方式，如果这个团体的声望减小，或者这个团体遭受了挫折，他们的自负就会受伤。下面我们就来讨论这个问题。比如，如果一个人的家族中有智力不足的成员或者有一个没出息的成员，他的自负就因此而受到不小的打击。不过，大部分内容都暗藏在亲戚间的表面情分里，所以我们从外表上可能并不能看出什么来。再比如，很多女人不会在没有男士陪伴的情况下去看戏或者去餐厅就餐。

有些人类学家曾经说过，原始人会因为自己属于一个团体而感到骄傲，对于一些人来说，他们的某些行为与原始人的这种骄傲是非常相近的。所以，原始人的自负是将集体荣誉当作自己的骄傲而产生的，并不是因为个人原因而产生的。看起来神经官能症患者与原始人自负产生的某些过程是相同的，但实际上，二者之间是存在差异的，神经官能症患者并没有所谓的团体“归属感”，也没有将自己视为某个团体的成员，他们只是用团体的声望来增加自己的声望而已，所以他们与团体基本上没有关系。

他可能心中认为自己因为声望的波动而起伏，他可能一生都在想象或者追求声望，尽管如此，在一般情况下，人们也都认为这不是一个心理问题，没有必要对此进行分析。因为这样的事情太常见了，常见到可以将其看作一种文化模式的程度，也有可能因为分析者自己也有这样的病症。这的确是一种疾病，有的时候，人们可能会被这种疾病毁灭，因为它让人沉溺于投机中，把人的整体性破坏了。这绝对是不正常的，而且这是一个非常严峻的问题。实际上，只有那些非常自负而又与自我非常疏远的人才会出现这样的问题。

另外，神经官能症患者特殊理想中的人和他们在自己想象中具有的特性,都充斥着这种自负。心理自负的特性在此方面更加明显，神经官能症患者并不以自己是人而感到骄傲。在我们知道他们对自己的错误作何想法以后，就不再惊讶于他们会因为自负而将不足和困难掩盖住了。他们极有可能不将自己的长处作为可以骄傲的资本，对于自己的优点，他们也许只有并不太清楚的认识。他甚至否定自己的优点。就算他承认了自己的一些优点，他也不认为这对他很重要。比如，分析者将他们生活中展现出来的坚强品格提出来，或者告诉他们“你一定能够写一本不错的书，甚至在有很大的困难下你也能做到”时，或者提到他们较强的工作能力，希望能够引起他们的注意时，或者分析者提出其他类似于这样的情况时，他们可能会耸耸肩，看起来对这些赞美之词并不感兴趣，不管他们真的不在意还是装作不在意，他们都会认为这和自己没有关系。所有劳而无功的事情都是他们不赞成的。比如，虽然他们曾想要认真地、发自内心地分析自己，但最终他们会放弃对痛苦根源的寻找。

一个比较典型的例子就是文学家易卜生笔下的皮尔·京特。皮尔·京特以“真实的自我”为骄傲，但实际上这正是他所没有的，当然他也不认为自己因具有冒险精神和高超的智慧而值得骄傲，也不关注自己拥有很多的资产和坚强的生活力。实际上，在他的观念中，他已经是理想化了的自我，而不是现实中的自我，这种自我所拥有的权力和“自由”都是无限的。总而言之，他们最高尚的生活哲理是没有边界的“自我中心”。

像皮尔·京特这样的病人有很多，这些人希望把自己想象成智慧超然的指挥官或者圣人，希望自己具有绝对镇静的品质。虽然这些都是想象，但对于他们来说，如果自己与这些特质有一丝偏差，他们就感觉自己失去了“个性”。“想象”的作用之一就是使搬运工（想象者）轻视街上的嫖客和娼妓，所以，无论“想象”应用在哪一方面，想象本身的价值必须是无上的。“真实所在”是病人们不可能谈及的，他们对实际情况的描述必然是非常模糊的。比如，有这样一个要求的标准非常高的病人，他希望自己能够得到别人的帮助。他刚开始对“要求”持有非常坚定而明确的立场，在他看来，这是可耻而又离谱的。但过了一天以后，他又开始自负了，他认为“要求”可以称得上是非常优秀的精神作品。最终他想象中的自负战胜了荒唐要求的真正意义。

更为常见的是，自负不只是想象的附属物，还应该是精神过程的附属物，这些精神过程包括意志力、理性和智力。神经官能症患者认为自己拥有的力量是无穷尽的，但这种无穷尽的力量只是想象中的，并没有什么奇怪的。这种幻想中的力量将神经官能症患者迷惑了，让神经官能症患者以此为骄傲。在他们的想象中存在一个理想化的形象，但这种形象绝不是在晚上做梦的时候产生的。不断地将自负合理化、客观化（大都在潜意识里的）是想象和智力的任务，为了调解矛盾，想象和智力还要不断地为自负寻找各种理由。患者个人的虚构世界基本上就是用这种方式才保持下去的，简单地说，就是找到一件适合真实想象或者幻想的外衣。一个人的意念随着他与自己的疏远而更加现实。（每个人的灵魂都会因为他离开自己的思想而不复存在，如果一个人远离了他的思想，他就不再是他自己了。）这和夏洛特夫人极其相似，夏洛特夫人想要看清现实中的自己时，必须要照镜子，不然她都不知道自己的长相。更确切地说，她对自己和世人的想法，必须借助镜子才能看清。这一点正好说明为什么不只是从事智力探求的人存在主宰思想或智力方面的自负，神经官能症患者身上也会出现这种自负。

神经官能症患者表现出自负的原因可能是他们认为自己有特权和能力提出“权力要求”。比如，他们会因为虚幻世界的固若金汤而感到骄傲。从生理的角度分析，他的身体可能没受任何伤害，也没有遭受过任何疾病；从心理角度分析，他感到他曾经受到了伤害。还有一些人以上帝宠爱自己为傲，或者以自己的运气好为傲。实际上，人们有很多事情都是值得骄傲的，比如，从疫区回来却没有被感染，在赌场上的运气非常好，或者在赌场上从不失手，每次出门都是好天气，等等。这些事情都是值得骄傲的。

对于神经官能症患者来说，自负的主要问题就是有效地维持个人权益。有些人有一种认为自己有特权可以不劳而获的想法，假如他可以通过操控他人而得到金钱，或者让别人主动帮他，或者让自己获得免费的医疗服务等，那么他将感到非常骄傲。这些人认为自己可以控制他人，他的自负在有些时候会受到非常严重的打击，如有人不听从他们的告诫，有人没有事先向他们请示就自主作出决定等。还有一些这样的人，他们认为当自己遇到苦难的时候，自己有迅速走出困难的特权。他们为自己的宽容和同情感到骄傲。但如果其他人在挑毛病，他们就感觉对方在打自己的脸。

神经官能症患者的自负是为了满足“内心驱使”而产生的，这种自负从表面上看是非常坚强的，但由于这种自负与为自己寻找借口的理由紧密联系在一起，所以实际上这种自负和他们自己一样非常脆弱。一位女性以自己是“无可挑剔的母亲”而感到非常骄傲，但能够满足她骄傲的环境只有想象。一个人认为他特别诚实是值得骄傲的，那么他不太可能公然地撒谎，但在他的潜意识和无意识中，欺诈心理却是十分普遍的。有些人以自己无私奉献为骄傲，他可能不会明目张胆地对人提出要求，但他还是可能会欺骗他人的，所使用的方法就是利用自己的痛苦和无助，有些行为在正常人看来属于争强好胜，但在他们看来却是谦虚的。因为神经官能症患者的“应该”只是他们的一个目的,所以这种“应该”没有任何客观价值，完全是主观的。所以，不要求或者不接受各种帮助是神经官能症患者的一种骄傲，这在社会工作中是一个非常明显的问题，因为他们不管这是不是聪明的做法。当然，有的人认为从砍价中得到实惠是值得骄傲的，但也有人不这样想，他们认为不占便宜才是值得骄傲的。这些人的意愿决定他们的骄傲，他们要么认为不占便宜是对的，要么认为自己获得实惠是应该的。

所以，“强迫性标准”是受自负影响的，它所具有的高傲性和严重性都可以用此来说明。当他们了解了“善”与“恶”之后，就感觉自己如同神仙一样伟大。蛇告诉亚当和夏娃，他们吃了苹果以后就如同上帝一样能够识别善恶，神经官能症患者的情况就与此差不多。神经官能症患者的标准非常崇高，所以他们认为自己的道德品质高尚，将自己视为道德教育的奇迹，当然他们这样想的时候没有考虑自己的行为和实际。至于他对声望的破坏性渴求，可能在分析中已经意识到了，同时他可能也认识到了自己具有报复心理，自己不重视事实。不过他不可能因此而变得谦虚。他自认为自己是一个道德高尚的人，却不能因为认识到以上问题而稍微减少这种想法。这些缺点是非常明确的，但他并不认可。他的自傲不是因为他本身具有道德感，而是来自“他应该怎样做”。

自责是没有用的，他可能暂时了解了这一点，甚至还对荒唐的自责感到诧异。他不能宽恕自己，虽然处于对自我的需求中。最终的结果就是他备受折磨，但那又能怎么样呢？难道他的痛苦没有证明他高尚的道德？因此，他认为值得用痛苦保持这种自负。

我们在研究神经官能症患者的特征时，是从个别神经官能症患者的普遍性开始的。我们在刚开始的时候可能感到这一切太模糊了，根本看不清楚。我们发现自负几乎笼罩着所有的事情，一个人身上非常显著的优点却被另一个人当成缺点并引以为耻。一个人认为行为粗鲁是可耻的，认为宽宏仁德是值得自豪的，但另一个人却以自己性情粗俗为傲。一个人的自傲来源于说大话，但另一个人却认为这是可耻的。有的人认为怀疑他人是值得骄傲的，有的人则认为信任他人才是光荣的。这样的例子不胜枚举。

这些过程都是潜意识的，我们可能想起易卜生《皮尔·京特》这本书中提到的巨人。对于这些巨人来说,大的看起来就像是小的，黑的看来就像是白的，脏的看起来像是干净的，丑的看起来像是美的。最有意思的是，易卜生在说明这种价值的颠倒时，和我们使用了同样的方法。易卜生说，皮尔·京特所生活的世界是自我满足型的，如果你生活的世界和他差不多，你在看待自己的时候就无法做到公正客观。真实和虚幻之间是没有连接的，因为它们之间的差别太大，以至于它们根本就不能有任何妥协。这样你看待自己的时候就无法做到真实客观，你的生活就如同在想象中一样，你就生活在强大的“自我中心”中，你就会将自己的价值浪费掉。那些巨人的价值尺度已经被倒置了，你的价值尺度也将如此。这一章原本要讨论的中心问题就是这一点。我们不关心自己的真相的时候，就是我们不再追求荣誉的时候。不管神经官能症患者的自负属于哪一种，那都是错误的。

当被自负影响的趋势被分析者们了解了以后，分析者就会明白，实现理想的自我必须要依靠这些趋势。因而，分析者就会观察病人，看看究竟有哪些固定的要素隐藏在病人表现出的行为中。神经官能症患者的自负隐藏在行为特点的主观要素中，而且两者之间存在一定的关系。分析者想要准确地得知其中一种要素是什么，只要知道另一种要素就可以了。这两种要素中必有一种是非常惹人注意的。这种因素对病人究竟有什么意义？这可能是分析者并不了解的，所以，在刚开始分析病人的时候，分析者要让病人表现出他的自负，所使用的方法就是用讽刺的言辞刺激他，或者让病人感到挫败。这样分析者就可以推断出，这种自负在神经官能症中究竟扮演了何种角色。

对于分析者的治疗过程来说，了解病人特有的自负是非常必要的。如果态度、驱动力、反应被病人无意识地或者自然而然地当作可以骄傲的地方，那么他们就不可能把它当作一个需要解决的问题来看待。例如，当病人知道自己想要拥有一种用智慧战胜他人的能力时，分析者就因此可以知道病人的真正兴趣了，同时分析者还会认为这件事并不需要被证实。这是一个需要被解决的问题，也是最后一个需要被克服的问题。他知道这种趋势有一定的强迫性，也知道这种强迫性会引起人际关系方面的问题，还知道很多具有建设性目的的精力都被浪费了。这些病人是没有自知能力的，他们因为自己可以“以智取胜”而感到相当优越，他们在私下里还引以为荣。所以，病人关注的是让他“以智取胜”没有成功的因素，分析这种“趋势”是让他无法提起兴趣的，所以分析者的目的是不同的，他们在评价上依然存在差异，这直接导致二者之间产生摩擦，在分析的过程中，他们都只在意自己的目的。

神经官能症患者的自负依赖着的基础就像一捅就破的纸糊的窗户一样不稳固。从我主观的经验来说，神经官能症患者因为自负而变得容易被中伤，当自负对他们造成困扰的时候最为明显。从里到外，这种自负都可能被伤害。屈辱和羞耻是自负受损后的两种典型反应。如果有悖于我们自负的事情出现了，不管是我们感受到的、想到的还是做到的，羞耻感就会自然而然地涌上我们心头。当我们没有达到自负对我们的要求时，或者我们的骄傲被别人伤害时，我们内心就会产生耻辱感。有些屈辱和羞耻的反应是不合时机、不合地点或者不匹配的，不管面对哪一种反应，我们都先要弄清楚这两个问题：受到伤害的是哪种特殊的根本的自负？这种反应是在哪种特殊的情况下引起的？我们没有办法立刻解释这两者之间的密切关系。比如，分析者知道，手淫会引发那些对问题持合理、敏感态度的人的羞耻感，但另一些人则不这样认为。似乎究竟哪些因素引起人的羞耻感，是一个非常容易回答的问题，然而事实真的是这样吗？对于不同的人来说，手淫的意义是不一样的。与手淫有关的因素非常多，分析者不可能立刻就知道和羞耻感有关的是哪一个。对于一些病人来说，手淫和爱情是没有关系的，这是不是说明这种性行为正处于倒退中？有的人从性交得到的满足并没有手淫大，这有没有可能把人们与爱情有关的想象扰乱？这是一个与幻想相伴而发生的问题吗？这是不是说明病人有那方面的需要？对于正常人来说，这算是太过放纵了吗？这是否意味着人们失去了自我控制？第二个问题是，手淫究竟伤害了哪种自负，不过在研究这个问题之前，分析者必须要对这些因素与病人之间的相关性了如指掌。

弄清楚耻辱和羞耻的原因是非常必要的，我们可以再用一个例子说明。对于很多未婚女性来说，即使是比较开放的女性，她们的潜意识中也因为自己拥有爱人而羞怯。如果遇到这样的案例，确认她的爱人是否伤害了她的自负是最重要的问题。如果真的是这样，那么她的羞怯是如何产生的？是她的爱人不够迷人，还是她的爱人不够专注？还是因为她的爱人用极坏的态度对待她？还是因为她对她的爱人太黏糊了？女人有一种特有的羞怯感，这与爱人的身份和人格没有关系，是因为这种羞怯感的缘故吗？如果真是这样，那么结婚对她来说，只是一种简单的声誉问题吗？再比如，对于有了爱人但还是单身的人而言，这能够证明她们的吸引力不够吗？这是一件可耻的事情吗？还是说她们应该超越于性欲之上，做一个守贞的处女？

一般来说，一件事情可能引起一种反应，可能是耻辱，可能是羞怯，但其中的一种反应还有可能自然而然地转变为其他感情。假如情人或者丈夫把我们的愿望忘记了，或者对其他女人感兴趣，或者沉溺于工作或个人的嗜好中，那么我们的骄傲就会受到伤害。在我们的潜意识中，所有能够感觉到的都是因单相思而产生的悲伤。失望是程度比较轻的感受。不过从我们知觉的角度来说，奇怪的焦虑、困惑都是羞耻的体现。这些感觉甚至能转变为罪恶感，这种转变是非常重要的，我们很快就能了解的一些罪恶感就是因为这一点。比如，如果一个人无意识的托词非常多，或者被一些不太重要且没有什么伤害的谎言烦扰，他就会感到有一种犯罪感。因此，我们可以认定，相比于实际的真诚，他更关心表面的真诚，当那种最高且绝对的真诚想象无法保持住时，他的自负就会受到伤害。再比如，一个以自我为中心的人因为不体谅他人而产生罪恶感，那么我们首先要判断他的罪恶感是因什么而产生的，我们要确定有没有可能不是因为他感觉美德被污染而产生的，而是因为他诚恳的懊悔而产生的，也就是说，因为他不能按照自己期望的那样去对人慈悲而产生的。

另外，也许我们的潜意识根本没有感觉到这些反应，不管这些反应是已经转化的还是直接的，我们可能只是对这些情况的反应有所了解。很明显，憎恨和愤怒是在这些“再次反应”中的，暴躁可以转变为愤怒,甚至进而转变为无端而强烈的愤怒。一般来说，观察者很容易确定自负和愤怒之间的关系。比如，一个人愤怒的原因可能是他的老板对他太过傲慢，可能是因为一个司机把他骗了，不过这些让他愤怒的事情都只是一些小事。这个人一定知道，如果自己看到了别人的恶行，他一定会感到非常生气。对于观察者(比如,分析者)来说,需要了解的是这件事情伤害到了他的自负，他感受到了耻辱和愤怒。病人知道自己的反应非常大，他也许会承认这是最有可能的解释。病人可能认为他的反应不能称得上过分，而且认为这是一种正常的反应，因为让他感到愤怒的人是蠢笨和邪恶的。

并不是所有无端的“敌意”都产生于自负受损，不过人们对它重要性的认识显然是不足的，这个可能性应该被分析者记住，最好永远都不要忘。病人的一些反应尤其要特别关注，这些反应包括：在整个分析进行中表现出的反应，对分析者的反应和对解释的反应。如果诋毁、蔑视、耻辱这些倾向表现在敌意中，就更加容易辨认与自负受挫的关系。报复的直接法则就是如此，如果这些法则不为病人所了解，病人就会感到耻辱，此后他们就会侮辱别人。可见，此时继续与病人讨论“敌意”的问题，就是在浪费时间了。分析者必须把问题直接摆明，直接深入病人心中所认为的敌意问题，同时还要给他合理的解释。有的时候，分析者在刚开始所触及的问题都是无关痛痒的，这时就会出现一种非常常见的现象，病人会有一种侮辱分析者的想法或者冲动。此时，在病人的潜意识中，分析本身就是一件让他们感到耻辱的事情，怎样让这种关系直接表现出来就是分析者要做的事。

很明显，因为意料之外的结果超出了分析，所以我们无法预料到分析中将要发生的事情。我们一般认为，自负受损将要导致攻击性行为的发生，如果这样，很多伤痛就可以因此而避免。所以当我们大力帮助自己的亲朋好友之后，如果他们仍然非常令人讨厌，甚至忘恩负义，我们大可不必为此而心烦，而是应该这样安慰自己：他的自负因为接受了我的帮助而大大受损。这时我们应该根据实际情况想办法帮助他，我们可以与他谈谈此事，也可以想办法维护他的自尊。同理，我们也不用因为他人的自大和蔑视的态度而抱怨或者感到愤怒，我们一定要清楚，他之所以这样痛苦，就是因为他的自负在捣乱。

当我们认为自己的自负被侵犯时，我们就会被敌意、厌恨和鄙视指引，不过这表现得并不容易让人看出来。自我愤怒的形式不仅是极度的自责，报复性自恨的影响非常深远，所以我们现在不应该一直讨论自负被伤害引起的反应，否则我们就非常容易失去线索。我们会在第五章讨论这个问题。

预期或者已经发生的耻辱都会让我们产生恐惧、焦虑、紧张等反应。公演、约会、社交聚会、考试可能都影响预期的恐惧，我们将这种情况称为“怯场”，这个词语最适合形容私下或者公开表演前产生的不适宜的恐惧。怯场可能会发生在以下场合中：比如，我们在初次见面的时候总是想给别人一个好印象，这些人可能是新认识的亲朋好友，也可能是餐厅中的侍者领班，还有可能是达官贵人。我们在准备公共演讲、绘画或者开始新的工作等新活动时，也会感到怯场。这些人常因为嘲讽、羞辱、挫败而恐惧，因为恐惧而痛苦，他们会因为恐惧和痛苦而感到害怕。因为对失败的合理恐惧就表现在这些想法上，所以人的一些错觉也因此而产生。在这方面，有一个事实被我们忽略了——各种主观的因素导致了失败。这些失败的因素包括一切与完美和未获得的荣誉有关的因素，轻度怯场的原因就是这种可能性的预期。人们经常有这样一种担心——自己的行为并没有完全达到“应该”的标准，所以人们担心这会伤害到自负。我们以后再讨论更为严重的怯场形式。人们的表演动作会被潜意识的力量所阻碍。人的自毁倾向是这种怯场产生的原因，因此人们会无意识地忘记应该怎么做，可能突然就停下来了，可能表现得扭扭捏捏，此时人们就会感觉到羞耻，认为就要与胜利和光荣失之交臂。

还有一种与个人表演能力无关的恐惧，但与人的一种担忧有关，也就是担心自己的特殊自负会被自己要采取的行动损害，如与女人亲昵、请人帮忙、提出申请或者请求提升，等等。这可能与担心被拒绝有关。如果他认为性行为是一件丢人的事情（或者耻辱的事情），这种预期的恐惧就会在性交之前产生。

“侮辱”可能引起恐惧反应，有的人会在别人对他不敬或无礼后展现出恐惧的表情，有的人可能在恐惧的时候出汗、发抖、战栗。恐惧和愤怒共同促成了这些反应，因为害怕自己被伤害是这种恐惧产生的部分原因。羞愧同样会产生这些反应，如果一个人表现得焦躁不安、胆怯畏缩，那么可能是那种突然的、变化不定的惊恐感让他感到崩溃了。比如，一位独自驾车上山的女士，当她开到没有公路的地方就必须要停车了，打算从山上的小路爬到山顶上去。这座山比较陡峭，但因为不算泥泞所以并不影响步行。不过这位女士的穿着却不那么合适，她没有手杖，还穿着高跟鞋和新衣服。虽然这身行头不太合适，但她仍然坚持往上走。她摔倒了好几次，最后决定放弃了。当她休息时，看见远处有一条大狗，那条大狗正对着行人一通大吼。这个时候，她就非常自然地产生了一种恐惧心理。在恐惧的同时，她还感到惊讶，因为她平时对狗并不感到恐惧，而此时狗的主人旁边还有很多人围着。她完全不用感到恐惧。所以，她开始思考，她年幼时遇到的一次意外让她感到极其羞怯。想到这里，她发现现在的情况和那次事件极其相似，她感到羞耻，原因是她没有办法到达山顶。她自言自语地说："在实际解决这个问题的时候并不是那么容易的。"接下来，她又想到："我应该能解决这个问题。"经过这番思索，她就知道问题出在哪里了，这个问题是因为"愚蠢的自负"而产生的，这种自负受到了伤害，所导致的结果就是当她面对可能的攻击时，她根本想不到应该怎么办。这就像我在后面将要说到的那样，在自我攻击中，她感到非常无助，认为是外部原因导致了危险。虽然这种自我分析是不完全的，却是非常有效的，因为她不再感到恐惧了。

相比于恐惧的直接反应，我们能够更加直接地了解愤怒的反应。然而我们在上面的分析中使用了互相关联的方式，如果缺少了一种反应，我们就不能了解另一种反应。因为自负受到了伤害，所以恐怖的危险出现了，愤怒和恐惧的发生都是因为这一点，一部分自信被自负取代了，我们在前面讨论过这一点，但全部答案并不只是这一点。我们在后面可能就知道，自负和自卑相互交替是神经官能症患者所面临的环境，所以一旦他的自负受到了伤害，他就很快深深地陷入自卑中去。我们只有牢记这个重要的关系，才能更好地了解焦虑。

虽然我们心中可能认为，恐惧和愤怒的反应与自负并无关系，但它们是研究自负的最好突破口。假如这些"再次反应"出现的方式并不是这样的，那这个问题就会变得更加混乱了，因为不管什么样的理由，这些"再次反应"在转变中都可能被压抑，最终的结果就是彻底消失。此时，有些症状就会因此而产生，如抑郁、酗酒、心理变态、身心失调等。如果这种恐惧和愤怒的需要被压制住，那么一些情绪上的反复因素就会因此而产生。因此而转变的情感可能不只是恐惧和愤怒，更有可能包括所有的情感，它们最终向不剧烈或者不完全的方向发展。

对于神经官能症患者来说，自负的不利影响是非常重要的，也是非常容易遭到他人攻击的。紧张就是因此而产生的，但人们根本不能忍受这种紧张出现的强度和频率，所以人们需要治疗。如果自负处于危险中，就要想办法使其避免受到伤害；如果自负受到了伤害，人们就去重建自负。

人们迫切地需要保住面子，有用的方法也不少。实际上，保全面子的方法非常多，有的巧妙，有的则非常粗俗，所以，我们只讨论最重要的，也是非常常见的方法。这种方法与人们感受到的羞辱和报复的冲动关系密切，是一种最普遍和最有效的方法。我们这样理解：人们的自负受到伤害后会感到痛苦或危险，这种方法就出自这里，所以有种“敌意反应”的表现。从尽力自我辩白的角度考虑，报复可能是一种工具，或者是一种信念：如果有人得罪了他，他就以其人之道还治其人之身，此时他就可以重建他的自负。以下感觉是这种坚定的情感产生的基础：有些人得罪了我们，他们用权力伤害了我们的自负，他们的气势在我们之上，因此将我们打败了。如果我们报复他，加倍地伤害他，情况就完全转变了，我们会打败他，我们将取得胜利，“报复”不是神经官能症患者的复仇目标，用更激烈的方式反击并取得胜利才是复仇的目标。想象中的强大存在于自负之中，如果不能胜利，就不能重建这种强大，神经官能症中错误的执拗就会显现出来，这也说明，重建自负的能力就是这种报复的强迫性。

我们在后面会更加详细地讨论“报复”的问题，我们现在只是将一些主要因素粗略地提出来。在重建自负方面，报复力是非常有益的。因为自负可以将报复力掩盖住，所以，一些神经官能症患者认为自负就是力量，他们所知道的唯一力量也是自负。如果他的报复动机被抑制住了，不管这种抑制的因素是内在的还是外在的，他就会感到无力还击，表现出懦弱。所以，当他感到耻辱时，或者当他的报复被这种情况和他心中的一些事物阻碍时，他受到的伤害就是双重的，一种伤害是“屈辱”本身，还有一种伤害来自无力反击。

正如前文所说的那样，在追求荣誉的各个部分中，报复需求是不变的。如果报复需求成为生活中的一种刺激力量，那么它就会产生一种恶性循环，这种恶性循环是难以解决的。压制住他人的决心是神经官能症患者各种可能的方法中最强大的一个。所以，探求荣誉的需要也被强化了，神经官能症的自负也被强化了，报复心也因此被强化了，这将产生更大的追求胜利的需求，这种循环将一直持续下去。

对曾经伤害其自负的人或事物失去兴趣，是重建自负的第二个方法。比如，一些人放弃了对运动、政治、智慧的兴趣，因为更为急切的需要是善于完成某项事业或者某项工作，这种需要都无法满足时，他们就无法忍受了，所以只能放弃这几种兴趣。他们不是对所发生的事情并不知晓，只是没有了兴趣而已，还有可能转向一种比自身潜力低的活动。如果一名教师所分配到的岗位让他感觉到比自己应有的级别低，或者这个岗位是他所不擅长的，他对教学的兴趣就会大大减弱，这是一种与学习过程有关的态度上的变化。一个才华横溢的人对戏剧或者绘画非常痴迷，他的老师和朋友也认为他在这方面有一定的作为并且给予他很大的鼓励。但当他想到才华这个词的时候，就知道自己不是巴里摩尔[①]，也不是雷诺阿[②]。这还不算，他还知道班上不是只有他一个天才，所以最终他努力的热情降低了，也不再对他努力的成果感到骄傲了。他的自负就是被这些顾虑伤害了，他甚至可能突然就醒悟了，他在戏曲或者绘画方面并不是特有才华的，他甚至根本就没有发现自己在这方面是有兴趣的。所以，他把这些兴趣爱好放弃了。最开始的表现是逃课，直到后来就完全放弃了，然后开始做其他的事情，这种循环是一直重复着的。他会因为各种理由对这些爱好不闻不问，这可能是太过懒惰，可能是经济方面的原因，也可能是他正在从事其他活动。所以，他可能并不知道，只要他专心地对待这种爱好，他的前途是非常光明的。

这些现象可能还出现在人与人之间的交往中。不过我们在不喜欢一个人的时候所给出的理由更好，比如，双方对发展的方向持有不同的看法，后者认为自己高估了对方等。不管怎么样，我们有必要探讨为什么从喜欢转变为不关心，不要草草地将没空或者当初犯了错误当作理由，进行进一步的分析才是我们应该做的。我们的自负可能是在过去交往中被某些事情伤害了；也有可能是经

① 美国电影明星。

② 法国画家。

过比较，我们发现他对我们的尊敬已经不比往昔了；也可能是他因为我们在过去比他强而感到羞耻。在婚恋关系上，这些因素起到的作用可能是非常大的,我们在说“我不再喜欢她／他了”的时候，是非常固执的。

我们的精神力因为这些“畏缩”而白白浪费了不少，我们的一些痛苦也是因此而产生的。我们对本来感到骄傲的事物失去兴趣就是最具破坏力的结果，我们在最后再讨论这个话题。

重建自负的方法还有很多，虽然这些方法都比较简单明了，但人们对它的了解并不深刻。我们可能在某些话已经说出去以后才知道自己是多么愚不可及。比如，我们的语气过于张狂或者谦卑，没有顾及他人的感受或者说了与主题无关的话等。因此，我们可能想要将这些话忘记，或者否认自己说的话，或者为自己辩白说自己是要表达另一个意思等。曲解了实际情况是一个和这种情况非常相似的例子，我们认为我们的负担会因此而减轻，我们强调对自己有利的一面，同时还忽略一些因素，认为这样可以把自己粉饰一新或者使自己的自负不受伤害。我们可能很长一段时间都不会忘记那些令人窘迫的事情，却用托词或者借口将它们粉饰。有的人会承认那些龌龊的事情是他做的，却说有人引诱了他，或者说他在此之前三天三夜都没合眼。虽然有些人的情感已经被他伤害了，虽然他过于草率，虽然他对他人缺乏同情心，但他的本质却是没有恶意的。他曾经因为没时间让有求于他的人感到失望。这些都是借口，有的部分是真实的，有的全部是真实的。但人们的心理活动过程却是在对失败和错误进行演示，而不是因为失败而请求原谅。同理可推，有很多人认为只要道歉了，事情就可以结束了。

逃避自我责任是这些借口的共同特点。我们会想办法忘记、弥补或者谴责那些让我们不能感到骄傲的事，我们想要保全自己的面子，所以不愿意承认自己的缺点。在“虚假的客观性”背后，隐藏着“自我负责”的心理。比如，有一位病人在全面而仔细地对自己做了一番观察之后，得出一份正确的报告，报告的内容是他对自己不满意的地方。乍一看，他好像是一个非常敏锐的人，能够真诚地面对自己的优缺点，但实际上他可能是一个聪明的观察者，他有着被压抑的、自大的、恐怖的需求。之所以说他的自负被压抑了，那是因为他不对观察到的这个人负责，他的自负全都体现在他那充满智慧而又客观的观察力上。

一些人并不喜欢对自己进行真实而客观的评价，抱着这种心态的人是否普遍在回避一些事情？我们暂且不讨论这点。当病人发现自己有神经官能症的倾向后，首先要做的就是将自己与“神经官能症”或者自己的“潜意识”作一个清楚明白的区分。他的神经官能症是神秘的，是与他没有任何关系的。这听起来真是让人难以置信，但这对他的实际意义不只在于是保全面子的方法，还是保全神圣和生命的方法。自负是他的弱点,而且已经走向了极端，如果他承认自己面前的问题，他就会感到要崩溃了。

使用幽默是保全面子的最后一种方法。很明显，如果病人能够对自己的问题持有非常坦率的态度，在面对这些问题的时候使用少量的幽默，这也是他的一种内在倾诉。但有些病人在分析开始后总是自嘲，用不真诚的态度对待分析，他们甚至会夸大自己的问题，让人看起来他在进行一项娱乐，不管别人怎样批评他们，他们表现得荒诞不经，而实际上他们的内心是非常敏感的。在这些情景中，他们不能忍受羞耻，只能用幽默的方式挽回自己的面子。

如果自负受到了伤害，我们有这么多方式重建自负。自负是非常容易受到伤害的，但也是非常宝贵的，所以将来我们需要保护它。有些心理性疾病患者为了让自负免于在未来遭受到伤害，建立了巧妙的“逃避系统”，这是一个自发进行的过程。这种预防是在不了解情况的时候就开始的，并非是在发现自负可能受到某些活动的伤害后开始的。我们实际的努力和奋斗会被这种自发进行的过程阻碍，因为这种过程与活动本身以及人们之间的关系有关。一旦这种过程扩散开，人的生活能力就会被削弱，人们因为害怕不能取得明显的成功而不探求与自己能力相匹配的活动。虽然他对绘画或者写作感兴趣，但他不敢从事；他因为害怕拒绝而不敢和女性亲近；他因为与旅馆经理或门童不熟而不敢出去旅行。因为他不喜欢陌生人，所以他可能到自己非常熟悉的地方去。他可能因为担心自己忸怩紧张而对社交活动望而却步。他可能认为自己经济状况不好，所以不敢乱花钱，只能坚守平凡的岗位，不敢做出有价值的事情。另外，在很多方面，他的生活状态比他现有的经济水平要低。他不敢面对自己不如同辈人的事实，所以不得不远离他人，这样就不用看到别人对他的工作进行比较或批评了，也不用担心别人指出他存在的问题了。他必须要活在自己的幻想中，否则他就生活不下去。但这些做法只是在掩饰他的自负，并非是补救他的自负。他可能在以后要重新培养自己的神经官能症了，他缺乏成就，所以需要用具有大写字母“N”的“神经官能症”（Neurosis）当作借口。

这些发展趋势都是非常极端的。促成这种疾病发展的主要原因来自自身，但这种疾病的原因不是只有这一点。还有一种比较常见的现象是，一些“逃避行为”经常在某些方面受到限制。比如，有的人对一些荣誉的追求十分积极，或者对一些很少被遏制的探究比较积极，不仅如此，他们拥有的方法还不少。他可能在工作上比较成功，在其他生活领域内比较勤奋，但也回避社交生活。也有一种反例，他可能认为自己应该和唐璜那种人一样进行社交生活，这样才能更加安全地生活，但至于他有多大的潜力，他却是不敢冒险检验的。他可能认为比较安全的做法是聚集人，但面对人事关系，他却持回避态度。在他看来，和人事关系有关的事情都是容易受到攻击的。一些人会担心别人破坏他的情绪，表现出的最为明显的特征就是害怕自负受到损害。一个人可能因为多种理由而感到恐惧，不敢成功地和异性相处。如果这是一个男人，他的潜意识中就会有这种想法：与女人发生性关系或者亲近会伤害到自负。所以，他（他的自负）会受到女人严重的打击，因为他对女人过于恐惧，所以女人对他的魅力就减小了，甚至消失了，最终他就会避免与异性接触。虽然这样不能完全解释他是怎样转变为同性恋的，却能说明为什么他更加喜欢同性。在很多不正常的关系中，自负经常是爱情强大的敌人。

很多不同的特殊事件都和这种“逃避”现象有关联。例如，有人避免参加公众活动，或者避免在公共场合说话，或者避免打电话等。如果别人在与房东交谈、在打电话，或者在作决定，他就表现出自己对此没有感觉的意思。这些举动是比较特别的，他也知道自己在逃避一些事情。但更多的时候，“我不喜欢”或者“我不能”这样的态度将这些问题搞得更加混乱。

在检查了这些回避型行为之后，我们可以发现能够决定它的特征的原理有两个。简单地说，第一个原理是为了获得安全而限制个人的生活活动。让自己的自负受到伤害似乎是一件冒险的行为，放弃、摒弃则是一种比较安全的做法。在很多时候，自负可能不会主动地、情愿地、明显地表现出来，我们可能看不见它占主导地位的重要性。为了保护自负，就只能限制个人生活，甚至达到完全限制的程度。第二个原理是，尝试失败是一种失败，不去尝试也是一种失败，但后者要比前者更加安全。尝试到最高程度的结果可能是使“逃避”变成“为结局而驻足”，人们逐渐克服困难的机会被它剥夺了。对于神经官能症患者来说，他们要付出两种代价：一种代价是他的自负在最终会受到更大的伤害，另一种代价是自己的生活被严重限制了，所以这是一种不实际的做法。他不担心长远的危险性，他只对眼前的尝试和错误造成的危险存在担忧。因为他不需要尝试，所以他的自负不会受到伤害。他找到的借口种类繁多。有一种自我安慰的想法深入他的内心：如果能早些时间进行尝试，说不定考试早就及格了，现在已经找到更好的职业了；或者是那个漂亮的女人已经得到了等。一般来说，他的幻想还会更进一步：“如果我认真谱曲或者写作的话，我的成就应该不亚于肖邦或者巴尔扎克。”

很多时候，我们对事物渴求的情感中也存在“逃避”。也就是说，我们的愿望被逃避包围了。比如，有这样一个人，他认为自己想要得到的东西可能是得不到的，这种失败是非常丢人的。此外，愿望本身就是一件非常冒险的事情，对他来说，如果愿望受到了阻碍，就意味着有一重束缚加在了活力上。有些思想会伤害人的自负，在有些时候必须要回避这些思想，在这一点上，对死亡思想的回避是最大的回避。因为人们不能接受人必须变老，必须像其他人一样死亡的思想。

在神经官能症患者人格发展的趋势中，自负的发展是必然产生的结果。追求荣誉引发整个过程的巩固和加强。在最开始，他的幻想可能是非常有害的，他将自己想象成一个极具魅力的人。接下来，他在心里描绘一个自己能够或者应该能够达成的“真实”理想形象。最后，他制定了完成理想的最坚决的各个步骤。此时，他失去了真我，实现理想的自我占用了他有限的精力。他在世上依靠符合他理想的自我意义以及支持他的东西立足，这种要求满足了保证他立足的企图。他利用“应该”去实现这种完美的自我。另外，他要创造出一种价值体系，这种价值体系只属于他自己，他应该喜欢和应该承受的范围、他感到骄傲和应该赞美的事都由这种体系决定。哪些事情该被轻视、憎恨、厌恶、拒绝，以及应该以哪些事情为耻也由这个价值体系决定。只要这两者缺少了一个，这个体系就不能发挥作用。因此，自恨和自负本来是同一过程中的两种不同表现，此时它们变得更加密不可分了。

第五章　自恨与自卑

我们来整理一下神经官能症的发展历程——凭借坚定的原则，从理想化自我开始，循序渐进地演变，将价值转变为神经官能症的自负。和我们所描述的过程相比，它实际的发展范围更大。有一种与之相反的过程和它同时发展，这个过程同样是从理想化的自我开始，这个过程强化并复杂化了神经官能症的发展历程。

总之，当理想的自我成为个人重心之后，这个人就会称赞他自己，在看待自己的实我的过程时，他们的知觉是错误的。实我是人们在一段时间内身体的、精神的、健康的和神经官能症等方面的所有情况。荣誉化的自我是被追求，成为人们衡量真实情况的标准。从神圣完美的观点考虑这种“真实”的情况，人们就会对这样的情景感到困惑，并因此不重视它。更加重要的是，他的实际状况对人们追求荣誉的阻碍仍然存在着，因此它会遭到人的厌恨，不过人们同时也厌恨自己。我建议将与自恨和自负有关的因素统称为自负系统，因为它们实际上是一体的。现在我们要了解自恨，要了解这一全新的过程。我们对自恨的认识改变了许多，因此经过一番认真的考虑，我们可以将自恨的问题放开，了解追求实现理想自我的全部直接驱动力。

皮格马利翁正试着将自己塑造成杰出的、重要的人物，无论他怎样做，他的驱动力都注定是不能成功的。他能取得的最大成功也就是意识到一些阻碍性矛盾被他忽略了。尽管如此，这些矛盾的存在性仍然是没有变的。实际上，无论是吃饭、睡觉还是沐浴、做爱，或者是工作，他都要永远和他自己一同生存。你可能要说，他可以与妻子离婚，可以换一份工作，可以出去旅行，可以搬家，如果这样情况就会变得好一些。不过，他还是要和自己生活，并且永远都是这样。就算他像润滑机器一样努力地工作，他还是具有人类的缺陷，这些缺陷是时间、精力、权力或者耐力上的缺陷。

下面两种人是描述这种情况最好的例子。第一种是理想的、特别的人；第二种是形影不离的陌生人（也就是真实的自我），一个总是阻碍、干预我们，让人感到困窘的陌生人。在描述长期冲突时，可以使用“他和陌生人”这个非常精准的词语，因为这个词语与个人感觉非常接近。另外，即使他认为实际的阻碍与他无关，并且将其放弃，他还是不能远离他自己，也不能忘了他们。[①]虽然他有可能将自己的能力顺畅地发挥出来，虽然他有可能成功，但他的成就是一种特别的幻想，从这种幻想影响的角度来说，他还是感觉到没有安全感，感觉到自卑。因为他要假装强大，所以他可能感觉自己是个骗子或者怪物，这种感觉让他非常痛苦，他自己

① 在《我们时代的神经症人格》(*The Neurotic Personality of Our Time*) 一书中，我提到了“惦记”这个术语。虽然有些事情已经发生在我们身上了，但我们可能并没有感觉，仍然感觉好像就在自己的脑子里，或者就在自己的骨子里一样，这个术语就是形容这种情况的。

也说不清楚他到底有什么样的情感。当他与自我真实性接近的时候，他的梦中就会出现他内在的真实感觉。

他自己的真实状况经常痛苦而切切实实地到来，他的神圣只存在于想象中，他在现实中并不善于在社交场合穿梭。他想给一些人留下长久的印象，但他在此时却会无意识地颤抖，说话时磕磕巴巴，整张脸都因为紧张而红了。他可能感觉所有女人唯一爱的人就是他，不过他突然就感觉自己是个性无能。在他的想象中，他还是很像一个男人的，但与他的老板交谈时，他却只能呵呵傻笑。他在进行正常谈话的时候应该是精干聪明的，但这在第二天才有所表现。他逼迫自己吃得更多，所以他的身材不可能与轻巧、修长、灵活有缘。实际上，凭借经验的自我将要变成一个具有攻击性的陌生人，束缚住了理想的自我。接下来，凭借经验的自我被理想的自我用厌恨和鄙视加以抵抗。最终，实我因为“自负的理想自我”而牺牲。

人格的裂缝是理想自我造成的，它因为自恨而更加明显。这是一种对战，每个神经官能症患者都有这种主要特征——他在与自己进行一场自我战斗。事实上，基本冲突有两种形式，一种在于自负系统本身，我们会在后面详细说明这一点。这是一种介于自谦驱动力和夸张驱动力之间的冲突。另一种是介于真实自我与整个自负系统之间的冲突，这种冲突比较深。当把自负提到最高的程度时，就把真我压制住了，或者是把真我放在后台了。不过真我的潜力仍然是存在的，如果环境合适，真我的全部潜力就会被激发。我们将在第六章谈论它发展的时期和特点。

比较深刻的是第二种冲突，虽然在分析最开始的时候它并没有表现得非常明显，但是当自负系统处于崩溃边缘时，他与他自己非常接近，他便能够经常感受到自己的情感，了解自己的愿望，拥有选择的自由，能够自己作出决定并对自己负责，这时就会产生反抗的力量。实我和自负系统之间的斗争就开始了，而且显露得更加清晰了。自恨在对抗实我的缺点时，并不是像对抗真我时那样拥有建设力。这种冲突非常普遍，已经超过了我们目前讨论过的每一种神经官能症冲突，因此我将其称为中枢内在冲突。

因为理论性的评论有助于我们将“冲突”的意义理解得更透彻，所以我非常想要加入一些理论性的评论。“神经官能症冲突”是我在其他著述中用到的一个词，它产生于两种互不相容的驱动力之间。而“中枢内在冲突”则是指介于正常与神经官能症的、建设性与破坏性的力量之间的冲突。所以，我要把定义的范围扩大，神经官能症冲突可发生于两种神经官能症的力量之间，或正常与神经官能症力量之间，解释这种术语上的差别是非常重要的。真我与自负系统之间的冲突要比其他冲突更容易让我们精神分裂，这是为什么？主要原因有两方面：第一，“完全”和“不完全”之间的差异，这可以用国家来说明——一个国家发生了内战，这个国家内有多种冲突，个人与团体之间存在各种冲突，“完全”和“不完全”之间的差异就是这两种利益冲突之间的差异。第二，我们的生长力、我们生命的重心、我们的真我，都在为生存而战斗。

虽然憎恨实我的缺陷比较明显，但相比于憎恨实我，憎恨真我的缺陷更加难以察觉，但在构成自恨的背景中，憎恨真我是不能缺少的，它是供给主要精力的潜流。所以，厌恨实我是一种混合现象，对真我的厌恨则是比较单纯的。比如，如果我们自恨的出现形式是残酷地责备自己的自私，也就是责备我们完全依靠自己的意志独立行事，那么这种形式的产生原因可能是厌恨自己不能做到神圣的绝对性，这是打败真我的方法之一。

德国诗人摩根斯坦在他的《成长的痛苦》中简要地表达了自恨的性质：

> 因为自我被残害，所以我要屈服
> 我生来是两个的，我的实况和我的理想
> 一山不容二虎
> 理想就像奔腾的骏马，现实就在骏马的尾巴上依附
> 理想就像一个轮子，现实就被束缚在上面
> 像一个怒发冲冠的人，弯曲着十指，深入献祭者的头发中
> 像一个吸血鬼，霸占着人的心，吸血啊，吸血啊，吸血啊

这种历程已经被诗人从多个角度表达出来了，他说我们在用一种具有破坏性的方式怨恨自己，这种怨恨是令人感到痛苦的，也是让人衰退的，所以我们根本无法抵抗，最终我们的精神被迫害了。然而他还说我们不应该怨恨自己，这不是因为我们被自己鞭策着超越自己，而是因为我们太无能。他说，“理想”和“现实”之间

的矛盾是这种怨恨产生的根源，这种冲突是分裂性的，这种斗争是极其残忍凶狠的。

固执性和自恨的力量是超乎想象的，这对那些非常熟悉其产生方式的分析者也是如此。我们必须了解自负被实我压抑和屈辱所产生的愤怒，这种愤怒在最终的无助也要被我们考虑到，这样我们才能说明其中的秘密。这有点像神经官能症患者认为自己的灵魂脱离了肉体，只有依靠自我才能得到荣誉。就像道林 · 格雷将说明他堕落的画撕毁一样，如果他憎恨的自我被他伤害了，那么荣誉的自我也随之而亡了。一方面，有些自杀行为可以被这种依赖性化解，如果没有这种依赖性，自恨的必然结果就一定是自杀。实际上，自杀发生的情况非常少，许多因素综合起来才能造成自杀，自恨只是众多因素中的一个。另一方面，和所有无力的愤怒所表现的一样，自恨因为这种依赖性而变得极其残酷。

另外，自恨不仅是自我荣誉化的结果，还是继续保持这种荣誉化的力量。我们可以说得更清楚一些，这是一种实现理想自我的驱动力，它可以消除冲突的因素，将那些被提升的阶级的完全整体性找到。人们用神圣标准识别自己，但神圣标准却对缺点非常难识别。这种自恨的作用可以被我们在分析中发现。当病人的自恨被我们揭开以后，我们可能天真地以为自己能够清除这种自恨，实际上，这是一种经常发生的正常反应。更加常见的是，病人的反应会遭到分裂。虽然他早晚都知道，自恨是不能克服的，自恨是危险的，自恨是一种负担，但他认为如果他反抗这种控制，那么将有更大的危险出现。他要巩固他的伟大标准，这就要使用看起来更加合理的理由。与此同时，如果对自我更加宽容，那么就会出现毫不关心的局面，这一点也是他要强调的。他仍然会坚持他自大的标准，所以他还有可能一点点地表现出这种趋势，即轻视自己是没有错误的。最终，他可能无法接受自己。

我们已经暗示过第三个因素了，自恨从它那里获得了残酷的力量，它是一种对自我的摆脱。简单地说，神经官能症患者对自己是没有感觉的。他一定是对痛苦和痛苦的体验存有同情之心，然后才打败了这种认识并开始产生建设性的影响。另外，他一定先要承认私人愿望的存在，才能认识到“自我的挫折”，并对其感到心烦，或者对其产生兴趣。

那么对自恨的知觉到底是什么样的呢？从此处引用的诗文和查理三世、哈姆雷特等戏剧中看，它不仅局限于对人类心灵痛苦的正解。不管是在短期内，还是在长期内，很多人都经历过自卑和自恨，他们可能都有“我看不上我自己”或者“我恨我自己”的感觉。并不是只有在悲痛的时候才能产生这种自恨的主动感觉，这种感觉并非随着悲痛的消失而消失。一般来说，他们不太可能怀疑这种感觉或者想法，这些感觉和想法可能都是一些心理障碍引起的短暂的反应,也可能是由于“蠢笨”“失败”“犯错感”。所以，他们对自恨的持续作用没有什么知觉。至于用自责表示的自恨形式，我们不能当作一般的情况来讨论，因为这种知觉的范围实在太大了。有些神经官能症患者将自己锁在“自以为是”的空间内，他们因为不会自责，所以也没有办法知觉。自谦是一种与之相反的类型，他们将自己的罪恶感和自责坦率地表达出来，他们道歉或者自恨的方式都比较极端，因为我们可以发现，他们是在无意识的情况下显示出这些感觉的。个人在知觉上是存在差异的，这种差异是比较有意义的，至于它们的意义以及如何发生，我们将在后面进行讨论。但这些都不是自谦者能够感知到自恨的证明。因为有些神经官能症患者知道“自我控告”却不知道这种控告的破坏力和强度，也不知道它们内部的无效性，他们很可能将其当作高度道德感来看待。至于它们的确实性,不是自谦者怀疑的内容。实际上，如果他们在判断自己的话时，带着神圣完美的眼光，他们就不可能这样怀疑。

对于自恨的结果——痛苦、犯罪感、束缚、自卑等，几乎所有的神经官能症患者都知道。不过对这些痛苦产生的感觉和自我评价，他们可能还不知道。就算他们对此有一丁点儿的感觉，神经官能症患者的自负也会将其掩盖。他们不会因为感觉到被束缚就诉苦，他们认为应该这样做:“不能自私——去除私欲——牺牲自我”，因为这可能将自我反抗的各种现象掩盖住，他们就可能以此为傲。

从这些观察中，我们得出一个结论：从本质上来说，自恨是一种潜意识的过程。我们曾在上面的分析中发现，这种冲突的存在性是病人所不知道的。造成这种现象的原因是，大部分过程都已经被“外移”了。比如，我们认为并非在个人与自己之间产生自恨的表现，个人与外界之间才是自恨表现产生的地方。我们可以对自恨的积极和消极“外移作用”做一个粗略的区分。为了抗拒命运、他人、生活或者习俗，自恨积极的外移作用是在努力地将自恨导向外界。自恨的消极外移作用则是仅停留于自我对抗，但可能又让人感觉到它来自外界。在这两种方式中，内在冲突的紧张性在消减，因为它转变为人际关系的冲突了，至于这个过程表现的形式和对人际关系的影响，我们将在下文进行讨论。我们之所以在这里提及这个问题，是因为我们可以很好地观察自负的许多变化，我们可以用“外移作用”的形式来形容自负的变化。

自恨的表现和人际关系中愤怒的表现是一样的。我们可以用人们印象比较深刻的例子来说明人际关系中的愤怒。例如，希特勒对犹太人的仇恨。我们知道希特勒用这种方式折磨犹太人，这些方式有控告、侮辱、公开玷污等。他要摧毁犹太人对未来的希望，不断地折磨并杀害他们。不管是在日常生活还是在家庭中，还是在竞争者中，无论是公开的方式，还是隐蔽的方式，我们都能发现这种表现出来的憎恨。

自恨的主要表现和对个人的直接影响，是我们现在研究的内容。大家已经观察到所有的表现了。从弗洛伊德以后，个人所能够提供的资料，在精神医学文献上都被描述为“自卑”“自贬”“自责”“直接自毁作用”“无能享受”“受虐倾向”等。弗洛伊德提出了“死欲”这个概念，弗朗茨·亚历山大与卡尔·梅宁哲对其进行了附加阐述，除此之外，在说明这些现象时，似乎没有其他理论了。弗洛伊德的理论提到了与这种临床现象相似的资料，但他的理论前提仍然是不同的。所以，他对问题的解释和提到的治疗也因此完全变了。我们将在第六章讨论这些差异。

为了更加详细地说明，我们先谈谈五种由自恨产生的表现，不过大家要注意，这些表现之间存在重复。简而言之，这些表现是对自我冷酷的需求、残忍的自责、自卑、自摧、自我折磨与自毁。

对自我的需求已经在第四章提到了，我们认为这是神经官能症患者按照理想自我而改正自己的手段。不过，我们还说了，内心的驱使会形成一种暴行，一种强制体系。当人们不能将其完成时，就会出现慌乱或者休克的反应。此时，我们就能够更加彻底地观察出，这种强制性到底被什么说明了，是什么力量迫使"努力尝试"积极地对内心的指使服从，我们就能知道"失败"反应强烈的原因。被自恨所决定的"应该"和被自负所决定的"应该"是一样的。当他不能完成"应该"时，自恨就会爆发怒火。这可以用拦路抢劫来说明，抢劫的人拿着左轮手枪，指着被抢劫的人说："把你的东西都交出来，否则我一枪毙了你。"抢劫者说的两种要求可能要比抢劫本身还要残暴。被抢的人为了自己的性命可能选择了服从命令，但他的"应该"就不能被满足。相对于最终的死亡，苟且地活着让人感到自恨，让人感到痛苦，这比中弹而亡还要残忍。我们可以引用一封病人的信："神经官能症抑制了真我，他在最开始为了保护自己设计了法兰克斯坦巨兽，神经官能症就像是这个巨兽。不过一个人活在个人神经官能症的生活里与在极权国家的生活是差不多的，不管你作出怎样的选择，集中营都是你最终丧命的地方，痛苦地破坏自我就是这个集中营的主要目的。"

实际上，从特性方面来说，"应该"是自毁的。对于自毁，我们至今也只知道一点："应该"让人穿上了过紧的衣服，人的内在自由因此被夺去了。他想把自己打造成一个完美的行为主义者，他要实现这一点的前提是，将信仰和情感的真实性和自主性行为放弃。“应该”和政治暴行非常相似，泯灭人性是他的目的，他们要创造一个类似司汤达在《红与黑》中描述的那种巢穴，此时，不管是谁，他的情感和思想都要受到质疑。绝对的顺从是它们（也就是“应该”）所要求的,要达到“服从都被觉得不是顺从”的效果。

自毁的特点大多表现在“应该”的内涵里，这三种“应该”是我非常喜欢举例说明的，它们都产生于病态下的依赖性。在这种情况下，我可以非常详细地作出说明，我应该非常伟大，所以发生在我身上的事情已经被我忘记了；我应该能够让他爱上我；为了“爱”，我应该牺牲所有。由于这三种“应该”组合在一起，所以病态的依赖性始终都存在。还有一种“应该”需要他对他的亲朋好友、学生和员工负责。他应该能使每个人的问题都得到解决，让每个人都能很快就产生满足感。这就意味着，不管是哪里出了问题，他都难辞其咎。如果他的一位亲戚或者朋友因为某件事被批评了、烦恼了，或者诉苦了，或者想要得到某物，或者感到不满了，这个人就感到非常无助，作出牺牲自我的决定。他认为自己是有罪的，所以必须要处理好所有的事情。我要举一名病人的例子，这名病人说他感觉自己扮演着旺季旅馆经理的角色，认为客人永远是正确的，他对此感到非常苦恼。所有的问题，不管错误是不是出在他身上，他都感觉到麻木了。

有一本法语书名叫《目击者》，这本书对这个过程的描述非常到位。故事的主角和他的弟弟出航，船漏水的时候遭遇了风暴，最后船翻了，二人都不幸遇难了。主角的弟弟有一条腿受伤了，所以他必然不可能在波涛汹涌的大海中游泳，被淹死是他必然的结局。故事中的英雄（也就是主角）就带着弟弟向岸边游去，但没过多长时间，他就知道这种做法行不通。他们必须要作出唯一的选择，要么两个人都被淹死，要么英雄自己活下来。他对二人面临的形势非常清楚，最终决定还是自己活下来。但同时，他又感觉自己像是一个杀人犯。因为他认为别人一定将他当作杀人犯看待，所以他能真真切切地感受到自己是个杀人犯，不过他的理由是没用的，也不可能发生作用，因为他考虑问题的前提是，不管是在哪种情况下，他都应该负起责任。这的确是一种非常极端的做法，从这位英雄的情绪反应中，我们可以看到如果这种特别的“应该”成为人们的一种驱动力后，人们将有怎样的感觉。

个人还可以让自己背负对自己有害的工作。对于这样的“应该”，我们可以在陀思妥耶夫斯基的《罪与罚》中找到范例。拉斯克尼可夫认为自己应该杀一个人才能证明自己具有拿破仑的能力。就像陀思妥耶夫斯基所说的那样，如果不考虑拉斯克尼可夫对世人的种种愤怒，能够让他慈悲的灵魂感到厌恶的事情只有“杀人”了，尽管这是一种欺骗，他还是告诉自己要完成这件事。他在梦中体会到了这种真实的感觉，他在梦里看见一匹马，这匹马极其瘦弱，但一个醉酒的农夫却强迫这匹十分饥饿的马去拉重物，但这匹马根本驮不动这些重物。然而农夫却是非常狠毒的，一鞭一鞭地打在马身上，直到把这匹马打死了。当拉斯克尼可夫看到这件事情后，立刻同情地走向那匹马。

拉斯克尼可夫处于剧烈的内在挣扎时做了这个梦。他认为他应该去杀人，但也厌恶这种做法，所以他根本就不能让自己真去这样做。他在梦里逼着自己做那些对自己来说并不可能的事情，就像让那匹马拉着不可能拉动的重物一样，这是一件非常不人道的事情。他醒来以后感慨万千,终于下决心与屠杀展开斗争。但很快，那种拿破仑似的自我需求又壮大了，他的真我已经不能继续抵抗这种需求了，就像那匹瘦弱的马已经不能反抗农夫了。

第三个让“应该”变成自毁的因素是自恨。在说明“应该”的强制性方面，这个因素更具有说服力。我们可能会在违背自己后感到自恨，自恨又转变为自我对抗。这种关系非常容易建立，而且在有的时候非常明了。如果一个人的聪明和才能并不像他感觉的那样，他可能就非常自责，就像《目击者》这个故事一样。更为普遍的是，这种违背的存在是他根本就不知道的，他可能会在无形中感到不适应、焦躁、倦怠、低落、急躁。我们可以在这里回想以前提到的例子，一个因为不能爬山而突然对狗产生恐惧的女人。这个故事的先后关系是这样的：首先，她认为一切都应该在自己的掌握中，所以不再继续爬山是一种失败（她在潜意识中感觉到了这种失败）。其次，自责情绪存在于她的潜意识中，自责在后来又体现在她的行为反应中，也就是感到孤立无援和恐惧，进而她感觉到了这种情绪产生的过程。假如她没有对自己进行分析，而且她害怕狗这件事和以前发生的事没有任何关系，那么她害怕狗的这件事仍然是一个谜。再谈谈其他的例子，在一个人的意识中，存在一种让他保护自己、避免自恨的特殊方法，如排解愁苦的方法（买酒并痛饮）。他可能感觉被人欺骗了（也就是消极的“外移作用”)，也可能粗暴地对待别人（积极的“外移作用”)。至于这些自我保护目的的产生，我们有很多机会从不同的观点来了解。就这点来说，我仍然想先对另一种类似的目的做一番讨论，这是一种非常容易被忽视的目的，甚至很容易进入无可救药的境地。

当一个人在潜意识中知道他“应该”的事情是他所不能完成的时候，这种（努力）目的就产生了。如果病人比较理性，同时又比较配合，他会变得非常激动，感觉有什么人或事虐待他，他就会进入借酒消愁的状态。比如，他会觉得老板对他不公，他的亲戚压榨他，他的牙齿被牙医弄坏了，他便不能从精神分析中受益。他可能对分析者大骂一通，还可能在家里发火。

在解决他的痛苦时，我们想到了第一个因素，也就是他某些坚决的要求是经过一些特别的思考所做出的。从特定的情形看，他坚持认为他的母亲和妻子应该给他独处的空间，强调他应该在办公室中得到更多的帮助，他认为分析者应该给他更多的时间，他认为学校应该给他好一点的待遇。我们对他的第一印象是他要求得太多了，他给我们的感觉是他在肆意谩骂所受的各种挫折。当他提出这些要求的时候，他对他父母的怒气就增加了。他可能将他的敌意直接地表达出来。我们要认真倾听他的谩骂，这样就得知他想说什么了。他似乎在说：“你简直太蠢了！我真的有这些需求，难道你不知道吗？”如果我们知道，神经官能症患者需要这些要求，我们就可以发现，一种非常紧急而又需要增加的警告就是要求的突然激增。从这一点考虑，我们就有了了解病人悲痛在哪里的机会。虽然他不知道他的痛苦，但可能得到一种结果，他已经知道有些他非常需要的“应该”是他所不能完成的。比如，他可能知道他不能在一些重要的恋爱关系中胜出；他可能知道即使他用尽全力，也不能完成一些工作，因为这些工作已经超出了他的承受力；对于分析中的一些问题，他可能也认识到了自己无法忍受这些问题，或者认识到他可能会逃避；他试图用意志力的绝对能力解决那些问题，不过他现在开始嘲笑自己的此种做法了。他认为他应该能够将一切问题克服，所以他的潜意识因为这些问题而让他感到恐惧、慌张。然而此时，他必须要在两者中作出一个选择。首先，他要知道，他对自己的那些要求是幻想的。其次，为了避免在后来必然出现的“失败”，他强烈地要求他的生活必须做出这样的改变。很明显，治疗工作应该选择第一种方案。然而，在一时激动的情况下，第二个方案成为他最终的选择。

在治疗上，了解病人在知道那些“应该”是无法实现后会非常激动这一点，从理论上来说非常重要的，因为有些难以控制的兴奋就是这些要求所产生的。想要对要求的紧急性有更多的了解，就需要借助这种无法实现的“应该”。另外，这种“应该”还在提醒病人已经感知到要与“应该”的紧急性相一致了。

最后，如果“应该”不能或者即将不能被不明晰的认识所满足，那么绝望的情绪就会因此产生，为了避免这种认识，内在的需求就显得极为迫切。我们知道，这是神经官能症患者为了避免这种认识的一种方法，也就是让他们的“应该”在想象中被实现。（我用那些方法就能够做，所以我现在才能这样做，或者成为这个样子。）现在我们可以知道，“他内心的指使没有而且不能够被满足”会产生一种恐惧,这种恐惧是一种看似巧妙的逃避现实的方法。所以，我们在第一章对争论点进行说明，认为神经官能症需要的帮助是想象。

我只提出众多潜意识自欺方法中的两项，因为最基本的意义都为它们所共有。其中有一点，自我知觉的灵敏度降低，有些狡猾的神经官能症患者可能将自己的思想、行为、情感的固执知觉保持住，他们可能会中断分析中的讨论，所用的方法就是“我并非这样认为”或者“我现在还不知道”。我要在这里讨论潜意识的另一个狡计，这是大多数神经官能症患者都具有的另一个特点，认为自己只是一种反应物，责备他人都没有这一点严重，这和在潜意识中否定他们的“应该”是一样的。所以，他们感觉外界不断地推挤自己的生活。也就是说，“应该”已经被外移了。

我们可以用更加通俗的话来归纳，那些能够阻止暴政的工具是每一个深受暴政虐待的人都想要得到的。他们的言行不一定是被迫的，一系列的欺骗行为都可以在外在的暴行之下（实际上是潜意识的）变成潜意识自欺的理由。

自恨是非常激烈的，但这些都可以避免。他们的主观价值太大了，所以“真实感”会遭受一定的损伤。比如，他们真的“脱离了自我”，使自负系统的独立性形成了。

所以，在神经官能症结构中，对自我的要求所占的地位非常重要，个人为实现理想形象的企图就是由它构成的。它能利用的有效方法有两种，结果就是他与自我的脱离被强化了。这两种方法是：通过蓄积普遍的潜意识欺骗行为和通过强迫自己曲解自发的信仰和情感。自恨对它们起着决定性作用。最终，当他发现自己无法对它们顺从时，自恨就产生了。有时候，所有的自恨都可以表现为一种对无法完成的“应该”的惩罚，也就是说，假如他真的变成了超人，自恨也就不会产生了。

自恨的另一个表现是责备性自责。我们心里都知道一些前提条件，责备性自责就是跟随它们而产生的残忍的推理。如果绝对的意志力、慷慨、无畏、安宁不能够达成，自负就认定我们“犯罪”了。

有些自责是因为内心的困难而产生的，乍一看，这是非常合理的。但不管怎么样，病人都认为自责是正常行为。这种想法与最高标准是相一致的，那么我们是不是要赞扬这种想法呢？实际上，他接受了毫不相关的困难，还从道德方面进行猛烈的抨击。病人因为对困难负责而受伤了，但困难并不在意这一点。他有没有不同的考虑、感觉、行动？他知不知道这一切都是没用的？这本来是一个神经官能症问题，人们要对此进行检验和研究，但这个问题却转化成了一个人们厌恶的对象。人们无法履行它，被它玷污了。比如，他不能保护自己的兴趣和意见，他发现当他保护自己不被欺负时，当他发表自己不同的意见时，他就会感到非常满足。他以能够客观地认识到这一点为荣，因为这是认识“我们无须对自己太过顾虑,应该强迫自己将应该的需求满足”的第一步。否则，人就会因为受破坏性自责的影响而缺乏勇气，成为一个人见人厌的懦夫，而被周围的人看不起，最终他就会因为这些而走向自暴自弃。所以，让自己感觉到低下、“罪恶”是整个自我观察的结果，因为人们将自己的身价进行贬低，所以下次在公开的场合中就很难有底气地发表自己的看法。

假如有人对一个对蛇或者对驾车感到恐惧的人说:“你无法控制的潜意识力量是这种恐惧的来源，你‘胆小’的道德谴责是无意识的。”那么他会对“有罪”或者“无罪”的问题进行反复思考吗?因为这个争论包含不同的生命层次，所以这是无法得出结论的。人类允许自己被恐惧控制，但圣人应该有绝对勇敢的品质，一旦圣人感到恐惧,他只能轻视或者憎恨自己太无能。另一个问题，有位作家由于个人原因而感到写作是一件非常痛苦的事情，他只能非常缓慢地从事他的工作。他总是做没用的、与题无关的事情，他在浪费时间。尽管如此，他也同情自己，不为自己感到悲哀，反而认为自己是懒惰的无用者的典型，认为自己是个骗子，对这份工作并没有多大的兴趣。

最为普遍的是，这种人会经常责备自己，因为他们认为自己是一个夸夸其谈的骗子。虽然他会自责，但他不会因为某件具体的事情而袭击自己。比较普遍的是，神经官能症患者认为怀疑是一个理由(这种怀疑有的时候是潜伏的，有的时候被意识到并让人感到痛苦，但这种怀疑未必是每一件事情的附属物)，他们还会因此而感到没有来由的不舒服。有时候他只知道自责，并因此而感到恐惧，这种恐惧是指一种害怕被发现的恐惧。如果人们能够对他进行进一步了解,就会发现他的无能。因此,他就有无能的表现。大家就会知道，他看似非常“神奇”，却没有任何才能，他能做的只有显摆。此后，如果进行更为密切的接触，或者任意进行测验，仍然不能够清晰地“发现”正确的事情。但他的神色中仍然带有这种自责，公平、知识、爱情、谦虚的借口、兴趣都是潜意识的托词，这些托词中都有自责的影子。每一位神经官能症患者心中都有这些托词，这种特殊的自责出现的频率与这些托词出现的频率是一样的。这种自责的破坏性不是它促使了对潜意识的借口进行建设性的探索，而是它产生的恐惧感和罪恶感。

其他自责很少针对现存的困难，大多针对某件事的动机。良心自省的影响大概就是这样的。想要看一个人是不是真的对自我进行反省，还是在鸡蛋里挑骨头，或者是两种情况都有，就要观察前后联系的地方。实际上我们的动机经常像将一些不太值钱的金属融合在一起，所以我们的动机很少是纯金的，因此这是一个具有欺骗性的步骤。不过，只要金子占了大部分，我们还是将其称为金。假如对朋友的劝告的动机是善意的，或者是有建设性的、有帮助的，我们就会对此感到满意。因此，就不能说这种人在揭疮疤。他可能说："的确如此，我在给你忠告，这可能说是善意的。但因为有时候我讨厌厌恨来打扰我，所以我不喜欢这样做。"也可能说："我可能因为喜欢比他优秀的感觉，或者因为喜欢嘲讽他不能很好地掌握某件特别的事情而对人提出忠告。"因为这些借口含有非常少的真实成分，所以这些借口都是骗人的。有些比较聪明的旁观者，有时也许能够驱逐这种幽默。更加富有智慧的人可能说："就你提到的所有办法而言，你的朋友被给予了充足的时间，你给他的关心是对他有益的，你还不认为这是一件非常荣耀的事情吗？"有些人被自恨害惨了，所以他们是绝对不可能正视这种事情的。当他戴上眼镜看待自己的缺点时，他就出现了"一叶障目，不见泰山”的问题。另外，哪怕是亲友、分析者、牧师用正确的眼光将事物介绍给他，他都不可能相信。他可能会接受事实，但这只是因为出于礼貌。他内心的真实想法是:他们之所以这样说，就是在激励我，希望我能够鼓起勇气。

这种反应说明，让神经官能症患者走出自恨的牢笼是非常困难的，很明显从整体上来说，他对地位的判断是错误的，所以这是一种值得注意的反应。他可能也知道，对于某些方面，他的关注太多了，忽略了其他方面。但他非常固执，对于自己的决定一定要坚守，他的理由是自己有着和别人前提不一样的推理方法。因为他提出的忠告未必一定是有用的，所以不管是哪一种行为，在道德上来说，都是让人讨厌的。所以，为了免于自责，他拒绝了别人的劝告，让自己开始堕落。神经医学专家的假设是，逃避责备和惩罚以及重建勇气是自责的目的，有时候这种假设被这些观察否定了。当然，在小孩子和成人身上是可能出现这种假设的。对于那些几乎接近真理的权威人士来说，这可能只是一种策略，所以我们在下结论的时候必须小心，要对这种非常想要鼓起勇气的需求进行检查。总的来说,这些例子把自责当作一种战略性目的，无法重视它们的破坏力是一种彻底的失败。

另外，如果某种逆境是一个人不能控制的，那么自责就可能集中出现在这种逆境中。神经官能症患者身上的这种特征最明显。他们可能因为六百英里以外中西部的水灾，或者他们读到的一起谋杀案而感到自责。在抑郁的情况下，这种接近荒唐的自责表现得最为明显。虽然自责在神经官能症中不算奇怪，但它未必是真实的。例如，有位母亲非常聪明，有一天她的孩子和邻居的孩子在一起玩，小孩子从邻居家的阳台上掉下来了，结果导致轻微的脑震荡。这是一起有害的意外，这位母亲可能在以后的几年内都认为这是自己的过失,认为自己不够小心而深深地自责。在她看来，如果她当时在场，就不会放任小孩子爬上栏杆，小孩也就不可能摔下来。虽然这位母亲认为对小孩的过度保护是不对的。她知道，不管一位母亲怎样过度保护孩子，都不能做到长期陪着孩子。但她还是非常顽固，坚定不移地维护自己的想法。

同样的例子，有一位年轻的演员因为暂时在工作上的失败表现而深深自责。他知道，他需要处理的问题已经超出了他的能力。当他与朋友们讨论这个问题时，他能够将不利因素指出来，不过他没有采取消极保护态度，没有为了让自己的罪恶感减轻而掩饰自己的无知。如果他的朋友问："你当时应该怎样做？"那么不管是哪种具体的事物，他都没有办法坚持住。详细的观察、勇气的恢复都是他所没有的。面对他的自我谴责，他根本没有可以应对的方法。

因为我们经常有和这一点相对立的态度，所以我们的好奇心可能因为这种自责而产生。神经官能症患者经常无耻地把形式上的困难和灾难当作借口，他们会说自己已经竭尽全力了，这样做的目的就是证明自己无罪。他们认为，别人应该相信他们，只是突然的不幸和整体的形势把这种信任打破了。虽然从表面上看，这是两种独立的态度，但它们却出奇的相似，以至于相似性已经大于区别性了。不论这两种方式中的哪一种，注意力都被动地从主观因素转移到外表上了。幸福和成功都受到决定性的影响。人们因为自己并非理想的自我而产生强烈的自责感，这二者的作用就是抵消这种自责感。我们可以回想曾经提到的例子，“我要成为一个理想的妈妈”或者“我要做一个成就辉煌的演员”这种想法已经受到了神经官能症因素的影响。此时，“做个好母亲”已经完全占据了那个女人的大脑。演员在职业竞争和必要的交往中存在一些忌讳。我们可能不会对一个快乐而又运气好的人感到奇怪。但在这两个典型的例子中，一方面在深深地、残酷地、缺乏理性地自责，即使所发生的事情是自己不能控制的；另一方面又努力地对抗自己的缺点。有一个让人惊异的矛盾存在于这两者之间。我们要想察觉到这些矛盾，就要了解这些矛盾的意义。实际上，这些矛盾中有一个非常重要的线索，我们可以通过这条线索了解自责的动力。对于病人对自己缺点的自责，他们严厉地指出来了，所以病人一定会求救于自我保护的方法。病人可能利用的方法有两种：把自己的责任推给他人和积极地对待自己的问题。问题是，为什么第一种通过转移责任的方式，还是不能消除他们意识心境中的自责？答案是，他们认为这些外在因素并不能摆脱他们的控制。或者，我们可以更加准确地说：他们仍然支配着这些因素。所以，他们认为自己要对每一种问题负责，这也将他们可耻的缺点揭发出来了。

诸如动机、内心的困难、外表等大量的具体的事物集中了我们提到的自责，然而其他部分混乱不清的状态并没有改变。由于不能将自责归属于某种特定的事物，病人就会感觉自己被罪恶紧紧环绕着。他们对理由进行了深入的探求，但最终让自己失望了。最后，他可能认为，有的罪恶是先前一些外移作用导致的，自责可能就与此有关。但还可能产生一种更加具体的自责，病人一定对自己当时已经将厌恨自己的理由找到了这一点深信不疑。比如，他对别人缺乏关心，他不会照顾他人，他自己知道自己存在这方面的问题，所以他努力地让自己改变这种态度，并希望能够努力将自恨消除。然而，就算他真的直面自己的缺点，他在为此而努力，这种努力是他的一种荣誉，他希望可以通过努力消除自恨，他也不能得偿所愿，因为他已经舍本逐末了。因为他有的自责并没有错误，所以他没理由厌恨自己。因为他还是厌恨自己，所以他会更加控诉自己，所以接下来又产生另一种自责。因为他是懦弱的，所以他没有仇恨。但他是存在报复心理的，所以他又是残忍的。他是一个仁德之人，因为别人可以从他那里受益。他像猪一样自私，因为他不会帮助他人……

如果他把他的自责外移了，他就会感觉，无论他做什么，大家都认为这是那些隐藏的动机的错误。就像在前面说的那样，他可能确实是个非常真实的人，所以他对别人的不公感到愤恨。他可能戴上坚硬的面具来防护，所以别人不能从他的声调、表情和内心对他进行一番猜想。对于这些具体化的方法，他甚至都不知道，他只能在意识层面感受到大家都是友好的。当他感受到别人长期对他产生怀疑的时候，一定是他处在分析过程中的时候。这和达摩克利斯（Damocles）国王差不多，他生活在恐惧中，因为他随时都会遭到恐惧严重的谴责。

卡夫卡的《审判》对这些朦胧的自责所做的说明最清楚，其他精神医学方面的书籍都比不上这一本。就像卡夫卡那样，神经官能症患者认为有些裁判是不公平、不明白的，所以他们会一直投入对其的自卫斗争中，然而他们的战斗是毫无意义的，所以他们在斗争中极其绝望。卡氏的真实失败的主要基础就是这种自责，弗洛姆对“审判”的分析与之有异曲同工之妙。因为卡氏过着完全麻木的生活，因为他的前进是没有目的的，所以成长力和自主性都是他所缺乏的。简单地说，弗洛姆的观点是“精进的生活是他所缺乏的”。弗洛姆认为，不管过着这种生活的是什么样的人，都会感到罪恶，他的理由非常充分：因为他现在是有罪的。他不向自己和自己的智慧求助，想要别人帮他把问题解决，这一直是他所期望的。有一种深奥的智慧存在于这种分析中。这其中所应用的概念也是我所赞同的。不过我认为这并不算完整，自责的无益性，也就是责备的特性，是他所没有考虑的。换句话说，他把卡氏对自己罪行的态度这一点忘记了，他的转变是没有任何建设性的。为什么会有这样的转变呢？这是因为他用自恨的境况对待自己。他没有感觉他对自己的责备是残酷的，整个过程都被具体化（外移）了，所以这一点存在于潜意识中。

最后一点，一个人的自责可能因为当时的举动或者态度从客观的角度看是良好、合适、无害的。他认为“照顾自己”就是娇养；认为喜欢美食就是贪婪；认为不盲从、考虑自己的想法就是一种顽固的自私；虽然一些分析治疗是可行的，也是他所需要的，他却认为这是放纵自我；他还将判断自己的看法视为无所顾忌。有些自负或者内心指使已经与“追求”相抵触，我们在这里一定要考虑这种情况。一个人要是以禁欲为傲，就会控告自己贪婪。一个人要是非常自谦，就认为作出判断是一种利己主义。但这种自责是病人出现的真我与常欲之间的战斗，和最重要的原因无关。分析的末期是产生自责最多的时期，自责是一种目的，它阻碍并侮辱人们向正常人性发展的动力。

（就如自恨是恶性的一样）自责是邪恶的，自卫之道是它所需要的。我们可以在分析中清楚地看到这一点。病人一遇到困难，就立刻开始防卫。正常的愤怒、迷惑或者愿意与人争论都是他们可能出现的反应。比如，他们可能立刻就表示，虽然他在过去确实如此，但他现在的情况已经好多了。也可能表示，如果他夫人没有这样做，就什么问题都不存在了。也有可能说，就是因为父母的缘故才出现了这样的问题。他们可能发起反击，经常对分析者持有攻击态度；也可能采取完全相反的做法，表示满意和顺从。换句话说，他的反应是这样的：虽然他受到了我们严厉的责备，但他因为过于恐惧，已经不能冷静地发现自己被责备了。他用放任自己心意的方式盲目地对谴责发起攻击。比如，用归罪他人的方式，用让自己逐渐免于责备的方式，用认罪的方式，或者用继续攻击的方式，等等。我们在这里面临一个问题，也是分析治疗的主要阻碍因素。这是除了分析以外的、让人们不能对问题持客观态度的一个主要原因。人们因为必须“免于自责”而不能对自我作出建设性的批评，人们不能从错误中学习的原因也在于这一点。

为了综合分析神经官能症的自责，我要用正常的“良心”进行对比。正常的良心对真我利害关系的监视是一直都未停下的。用艾利希·弗洛姆的话来说，它是真我对我们整个人格或者合适或者过分的反应，是“人类对自我的召唤”。但另一方面，神经官能症患者的自负是自责的起源，当个人不能满足自负的需求时，自责就表示不满。它们在与真我对抗，想要制伏真我，而不是在支持真我。

很明显，良心所产生的不适或者懊恼在检查错误的特殊行为或者反应，在检查我们的整个生活方式，所以它是具有建设性的。当我们的良心对这种做法持否认态度时，所发生的事在最开始就和神经官能症的过程有所区别。因为良心的作用，当我们发现某种行为或者态度是错误的时候，我们就会试着用公正的态度去看待，不会对此进行夸大。我们对谁应该对良心负责进行一番探索，最终，只要是一种可行的、克服错误的方法，我们就会使用。相对来说，自责就是将人格不好的一面宣布出来，最终给出一条谴责性的评判，评判出来以后，自责就进入暂时休息的状态了。当人们不再自责，开始积极行动的时候，自责就成为一件没什么用处的东西了。总的来说，人们需要对自己面临的问题进行严格的检查，但自责却让人们避免了这一步，人性的发展被阻碍了，所以无论从来源还是结果的角度考虑，自责都是非道德的。但良心是一种道德力量，它有利于我们人性的发展。

弗洛姆比较了正常的良心和“权力主义者”的良心，他认为后者是“权威内部的恐惧”。实际上，从“良心”这个词的用法来看，它的三种意义是完全不同的。第一种意义是，因为害怕被发现，害怕被惩罚，所以自然地服从外部的权威。第二种意义是，责怪性的代表。另外还表示对自我感到建设性的不满。我认为最后一项才是“良心”，我在使用“良心”这个词的时候，也专门指这个意义。第三种意义是，自恨自身可以表现为自卑。研究自负有多种方法，我们就用这种表现当作这些方法的统称，自疑、自卑、自贬、自辱与自嘲都可以包括在内。这是区分自责的一个好方法，因为它可能明确表示一个人因为没用、自责而感到有罪，却不能明确表示这个人看不上自己或者感到鄙下。在某些情境中，我们只能非常肯定地说，这是我们被不同的形式击败了。这是自恨形式产生的两种方式，有一点比较明确的区别产生于这两种方式之间。有些努力是为了改善现状或者取得成就，自卑就是在与这种努力对抗。从程度的角度来说，对自卑认识的差别是很大的。我们在后面会研究这其中的理由。在一些不易激发的、合理的自大背后，可能就隐藏着这种自卑，但这种自卑也可能被直接地感觉出来或者展示出来。比如，有一位女孩想要在公共场合在鼻子上涂粉，她的内心可能有这样一种声音：“丑小鸭，想臭美！真是扯淡！”再比如，有一个被一篇理学文章吸引的聪明人，他也想写一篇这样的文章，此时他可能自己嘀咕说：“你怎么能写出论文！你就是个骗子！”因为这些人一般都对这些想法的全部意义有所了解，所以他们对自己想法的嘲讽是公开的。是这样吗？如果我们真的这样想，那我们就犯了很大的错误。有些直白的讨论可能真的是幽默的、机智的、没有恶意的。我在前文曾说过，这是更加难以评价的。他们可能是在潜意识层面保全自己的面子才使用了这样一个小聪明，也可能是为了追求自由，为了不让自负的体面都丢光了。我们可以说得更加明确一些，为了保护自负，为了保全个人，他们是可能从顺从转变为自卑的。

虽然人们可能将自辱的态度称为“谦逊”，虽然这也可能是人们自己的切身体会，但我们可以比较容易地观察到自辱的态度。这些人在用心照顾生病的亲人后，可能有这种想法，也可能直接这样说：“这是我应该做的。”此外，他还有可能说：“我是为了让人感动才这样做的。”实际上，他在说谎，但他不认为自己在赞成自己说谎的行为。医生可能认为病人的病情没有改善说明了他们的失败，但认为病人旺盛的生命力和好运气才是病人痊愈的原因。另外，虽然我们并不容易察觉到自卑，但对他人来说，“对结果的恐惧”是非常明显的。所以，真正有才学的人在讨论的时候因为害怕别人嘲讽他而不敢侃侃而谈。很明显，这是一种对自己成就和才能的自辱，不利于自信的恢复和发展。

最后，在人的整个行为中，自卑会用粗陋或者精巧的方式表现出来。人们可能低估了他们的愿望，他们正在做和将要做的工作，他们的时间，他们的期望、意见或者信念等。这些人有一个共同点，他们似乎已经没有能力庄重地面对自己的所思所想所为了。他们会对别人能够做到这一点感到惊讶。因此他们开始怀疑自己的价值，进而发展为怀疑世人的价值。在自卑、道歉或者谄媚的行为中，自卑显得更加明显。

自骂也可能出现在梦中，这和其他自恨形式是一样的。这在做梦的人大脑不清醒的时候也可能显示出来。他在表现自己的时候可能要凭借肮脏的水池、强盗贼匪或者滑稽的小丑、令人作呕的东西（大猩猩或者蟑螂）等事物。他可能梦见一幢房子，这幢房子外面华丽，但里面却和猪圈一样脏；这幢房子可能已经坍塌了，正处于修理状态；或者在这幢房子里与下贱的女人做爱；或者这幢房间里曾经发生过让他被嘲弄的事情等。

为了更加广泛地了解问题的严重性，我们在这里要将自卑的四种结果考虑在内。第一点是，一些神经官能症患者会做出一些对比，对比的一方是他们自己，另一方是和他们有过交往的每一个人，也可能是对他们不利的人，这样他们就发现别人比他更会穿衣打扮、更加有趣、更加感人、更聪明、更迷人。在年龄、地位或者其优势方面，他认为自己是比不上别人的。神经官能症患者可能会因为这些比较而受到打击，并因此而感到失衡，但他对这些问题的思考仍然是不可能彻底的。他们即使想了，也仍然感到自卑。一般来说，这种比较是没有什么意义的，还会让个人感到不愉快。有些人可以因为自己的成就而感到骄傲，但他们非要将一个善于跳舞的女孩子作为比较对象，这是为什么呢？也可以说，一个人明明对音乐不感兴趣，但他还是要和音乐家作对比，并因此而感到自卑，这是为什么呢？

每当我们想起那些在各方面都不比别人差的那些人的潜意识要求时，这些问题才是有意义的。在这里需要补充说明一个问题，神经官能症的自负也是一种需求，不管是与什么人或者什么事对比，它都要求他是最优秀的。因此，不管是他人哪方面“优秀”的能力或者特长，他都会感到这对他是一个绊脚石，毁灭自己一般的责骂就因此而产生。这种关系在有的时候是相反的，当一个神经官能症患者处于自骂状态时，他的责备性自我批评需要支持和加强，这个时候他就需要别人“超强”的能力。我们在说明这个问题的时候可以使用两个例子。一位母亲有虐待倾向，同时她还是一个野心勃勃的人，爱干净和别人的好成绩都是让吉米感到羞愧的东西。但竞争中畏缩还不足以用这个例子来解释。此时，自卑是在竞争中畏缩不前的结果。

人际关系的“容易被攻击”是自卑的第二种结果。神经官能症患者因为自卑而对别人的批评和拒绝十分敏感。有些情况是不需要生气的，他却感到自己被别人看不起、被人攻击，自己的同伴也得不到别人的喜欢，也可能感觉别人真的在蔑视他。因此，他对自己的不安稳感又被自卑强化了，他对别人看待他的态度更加怀疑了。因为他对自己的真实情况感到无法接受，所以对于那些完全了解他缺点的人，他是不可能认为这些人能够用喜悦和善意的情感或者态度接受他的。

他内心深处有更加汹涌的感受，对于别人非常明显的对他的轻视，虽然他不会有意识地表现出自卑，但他的心里已经记住了这种猜疑。能够说明大部分自卑都已经被外化的因素有两个：一是盲目地认定自己被他人轻视了，二是完全或者相对地感觉到他的自卑。这对他的人际交往多少存在一点害处。别人“面对价值”的积极感情可能是他所不能接受的。在他看来，恭维和嘲讽的评论是等同的，同情就是施舍或可怜一个人。人们因为希望从他身上获得某种东西才产生了想要了解他的意图。因为他们自己可能是

“神经官能症患者”，可能是无能的，或者他自己是一个能够给别人带来好处的人，所以别人才可能因为对他不是特别了解才说喜欢他的。同理可知，他们可能因为一些根本就没有恶意的事情而感到自卑。他可能认为这些都是程度较低的屈辱，比如，某人没有接受他的邀请，没有马上回答他的问题，在戏院或者街上时没有和他打招呼等。如果有人对他开了个玩笑，即使这个玩笑是善意的，他也必定感到这是很明显的屈辱。如果有人反对他的建议，或者批评他的行为，他就认为这些具体的批评是不真诚的，反而恰好说明了有人在轻视他。

就像我们分析的那样，这个人并不知道他和人相处的方式，也不知道有些扭曲的现象隐藏在这种关系中。病人认为别人的轻视是一种事实，我们在对关系进行分析时，可以在一定的范围内观察病人这方面的特点。病人在经过了一系列的分析后，可能对分析者就比较友善了，有理由并且十分坦诚地提出：分析者对他的轻视是无须证明即可发现的，所以他们认为没有必要提出这个问题，也没有必要对此进行进一步的思考。

因为大家可以非常容易地就对别人的态度作出不同的解释，尤其是它受到无关的破坏时，所以我们完全可以理解一切与人性关系有关的知觉扭曲。有时他认为被“外移”了的自卑是非常准确的，对他人扭曲的看法就更加容易形成了。很明显，这种转移责任是自卫性质的，但他可能无法忍受生活在尖锐而又经常出现的明显的自卑中。由此可以发现，在神经官能症患者的潜意识中，他们习惯于将别人当作罪犯看待。虽然他们认为，被轻视和拒绝是一件非常痛苦的事情（实际上，所有人都这样认为），但和面对自卑相比，被轻视和被拒绝就不算特别痛苦了。我们要知道，他人是不能伤害也不能建立自尊的，对每个人来说，这门苦难的课程都需要长时间的学习。

神经官能症患者的自负容易引起自卑的“易受攻击性”，所以二者经常相伴而生。所以很难认定，一个人因为自负而受损，或者他感到耻辱的原因是自卑的“外移作用”。对于这种反应，我们需要从两个角度来解释，因为它们实在是太密切了。当然，在比较特别的时候，我们应该很容易知道或者观察到这两者中的一个。当某人对“轻视”的反应既自大又存有报复心理时，最主要的原因就是自尊受损。当愤怒是相同的，他就变得曲意逢迎或者卑躬屈膝时，比较明显的理由就是自卑。但不管在哪一种情况下，我们都应该牢牢记住，相反的现象可能是相反的方面产生的。

第三点，有的人受自卑支配，他们的很多恶习都是从别人那里学会的。他可能对这些让人唾骂的恶行是欺负或者耻辱这一点都不是很清楚。他可能也注意到了这一点，因为他的朋友对此非常愤怒。他可能认为犯罪者的行为是正确的，也可能想让犯罪者的罪行减低一些。这种现象只发生在诸如病态的依赖性这种情况下，这是复杂的“内在情愫群”的产物。“不能自卫”可能因为病人怀疑自己不应受到任何更好的对待而产生，这才是产生这种恶习的主要因素。比如，一个以丈夫在外边与其他女人暧昧不清为荣的女人，她可能认为其他女人更加迷人，或者认为责任在于自己不够可爱，所以她才无法将自己的愤恨直接地表现出来，也无法诉苦。

最后要说的一点是，需要利用赞赏、称赞、崇拜、敬重或喜欢他人来平衡或者减轻自卑。因为内在的自卑并不掌握这些强迫性的需要，所以这些关心的探求具有强迫性。最终胜出的需求对它起决定性作用，这与完全消耗性的生活目标非常接近。因此产生了这样的结果：他人对自我评价的结果所起的决定性作用，因为别人对我的态度而有增减变化。

神经官能症患者对自我荣誉化的映射是非常固执的，这是为什么？如果我们沿着辽阔的理论线进行探索，我们就可以凭借这些观察进行进一步了解。因为他认为二者只能选一个，也就是死于自卑的恐惧中，所以他必须把它坚持下来。自卑和自负之间形成了一个恶性循环，一方总是能让另一方得到加强。当他对自己的实况感兴趣后，这种循环才能停下来，但由于自卑的作用，他还是难以发现自我。对他来说，只要他自我堕落的形象依旧是真实的，他的自我就依旧显得低下粗俗。

对神经官能症患者来说，他们的哪一方面是自己轻视的对象呢？有的时候是一件事，可能是他的领悟能力，也就是记忆、推理、评论、计划、思考、特殊的技能或者天赋等，所有从个人行为到公众表演的活动力都包括在内；也有可能是他的身体外观与功能。但轻视趋势的普遍性分布不均，一般来说，有些区域的集中比较显著，决定这一点的是解决神经官能症某种态度或者能力的重要性。比如，对富有攻击性的报复型患者来说，他自认为的“软弱”严重地受到他的轻视，其中包括的内容非常多，比如，一切顺从（合理的顺从也包括在内）、失败的报复、对人的积极情感、对自己和他人的无力操控等。从本书的体系来说，我们是不能详细地探讨各种可能性的。因为问题的原理永远是一样的，所以我们也没有必要一一讨论。为了更好地进行说明，我们可以对两种比较常见的自卑表现进行讨论，这些表现都与智慧和吸引力有关。

我们知道，仪表和容貌的范围非常大，从令人厌恶到让人欢喜，各种情况都存在。如果这种倾向发生在一个比普通女人稍微好一点的女人身上，我们可能感觉有点奇怪。但我要说的这一点，大家最好不要忘记，这不一定是别人的意见，也不一定是客观事实，只是那个女人真实自我和理想自我之间的一个矛盾。所以，从我们一般赞美的角度来说，她可能是个美女，但她未必绝对是个美女，不管什么时候，从过去到将来，都不可能出现绝对。她可能存在一些不完美的地方，如身上有瘢痕，手腕不够细长，头发的起伏不够自然等，因为她注意到了这些问题，所以她开始看低自己，有的时候，她甚至对照镜子都非常厌恶。她害怕别人认为她是令人厌恶的，她很容易就陷入这种恐惧中。所以，她在看电影的时候就会非常害怕坐在她旁边的人因为这一点而调整座位。

从其他人格因素的角度考虑，如果对仪表非常不满意，就可能出现这种结果：为了与消极的自骂或“毫不在乎”做斗争而占用了过多的精力。如果是抵抗消极自骂，她可能在裙子、帽子、头发、肤色等方面花费大量的时间和金钱。如果她对鼻子、肥胖、乳房等特别的方面存有轻视之心，她可能会采用减肥或者手术这样激烈的“治疗”。如果是抵抗“不在乎”，她对姿态、穿着、头屑等方面的料理就会受到自负的阻碍。这个女人可能真的认为自己很丑，自己是令人讨厌的，所以她认为改变容貌的尝试都是没用的。

如果一个人发现更为深远的原因造成了对容貌的自责，那么他可能感觉事实比想象猛烈得多。有一个需要回答的问题就是："我有吸引力吗？""我可爱吗？"则是另一个问题。这两个问题是不能完全区分开的。有一个重要的人类心理学问题混合在这里，我们暂时先不讨论这个问题。我认为在另一章节讨论"可爱"的问题更合适。虽然在很多方面，这两个问题都互相渗透，但它们并不是一回事。其中一个意思为：我的外表够美吗？我的外表对异性有吸引力吗？另一个问题是：我想变得更可爱，那么我有这种能力吗？显然，比较重要的是第一个问题，对年轻人来说就更是如此了。但关系到我们生存中心的却是第二个问题，因为这与爱情生活是否幸福有关系。可爱的特质和人格是联系在一起的，当神经官能症患者与自己脱离的时候，他的人格就会变得非常朦胧，他就对此失去了兴趣。虽然说不管对于哪一种实际意义来说，吸引力是否完整都不太重要，但在所有的神经官能症中，"可爱"都被伤害到了。有一件非常奇怪的事情是，分析者很少听到第二种情况，经常听到第一种情况。很多"移情作用"都发生在神经官能症中，这不是从本质扩展到外延吗？这不是从完成关于自我的事情扩展到华丽的外表吗？这不是一个追求和魅力相一致的过程吗？魅力这一项并不体现在发展可爱的特质上，但魅力需要合适的衣裳，需要一定的风度。从这点来说，一切仪表方面的问题都关系到是否过分的问题，这是无法避免的。因此，我们也可以理解为什么"自贬"会集中在这些问题上。

对智慧的自贬，蠢笨感觉的结果，与理性万能中的自负十分相像。我们需要知道从这个角度来说，吸引人们注意的是自卑还是自负。实际上，在多数神经官能症中，导致对领悟能力不满的真正理由是存在很多障碍。评论性的思考可能害怕攻击的干预，如果让自己不愉快地被束缚着，那就很难得到意见。为了把自己的全能证明出来，这种强迫性需求就会对学习能力造成困扰，把个人问题趋势掩盖，思考的清晰性也被迷惑了。就像人们让自己无法看见内心的冲突，他们将其他类型的矛盾忘记了。对于自己的荣誉，他们可能会过度困惑；对于他们目前的工作，他们会产生疲惫的感觉。

我记得有一段时间我认为这样的真实是不容易的，这种感觉是愚蠢的，是完全能够被说明的，并且希望愚钝感能够从希望谈及的事情中受益。就像我们提醒病人："虽然你拥有完全正常的智慧，但你的工作能力、你的勇气、你的兴趣又该怎么说呢？"很明显，这是一些值得研究的因素，然而在生活方面自由使用智慧并不能引起病人的兴趣，"大脑"的绝对智慧才是他真正感兴趣的地方。当时，我们对自贬过程的力量缺乏了解，有的时候这种力量占有的分量是很足的。有一些人确确实实获得成就了，但他们还是习惯于说其实自己是愚笨的。因为他们一定要避免被嘲讽，不管付出什么样的代价都是如此，所以他们对远大抱负并不是特别承认。他们在十分矛盾的时候会将所有矛盾的证明和证据放弃，然后接受某种判断结果。

对兴趣的主动追求在不同的程度都受到了自贬过程的阻碍，不管是在活动之前、活动过程之中，还是活动之后，这种效应都会表现出来。一个神经官能症患者对自卑屈服，他可能颓废，所以没有办法在公共场合演讲，也可能无法讲外语。在公演之前，或者在公演过程中，他都会感到恐惧（怯场）。如果他在从事某些活动中遇到了困难，他很快就会选择放弃。另外，自卑和自负都像是“易受攻击”那样，产生某些恐惧或者忌讳。总之，它们是上下两难的产物，一方面需要大加赞扬，另一方面却主动地进行自攻和自辱。

即使在完成或者做好一件工作时，没有顾及任何困难，自卑都没有停下来。“就做好与这份工作相同的事情来说，其他人也是能做到的。”比如，某人在钢琴演奏的过程中，存在一段发挥不佳的问题，他就可能这样想：“我这次是侥幸没有失败，但下次就必然没有这么好的运气了。”然而另一方面，自卑的全部力量都被失败激发了，实际的意义受到了阻碍。

自摧是自恨的第四种表现，在讨论这一点之前，我们要把与之类似或者具有相同效应的现象区别开，这样才能把这个话题缩减到一个合适的范围。首先，我们要对正常自律和自摧之间的不同之处做一个区分。对于一个正常的人来说，他可能为了更重要的目标而把一些满足或者活动抛弃。所以，价值层次中更高的部分才是他追求的。所以，年轻父亲会因为节省家庭开支而放弃自己需要的享乐。对于一位专注于工作的艺术家或者学者来说，价值比较大的是专心和心里安宁，所以社交生活是要受到限制的。对时间、精力与金钱上的缺陷认识（这种认识正好是神经官能症所缺乏的）是这种戒律的先决条件，同时也要对自己的真实愿望到底是什么有所了解，另外还要有能力追求重要的事情并将不太重要的事情放弃。因为神经官能症患者的愿望大多是强迫性需要，而且每个愿望的重要性都是一样的，没有哪一种是能够放弃的，所以对于他们来说，做到这些都是不容易的。在分析治疗中，正常的自律一般都不是真实的，只是接近目标而已。我们要从经验中发现神经官能症患者对自动的自制和挫折间的差异并非十分了解，否则我们根本就不会在现在说这一点。

我们还要注意到这样一点，神经官能症患者在某种程度上是一个被折磨的人，不过他自己可能并没有这种感觉。他要去了解自己具有的潜能，却遭到了他的冲动、他的强迫驱动力、冲突的解决和疏离自我的阻挠。另外，因为他无法完成对"无限权力"这种需求的追求，所以他经常感到挫败。

不管这些挫折是真实的或者想象的，它们都不是自摧的意向所引起的。比如，对称赞和爱好的需要，在实际上已经摧残了真我和真我情感。因为神经官能症患者也必须要应付别人，所以他们也会产生这种需要。（我们暂时不考虑他的基本焦虑）在这种情况下，自我剥夺是残忍的，但必然是从这个过程中不幸地产生的。就拿自恨来说，到目前为止，对于自恨表现所引起积极的自我挫折，我们已经讨论过了。"自由选择"的一种挫折就是"应该"的暴行。自尊使得自卑和自责都受挫了。另外，享乐方面的禁忌与希望、渴望的压抑也是这种自恨的主动自摧特点表现得比较明显的地方。

我们对兴趣有一定的渴求，我们要做真正符合我们兴趣的事，这样我们的生活才会充实、率直，然而享乐放慢的禁忌却对此有破坏作用。一般来说，病人越是了解自己，就越是能确切地体会到这种内心的禁忌。他想去旅行，但是他的内心却说："你不应该去。"他的内心也可能有这些声音："你没有休息、看电影、买衣服的权利。"还有一种情况是更加普遍的："好事是轮不到你头上的。"他怀疑那种焦躁是不合理的，他想自己分析这个问题，但他又感到这像是用铁手去关重门。他知道分析工作对他是有好处的，但是他厌烦了，于是就停下来了。有时候，他的内心会因此而产生一段对话。一天的工作结束之后，他感到很累，需要休息了，此时他的内心就嫌弃他的懒惰。"我不是懒惰，我确实太累了。""才不是呢，你根本就是在放纵自我，你要是这样做，就什么都得不到。"这样的对话会一直进行下去。当他去休息的时候，他可能感觉自己是罪恶的。他也可能硬着头皮继续自己的工作。但对他来说，这两种做法都是没有好处的。

一个人怎样在追求享受的时候让自己的意志力消退呢？一般来说，在梦里会出现这样的情境。比如，一个女人梦见自己在一个园子里，园子里到处都是水果，每当她摘到一个果子或者想要摘一个果子时，就有人立刻从她手中把果子抢走。再比如，一个人在失望时做了一个梦，他想要把一扇重门打开，但没有成功。他想要去坐火车，但火车正好就开走了。他想要亲吻一个女孩，但那女孩立刻就不见了，一阵阵嘲讽的声音在他耳边响起。

社会意识中可能也隐藏着享受方面的禁忌。"只要有人还住在贫民窟中，我住在华美的公寓中就是不应该的……只要有人还没有吃饱，我就坚决不能浪费食物……”这些反对真的是因为他的社会责任感而产生的吗？或者禁制是不是只是为享受遮掩？此时，一定要对这些问题进行反省。想要澄清这个问题，同时把那种虚假的光荣揭示出来，只需要一个简单的问题就能做到：你能做到不花自己的钱就把包裹寄到欧洲去吗？

至于这种禁忌的存在，我们可以用“既成的抑制”来推断。比如，一个只能够和他人分享的人，他却在不顾及别人是否喜欢的情况下，强制要求别人和他一起听唱片。对于他们来说，自己单独享受某种事物是难以忍受的。有时候，别人可能在开支方面比较吝啬，因此即使他想要对此做出更多更合理的考虑，他也没有办法做到。这在以下这些情况中更为明显，有些事情能够明显地使他们的声望增加，如明显的施舍，买一件对他没有任何意义的古董或者举办一次舞会，这些事情过度占用了他们的精力。他们只能做荣誉的奴隶，对于仅有让他们享受或者幸福的事情，是被严令禁止的，因此他们的行为就像是被某种法律束缚住了。

让他们感到挫伤的是焦虑或者和焦虑差不多的事物，这一点和其他禁忌差不多。有这样一位病人，别人为他准备了一杯咖啡（精致早餐的一部分），他却不肯喝。因为他本来以为我会因为他的“自私”而责怪他，所以当我对他这种良好的表现大声赞扬时，他感到非常震惊。再比如，他会因为搬到一个比较好的公寓而感到极其恐惧，虽然这个公寓在各方面都比较舒适。因为他的内心在他享受宴会的时候大叫“你早晚要为此付出代价的”，所以他会感到恐慌。一个病人买了一些新家具，就感觉自己的内心在嘀咕：“你根本活不到享受这些的那一天。”这种病人的情况是特殊的，从这个角度来说，此时癌症的恐惧在偶然间敲打着他的心。

我们在分析中可以清楚地看见期望的压制。在克服“结果”意义方面，“坚决不”这样的词是没有用处的，而且还有复发的可能性。就算是真的有所改善，他内心也会有这种挣扎：“只要你的恐慌和依赖性不能被自己掌控，你就不能获得自由。”此时，恐惧就会侵扰病人，病人会疯狂地要求治愈自己，或者要求别人给予帮助。有时候，病人不得不承认情况已经有所改善，但即使如此，他也可能说：“是啊，我已经得到了分析的帮助，但分析却不能进一步给我帮助，那么分析的好处到底在哪里呢？当希望再次被剧烈地粉碎时，毁灭的感觉就又会产生。”想必大家对但丁的地狱还有印象吧！有一句话刻在地狱的入口：“不管谁进入这里，都把你们的希望抛弃吧！”所以，我们可以预料到那些显著改善的反应基本“都是这样”。有位病人感觉自己已经忘记了恐惧，认为情形有所好转，他就知道有一种重要关系，他可以按照指使从恐慌中逃离出来，不过在后来还是会以更加抑郁和丧气的样子恢复原状。还有一名已经放弃生活重心的病人，每当他想起自己是有优点的时候，他就会感到恐慌，就处于自杀的边缘。这是一种自我落败的潜意识，如果这种潜意识更加深刻地发展，病人就会拒绝所有带有嘲讽意味的保证。我们可以在一些例子中对这种再发的过程的原因进行研究。当病人已经知道什么样的状态比较良好时，比如，将不合理的要求放弃，他们就感觉自己变了。他在想象中登上了绝对自由的高峰。接下来，他会因为自己做不到这一点而对自己产生厌恨情绪，他对自己说：“你什么目的都不能达到，你真是没用。”

对所有希望的禁忌是最后一项，也是最隐蔽的一项自我摧折，这些希望包括狂妄的幻想，而且也包括对自己机智的利用，同时还包括让自己更优秀、更强大而奋斗的禁忌。自卑和自我摧折在此处的界限非常模糊。你想做、想唱、想结婚吗？你发现你可能什么都做不好。

我们可以从一个在后来积极向上而又有所成就的人身上看到这些因素。大约是在他寻找一份更好的工作的前一年，这时外在的因素还没有什么变化，他和一名年纪比较大的女人谈话，那个女人问他：“你希望完成什么事？你今生今世能够做什么？”他从来没有考虑过未来，虽然他有头脑、有思想，也很努力。他的答案是：“啊！我感觉我永远都要为生存而活着。”虽然别人都认为他的前途应该不错，但是和重要事情有关的意见都被勾销了。他由于自我分析的帮助和外界刺激方面的原因而更加努力，但他不知道自我研究上的发现到底有什么意义。他的自信增加不了，因为他感觉自己不可能有任何成就。他可能会把这些发现忘记了，而后又意外地重新发现。最后，工作上留下的禁忌迫使他开始做自我分析，这时候他还是很难克服对于自己渴望的、自己希望得到的、了解自己特殊才能等方面的禁忌。很明显，他有很强的天赋，促使他追求成就的志向非常激烈，而且已经不能被完全阻挡住了。所以，即使他把某件事完成了（即使是非常痛苦地完成了），他还是对这个事实采取回避态度，他没有办法拥有或者接受这个事实。对其他人来说，这同样是一个不顺利的结果，他们不敢尝试新的事物，他们退缩，他们对生命没有期望，所以他们的标准降低了。他们在自己心灵控制和能力之下生活。

自我挫折也可以通过“外移作用”表现出来，这与其他自恨方式是一样的。一个人可能抱怨说自己本应该是世界上最快乐的人，让他不快乐的罪魁祸首是他的老板、他的太太、他经济情况不好，还有政治和气候方面的因素等。当然，我们不应该向另一个极端靠拢，认为这些因素都是没有什么关系的。我们的幸福的确可能被这些因素影响。当我们评价这些因素时，应该注意这些因素的影响力，注意有多少内心激起的因素向它们靠拢。有些人经常认为别人对自己比较友好就感到满足和安宁了，虽然外在的困难并没有得到解决，但是他们也不顾虑。

从另一个角度来说，自我折磨是自恨的必然结果。神经官能症患者为了追求不可能得到的完美，可能会督促自己，可能轻视、摧折自己，也可能强烈地责怪自己，这些做法确实让自己受到了折磨。在自恨的众多表现中，自我折磨单独成为一类，它包含了使自己受苦的模糊意识。我们要考虑每种神经官能症痛苦病理的所有可能性。比如，要把自疑考虑在内，它们产生于内在冲突，在没有目的和结果的对话中都有所表现，病人们就用这种对话与自己自责的行为对抗，用来保护自己。它们与他所在的不同环境有关，都是自恨的表现。实际上，它们可能像哈姆雷特那样是最痛苦的，因为“自疑”可以吞噬人类，所以它们可能还不如哈姆雷特。很明显，虽然我们必须对发生这种情况的所有理由加以分析，但它们有没有构成自我折磨倾向呢？

拖延是另一种与之相同的特性。我们知道，一个人行动或者决定的迟缓是很多因素造成的。比如，无法作出决定和普遍意义上的懒惰就是这种情形。那些拖延的人知道，被自己拖延的事情将越攒越多，他们会感到极其痛苦。我们对一些不确定的问题已经忽略，我们要再次偶尔地回想一下这些问题。如果拖延没有使他不高兴，没有对他产生坏的影响，他就会非常高兴地对自己说："我从它那里得到了权利。"但这并不是说，他的拖延是因为被驱使着折磨自己而产生的。这只能说明，他要对自己所受的痛苦展开报复，并且从报复中获得了满足，也就是说这是一种"幸灾乐祸"。他对自己的折磨是主动的，但至今他都没有发现这一点，然而当他看到别人感到紧张不安的时候，他的内心是喜悦和满足的。

其他的观察能够显示主动自我折磨的驱动力是一种辅助证明，如果没有这些证据，个人所说的话就都不可能成为结论。有的时候病人发现自己有一些零碎的节约，在这些自我吝啬的事情中，"压制"并不是只有一种，自我的要求能够得到充分满足，有时候这甚至接近于一种爱好。因此，对于一些有忧郁症倾向的病人，他们不但有一种对神明忠实的恐惧，还用非常残酷的方式打击自己。以他们自己的感觉为例，胃不舒服会变成胃癌，轻微的咽喉炎会变成肺结核，颈椎痛变成了脑瘤，肌肉疼痛会变成脊髓灰质炎，焦虑成了神经混乱。这些病人认为自己经历了一个"中毒过程"。最开始的表现不过是失眠和不安，但那时她会告诉自己，一个新的恐慌循环已经开始了，所以，这种症状在以后的每天晚上都会越来越严重，她已经无法继续忍受下去了。如果说最初的恐惧是雪球，那么这个过程就是一个将雪球堆成雪堆的过程，最终的结果只有雪堆崩溃，并将她埋住。她当时的诗中写道：“我被自我折磨得充满了欢喜。”对于这些忧郁症患者来说，可以分离出一项导致自我折磨的因素。在他们看来，绝对的健康、英勇和安静，都是他们所应该拥有的，只要是出现了与之相反的病状，他们便会残酷地攻击自己，即便这些症状只是微小的。

另外，我们在对病人的虐待冲动或者幻想进行分析时就会发现，他们对自己的虐待冲动可能就是一种诱因。有时候，一些病人会有一种折磨他们的幻想或者冲动，无助的人或者小孩最可能成为被折磨的对象。比如，有一位名叫安妮的驼背仆人，她和一名病人都住在公寓中。一方面，病人有一种强烈的冲动;另一方面，他觉得这种冲动让他感到烦闷和困惑。安妮对这位病人非常友好，从来没有对这名病人的感情造成伤害。当这位病人还没有存在虐待幻想的时候，他就对安妮的身体畸形感到同情，不过他同时还存在厌恶情绪，他认为他将安妮看成了他自己，所以他才同时产生了这两种情绪。他本身是一个身体健康的人，但当精神困扰袭来时，他就感到无助，进而有一种歧视感，这个时候他就感觉自己是一个瘸子。这种虐待的幻想和冲动产生于他第一次看见安妮努力地擦洗地板的时候。安妮每天都这样勤劳地工作，但他能看到并感觉到安妮的努力，只有当他的自负在他的身边环绕，或者他认识到自己的自谦倾向的时候。

所以，我们可以这样解释这种折磨他的强迫性欲望：这是一种折磨自己的冲动的积极具体化（外移），他会因此产生一种超越于弱者的让他感到恐惧的感觉。因此，这是一种积极的欲望，但最终却变弱了，成为一种虐待性的幻想。当他的自谦趋势和他对这种趋势的厌恶变得非常明显时，这些幻想就消失不见了。

自恨是所有的虐待倾向和行为产生的根源吗？我认为答案是否定的。促成这种情形的因素和可能是“自我折磨”驱动力的“外移”现象。无论如何，我们都应该经常去注意这种关系的可能性。

其他病人也可能发生对痛苦的恐惧，虽然有时候并没有外在的因素促成这种恐惧。有的时候，由于自恨的增加，自我折磨驱动力的被外移表现让他们产生恐惧反应。

最后，受虐狂和性行为以及幻想也可能从此被发现。我们分析这样一种手淫幻想，他认为这种幻想是堕落的，并因此而感受到了残忍的折磨。与手淫经常伴生的行为有：抓头发、用手拍打自己、突然抓一把、穿着很紧的鞋子走路、装成非常难受和痛苦的姿势等。如果他们想通过进行性行为得到满足，就需要做一些鞭打捆绑、责骂的事情，在被迫无奈的情况下做让人厌恶和低贱的事情。这些是组成部分非常复杂的例子。我认为我们至少要把这两种不同类型的事物区分出来，一种是病人所认为的能够让他得到性满足的唯一方式——自我堕落（我们在后面会讨论这个问题的原因）；另一种是病人对自己的折磨以及由此产生的报复性快感。实际上，病人一般既是折磨的主动者，也是折磨的承受者；他是被动堕落的，但他的满足也是从这种堕落中得到的，所以我们可以因此而相信，对于有意识的经验来说，二者之间的区别是正确的。

直接的或者纯粹的“自毁冲动或者行为”的极端必然是自恨的

产物之一。这些极端可能是有意识的或者无意识的，可能是慢性的或者急性的，可能是想象中的或者实际行为中的，可能是隐蔽的、痛苦的、缓慢的或者公开而剧烈的，它们可能是小问题，也可能是大问题，身体、心灵、精神上的自毁则是它们最后的目的。当这种可能性被我们思考之后，我们就不会认为自杀是无法解释的了。生活中的一切事物都可以被我们毁灭，我们能够使用的方法有很多。自毁的最极端和最终的表现就是自杀。

最容易察觉到的自毁是针对身体的自毁，我们的身体会受到这种行为的实际伤害，不过这主要集中于精神病患者。我们可以在神经官能症患者中发现程度比较轻的自毁，在抓头发、拔头发、咬指甲等“坏习惯”或行为中，这些自毁最容易表现出来。但有的时候神经官能症患者与精神病患者相反，他们对现实呈现轻视态度（当然，他们自己的所有实况也是他们看不上的对象），有些造成严重伤害的行为是突发的，并且只存在于想象中，甚至只针对那些生活在想象中的人。在一转即逝的意识之后，这些行为最容易出现，整个过程迅速得如同闪电一般，所以对于过程进展的顺序和结果，我们只能在分析中了解。他们可以非常敏感地发现某些缺点之后（突然爆发而又很快消失）产生一种冲动。这种冲动来势汹汹，比如切碎肠子，比如拿刀刺伤胃，伤害双眼，刺伤喉咙。这种人非常典型，他们有时候就有从阳台或者悬崖跳下来这种自杀的冲动。因为这些突发的冲动很快就会消失，所以基本没有机会实现。然而，这种从高处跳楼的冲动是突发的，也是十分猛烈的，所以人们为了不至于真正地往下跳，就必须要紧紧抓住某些物体，不然这种冲动就可能转化为一种实际的自杀欲望。即便是这样，这些人都没有真正地想要一死百了。实际情况正好相反，他想要从二十楼跳下，然后整理好自己再回家。其他附属的因素决定这种尝试是否会真的转化成现实。假如我也是一个不正常的人，那么他是发现自己已经死亡的人中最惊讶的一个。

还有一些自杀尝试是更严重的，我们可能很快就想到深陷的“自我脱离”现象。但在自残冲动可能失败的尝试中表现出来的，一般意义上的“不是真心想死”的态度，与真心想要自杀的、有计划的自杀目的相比，前者的特性更加明显。产生这些行为的原因有很多，最为常见的一种就是自毁倾向。

自毁冲动的表现形式可能是莽撞地游泳、攀登、驾驶，或者不顾自身情况和无所顾忌，自毁可能是无意识的。因为我们对病人本身有所了解，因为病人有不被侵犯的要求（也就是，在我身上不可能发现这些事情），所以我们认为这些并不是莽撞的行为。在很多实例中，这种因素都是主要的。但我们总认为，产生自毁驱动力的可能性还有别的，尤其是“看不见实际危险”的心理活动最为剧烈的时候。

最后我们还可发现，虽然可能有需要定期使用麻醉剂这样的原因在里面，但有一些人无意识却有计划地损害自己的健康，他们滥用药物或者酗酒。我们在斯蒂芬·茨威格对巴尔扎克的描述中看到了天才的悲剧，“对魅力的苦苦追求”让他忽视睡眠、过度工作、豪饮咖啡，他的健康就这样被损坏了。是的，巴尔扎克因为错误的生活方式而过度工作，对吸引力的需求让他债台高筑。但我们一定要弄清楚，在这个例子中，早逝和自毁驱动力是否有因果关系。

就像在前面的例子中，或者在其他例子中，身体损害是偶然发生的。我们知道，我们会因为情绪不好而伤害自己，比如，捏疼了自己的手背，或者走空台阶而摔倒，但如果我们在开车的时候忽略了交通规则，或者在过马路的时候没有注意来往车辆，伤亡就可能发生。

最后一点，在官能疾病中，自毁的附属作用还是一个悬而未决的问题。我们目前已经了解不少身心关系的问题了，所以在讲自毁倾向的特殊角色孤立方面，我们很难做到完全正确。每一名称职的医生都知道，对于一些比较严重的疾病，病人关于生死和康复的意愿是非常重要的。但在另一方面，从某种程度来说，很多因素共同决定精神力量的效果。我们现在只能说：我们要对身心一体性的问题进行慎重的考虑，对自毁的附属作用慎重地考虑，不管是发病时期、病情恶化时期还是康复时期都是如此。在《海达·高布乐》一书中，艾伯特·纳伯格将先前的稿子丢失就是一个例子。在对艾伯特·纳伯格的讲述中，易卜生指出了破坏反应和行为的高潮。在最开始的时候，他怀疑忠诚的朋友艾维斯泰多特太太，不过他的怀疑只是轻微的，因此他就用酗酒的方式破坏他们之间的关系。但当他醉酒以后，他把原稿丢失了，最后他自杀于妓院中。如果片面之言只是很轻微的，人们就会对此验证，最后可能就忘记了，他们可能喝得酩酊大醉，可能在重要的约会中迟到。

我们经常被精神价值的破坏反复侵袭。一个人可能在就要成功的时候将追求放弃了，对于这种追求是不是他真正想要的，我们暂且不做评论。但如果同样的过程重复发生了三次、四次甚至五次，我们就要对更深的决定因素进行一番探索了。一般来说，在这些因素中，自毁要比其他因素隐藏得更深，但自毁仍然是比较明显的。他对此可能什么都不知道，他可能想对每一个机会都进行破坏。这一点还可以这样说明，当一份工作就要没有出路的时候,他可能就要放弃这份工作了。当一种亲戚情分就要无法挽回时，他可能就放弃这种情分了。他在后面两种情况中，似乎是无辜的，是被牺牲的。对于个别人来说，他是愚不可及的，是忘恩负义的。实际上，由于他长期对人际关系过度用心，他就感到十分恐惧，结果就是出现前面提到的这些行为。简而言之，他竟然让他的朋友和老板对他失去了最后一点儿感情。

这个事件是可重复的，如果我们想要对其有所了解，就可以看他在分析关系中的表现。他可能非常有礼貌，对于某些行为表示合作的态度；他可能经常分给分析者一些利益（但分析者并不需要），但他有非常剧烈的攻击性行为，所以对于一些对自己病情持抗拒态度的病人，分析者反而感到十分同情。病人在努力地让别人破坏他的自我，让别人成为刽子手。

主动的自毁倾向会使个人情感的真实性和人格的完整性遭到破坏，这种破坏的程度如何呢？不管破坏的方式是精妙的还是粗陋的，人的完整性都会受到不同程度的损伤，最终的结果是神经官能症有所发展。人的品格会被各种因素削弱，这些因素有：冲突不能被解决而造成的潜意识让步和自卑、自我脱离、无法避免的潜意识借口，人们真诚对待自己的能力也因为这些因素而下降。

还有一个问题，当个人品德堕落时，他会在沉默的同时主动地选择让步吗？我们可以通过一些观察来使这个问题得到肯定的回答。

我们可以了解一些慢性或者急性的道德败坏或者士气低落的现象。比如，有个人并不重视外表，他可能身材过于肥胖，也可能非常邋遢；他可能睡眠不足，经常酗酒；他对自己的身体不够重视，比如，不去看牙科医生。他要么吃得少，要么吃得多，也不经常去散步，对于他的工作和感兴趣的事，他也不够重视，最后他变得非常懒散。他可能非常混乱，不过他还有一些交往对象，这些人要么会带坏他，要么比较肤浅。就像《失去的周末》一书中所描述的那样，他变得多疑，对妻子和孩子动辄就打骂，他撒谎，他偷盗，当他喝酒的时候，这种情况就更加明显了。但他的行为表现的时候可以使用比较微妙或者十分隐蔽的方式。如果表现得足够明显，一个没有经过训练的观察者都能发现他们在努力地“将自己粉碎”。我们知道在分析中，这是一种不太合适的描述。这些情况发生的时候，一定是自卑和绝望将人们击败的时候，此时自毁驱动力的冲撞已经不能被人们的建设力压制了，自毁驱动力所具有的支配力已经是自由的、无阻碍的了。此时的表现是，在潜意识决定中，他积极地消磨自己的志气（或者道德败坏）。在具体表现中，士气有被主动地、有计划地打击的趋势。对于这种情形，乔治·奥威尔已经有所描述了，只要是有经验的分析家，都可以从他的描述中得知神经官能症患者到底怎样地对待自己。梦也表示，他主动地将自己扔到臭水沟里了。

神经官能症患者对这些内在反应的过程是不同的，惊讶、自怜和愉悦都是有可能的。在他的意识中，这些反应一般与他们的自我消沉过程没有联系。

在做了一个这样的梦后，病人的自怜反应会非常大。这位病人过去的生活是稀里糊涂的，她对人生的价值产生了怀疑，根本不去考虑理想的问题。当她在做梦时，她会很勤快地工作，但她不能要求自己做出一件有建设性的事。她曾梦见一个女人（是美好和可爱事物的化身）在就要加入教团的时候，被人起诉犯了法。人们责骂她、侮辱她。虽然这名做梦的病人相信这个女人是无罪的，但做梦者却和对这名女人不善的众人站在一起。但另一方面，她恳求牧师提供帮助，尽管这名牧师对她有同情心，可什么都做不了。最后，被告在农场里过着非常贫穷的日子，她变得又呆又傻。做梦的人在梦中非常痛苦，感觉自己的心脏就像被刀割了一样，她对这位受害者感到非常同情。当做梦者醒来以后，她哭了好几个小时。我们暂时不考虑过于详细的问题，做梦者自言自语地说："一些比较可爱或者美好的品质，在我身上也是存在的，可是我不能自毁或者自责，我的人格可能真的会被破坏了，最终我使用的这些反对驱动力的方法一定是没用的。我也想要自救，但我要与实际的战斗避开。就某种程度来说，我必须要向我的自毁驱动力让步。"

在梦里，我们与自身的实际情况可能会非常接近。这个梦比较特别，它的来源可能是非常深远的，甚至在做梦人自毁的危险性方面，也提出了比较深邃而广阔的认识。自怜的反应在此时就和其他情况下是一样的，从当时的条件来说，都是没有建设性的：她要去做对自己有利的事情，但是它并没有改变。如果想要非建设性的自怜转化为建设性的“同情自我”，就只能等到自卑和绝望的程度降低的时候。然而对于所有被自恨控制的人来说，这种前进推力的意义是非常深远的，真我的感觉被它引发，我们“解救内心痛苦”的愿望会升起来。

彻底的恐惧也可能是对损坏过程所表现出来的反应。有些危险性是自毁无法克服的，也可以说一个人感觉到，他正无助地受到这些残酷力量的摧残，当我们考虑这种问题时，就会产生这种恐惧。在联想中或者在梦里，很多简单的象征中都可以显示出这些残酷的力量，比如，巨大的猛兽、魔鬼或者白鲸，甚至一个杀人的疯子。至今，这些恐惧还是不能解释的恐惧的核心，比如，对大海危险性的极端恐惧，没有来由的恐惧，对神秘事物的恐惧，对妖魔鬼怪的恐惧，或者对其他在身体内进行破坏活动的恐惧，如癌症、寄生虫和中毒等。对于很多病人来说，这是对神秘事物和潜意识恐惧的一部分内容，在一些理由不太清楚的恐慌中，就可能有这种恐惧。如果这种恐惧存在很长时间，那么不管是谁，都无法和这种恐惧同在，为了抵挡这种恐惧，他一定要寻求各种方法。我们已经提过这些方法了，但在以后的章节中还会讨论没有提到的方法。

我们已经讨论过自恨和自恨的破坏力了，我们发现有一些非常大的悲剧存在其中，人们内心最大的悲剧可能就是如此。人类一边追求绝对和无限，一边在毁灭自己。有的魔鬼想要给他荣誉，当他与这些魔鬼达成妥协之后，他就必然要掉到自己内心的深渊中。

第六章　与自我脱离

神经官能症患者无意识的强迫性需求是为了实现理想的自我而产生的。他们被这种强迫性需要驱使着，陷入了更深的幻想。他们必须要将真我舍弃，这样才能逃避真我与理想自我之间的冲突，但这样一来，他们就失去了生命的自发力……

真我的重要性是这本书在一开始就强调的，我们生存唯一的人格中枢就是真我，真我是唯一具有意愿和能力两大要素的成长元素。我们知道，人性的发展在一开始就受到不利环境的影响，所以那些耗费人们精力并且促成人们自负系统的力量吸引了我们的注意力。这种自负系统不受人的意志的支配，是一种自主的、具有强大破坏力的力量。

本书将要在后面将注意力从真我转移到理想化自我及其发展方面，神经官能症患者由于关心一件事情而转移到另一件事情，这两种转移是非常相似的。不过二者也有一定的区别，对于真诚的重要性，我们至今都有比较清晰的认识，所以我们还是要将注意力转移到真我上。真我在以前因为某种理由被舍弃了，这对我们的人格产生一定的破坏，现在我们要用更加系统的方式来对此进行说明。

对于“魔鬼协定”来说，舍弃自我和出卖一个人的灵魂非常相似。从精神医学术语的角度来说，这应该被称为“脱离自我”，这个术语大多在人们失去自己感觉的特殊情况下使用，比如，自我良好感消失的时候，或者记性不好的时候。一些比较广泛的好奇很容易出现在一些特定的情形中，有个比较奇怪并且让人难以置信的例子是这样的：某个人并没有睡觉，他的大脑也没有发生任何官能变化，但对于“我是谁”这个问题，他却不能做出回答，他不知道自己在哪里，也不知道自己已经做了什么事情或者自己正在做什么事情。

当我们只把这件事看作一种不明显的脱离自我，而不是将这件事当作一件孤立事件时，就不会对此感到疑惑。自我感和定向作用在这些形式中的损失并不大，然而意识经验的一般能力却受到了一定的伤害。比如，有的神经官能症患者觉得自己对所有事情都感觉不够透彻，就像在云里雾里一样，不了解自己的感情和思想，也对他人和其他情况感到迷迷糊糊。不过，这只是与心灵内的过程情况有关。有些观察者看起来要比他人更加敏锐，对于思想情况和趋势，他们能够作出非常清晰的判断，但他们的情感却不能接受各种经验（对于他人或者实际情况等），他们的知觉也无法接受他们的内在感受。正常人因不理解或者不知道一些内在或者外在的经验而感到痛苦，然而神经官能症患者的这些心态却与之完全没有关系。

“物质的我”和这些“脱离自我”的形式是有很大关系的，这就像所有物和肉体。神经官能症患者几乎对自己的身体没有任何感觉，对于他们的身体知觉，他们甚至已经感到麻木了。比如，如果问他的脚冷不冷，他要说出自己感觉到冷，就一定要先经过一番思考。当他无意识地看到镜子中的自己时，可能根本认不出这就是他自己。同样地，对他来说，家和旅馆房间是差不多的，没有任何人格特性，所以他甚至没有“这就是我家”的概念。还有一些神经官能症患者可能不知道自己的钱是通过自己的劳动换来的，不能认识到自己的钱就是自己的所有物。

人们脱离实我后可能产生一些变质，就像上面所说的那样，任何他的实况和他所拥有的一切，他现在和过去的生活关系，还有他对生活的连续性感觉，都可能已经乱成一团，或者被掩盖住了。对于神经官能症患者来说，这些过程的有些部分是内在的。有的时候，这些情况中的障碍是病人能够感觉到的。比如，有的病人认为自己是街上的路灯，上方有个脑袋。但对于这种想法的产生和发展过程，他们却很少知道。他们只有在分析中才能逐渐感到这些过程显现出来了，实际上这些过程是非常普遍的。

这种脱离实我的迹象是与实际不太相符的，但这是非常严重的现象。这意味着，神经官能症患者自己的情感、信仰、意愿和精力已经远离他们了，意味着神经官能症患者生活中主动决定力的感觉已经失去了，他们因此而不再拥有“我是一个有机整体”的感觉。我所说的真我是我们最具有活力的中枢，但以上这些情况却说明我们已经与真我脱离了。为了对这种特性进行更为详尽的说明，我们引用威廉·詹姆斯的话，“颤抖的内在生活”因此而开始，自发的情感因此而产生，这些自发的情感包括：爱慕、恐惧、失望、愉快、渴求、愤怒，等等。因为这是专心和努力的根源，意志命令就从这里发出，所以它是自然兴趣精力的本源，是意志和愿望的能力，是我们期望扩展、成长和完成的一部分。我们对自己思想和情感的“自发反应”以及“反对或者接受”“当作或者不当作是自己的”“否认或者承认”“抗争或者奋斗”都因此而产生。[①]这些都在说明，当我们的真我变得积极而剧烈时，我们要让自己有作出决定的能力，要让自己对所做的决定负责。所以，真正的整体感和个人与整体之间明显的感觉都是由它产生的。它们可能在不太严重的内心冲突中起作用，而不是行为、感觉、思想、身心的和谐。有人认为一些方法可以让我们的自身感到协调（这种方法的重要性只有在真我薄弱时才可能增加），但这些方法与上述这种情况是截然相反的，因为这种情况很少具有与之相伴产生的压力，或者根本不具有这种压力。

通过哲学史我们知道，我们在讨论自我问题的时候可以使用很多有益的观点。但似乎每一个解决这个问题的人都发现，他的特殊兴趣和经验是难以描述的。仅针对临床应用的观点来说，一方面，我将实我或者“经验性的自我”与理想化的自我做出区分；另一方面，我将实我和真我的不同加以区别。实我是一个人在某段时间内的所有表现，包括心灵的或者身体的、神经官能症的或者正常的。当我们想要对自己有所了解时，如我们想知道自己当前的情况时，实我就是我们心中的所思所想。存在于不合理想象中的自我就是理想化的自我，或者从自负体系的角度来描述，理

① 与其他注释相似，我赞同威廉·詹姆斯的观点，这一段摘自他的著作《心理学原理》，属于“自我意识”这一章。

想化的自我就是我想要成为的形象。对于真我，我已经进行过好几次定义了，真我是一种“原始”力，这种力量是倾向于个人发展和成就的，人们可以通过这种理想避免被神经官能症绑缚，因此我们可以再一次达成完全的认同。所以说，当提到一个人想要对自己进行追寻时，他在说真我，从这个角度说，这是一种与理想化自我相反的、可能的自我（即使是对所有神经官能症患者来说也是这样）。不过，这一点是达不到的。从这一点来说，三种自我中最具有思索性的应该是真我。有一个人非常接近神经官能症，他能够区别出杂草和小麦，所以他说他最有可能的自我就是这样的。但对于神经官能症患者来说，非常有可能他的自我和真我都是很抽象的，但这并不是说抽象得不能被感觉出来。可以这样说，只要我们看一眼，我们就知道在它和其他事物之间，它是最肯定、确定和真切的。如果我们经过一番敏锐的观察，将一些强迫性需求的支配排除，我们就能在自己或者病人中将这种特性找到。

一个人到底是与真我脱离了，还是与实我脱离了？我们可能永远都不能对二者进行巧妙的区别，我们下面讨论的重点是前者。祁克果将自我的丧失称为“绝症”（摘自祁克果的著作《绝症》，1941 年普林斯顿大学出版社出版），这是一种认为没有自我存在的绝望，也可能是一种对自己不满而产生的失望。（按照祁克果的说法）但这种绝望是安静的、不需要尖叫的。这种人仍然活着，他们似乎与这个生命力旺盛的中枢仍然关系密切，但他可以因为其他任何一种损失而更加关心，这些损失包括被剥夺发言权、失业或者小腿受伤等。祁克果的说法和临床所表现的是一样的。我们在前面提到了病症的变化，但我们暂时先不管这一点。他的双眼并不会因为真我的丧失而受到严厉的或者直接的伤害，但来看医生的病人却这样诉苦，病人们感到头痛、工作压力大、存在性障碍，还有其他生病的症状。一般来说，对于自己和精神生活的重心失去了关联，并不是他们抱怨的内容。

即使我们不进行详细而深入的研究，我们现在对促使我们与自我脱离的力量也有了一定的了解，整个神经官能症发展的结果就是其中的一部分，尤其是神经官能症中所有强迫性的形成。所有的强迫性都在说明"我不是驾驶者，我只是一个被驱使者"。从这一点来说，不管是因为自我而产生的强迫性因素（如自我理想化），还是由于和他人有关系而产生的强迫性因素（如不合群、顺从、报复、超然等），都是不足挂齿的。个人的自发性和自主性必然会受到这些驱动力的强迫性的剥夺。比如，他有一种被所有人喜欢的需要，当这种需要成为强迫性行为时，他就不再具有分辨力和情感的真实性。当他被驱使着为追求荣誉而做一件工作时，那么他对这件工作本身的兴趣就会减少。另外，他的决策和管理能力、他的统一性，都会被冲突的强迫性驱动力破坏。最后却不是最不重要的一点，神经官能症的"伪解决"对统一性非常重要，但由于它们已经成为生活中的强迫性方法，所以他的自主性也被剥夺了。

另外，"脱离"是一种和强迫性非常相似的过程，因此"脱离"也被强化了，我们可以将这个过程理解为远离真我的积极步骤，这种步骤包括所有追求荣誉的驱动力，有些神经官能症患者想要把自己塑造成不存在的形态，如果追求荣誉驱动力是因此而产生的，那么脱离过程就更加严重。在他看来，他喜欢他应该喜欢的，希望他应该希望的，感觉到他应该感觉到的。也就是说，“应该”的残暴行为促使他去做一些与他所拥有或者所能做的背道而驰的事情。此时，他在想象中已经完全不一样了，确实是不一样了，所以他的真我的颜色变浅了，变得苍白了。神经官能症对自我的要求是放弃对自然精力的储藏。比如，神经官能症患者认为，即使自己不努力（相对于有人际关系来说的），别人也应该迎合他。他认为自己有让别人替自己做事的权力，即使他自己并不努力工作。他认为别人应该为他负责，哪怕他自己不做决定。虽然他有一些有建设性的能力，但是他不加以利用，所以在众多自我生活的困境中，他变得越来越成为不起决定作用的人了。

他因为神经官能症的自负而与自我疏远。现在，他已经认为此时的自己是可耻的了，他已经厌倦了自己的聪明和情感了，他主动地把一切兴趣都放弃了。这就是“外移作用”（表现）过程的全部，是远离实我和真我的另一个积极步骤。这个过程与祁克果对于“不想做自己”的失望非常相似，所以人们对此是感到非常奇怪的。

最后一点，存在一种反抗真我的积极步骤，这和在自恨中的表现一样。比如，当一个人将自己的真我流放的时候，他因为“破坏”而被威胁、被鄙夷，他对于“做自己”的想法都变得很恐惧，让人感到极其讨厌,这样他似乎就成了一个受人指责的罪犯。有时候，这种恐惧会堂而皇之地出现，比如，病人想到“我就是如此”的时候，他就会感到非常恐惧。这种情况也经常发生在他对“我的神经官能症”和“我”做出区别并且趋于崩塌的时候。神经官能症患者抵抗这种恐惧的方式就是利用“让自己消失”的方式。他想要让自己变成哑巴、聋子或者瞎子，他在“让自己不能清楚地感觉”这方面有着潜伏着的爱好。他对自己的诚信的感受是不清晰的，而且还对此有一种特别的爱好，他本身内在或者外在的知觉被这种过程降低了。因为他感到不够清晰,所以他有时候会诉苦，但对于这种不清晰，他又非常喜欢将其维持下去。比如，当他联想到贝奥武夫传奇[①]中的火龙时。一天晚上，火龙从湖中出来了。所以，他的自恨形象化了。他曾经说过:“如果有大雾天气，我就可能不被火龙看见了。”

“远离自我”可能就是这些步骤造成的。当“远离自我”这个术语被我们使用时，我们就应该知道它只聚焦在某一种现象上。它要表示的准确含义是一种神经官能症患者的主观感觉——从他自身清除。至于他所说的自己的明智之举，他可能在分析中会有所了解。实际上这并没有与他的生活顺畅地联系在一起。这些事是不能在他的生活中发现的，只是与和他关系不够密切的人或者这些人的兴趣有关。

实际上，我们可以直接从这种分析的经验抓住问题的核心。有些体验是不具有任何意义的，比如，讨论电视或者天气，或者对和病人个人生活比较密切的事件进行讨论，我们一定要记住，病人会避免做这些事情。他与自己和整个生活的关系都已经是非人格化的了，所以他会工作、会散步、会结交朋友，也会和女人一

① 英国撒克逊时期的长篇史诗，贝奥武夫为其中主角，帮丹麦斩除妖怪，成为英雄。晚年时，贝奥武夫在斩杀巨龙时受伤，不治身亡。

同睡觉，但却不把这些放在心里，也就是说他会讨论自己，却不会把这些放在自己的心里。“自我感觉消失”是一个让自我感消失并降低生活能力的过程。假如“自我感觉消失”仍然不具有特别的精神医学意义，那么用来表示脱离自我的最好术语就是这个词。

我已经说过了，“脱离自我”是不能按照它暗含的意义那样直接并且明显地表现出来的，它一定要存在于以下几种情况中：在健忘的情境中，在不断空想的时候和自我感消失的时候（这只是针对神经官能症来说的）。不过这都只能发生在与自我疏远的人身上，只是一些短暂的情况。自负的严重受损是最常见的引发空幻情感的原因，另外还有人们已经不能忍受自卑快速增加的速度。相反，当这些情况不在的时候,他“脱离自我”的本质是没有发生变化的，不管是否经过治疗都是如此。“脱离自我”只是被再次压制住了而已，而这种压制的次数也是有限的。所以他还是能够在没有迷失方向的情况下继续过着正常的生活。在其他方面，脱离自我普遍产生的症状还有：双目无神、动作僵硬、非人格的预兆等。如果观察者经过了一定的训练，这些都是能够察觉到的。对于这些症状，卡缪、马昆德、沙特等作家都已经进行过精彩的描述了。分析者始终都对一个人在没有心的情况下还能做好工作感到非常奇怪。

在个人的人格和生活方面，脱离自我有什么样的影响呢？我们要对他的精力、情感生活、自我负责和整合的态度、支配生活的能力进行持续的讨论，才能够得到清晰可信的答案。

想要对神经官能症的真实感觉能力进行讨论，是一件非常不容易的事情。首先要对情感有一定的认识。有的人看起来冷冰冰的，有的人则非常情绪化，无论是痛苦、快乐还是狂热，都表现得非常明显，还有的人则无时无刻以冷漠的外表示人，当然还有一些人非常迟钝，似乎没有什么情绪，让人感觉他们只有没有强度的情感。不管这些情感有多少种，各种程度的神经官能症都有一个共同的特点，那就是自负系统决定情感的知觉、力量和种类。真正的自我情感变得很颓废，而且突然就变弱了，有的时候甚至感觉不到它的存在。简而言之，情感被自负控制着。

对于与神经官能症患者自负相违背的情感，则是他们非常忽略的。而对于能够增加他们自负的情感，则是他们过度强调的。对于他们的自大来说，如果应该远远地将别人落在后面，那么羡慕他人的行为就是他们绝不允许发生在自己身上的，他们那些快乐的情感会被暗藏的禁欲主义的自负所覆盖。如果报复心让他感到自傲，那么他就能够深深地感受到这种情感的愤怒。当然，如果报复心被合理化为“正义”，或者被荣誉化，报复性的愤怒就不会这样产生。这种表现实在是过于豪放，所以没有人对此产生怀疑。不管是哪一种痛苦的感觉，都可以被绝对忍耐的自负压制住。但如果在自负系统中，痛苦所占的地位非常重要，并且变成神经官能症要求的基础，或者变成表现愤怒的中介，那么他就会更加深刻地感受到痛苦，而不只是在他人面前强调自己的痛苦。如果人们认为“悲悯”是怯懦的，那么他就会放弃悲悯的感觉；但如果人们认为这是一种神圣的品质，悲悯就会更加完整地形成并发展。如果自负主要表现为自足，并且感觉对任何人或事都没有需要，那么在他看来，所有的需求和情感都像是“匍匐地通过一道窄门，这种感觉真是令人难以忍受……如果我喜欢一个人，我就感觉自己被他控制住了……如果我喜欢某件事物，我就感觉太依赖它了，已经不能离开了”。

我们有时候可以在分析中直接观察到情感是怎样被自负阻挠的。如果丙对甲友好而亲近，甲就可能用友好和自然的方式回报丙，哪怕当自负损害了甲并让他对丙产生厌恶之情的时候也是如此。但没过多长时间，他的内心就会这样想：友好戏弄了我啊！所以他再也感受不到友好的感觉了。虽然在某些条件下，他温暖而热烈的情绪被这话中的友好唤醒了，但当他认识到“这不可能被任何人欣赏”时，这种热情就又被自负摧毁了。

说到这里，我们就知道自负和检查的作用有些相似，是否支持情感向知觉转变都要依靠自负。但自负控制情感的方式可能是更加基本的。自负的实力越强，人们就越会因为自负而过着情绪化的生活，似乎真我已经被阻隔了，就好像真我只能在一个安装了隔音设备的房间内听到自负的声音一样。所以，不管他是高兴、满意或者沮丧，他对一件事物的喜爱与否都是自负的反应。同理，虽然有些痛苦是从潜意识中感受到的，但这种痛苦却是他自负的痛苦。从外表上看，这似乎并不显著。不过在他感到孤独、罪恶、失败、失恋的时候，他就越来越感觉这是一种非常真实的体验。“谁在受苦”是问题的关键。我在分析中将答案定位于“自负的自我”。他因为感觉自己不能取得最终的成功，不能最完美地完成这件事，不能受到他人的关注，不能得到所有人的喜爱而感到痛苦。他还可能认为自己有得到好的人际关系、自己应该成功的权利，但事实并非如此的时候，他就感到痛苦。

只要他的自负系统得不到解决，他就会感受到真正的痛苦，这个时候他才会同情正在受苦的自我，在这种同情的促使下，他去做一些有建设性的事情。准确地说，他以前感受到的自怜应该是“自负的自我”被虐待后表现出的容易让人感到难过的痛苦。这种变化产生的痛苦是他所没有经历过的，所以他可能会耸耸肩，然后想着“痛苦就是痛苦”，认为这似乎与他没有什么关系。然而这确实是一种能够让我们感到更加愤怒的、真正的痛苦，我们可能也因此而同情他人的痛苦。奥斯卡·王尔德曾说，他痛苦的原因不可能是自负受到损害。不过，当他真正地感受到痛苦时，他却有一种被解放了的感觉。

对于神经官能症患者来说，他们有的时候想要感受到自负反应时只能依靠他人。朋友们的自大和忽视并不能让他们感受到耻辱，但如果他的同事和兄弟认为这是一种耻辱，他就也会认为这是一种耻辱。

情感被自负控制的程度是不同的。有的神经官能症患者在个人情感被伤害的时候，也能产生一些浓烈的、真挚的情感，对音乐和大自然的情感就是其中一种，他的神经官能症并没有伤害这些情感。有的人可能认为，这种广阔的自由承载着他的真我，或者说他的自负决定他是否喜欢某物，不过也必然有一些真正的因素包含在其中。与这些趋势最终结局相似的是，神经官能症十分缺乏情感生活，在减弱的真挚、自发性和深度情感方面都有这种表现。

人们面对这种障碍时有不同的态度，他并不认为缺乏情感也是某种障碍，还认为这是一件非常值得骄傲的事情。有些情感退化得一天比一天严重，这正是他积极关注的地方。比如，他的情感一点点地变成“反应”式的情感，他还知道，如果他在敌意和友好面前没有什么反应，他的情感就是呆板的、不生动的。他的内心不能将一棵树或者一幅画直接地描述出来，因为他认为这是没有任何意义的。如果他的一位朋友对他诉苦，讲述一件危险的事情，他可能会有所反应，但通过观察并了解另一个人的生活情况，他是不能做到主动的。他也可能惊讶而惶恐地发现，在面对这种反应时，他的情感已经发生了变化。捷恩·保罗在《理性的年代》一书中写道，萨特烈很有个性，假如他至少在自己身上发现了一种活泼、谦虚、却真实的微妙感情，那么……

最后一点，可能没有一种贫乏是他所感受到的，在他的梦里，他发现自己已经成为平面上画的图像了，或者成为一件模型了，或者成为一尊大理石雕像了，或者变成了一具尸体，这具尸体看起来正咧开嘴发笑。我们在下面的例子中会提到，由于有三种方式可以将现存的“缺乏”掩盖住，所以自欺仍然是不能理解的。

有些神经官能症患者的一些自发行为可能是虚伪的，他们还可能会感受到零星存在的快乐。他们很容易感到挫败，也很容易变得非常热情，他们容易感到愤怒，也非常容易感到高兴。然而这并不是来自他们内心深处的情感，他们的心中是没有这些情感的。他们所生活的世界是自己想象出来的。从表面上看，只要是能够伤害他们自负的事物，只要是能够破坏他们想象的事物，他们都会对其有所反应。他们需要给人留下印象，这是最需要引起注意的。他们可以根据自身需要改变人格，因为他们已经脱离了自我。他们在自己生活中所扮演的角色都是他们自己并不清楚的，这和善变的人很像。对分析者来说，他们看起来是比较真实的人，但实际上他们的行为属于欺骗，他们可以扮演一个对政治或者音乐都非常感兴趣的人，可能扮演这世界上最渺小的人，还可能扮演一个乐于助人的朋友。分析者在分析中想要了解的是这些人本身，这样才能帮助他们改变自己；分析者并不想要了解他们所扮演的病人，所以分析者必须解决一个问题，这个问题就是他们的角色转换。他们的角色转变非常容易，就像穿着一件衣服的时候转眼就换成了另一件衣服一样。

还有的人会拼命地追求娱乐，他们可能非常肆意，也可能玩弄阴谋诡计，或者是激动地参加一些活动，并错误地认为这是情感之力。不过，实际情况正好与之南辕北辙，他是因为空虚而感到痛苦，所以才有了这些兴奋和激动的表现。这些人的情感是不活跃的，他们只能通过这种不正常的尖锐的刺激，才能让自己的情感有所反应。

还有另外一种人，他们的感觉是比较真实的，对于自己能够感觉到的事物，对于自身情感和实际是否相符，他们似乎是有所了解的。但他们的表现是非常沉闷的，他们感情的激烈程度十分有限，让人感觉他们在整体上就是没有紧张感的。我们可以通过更准确的知识得知，由于他们内心的指使的作用，他们认为自己应该感觉到的东西，已经被他们主动地感受到了。也可能是这样的，对于那些别人希望他们拥有的情感，他们是有反应的。如果一个人的“应该”与他的人为环境相一致时，这种观察的欺骗性就更加明显。不管怎么说，我们应该对整体的情感进行讨论，这样才能得出正确的结论。那些从我们内心发出的情感是真诚的、自发性的、有深度的，如果其中一种特性缺失了，我们就要对潜在的动机有何变化进行一番检验。

在神经官能症中，精力的可利用性在最开始具有普遍的惰性，经间断努力的散发，最后成为不变的甚至夸张的精力发挥，其中存在着不同的等级。在本质上，“神经官能症”能使患者比正常人在某种程度上精力更多吗？我们并不能作出肯定的回答。当我们从“量”的角度考虑精力，但不掺杂目的和动机这种思维时，这种说法才是正确的。我们已经对神经官能症的一个主要特征进行过特别说明了。发展真我则需要某种潜能，而发展理想化自我则需要虚假的能力，这个特征就是促进前者向后者的转化。我们对这个过程的意义越是了解，就越能够清晰地认识到精力产生的不协调性。在这里我要对两种意义进行讨论。

有些建设性驱动力的精力可以促使自我的实现，这种精力随着浪费在自负系统精力的增加而减少。在说明这个问题时，可以使用一个比较常见的例子，一个野心勃勃的人，他的精力要比常人多很多，这样他才能追求权力、魅力和不凡。然而在另一方面，他可能就没有时间、精力和兴趣用于人性和人格的发展。实际上，这个问题并不只是他的人性和人格发展不能产生多余的精力。就算他有多余的精力，他的潜意识也不能将这些精力用于发展真我。因为真我经常处于被自恨控制的状态，所以这种做法可能和自恨的目标并不相符。

还有一种意思是，神经官能症患者认为自己的生活缺乏动力，他们没有自己的精力（因为他们认为精力好像并不是自己的）。造成这种缺陷的因素因为神经官能症人格不同而有所不同。比如，有个人认为，不管别人希望他做什么事情，他都必须要做到。此时他行事的根据就是别人的说明，他的行为被别人牵制住了。如果他的思想与他分离了，他就像一个没有电的电池一样呆滞。也可以这样说，如果一个人的自负系统受到了惊吓，某种禁忌建立在他的雄心（壮志）之上，那么他就要主动参与自己的否定行动。哪怕他已经在这个世界上取得了自己的立足之地，他都不会认为自己已经有一定的成就了，他只会认为这是曾经发生过的一件事而已。但除了这些因素的促成以外，从更深的意义来说，另一种感觉是真实的，这种感觉是对他生活中动力缺乏的一种否定，因为影响他行为的是他自负系统的需求，而不是他的渴望和期待。

很明显，某些决定我们生活的因素是在我们能力所能掌握之外的因素，不过我们要为了自己的理想而努力和奋斗，理想是我们作出是非判断的根据，我们能对生活中所期望的有所了解，所以“方向感”仍然为我们所拥有。很多神经官能症患者都明显缺乏这种“方向感”，他们的“引导力”和自我脱离的程度呈正比例关系。这些人任凭幻想随意地决定他们行为的转变，毫无计划性和目的性可言。有目的性的行为将被没用的梦幻所替代。真实的努力将被没有什么希望的投机取巧所替代，理想被好逸恶劳杀害了，每一种有意义的行动都受到了踟蹰徘徊的阻碍。

更为严重的是，这些障碍是隐藏着的，是普遍的，是难以区分的。因为神经官能症“完美和胜利”的目标驱使着他前进，所以一个人可能看起来非常富有灵动，但这可能不代表事实。此时，强迫性的标准战胜了指导性的控制。要想认为的控制发生，就一定先要让他发现自己正被矛盾牵绊住了。因为他再也没有其他可以依靠的命令，所以产生于这种情况喜爱的焦虑是非常严重的。看起来他不能与自己的真我商讨了，因为他的真我就像在坐牢一样，这时“矛盾的应该”已经牺牲了。其他神经官能症的冲突也是如此，冲突的大小、个人与自我的脱离情况，都可以从冲突的无助和面对他们的恐惧程度判断出来。

由于一个人的传统生活已经有所变化，甚至已经与原本的决定和计划避开了，所以有的时候，这并不是现实内在方向缺乏的方式。“踌躇不定”可能被“拖延”掩饰住了。他发现自己正在犹豫的时候，一定是他面临自己下定决心要解决的事情时，这是在考验最差的情况。不过就算是这样，他们对这种阻碍的一般性质也不太了解，认为这是“它本来就是个不好做决定的问题”的缘故。

最后，可能有一种不全面的“方向感”躲藏在“顺服”后面。大家去做别人希望他们做的事，他们感觉是别人要求他们怎样做的。对于别人的希望和要求，他们都非常敏感。他们会用某种方式找到一个好听的名字：体贴或者仁慈。如果这种“顺从”的强迫性为他们所了解，他们就会对此进行分析，和人格有关的因素是他们特殊关注的内容，比如，反抗他人敌视的需求或者高兴的需求等。但如果某种情况和这些因素没有关系，如在分析的时候，他或他们的“顺从”也会出现。他们猜想或者知道分析者希望他们解决什么问题，他们把创作权给了分析者。分析者想要鼓励他们按照自己的兴趣行事，但他们的这种做法却正和分析者的本意背道而驰。这时，我们就能够清楚地看见“顺从”的背景了，他们没有发现自己被逼迫了，他们不是自己掌握生活的方向，而是让别人掌握自己生活的方向。当他们的思想脱离了以后，他们就有一种失落感。如果用梦来解释，这就像处在一艘没有舵的船中，就像失去了指南针，就像在没有向导的情况下置身于危险的环境中。“顺从”的主要特征是缺乏内在指引的力量，如果他在后来为了追求自主的内心而努力，这种表现就非常明显。这种情况和自信产生的恐惧无关，却和这个过程中产生的焦虑以及想要把已经习惯了的援助放弃有关。

但指引力的破坏和消失也可能是隐性的。对自我负责的能力是一种比较清晰的缺陷（至少对经过训练的观察者来说是这样的）。这里的“责任”有三种暗含着的意思。我不想再讨论这一点了。遵守诺言或者履行义务是否可靠，或者对别人负责，这些方面的态度是不太一样的，所以我们不能从这里将神经官能症的特性找出来。神经官能症患者可能多少都为别人承担了一些责任，也可能是绝对值得信任和依赖的。

道德责任的哲学争论不是我们将要在这里讨论的内容。神经官能症的内在强迫性因素的优势非常大，所以自有的选择几乎没有什么作用。从实际情况看，这种说法基本是正确的:从整体上来说，病人不能在某些方面依靠自己的意志行事。当他们不得不做的时候，当他们不得不思考自己的所思所想、所作所为时，这种情况更严重。但病人未必认同这种说法，他认为所有的事情都是需要的，所有的事情都是规律性的，因此病人有一种轻视感，即使对他自己也是如此。但从另一方面来说，他知道自己能够发展的方向都是特定的。不论是潜意识的还是无意识的，他都认为一些态度和驱动力是不重要的。不过他认为有一些可能性是无法战胜的，他必须要努力地与之对抗。对于这些可能性，他认为自己应该镇静地、勇敢地、精力充沛地去应对。如果他做不到这一点，就证明他根本就是无能的。但在自卫方面，他们的看法却是相反的，不管是哪种罪责，他们都竭力否认，他们声称自己是不可能犯错的，不管是面对现在的还是过去的困难，他们都认为责任在于别人。

另外，和其他的作用一样，责任由自负接下来了。如果他不能把一件不可能的事情完成，那么他就会被责难控诉和挑唆，对于这唯一重要的事情，他就更不可能完成了。事实上，这可以看作他对自己和自己生活的一种单纯、坦率、诚实的表现。这种表现方式有三种：第一种是没有夸大也没有缩小的，对他的现在能够有准确的认识；第二种是不逃避行为与决策的结果，也不认为这是他人的责任，而是愉快地自己承担；第三种是认为解决自己困难的人就应该是自己，不应该指望他人、时间或者命运。这并不是说不需要其他力量的帮助，恰恰相反，所有可能的帮助都是他所需要的。当然，如果他自己不为“建设性”的改变做出努力，那么不管外来的帮助是多么有益，对他来说都是不起作用的。

我们可以用一个例子来说明，很多相同的个案共同组成了这个例子。有一个已婚的男人，花钱大手大脚，所以总是缺钱花，这还是在他父亲定期给他钱的情况下。就这方面来说，他给自己和别人找的理由非常多：他父亲是有错的，因为没有教会他理财；他父亲给他的钱不够多等。因此，不管怎么说，这都是他父亲的错。第二点，他需要更多的钱，所以这样的情况还会继续发生。他之所以需要钱，可能是因为他的太太不会勤俭持家，因为他要给小孩子买玩具，因为他有一笔医疗方面的开销，因为他需要缴税，还有一点，难道他没有享受的权利吗？

对分析者来说，这些借口都是有直接关系的材料。病人的需求和被虐待的特点在这个过程中有一定的体现。对于病人来说，这些让他们上下两难的情况已经得到了完整而满意的说明。另外，还有一点可以通过这个例子说明，他浪费金钱是一个事实，所以他就用这些理由当作消除这个事实的武器。有些神经官能症患者已经深深地陷入了自责中，所以他们一般不太可能如实地、没有顾忌地描述事实。不过大家可以预见必然会出现的结果,他会破产,他在银行的账务会透支。银行职员们礼貌地将他的账目情况告诉他，他却粗暴而愤怒地对待对方；他的朋友们不想再借钱给他，他会因此而嫉妒愤怒。如果这些情况愈演愈烈，他就会把已经形成定局的事实告诉他的父亲和朋友，并强迫他们给他提供帮助。虽然这个时刻是简单而至关重要的，但他无法面对，他的困难就是他在花钱的时候没有节制。对于未来，他作出的决策不少，但由于他总认为是别人造成的这种后果，或者想办法推脱自己的责任，所以他不可能按照计划执行这些决策，这些决策也未必真的有效。

问题的关键就是他花钱过度，但这正是他不能清醒地看清的。因为他对这一点缺乏了解，所以他生活上会产生一些麻烦，他应该自己为这种结果负责。

神经官能症患者不理会自己的问题，也不管这些问题会产生什么后果，在这一方面，他们是非常固执的，我们可以再用一个例子来说明这一点。如果一个人在潜意识中相信因果报应根本找不上他，他就会对自己的报复心和自大有所感应，但别人正厌恨他的这种行径却是他未必认同的。如果别人也用以牙还牙的方式对待他，他就会认为这种攻击是一次意外。他感觉自己被虐待了，对于别人存在的神经官能症因素，他能够敏锐地发现，因为这些因素是他的行为被人厌恨的原因。不管别人提出什么样的证明，他都不去顾及，一副草率的态度，在他看来，那些人都想要逃避自己的责任和罪行，同时还想要反击他，所以才找到了这样一些借口。

这是一些比较典型的说明，但并没有将所有逃避自己责任的方式都包括在内。我们在前面曾经对保全面子、为了反抗自恨的猛烈攻击而使用的保全方法和计谋做过讨论，我们在那时就已经对这些方式中的大部分进行过探讨了。我们已经知道神经官能症患者将责任推给他人或者推到其他事物身上去的方法了，我们还知道他们将自己和其他神经官能症巧妙区分的方法，知道了他们是怎样让自己成为一个置身事外反观自己的观察者的。结果就是他的真我逐渐地模糊和遥远了。比如,整个人格应该包括意识的力量，如果他对这一点持否认态度，那么潜意识的力量就会成为一种神奇的力量，这种力量能够恐吓他，也能够超越智慧。但如果他与真我的接触因为这种回避而变得更加薄弱了，那么他就更加可能因为潜意识而白白牺牲了，而且他惧怕它们（潜意识力量）的理由会越来越多。另一方面，他要为自己的所有情绪负责，他为此而采取的各种步骤让他变得更加强大了。

另外，病人因为害怕对自己负责而更加难以面对和克服困难。如果在最开始的分析中，我们就能把这个主要问题解决，那么我们就可以用比较少的时间来分析问题，分析问题遇到的难度也会降低很多。但只要病人仍然是理想化的他自己，那么对于他自己的正直性，他就没有办法产生怀疑。另外，如果自责的压力比较明显，那么当他面对自我负责的意见时，他的反应就是非常恐惧的，这对他一点好处都没有。我们一定要记住，脱离自我的一种表现就是不能对自己负责。在病人对一些自己的感觉有所了解以前，就希望把这个问题解决，一定会做无用功。

最后，当真我被忽视或者被流放时，人的整合力就像陷入低谷（处于衰败中），正常人格的整合性只能通过“完成自我”这一种方式得到（统一性），所以它是“完成自我”的结果。如果自发的感情为我们自己所拥有，那么我们就可以自己做决定并为自己的决定负责，那么在稳固的基础上，我们就会产生统一感，有一位诗人的一首诗就描写了他发现自我时的愉快心情：

世间万物在这里融合为一体
从言语到缄默，从期望到行动

容貌、时间、恋爱、工作
全部统一为热情
它们像花花草草那样生长着。[1]

我们一般认为神经官能症冲突的直接结果就是自发统一性的缺乏，这基本是正确的，但如果我们没有考虑"人格分解力"的恶性循环，我们就不能了解它的影响。假如诸多因素让我们丧失了自己，那么可以解决内在冲突的坚固根基也将被我们失去。当冲突将我们控制住时,我们就白白地因为"人格分解力"而牺牲了，那么不管哪种能够解决问题的工具，我们都可以得到。我们所说的"为了解决"的神经官能症目的就是这一点。从乐观派的观点来说，这种目的的各种表现就是神经官能症。但我们失去自我的速度却因为这些目的而变得更快了，而且"人格分解力"是因为冲突而产生的，它的影响力也因此而壮大了。我们要想整合自己的人格，就只能用人为的方法。有一种新的作用是自负、应该的工具和自恨的工具所产生的，那就是保护自我远离混乱。就像政治暴行一样，他们用铁一样的拳头统治人。他们制定了一些表面原则，这些规则被推理和意志力严格地使用着，他们要保持这种原则，试图重新整合已经分解了的人格。我们要在第七章讨论这个问题和其他解除内在紧张的方法。

因为病人不是自己生活中的积极决定因素，所以对于病人生活

① 这首诗选自美国诗人梅·萨尔顿的《现在我成为了我自己》。

的一般重要性，这些障碍是非常明显的。不管强迫性怎样强大地将他压制住，他都会产生一种“不正常”的感觉。他是不会这样想的：我因为自己的情感而非常挫败，虽然在外表上看起来还是非常快乐的。他真正的内在独立性被对自我负责剥夺了，所以他做不到对自我负责这一点。另外，对于神经官能症的过程来说，真我的静止的影响是非常大的。我们可以从自我脱离造成的恶性循环变得非常清楚这一点有所了解。从神经官能症过程的结果角度考虑，它是未来神经官能症发展的原因。因为神经官能症患者与自我越是脱离，他就越是容易因为自负系统而白白牺牲。他有一种“生活力”，这是一种对抗脱离自我的力量，但这种力量却变得越来越弱了。

在某些情况下，严重的怀疑还是会发生的，这与精力最活跃的根源是否停滞或者是否干枯无关。根据我的经验，在使智慧判断缓慢下来的各因素中，怀疑是非常重要的一部分。只要分析者的耐性充分，只要分析者的技巧足够，那么真我一般都会从被流放的状态中回归，或者回到生活上。这是一种常见的现象。比如，虽然他个人生活不能使用他的精力，但为他人谋利益的建设性努力可以使用这种精力，就表示他还是有救的。更不要说这种努力是为一个健全的人（拥有良好人格的综合性）所拥有的。不过在这里，有些人吸引我们的注意力，他们把无限的精力都用在了别人身上，但他们却没有建设性的兴趣或者关心用在自己的生活上，这个矛盾是非常明显的。就算他们还处于分析中，他们从分析中得到的好处，也没有他们的亲朋好友或者学生从分析中得到的好处多。但我们必须要把这个事实抓住，就像治疗者一样，在成长方面，他们的兴趣是浓厚的，虽然它的表现方式是不灵活的（外移作用）。但在他们自己身上，他们的兴趣却不容易回来。这不只是因为他们身上有一种无法克服的力量，这种力量对建设性转变有破坏作用，而且是因为他们本身就不积极考虑这种变化。他们有一种产生价值的感觉，这种感觉来自他们的努力在外在方面产生了某种平衡。

当我们对比弗洛伊德“自我”的概念和真我时，真我的角色就比较明显了。虽然它们有不同的前提，有不同的发展过程，但似乎有相同的终点。我和弗洛伊德得到的结论是一样的,认为“自我”是脆弱的。但我和他存在明显的理论上的区别。在弗洛伊德看来，“自我”会做事，但缺乏执行力和主动权，是一个雇佣工人。但在我看来，情感力量、指引的和法制的权力、建设性的精力都以真我为本源。但是，在真我的潜能方面，我们都是承认的；对于正常人身上也有这些潜能，我们也都是认可的。这样一来，对于神经官能症患者来说，为什么我和弗洛伊德的立场有很大的区别呢？一方面，神经官能症的过程弱化或者麻痹了自我，自我被驱逐出心目之外了；另一方面，自我天生就不是建设性力量。从临床的角度来说，这两方面不是相同的吗？

如果大部分分析的开始时间被我们注意到，我们还要对这个问题作出肯定的回答，那么真我基本不会显著地起作用。我们可以了解信仰和一些真情实感的可能性。我们可以猜想哪种驱动力促使病人发展自己，除了一些大因素更加明显之外，一些真正的因素也包括在内，这已经大大超过了探索智慧的需求。他甚至更加关心有关自己的实况，和这方面类似的情况也只能说是自我的挣扎，这是对神经官能症和人性发展的一种猜想而已。

不过这种现象在分析中的变化是非常极端的。如果自负系统不够坚定，病人还没有主动地准备自卫，他就会变得非常关心自己的真实情况，他开始对自己负责，不过局限在以下描述的几种情况中：感觉到自己的感情、作出决定、发展自己的信仰。就像我们已经知道的那样，自负系统已经控制所有的这些作用，它们已经重新回到了真我的范围内，并逐渐得到了自发性，因此发生了这些因素再分配的现象，具有建设性的真我在这个过程中被证明是比较有力的一种因素。

对于这种治疗所需要的过程，我们在以后再做讨论，我们只在这里将所发生的事实描述出来。在其他方面，如果我们继续讨论脱离真我，我们就会感觉我们在否定真我，这种感觉是幻想性质的，是永远都无法想透的，却是值得重新获得的。只有我们对分析的后期非常熟悉的时候，才能知道有关潜力的讨论并不只是局限于纯理论上的讨论。如果条件合适，如在建设性分析的条件下，它可能再次变成一种生活力。

我们的治疗工作不仅局限于减轻症状，还在于在人性的发展上能够对个人有一定的帮助，因为这确实是一个机遇。如果我们想要了解真我和假我之间的关系，就像第五章所说的那样，了解两种力量的冲突，我们就必须要利用这种机遇的观察力。只有当真我再次积极到想让人去碰运气的程度时，这种冲突才能变成公然的激斗，在这个时候，个人只能做一件事：通过寻找假的解决办法来保护自己，使自己不受冲突破坏力的影响。我们在下面几章就要讨论这些方法。

第七章　减轻紧张的一般方法

直到现在，我们所说的所有过程都有某种内在状况的产生，分裂性的冲突、强烈的恐惧和难以忍受的紧张都充斥在这种状况之中。没有人能在这种情况下将力量发挥出来，也没有人能在此时进行正常的生活。不管是谁，他的潜意识中必然出现各种目标，只有将恐惧、紧张、冲突都消除，才能解决这个问题。所以，整合力开始起作用，这和自我理想的产生过程是相似的。整合力本身就是为了解决冲突而存在的，是神经官能症中一种最显著也是最根本的目的，可以解决困难，也可以消除冲突，它所凭借的就是自己能够越过所有的冲突和这些冲突造成的困难。不过目前所说的内容和这种努力之间是有差别的。但二者只有量上的不同，没有本质上的差别，因此，对于二者的界限，我们很难明确地划分出来。"追求荣誉"也是强迫性的内在需求产生的，虽然它的结果是有破坏性的，但它却是一种倾向于创造性的过程。人类的最高理想是扩展并且超越自己的狭小世界，这个力量是"追求荣誉"的起源。它在上次的分析中是庞大的自我中心，因此它和正常的努力是有差别的。想象力的干枯并非是它的解决方法和其他应用的解决方法之间区别的原因。虽然想象力的作用仍然持续着，并且已经达到了让“内在状况”受损的程度。如果个人的欲望得到了满足，人们感到光荣并且沉醉于满足带来的华美，那么这就成为一种比较危险的情况了。此时，精神毁坏的危机（在这里是指紧张和冲突分裂产生巨大压力）就不远了。

紧张是随时可以发生的，我们要先对解决紧张的方法有所了解才能提出解决方法的新目的。[①]因为我在本书中已经提到了一些，而且在下面几章还会继续讨论，所以我只是简单地在这里进行列举。

从这点看，这些方法应该包括脱离自我，脱离自我甚至可能是最重要的一种方法。对于形成和加强脱离自我的原因，我们已经讨论过了，我们在这里重新说一次，一方面它是强迫驱动力对神经官能症患者造成的一种结果；另一方面，它产生于进攻真我和积极地远离真我。我们要对这一点进行补充说明，他为了让自己的内心免于激战，为了将内心的紧张减少到最小程度[②]，他可能会竭力地否认这一点。这其中包含的原理和为寻找内在冲突的解决所包含的原理是相同的。不管是哪种冲突，内在的或者外在的，都是一方占优势，一方被压抑，所以这种冲突会从知觉中不见了，并且确实（人为地）被减弱了。有两个人或者团体是与冲突的需求和利害关系有关的，只要其中之一失败了，那么这种明显的冲突就不见了。如果孩子们战胜了蛮横的父亲，显而易见的冲突就

① 我在《我们内心的冲突》一书中提到了“促进认为和谐的辅助方法”。原则上，这些方法与之是相一致的。

② 脱离自我的另一种因素也是由它造成的，所以它应该被包含在脱离真我一类中。

不见了。同理，内在的冲突也是如此。我们可能有这样一种冲突，希望他人喜欢但又对他人存在敌对心理，但只要我们把被人喜欢或者敌对他人之中的一个镇压住，我们的关系就变得简单多了。同样地，如果我们将真我舍弃，那么真我和假我之间的冲突就会自然而然地不见了。不过有一种非常大的差异存在于这种力量的分布中，所以有时候这种冲突确实会减弱。很明显，只有牺牲自负系统的自主性，才能消除这种紧张。

因为自卫利益的指使，“否认真我”发生了，在分析的末期，这种现象非常明显。正如我曾经说过的，如果真我变得非常剧烈，我们内心中激烈交战的战况就可以被我们确确实实地感受到。不管是什么人，只要他自己或者别人有过这种激烈的交战，都能够很早就知道，“求生”的需求和“不想破碎”的欲望已经指挥真我从激烈的战场中退缩了。

病人喜欢让问题变得复杂就是这个自卫过程的表现。虽然从外表看，他十分配合，但本质上，他还是当局者迷。他有着巨大的能力让问题变得复杂，他不会轻易地进行劝解。这种趋势是一定会发生的，实际上这已经发生了。它发生的方式就像骗子在意识层面上表现的作用：情报人员一定要把自己的身份掩饰住，罪犯的口供必然是假的，伪君子一定会装成一个真诚的人。神经官能症患者的生活是双重的，但他们对此毫不知情。同理，他已经会在潜意识层面模糊化自己的期望、感觉、身份、信仰，这是他所有自欺行为产生的源泉。我们可以这样总结这种明显的变化：在智力上，他无法认清独立、恋爱、力量、善良、自由的意义。此外，只要他不打算与自己激战，他就必须得要有一个主观的爱好，这个爱好必须是强烈的,这样才能将他的惶恐和迷惑保持住。接下来，他要掩饰这种感觉，他所利用的就是暗藏在聪明的领悟力之下的错误的自负。

另外一点比较重要的内容是内在感觉的外移。这并不是说如实地感受心灵内的过程，还指对发生于外部和自我间的感受有所体验。解决内在系统紧张的根本方法就是“外移作用”，但“外移作用”可能使人际关系的阻碍变多，也可能产生内在的负担。第一，我要这样描述外移作用：这是将自我理想化形象保持下去的一种方法，它凭借谴责与自己形象不符合的缺点和问题，将这些缺点和问题转移到他人身上。第二，我认为它是一种对于自毁之间所发生的事情进行掩饰的一种目的，或者说是否认自毁力的目的。对于积极和消极外移作用的区别，我是这样认为的：“我说的是实话，我是为了别人，不是为了自己”和“因为别人都是为了我，所以我没有敌视他们”。现在，为了了解外移作用，我们需要采用进一步的方法了。几乎没有一种我所提到的内在过程不被外移了。比如，虽然神经官能症患者同情自己的事情是基本不可能发生的，但他们却可能怜悯别人。他会用尽自己的力量帮助那些在成长中遇到挫折的人，但他不会对自己需要的内在帮助有所反应。对于内心指使的强制性，他持对抗态度，他可能蔑视传统、势力或者法律。对于夸大的自负，他并不了解，他可能在其他方面被它迷惑了，也可能憎恶它。另外，霸道的自负系统可能让人退缩，不过这遭到了他的轻视，他不知道自恨的残忍性正在被掩盖住了。他可能产生一种与帕黎耶那非常相似的生活态度，进而将残忍和严厉甚至灭亡从自恨中去除。

有一种心理倾向是“认为自己是残缺不全的”，这是另外一种比较广泛的方法，这类似于“我们就是各种无关部分的集合”。这被精神医学文献称为“精神破碎”或者“割裂”，下面提到的事实与这种意义是完全一致的：他认为自己不是一个完整的有机体，不认为各个部分和整体是存在联系的，不认为各个部分是相互影响、相互作用的。缺乏这种整体感的人都是分裂的人和被疏离的人。但我要在这里强调一点，对于“脱离关系”这一点，神经官能症患者兴趣浓厚。如果你把某种关系说给他听，他能够非常聪慧地对其有所了解。但这对他只是一种意外,这种观察力一闪即逝，是非常浅显的。

比如，在他的潜意识中，他“对因果关系的不了解”让他很感兴趣，这就像某些心理因素产生了一种心理因素，或者某些心理因素对这种心理因素有加强作用。他要保持一种态度，因为这种态度对一些重要的错觉有保护作用。从总体上来说，他的生活和人际关系都会受到任意一种强迫性趋势的影响，甚至连最简单的因果关系都是他不能了解的。他的需求影响他的不满，也可以说他对人们的要求是强烈的，无论神经官能症的理由是什么，他对别人有依赖性，对他来说，这是非常奇怪的事。他不能够迅速入睡可能和他上床的时间晚有关系，但对他来说，这个发现真是太震惊了。

他身上存在的矛盾意义，可能是他并没有发现的，他对这一点的兴趣也是不小的。对于他自身存在两种自发而又矛盾的价值，他可能完全不能理解、忍受和珍藏，这是非常真实的。比如，他在美好的品德上安放价值，但他又在让别人对他谦卑之上安放价值,这是非常矛盾的。或者说,他渴望真诚,但又想要耍一些小聪明。所以，当他试着对自我进行反省时，停滞的画面是他唯一能够得到的，这就像看到了拼图中的一小块而已：怯懦、鄙视他人、受虐幻想、野心、被喜欢的期望，等等。虽然他可能了解个别的一部分，但因为他认为这是一件完全无关的事情，认为这是缺乏动力变化或者没有过程的感觉，所以它们不会有所变化。

在本质上，“精神分裂”是一个分裂的过程，但维持现状、保护神经官能症的平衡并使之免于崩溃才是它的功能。神经官能症患者通过拒绝被内心的矛盾困扰，使自己不用面对根本的冲突。所以，他能够让自己紧张的内心保持低平状态，甚至能毫不在意各种冲突，所以他内心的冲突和紧张是他永远都无法感受到的。

当然，同样的结果也可以从因果关系的分割中得到。为了让自己对内在力量的强弱和关系没有任何感觉，就可以使用将因果关系剪断的方式。我们在说明这个问题时可以举一个例子，这个例子虽然普通但很重要，一个人深受报复心的影响，有时候他能够深切地感知到那种强悍的力量，但他很难知道，这种想象的刺激力是受损的自负和重建自负所要求的。甚至当他能够清楚地看见时，这种相互关系还是没有任何意义的。一方面，他可能清楚地认识到自己的自责和苛刻，对于这种压迫性的自卑，他可能从无数例子中有所了解，他知道这与不能符合他的自负的幻想相伴相生。然而在另一方面，这种关系却被他的思想在无意识中破坏了。所以对他来说，自负的强弱以及自负和自卑之间的关系，最多只是一些不太确切的推理，这让他在应对自负方面显得不那么需要了。这种关系可能存在其他方面的影响力,但因为冲突并没有发生，他那种虚假的整体感还能保持住，所以紧张已经进入低谷期了。

直到现在，对于保持内心宁静的目的，我们已经讨论过三种了，它们之间存在共同的特点，也就是将能够对神经官能症结构造成破坏的因素消除，这三种目的是：将所有的内在感受消除；弱化真我；将那些能够破坏平衡的相互关系消除（在被了解的前提下）。自发控制是另一种方法，相同的趋势引起其中的一部分，压制感情是它的主要功能。因为情感似乎是我们心中难以控制的基本力量，所以在另一个面对分裂的精神结构中是危险的根源。我不打算在这里谈及自发的自制。如果这种自制被我们选择了，那么一些因为冲动而产生的行为就可以因此而得到控制，一些突然爆发的愤怒和热情也可以因此而得到控制。不只是感情的抒发和冲动的表现被无意识的控制压制住了，冲动的情感本身也被压制住了，它的作用就像不由自主的火警压制了夜间作案的贼匪，如果不想让某种感情产生,马上就将紧急的（或者恐惧的）警报信号发出去。

不过如果对比其他目的，就像它的名字一样，这是一种控制系统。如果精神分裂和脱离自我是所要经历过的，并且组织上的统一性也是缺少的，那么因为我们自身的每个矛盾部分都需要被整合，所以一些人为的控制系统就是需要具有的了。一切的被伤害、高兴、喜欢、生气、冲动、热情、恐惧等情感都包括在这种自主控制系统中。身体上关于普遍的控制系统的表现有便秘、面部僵硬、肌肉紧绷、呼吸困难、走路或者姿势变化等。对于控制本身，个人表现出不同的意识反应，有的人因为非常敏感和暴躁而非常容易被激怒，至少有的时候会失望，希望能够对此放下不满，希望能够无所顾忌地大笑，能够喜欢，或者能够被一些热情影响到。为了让这种控制更加牢固，有一些人明目张胆地使用自负，他们的自负有不同的表现，严肃、安宁、禁欲、装无辜、戴面具或者“逼真”“冷酷”“面无表情”等都是对这种控制的称呼。

对于神经官能症的其他形式，这种控制具有选择性的表现。因此，有的情感会安稳地逃离甚至被鼓动。比如，一个人的自谦趋势非常剧烈，对于悲剧和爱情，他就容易夸大，此时诸如愤怒、轻视、猜疑、报复等敌对的情感就是压制作用最初生根的地方。

当然，许多其他因素（如自我挫折、脱离自我或者形势艰险的自负）也会使情感被压制或者夸大。但在不能控制自己的时候，这些因素就会被惊醒的控制系统超越，这个自控系统的作用就会发挥出来，恐惧的反应在很多时候都会表现出来，如熟睡中的惊恐、麻醉恐惧、醉酒恐惧、躺在椅子上随意想象的恐惧、乡下滑雪的恐惧等。不管是同情的、凶悍的还是恐惧的情感，只要是控制系统所包含的，都可能引起惊恐，个人恐惧和推脱情感可能是这些恐惧产生的原因，神经官能症的人格结构中的一些特别部分因为这些情感而处于危险的边缘。这种惊恐也可能是因为他已经知道他的控制系统失灵了。如果分析了这种情况，惊恐就主动地消失了。当然，这也易于我们分析病人对此情感的态度和一些特殊的情感。

我们要对最后一种比较广泛的方法进行讨论，也就是心智的力量应该为神经官能症所信任。情感难以被控制，这就像对嫌疑犯进行管理。心智是指理性和想象，他就像神话中的瓶子内的精灵一样可以得到延展。所以，另外一种二元论就这样确确实实地产生了，这是心智对应情感，而不是心智和情感，这是心智对应自我，而不是心智和自我。这可以用于使冲突被掩藏起来，使紧张消除，这和其他分裂作用是相同的，这是一种建立外观统一的方法。有三种方法可以达成这种目的。

心智可以旁观自我，这就像朱祖凯说的那样："就算智力有所作为，它也只是一个旁观者，不管时好时坏，都是命令在指挥它。"心智在神经官能症患者中绝不是个友好的或关爱的旁观者，它多少有一点虐待狂，有一些有失公允，但它永远处于脱俗的孤傲的地位，它就像一个陌生人，只是偶尔的时候才和别人在一起，所以在有的时候这是一种看起来非常机械的自我观察，当然也是不够深邃的。病人会给出一点点有关的活动、症状或者事件的准确报告，却多少有些增加或者减少，这并没有触及他对这些事件的个人反应意义，也没有深入这些事件对他的意义。他可能在分析中对自己的精神过程非常感兴趣，但这只能说明对于隐藏在现象之后的诡计和诡计的技巧，他是非常喜欢看到的，这就像昆虫的生理作用迷惑了一位昆虫专家一样。同理，分析者可能感到比较高兴，病人以为自己对这种热切的希望就是他对自己感兴趣，实际上病人的判断是错误的。分析者在没过多长时间之后就知道，有关生活发现所具有的意义，是病人完全不感兴趣的。

这种兴趣是明显的鸡蛋里挑骨头、兴奋愉悦或者虐待狂的表现，也是脱俗而孤立的。此时，它一般会被外移，可能是主动的，也可能是被动的。他好像对自己不理不睬，但在观察他人和他们的问题方面，他又似乎非常敏感，也同样用那种事不关己的、脱俗的方式。他可能也会有这种感觉，别人正在憎恶地或者愉快地对他进行观察，这种感觉是在妄想狂的情况下产生的，但它产生的情况不是只有妄想症发作的时候。

不管做自己旁观者的性质是什么样的，他内心的纠结和奋斗都是他不再参与的了，他已经让自己从内心中的问题中走出来了。所以，“他”变成了“观察的心智”，他有了统一感，他自认为他唯一活着的一部分就是他的大脑了。我们对心智的作用非常熟悉，它似乎起着协调指挥的作用。至于想象的作用，也就是创造一个理想化的形象，我们已经有所了解了，它要让自己的行为一直地被自负掩饰着，将需要转化为美好的品德，将潜能转化为事实。同理，在合理化的过程中，理性会强化自负、屈服于自负，所以不管什么事情，都被认为是或者变成合理的、应该的、逼真的，这和神经官能症患者所依赖的潜意识条件非常相似，具有一样的结果。

不管哪种自我怀疑或者迷惑，都可以被协调作用清除。在非常必要的时候，整个结构就越来越不稳定。因此，一种“盲目相信的逻辑”（一位病人的话）就产生了，绝对没有错误的信仰同样是这种逻辑的伴生条件。因为我的逻辑是唯一的，所以它占有优势……如果你不信，那你就是傻子。在人际交往中，孤傲的“刚愎自用”态度就是一种表现。就内心问题来说，建设性的研究被这种态度放弃了。紧张的程度也因为这种没有结果的确实性的建立而有所减轻，这就如其他神经官能症关系中也没有错误那样，普遍的自疑是相反的极端，结果就是使紧张镇定下来了。如果所有的事情看起来都像是假的，那么烦恼是怎样产生的呢？很多病人都暗藏着这种怀疑，他们看起来似乎对所有事情都安心地接受了，但这只是表面现象，实际上他们将这些事情放在了一边，根本就没有触动，所以在那些不可靠的事物中，分析者的暗示和他们自己的发现都消失不见了。

最后一点，心智就像上帝一般万能，它是一个统治者，它具有法力。产生“变化”的过程已经不是对内在问题的认识了，但这种认识本身就是变化的一个代表。如果病人不知道自己有这种认识，当没有阻碍地消失的时候，他们就会感到非常疑惑，因为病人非常了解阻碍的动力变化。分析者可能会说，一定有一些重要的因素是他们所不了解的（实际上这是真的）。然而实际上，就算其他因素被病人了解了，这种情况还是没有什么变化的。所以，病人在感到疑惑的同时还会感到挫败。他们的探寻必然是没有终点的，这样才能对自己形成进一步的认识，在本质上，这种做法是有价值的，但只要病人仍然不做出行为方面的实质改变，那么生活中的一点儿疑惑是可以被“认识”解决的，不过这种对认识自己的追求一定是白费力气的。

对于生活中的问题，他越是用纯粹的智力去解决，他就越是不能承认存在于自我满足的潜意识因素。如果他不能使自己免于这些因素的烦扰，那么一种比例不协调的恐惧就会产生，当然这些因素也可能被说动或者被否定。如果病人第一次发现自己身上存在神经官能症冲突，那么这一点是非常重要的。他会立刻就知道，想要使矛盾变得协调，就算依靠想象或者理性的力量也达不到。他感到非常迷惑，就像进入了陷阱中一样。所以，为了免于面对冲突，他会将所有的精神力量都利用起来，但他到底要怎样做呢？怎样做才能躲过去呢？陷阱中的哪个缺陷可以成为他的突破口呢？狡诈和单纯未必是共生的，那么他能在某些情况下表现得奸诈，在某些情况下表现得单纯吗？如果他被寻找宁静生活的思想控制了，他还被报复以达到自傲的力量鞭策着，那么有哪些观念会把他迷惑住呢？这些观念有：安宁的生活、探寻沉稳的报复和将阻碍自负的侵略者消灭。他真正喜欢的东西可能就是这种逃避的需求。所有的用来显著减少冲突的行为，都变得没有任何作用了，但重建内心的安宁却是可以的。

这些方法是将内心紧张解除的不同方式，因为整合力在它们之中发生了作用，所以我们将其统称为“为了解决紧张的目的”。比如，一个人通过“割裂”解决了冲突的趋势，所以他不再认为冲突就是冲突了。如果一个人认为自己在旁观自己，他的统一感就因此而建立起来。但我们想要对一个人进行令人满意的形容时，而且不能使用“证明自己在旁观自己”的方式时，就需要由他关注自己得到的结论和关注自己时的心态决定。同样地，虽然我们知道他到底外移了什么，或者知道他是怎样外移的，但“外移作用”的过程也只和神经官能症结构的一部分有关。也就是说，这些都只是解决部分问题的方法。神经官能症的解决方法是我比较喜欢用的词汇，原因就是我在第一章提到的特征都是它们所具有的，这些解决方法是整个心理人格发展方向和形态的一个代表。这些方法决定哪一种满足是神经官能症患者必须要得到的，决定哪些因素是他们应该逃避的，同样，患者的人际关系和价值体系也可以由此观察出。简而言之，它们是生活的方法，决定了哪种整合方法是患者基本使用的。

第八章　夸张型的解决方法：控制一切

脱离自我是所有神经官能症发展中的核心问题。我们可以在这些发展中看到应该、自恨、追求荣誉、要求和消除紧张的各种方法。但这些因素到底是怎样在一个具体的神经官能症结构中发挥作用的？对此我们还没有过描述。关于这一点，要看一个人解决心灵内在冲突的方法是为了什么而选择的。但我们一定要先知道自负系统产生的内在群体和这些群体包含的冲突，然后才能对这些方法进行讨论。我们已经在前面讨论过,真我和自负之间存在着冲突，自负系统本身引发了主要的冲突，自卑和自我荣誉化并不能构成冲突。实际上,只要我们自己产生的这两种极端现象被我们考虑到，我们就可以对这种相对来说并不互补的自我评价有所认识，然而这种冲突的驱动力是我们所不知道的。但我们试着用不同的眼界看待这个问题时，就会得到不同的观察结果。我们如何感受自己就是最集中的问题。

“内在群体”对“自我感”产生一种基本的不确定性。我是谁？我是一个卑贱的、有罪的卑鄙小人吗？我是一个骄傲的超人吗？一般来说，他不会有意识地将这个问题提出来，除非他是一个哲学家或者诗人。不过这种不解是确实存在的，它存在于人的梦境之中。我们可以用很多方式来直截了当地将这种自我的缺失表达出来。做梦的人可能梦见有人盘问他的身份，梦见他的护照丢了，或者梦见自己不能把自己的身份说明白。他可能梦见了他的老朋友，这位朋友看起来与他印象中的朋友很不一样。或者，他可能被一幅画像吸引了注意力，但这幅画像上却什么都没有。

一般来说，身份的问题不会很明确地对做梦的人造成困扰，但他在表示自己的时候可能会用很多有歧义的象征，包括不同的无机物、动植物或者人。同一个梦里可能会出现这样的困扰，他像恐怖的火龙，也像圣者加拉哈特①。他可能是狱卒或者囚犯，也可能是被告和法官，可能被人逼问，也可能逼问他人，可能是贼匪，也可能是被绑架的人，可能是受惊的响尾蛇或者儿童。作用在他身上的不同力量可能是一种“自我掩饰画”所表现出来的，在认识这些有分歧的力量方面，夸张化的解释可能是有帮助作用的。比如，梦中顺服的人可能表达出做梦者顺服的特点；厨房地面上的蟑螂可能表示他的自卑。然而非自我掩饰化所有意义并不只是这些，我们有能力将自己感知为不同的自我，非自我掩饰化的产生的事实就表示出这种能力，白天生活中的感受和夜晚梦里的感受之间的矛盾可以通过这种能力表现出来。在他的意识层面中，他可能是个智者，可能会拯救人类，也可能是个神通广大的人。但在某些时候，他在自己的梦中可能是个妖怪，可能是个傻子，嘴里叨咕着莫名其妙的话；可能是个乞丐，正在阴沟里躺着睡觉。最

---

① 亚瑟王传说中的圆桌骑士之一，心灵纯洁。

后一点，神经官能症患者在了解自己的时候可能通过意识的方式，他也可能往来于卑微下贱者和无所不能者两种感觉之间。这种情况在他酗酒的时候（但不仅局限于酗酒的时候）特别明显。他可能突然间直上云霄，形貌伟岸，并且作出了冠冕堂皇的承诺，但又可能突然就变得卑微而退缩了。

感受自我的方式是多种多样的，这些方式都符合他已经存在的内在形象。神经官能症患者可能将更为复杂的可能性忽略了，因此他感觉到被轻视了的、荣誉化的自我，甚至在有时候还能对真我有所感觉（不过更多时候，真我都被障碍阻挡着）。所以，实际上，他一定感到自己的身份似乎是不够明晰的。只要“内在群体”不消失，那么“我是谁”这个问题就没有得到解决。此时，对自我的不同感受必然存在冲突这个问题似乎更加吸引我们。也就是说，因为神经官能症患者在品鉴自己的时候，完全依靠他优越而自负的自我和他被轻视的自我，所以冲突的发生是必然的。如果他认为自己是卓越的，那么他就变得对自己的努力和奋斗非常夸大，或者对相信自己定然有一番作为过分夸大。他可能有点轻微而张扬的自大、雄心、攻击和需求的趋势。自满、蔑视他人都是他身上经常存在的。别人的盲从和崇拜更是他所需要的。相反，如果有一个被屈服的自我存在于他的内心中，他就会有一种无能为力的感觉，他会变得阿谀奉承，变得更加顺从，对他人有依赖性，并希望获得他人的同情。也就是说，他在鉴定真我的时候，完全使用一种或者另一种自我，产生的自我评鉴是完全相反的，不只如此，甚至连对他人的态度、行为、价值体系、驱动力和满足都做出背道而驰的评论。

如果在同一时间，这两种自我感受的方式都发生了，他一定会有这种感觉：自己被人拉向两个完全相反的方向。两种已存在的自我对其身份进行品鉴的意义就在于此。所以，这不仅是一种冲突，还是一种能把自我撕碎的冲突。如果他的紧张感不能因此而产生，那么他就一定会产生焦虑感，所以为了缓和这种焦虑，他一定会酗酒。

和其他剧烈的冲突一样，为了达到目的一般都会主动地产生。对于这种解决方法的解释，一共有三种。第一种与《化身博士》讲的故事非常相似，杰科尔医生有双重面目（总的来说，一个是圣人，另一个是罪犯，但这两个都不是他自己），对于这一点，他是知道的。他知道这两种性格一直处于相互交战的状态。“我对我自己说，如果是不同的个体分别拥有这两种性格，那么不管是生活中哪种事情，只要是不能忍受的，就应该被消灭。”所以，他制成了可以使这两种自我分离的某种药物。如果我们去除这个故事中的幻想成分，那么它就代表其中一种目的，这种目的就是希望通过分割的方式解决冲突。这是很多病人在最后都变成的态度。因为在他们心中，这两种自我和分离是没有关系的，所以尽管他们不断地谦虚化或者夸张化自己的感受，但他们却没有感受到这种矛盾会把他们弄得非常混乱。

不过，就像史蒂文森的故事中所讲述的那样（杰科尔与海德），这是一种不能达到的目的，因为它的解决只是非常小的一块而已，所以我们在最后一章再说明这一点。还有一种目的是和合理化形式一同产生的，这个目的更为根本（大多数神经官能症患者都有合理化的特点），这种目的要永远并坚定地将一个自我压制住，这样另一个自我就可以占据优势了。第三种解决冲突的方式是将兴趣从内心的交战中退缩出来，并使兴趣从积极的精神生活中退缩出来。

换句话说，心灵中的两种冲突都是自负系统产生的，这两种冲突分别是“主要的内在冲突”和存在于被轻视的自我和自负之间的冲突。在刚开始被分析的人和已经被分析的人中，这种冲突不会显示出两种对立的状态。因为真我并不是一种实际的力量，而是一种潜在的力量，很快病人对自负没有覆盖的那部分有了轻视之心，当然真我也包括在内。因为这些原因，这两种冲突开始合并，成为一种介于自谦和夸张之间的冲突。只有经过一定的分析，主要的内在冲突才会出现分裂的特点。

从我们目前知道的来说，建立神经官能症分类的最好根据就是神经官能症解决心灵内在冲突的主要方式。但我们一定要牢牢记住，我们需要的分类是精简的，这种分类的目的不是观赏丰富多彩的生活，而是满足我们对指导和法则的需要。如果说到人性的分类，就像在这里所说的，神经官能症的类型只是一种工具，是一种通过对我们有所帮助的观点来对性格进行观察的工具。我们使用的标准是心理体系框架中的重要因素。从这个限定的角度来说，为了分类的每种目的都应该是有利有弊的。在我的心理学理论的框架中，主要内容是神经官能症的性格结构。所以，那些个人趋势和表面症状的外表并非我进行分类的标准，因为这只能称得上是整个神经官能症结构的特点，个人用来解决自己内在冲突的主要方法也对这些特点起决定作用。

相对于大多分类学使用的标准，这个标准的范围更大，不过它的用处却不是无限的，这是因为我们还要做出很多限制和保留。起初，使用同一种解决方式的人在性格上是有共同点的，但在这个阶层中，人际关系的性质、天赋和所包含的成就却是截然不同的。我们所说的"类型"，不过是性格的横切面罢了。神经官能症的过程可能产生非常极端的发展或者产生很明显的特点。但有些"中间类型的结构"是无法进行细致分类的，它们之间的范围是永远都不能确定的。此外，因为精神分裂属于比较极端的情况，所以有多种解决方式相伴而生，这使得分类变得更加烦琐复杂。威廉·詹姆斯曾说过，"多数病例都是混合性的""对于这些分类，我们不要太过傲骄"。与其说这种方法是发展的方向，倒不如说这种方法是发展的类型。

如果我们在心里做了这些限制，我们就可以从书上所说的问题中将三大解决方式做一个区分了，也就是：屈服退缩的解决方法、自谦的解决方法和夸张的解决方法。在夸张的解决方法中，将自己当作荣誉化的自我是一个人比较容易做到的。当他说到自己时，他所说的自己是非常伟大的那个自己，就像一位病人说的："我要成为一个各方面都非常优秀的人。"有一种优越感是和这种解决方式一同产生的，这种优越感未必是有意识的，但总的来说，不管它是否是有意识的，人们对生活的态度、努力和行为在很大程度上都是由它来决定的。所以，征服所有事物是生命吸引力所在，不管是内在的还是外在的，克服所有障碍的有意识或者无意识决心都因此而引发，这让他们相信自己应该可以，并在实际上确实这样做了。不管是命运中的逆境、智力上的混乱，还是困难的局面、他人的阻挡行为或者他自身内在的冲突，他都是应该能克服的。在控制需求方面，所有暗含无助之意的事都是他害怕的，他最为惨痛的恐惧就是这一点。

当我们对夸张的行为进行表面上的观察时，我们就发现，他们正在利用合理化的方式，用意志力和智力攻击生活（实现理想自我的方法就是这样的）。此外，还出现了自我荣誉化、报复性胜利和野心勃勃的探寻等趋势。另外，除了个别观念和专业术语的使用和条件方面的区别之外，这还是弗洛伊德与阿德勒观察这些人所得到的方式（人们将其称为“超越他人之上的需求和被自我崇拜的自夸所驱使”）。但当我们对这些病人进行进一步的分析后，就能发现他们之间曾经存在一种自谦趋势，病人不但已经将这种趋势压制住了，甚至还表现出对其的厌恨和憎恶。首先被我们看到的只是他们自己的一个侧面。他们为了创造一种主观上的“一致感”，假装这个侧面就是他们的整体。对于这种夸张的趋势，他们固执地坚守着，这不仅是因为这些趋势具有一定的强迫性，还是因为他们要将所有的自责、自卑、自疑的迹象和所有的自谦趋势从知觉中清除。按照这种方法，他们的征服主观念想和优越感才能保持下去。

从这一点来说，一个人知道他不能实现有些“应该”才是最危险的，因为鄙下、自卑和罪恶的感觉会被激发，所以他不能实现

“应该”实现的现实是最危险的。实际上，不管一个人具有什么应该，都有可能是他所不能达到的，所以这种人一定面临对自己“失败”的否认，因此他非常有必要使用一些有效的手段。他一定要努力尝试，他要通过强调优点并忽略缺点、想象、外移作用和完美行为主义等方式，将心中可以让他感到骄傲的自我形象保持住。他可能会假造声势，这可能是无意识行为，他们在生活中可能要装作聪明、大方、正直的样子。不管是在哪一种情况下，他可能都不会发现，和荣誉化的自我相比，他存在身体方面的差距。从和他人关系的角度来说，在下面两种情感中，必然存在比较明显的一种：不管是有意识的还是无意识的，他都可能意识到，在对他人的轻视和自己的自大中，戏耍他人让他感到骄傲，他对这一点深信不疑。相反，他害怕别人戏耍他，并将自己被愚弄看作难以忍受的屈辱，也可能是这样的，他对当骗子有一种隐藏着的恐惧。比如，他得到了某种荣誉或者获得了某种成就，而且还是凭着他货真价实的工作得到的，但他还是可能认为得到这种荣誉是因为他完成了其他事情。所以，对于别人批评他假造声势，对于失败和批评，对于失败的可能性，他都是极度敏感的。

还有很多其他不同的类型依次属于这个大集合。一次比较简单的调查显示，病人、朋友和文学的角色，是所有人都能解释的，这一点与之非常相似。待人的积极（正面）态度和享受生活的能力是在这些个别差异中最为主要的。比如，贝尔基特与海达·高布乐二人都对自己进行夸大，将自己视为转化物。这是情绪方面多大的差异啊！根据不同的种类，其他方面的差异由知觉躲避认识“缺陷”采取的方式决定。他们做出的要求、对要求的辩护、维护要求使用的方式也各不相同。但“夸张型”的三个进一步分类是我们必须要考虑的，它们分别是：自大报复型、完美主义型和自恋型。因为精神医学问题文献已经对后两者进行过详细的讨论，所以我们只是简单地讨论后两者，更加详细地讨论第一种分类。

对于“自恋欲”这个术语，我在使用的时候是犹豫的，因为在弗洛伊德的理论中，自我中心、自夸、个人福利的焦虑和从与他人关系中退缩等含义都被它来者不拒地包括在内了。[①]这里使用的含义是原本的含义，也就是对个人理想化形象的喜爱。说得更明白一些，应该是：一个人认为理想化的自我就是他自己，并对其非常羡慕。他因为这种基本态度而具备了某种活跃和快乐，这是其他类型人格完全不具有的。他因此非常自信，那些自疑并烦躁的人对他非常羡慕。他在意识上是没有困惑的，他可以拯救世界，他主宰着命运，他预测着未来，他给予人们施舍，他给予人类恩惠，等等。当然，这些的真实性只有那么一点点。一般来说，他的天赋是超凡的，有些特殊的荣誉甚至是在他小时候就得到的，有的

① 《精神分析新方向》这本书对概念进行了讨论。此处的含义和这本书的含义是有差别的。在这本书中，自夸是我所强调的。我在导出这个说法的时候是从自我的丧失、他与别人的脱离和自信不完全的角度提出来的。当然这是没有错误的。但根据我目前的了解，产生自恋欲的过程是非常复杂的。我喜欢用这句话：自恋欲在他看来与理想化的自我是非常相近的。这样，“自恋欲”和“理想化的自我”就可以做出区分了。所有的心理性疾病症状都可能出现自我理想化，因为它代表着想要对早期内在冲突进行解决的目的。另外，解决自谦和自夸之间冲突的唯一方法就是自恋欲。

时候他是受别人夸奖、最得宠的小孩子。

对于自己的卓越和独特，他是非常坚信的，我们对他进行了解的关键点就是这里。这也是他产生永恒青春和快乐的根源，也是他诱人魅力产生的原因。很明显，他的处境是危险而困难的，虽然他是有天赋的。他的丰功伟绩、他的才能和要求，是他不断滔滔不绝地讲述出来的。他对自己的评价是崇敬和热爱的，他永远都对此深信不疑。他的无所不能和无往不利就是他征服感的体现。很多时候，他确实是迷人的，尤其是他看到新人的时候。他一定会牢牢地记住他们，不管此人对他到底有什么实际意义。他对人们的"爱"是他留给自己和他人最为深刻的印象。为了得到别人的崇敬和回馈，他必然要使用这些手段：他是学富五车的、情真意切的、慷慨大方的、施人恩惠的、阿谀奉承的。对于亲朋好友，他确实真诚地捐助过；对于他的公司，他将自己的计划和工作都奉献出去了。别人的完美无瑕是他所能容忍的，不过他并不强调别人做到了这一点。如果有人开他的玩笑，他也不是不能忍受，但这些玩笑要显现出让人高兴的特征。不过有一点是他不能接受的，那就是任何形式的质问。

他的"应该"和其他神经官能症相比，并不能称得上是残忍的（这是从分析中得到的结论）。不过他的特点是用魔杖应对"应该"。他有一种无休止的能力，那就是把劣势或者不足转化为美好的品德。如果旁观者是比较清醒的，可能认为他们不够小心，至少认为他们不太靠谱。欺诈、不忠、欠钱、毁约这些行为似乎是他所能容忍的。但他确实不是一个善于计划的人，他认为自己应该拥有所有特权，因为工作和需要都是非常重要的。他对权利并不质疑，但却希望不管别人的权利是否被他侵犯了，别人对他的爱都应该是无条件的。

在他的工作和他的人际关系中，我们可以发现他的困难。总的来说，在一个密封的关系中，必然会表现出他与别人无关的念头。有一个事实是最简单的，每个人都有自己的想法和期望，对于他的缺点，别人一定会反对，别人也一定会挑他的毛病，人们肯定会提出他做某事的希望。但在他看来，这些都是奇耻大辱，都是不能接受的，他心中积压的愤怒也会因为这些而产生。所以，对于那些对他比较了解的人，他会大发脾气。在他的亲友中，这种情况经常发生，他也因为这一点而感到非常寂寞。

有多重困难出现在他的生活和工作中。他制订了非常不合理的计划，但却并不认为这些计划存在问题。对于他的个人能力，他一定给出了过高的评价。他有着非常复杂的要求，所以失败是家常便饭。虽然他的观察力能够使他从他的活跃中受益，但从另一个角度说，他在与人交往中经常失败（因为人们总是排斥他），这一点让他感到被压制住了。另外，不断发生作用的还有被搁置的自卑和自恨，这种作用是全面爆发的，所以可能非常抑郁，甚至有精神病的症状，还可能自杀（这是非常常见的），也可能有自毁的冲动，结果就是病死或者遭遇惨祸。[①]

他对生活的感觉是我们最后要讨论的。他看起来是非常外向

---

① 对于这种结果，詹姆斯·巴列在他的《汤米和格瑞兹》一书中有所描述，阿瑟·米勒的《推销员之死》也可以作为一个参考。

和乐观的，他渴望幸福和快乐，不过这都是表面的，悲观和失望是暗藏在他的内心中的。他不能免于感受到生活中的痛苦和矛盾，因为他衡量自己的尺度是幻想的幸福和达到无止境。只要他处于高处，他就不能容忍自己的失败，尤其是对生活的征服方面。矛盾的是生活本身，而不是他自己。所以，他在生活中会发现，悲剧的特点是他带来的，并不是天生就存在的。

另一种细分的类型是，根据完美主义活动，将自己视为标准的典范。这种人经常看不起别人，因为他的标准是伟大的，他在智慧和道德方面存在优越感。不过他有温文尔雅的表现，在这种表现背后暗藏着他对别人嫉妒的轻视。因为这种不合乎道德的情感受到了他的标准的压制。

这是一种和自恋相反的类型，他用两种方式对无法实现的应该进行遮掩，他为了满足自己的应该，使用了负责任、尽义务、不撒谎、讲礼貌的方式。只要我们说到完美主义型的人，那些墨守成规、木讷呆板的人就会立刻进入我们的大脑。我们可能想到这些人：说话之前一定考虑合适的用词，必须戴上最合适的帽子，必须戴上最好的领带。不过，在他们的各种需求中，这些只是最明显的表面现象。这都是一些烦琐的细节，并不是最重要的内容。一切生活的完美和优异才是最为重要的内容。但他需要计划，因为他要按照行为主义的完美行事。他心目中的事实和标准就相当于这种计划，他知道要善良，要具有道德的价值。因为他强调，这个完美的标准也是其他人所遵循的，他对自己做不到这一点持鄙视态度，所以他不能预测这其中包含的自欺因素。就这样，他的自责外移了（移到别人身上去了）。他需要别人的尊敬，不需要别人的艳羡（对于羡慕，他有轻视的倾向），这样才能证明自己的看法。就像前面所说的那样，对自己崇高的简单信仰并不是他的要求所建立的基础（就像第二章神经官能症的要求所讲到的那样），他与生活的秘密契约才是他的要求建立的基础。他认为自己有享受别人尊敬或者生活良好待遇的权利，因为他是负责任的、公正的、善良的。生活中存在一些绝对可信的公平观念，他对这一点有一种征服的欲望。所以他的完美是一种达到卓越的方式，也是一种控制生活的工具。不管是好还是坏，只要是侥幸的想法，他都认为是和他没有关系的。所以，他的业绩、健康和财富都是他所不关注的，但人们往往认为这些才更吸引人。与之相反，他看起来是正常的，但他会因为所有发生在他身上的横祸而崩溃，包括儿童夭折、妻子不忠、飞来横祸、失业等，他会怨恨上天如此不公平。如果更严重一些，他会动摇精神生活的根基，他的全部“统计系统”将无法发挥作用，那些无奈的记忆将引起他的回忆。

我们在对神经官能症患者的需求进行讨论的时候，对其他存在的破坏性也有所提及，也就是他的失败和他的错误被他认识到了，他被矛盾和应该束缚住了。就像他的根据地被“不幸”打倒了一样，他对自己没有错误的了解也是一样的。自谦一直都处于被压制的状态，自恨还没有被人淡忘，此时人们注意到了自恨和自谦。

还有一种类型是，顺着“自大的报复”而发展，这和其他自负是非常形似的。需要胜利的报复是他生活中的主要动力。哈尔特·卡尔曼曾描述过受伤的神经官能症，这和他的说法非常形似，生活的方式就是报复。

探求荣誉的正常部分包括需要“胜利的报复”，所以，需求的存在性并不是我们应该关注的，我们应该关注它的强弱，它的强度是难以抵挡的。一个用尽一生来追求它的人是怎样被这种生理的意图控制的？是的，只靠了解这些原因是不够的。我们需要对其他因素有所了解，这样才能对这个问题进行更加充分的解释。它的威力是非常大的，就是其他方面的胜利和报复的需求也是如此。它应该被限制在一定的范围内，对它进行限制的因素有三点，自卫、恐惧和爱。这都是一些抑制性因素，只有当这些因素永远或者在短期内不能发挥出威力时，整个人格才会被“报复”侵扰，人格就会因此而完全向胜利和仇恨的方向发展。在这些所有的类别中，不足的抑制和有力的冲动两种过程联合发生作用，产生的结果就是“报复”，报复的程度也可以用这一点进行说明。对于这样的联合，杰出的小说家已经感觉到了，精神医学家分析的预期都没有小说家们描述的那么动人。

我们的讨论从对报复在人际关系中的表现方式开始。他因为自利的强迫性需求而变得非常有攻击力。实际上，只要是比他强大的人，或者是比他知道得更多的人，他都无法忍受。比他具有更大权力的人和怀疑他优越性的人，也是他不能容忍的。对于这些对手，他自然而然地产生了打败或者毁灭他们的心理。他们有的时候因为职业原因而不得不表现出顺服，就算是这样，他还是要取得最终的胜利。忠诚的情感已经不能束缚住他了，他很容易就走向狡诈的道路。他努力地工作，但他的天赋是决定他业绩的因素。虽然他有着长远的打算，他有计划性，但这并非因为他不努力，而是因为他有了自毁之心（就像我们就要发现的那样）。

愤怒是他最为明显的报复方式，这种报复激发的愤怒性威力是难以抵挡的。所以有的时候他自己就会产生恐惧心理，他害怕自己做出无法挽回的事，他害怕自己不能控制自己。比如，如果病人受到了酒精的控制，也就是说日常控制失灵的时候，他就产生一种杀人的恐惧。有些事情在正常情况下是被“谨慎”压制着的，但报复的冲动非常强烈，完全可以超越这种谨慎。如果他们正处于报复的愤怒中，他们的社会地位、他们的安全、他们的生活和职业都处于危险的边缘。我们可以用司汤达的《红与黑》作为范例来说明：在于连将诋毁的信看完以后，他就射伤了雷那夫人，这是一种鲁莽的行为，我们会在以后再进行讨论。

比这点重要的是，一种永久性的报复产生于报复的情感，这些人的这种情感在他们的人际交往中是经常表现出来的。他认为，所有的人都是邪恶的，都是不公正的，友好的态度都是装出来的。只要那个人没有被证明是诚实的，他就认为那个人是不诚实的。他认为这是聪明的想法。他在与人交往中表现出明显的张狂，他是粗俗无力的。不过有的时候温和的外表可能掩盖住了他的张狂。他会有意识或者无意识地对别人服从或者剥削别人，他所使用的方式可能是精妙的，也可能是粗鄙的。为了满足自己的性欲，他可能对女性的情感毫不理会。看起来他简单地以自我为中心，为了达到自己的目的，他把别人当作一种工具。他会和以下这些人交往，因为这些人可以为了他的胜利而努力：可以成为他职业生活跳板的人，能够盲从他并能够让他的权力欲增强的跟班，有影响力的能被他压制和征服的女人。

在对他人进行摧残方面，他可是非常老到的，他会将别人的希望，别人对爱心、时间、勇敢、享受、朋友的需求都一一摧毁。[①]一旦别人对他的行为发起抗议，他就认为别人太过神经敏感。

如果这些倾向在这分析中明显地减少了，他就会将其当作一种合理的武器，用此来对抗竞争。他是个笨蛋，不会在自己的幸福和防卫方面浪费精力。无论在什么情况下，他都要永远做好反击的准备，甚至于不管在任何一种不能克服的环境中，他都要永远成为胜利的那一个。

他所拟的要求的种类以及对要求的维护方式，是他对待他人报复态度的最主要表现。对于这些要求，他不会明确地提出来。不论是他已经具有了的要求，还是做了的要求，都是他不知道的。不过在实际上，他认为自己有受人尊重的权利。对于别人的需求和期望的神经官能症需求，他还认为自己应该有轻视的权利。例如，对于那些有失公允的观察和责怪，他认为他有全部的表达权利，而且他还具有不必因此而被批评的权利。多长时间拜访一次朋友？每次拜访占用多长时间？他认为自己都有作出决定的权利。不过，

① 我们很多人都用虐待狂的倾向来形容大部分的报复表现。“虐待狂”这个术语的核心是从权力到授权的控制，直到从痛苦、侮辱中获得满足。满意——振奋、颤抖、愉快——无疑是包括各个方面的，只有这样，“虐待狂”这个术语才能包括比较完整的意义。我们并没有用“虐待狂”的说法，而是使用“报复”这个词，这是因为报复的需求是“虐待狂”这种倾向刺激力中最为重要的一部分。

这些在别人身上却是完全相反的，因为他认为自己有让别人不抒发愿望或者不能提出意见的权力。

对于这些要求的内在需要性，他们必然不顾说明的方式而轻视他人。如果这些要求不能被达到，他就会报复、会征讨。人的罪恶感可能因为焦虑不安而引起，进而形成明显的愤怒，这整个过程中，征讨和报复始终都存在。一方面，这种愤怒的反应是因为他感到受挫而产生的，但这也是为了维护他的要求，而使用的逼迫他人、压制他人、让人屈服的一种方法或者情感表现。相反，如果他不去讨伐，不认为自己有权利，那么他会责怪自己并表现出愤怒，因为他认为自己变得胆小懦弱了。当他在分析中对压制和屈服进行抱怨的时候，他的某种意思是这些技巧还不够完美，他在无意识地表达自己的不满。他个人非常期望这些技巧能够得到改善，这个结果是可以从分析中得到的。换句话说，他希望受到的压制能够少一些，或者有更为巧妙的表达方式，但却不想将敌意克服。所以，他变得非常激进。他要所有的人都尽快地将他的要求完成。这两种因素不仅仅是对不满的一种奖励。他的确在很长一段时间内都感到不满。他心中认为自己有变成这样的原因。他想让别人知道，所有的一切（他的不满也包括在内）都可能是潜意识的，他一定会对这一点非常重视。

一方面，他认为自己比别人高明，无论是学识、智慧还是眼光都是如此，他认为这是他的特点，他在维护自己的要求时，就会利用这项特点所占的优势。更为浅显的是，他认为他的要求在补偿他所受的伤害。这种要求不可谓不强烈，至于他受到的伤害，不管是过去的，还是现在的，他都在保存和激发，他将自己比喻成永不健忘的大象。因为在他的想象中，所有人都要为轻视埋单，所以过度地对自己关心并将他人的“轻视”忘记，这是他所不了解的。他要维护自己的要求,他的“要求”受挫后有一系列的反应，这些都构成了一种恶性循环，他的报复从这种循环中汲取养分。

在分析的关系中，报复也侵入进来了，它表现的方式是多样的，是“负性治疗”反应中的一部分。这种反应是指一种产生于建设性前移之后的伤害。总的来说，他的报复和他的要求会产生一系列的衍生物，这些衍生物在实际上必然因为对人或者生活的所有行为而处于危险之中。在主观上，这种行为一定是必需的，他也一定会在分析中预防这一点。不过只有一小部分预防是直接和明确的。病人会非常坦白地声明自己不会放弃报复，他们有“你休想从我手中将它夺走！你是想让我变得毫无原则吗？你用刺激的方式让我感觉我还活着，就是这种力量！”等说法。玄妙和欺骗对他们的大部分防御做了掩护。分析者想要对它可能承担的形式有所了解，在这一点上，临床的重要性不言而喻，因为它可能延误甚至破坏分析过程。

它的表现方式主要有两种，它能够对分析的关系造成影响（在不能控制的时候）。所以，看起来比分析更重要的是将分析打败。另外，解决哪些问题能够引起他的兴趣都是由这种防御决定的（未必很清楚）。在一个比较极端的例子中，病人感兴趣的事物是能够引发较大报复的事情，如果这样他就不需要牺牲自己了，因为它的效力是更大的，他在报复的时候可以更加优雅、安宁和镇定了。

一方面，这个过程具有选择性，它可以通过必胜的、明晰的直觉方向进行，但却不能通过意识的推理达到。比如，他可能觉得克服他的无权利感和顺从倾向是很有趣的事情。因此，在与世人的对抗中，他变得越来越软弱。另一方面，别人对他的侮辱和责骂与他对自己自大需求的削减，这些都不能提起他的兴趣。他执意地将“外移作用”抓住。就是这样，他一点都不想对人际关系进行分析。不过，他却一直强调不要打扰他在这方面的希望。所以，分析者在这个分析过程中很容易被带入混乱中，这种具有选择性的过程具有一种无法克服的逻辑，只有这种逻辑被分析者了解以后，混乱才可能结束。

这种报复是从何而来的？它的强度是怎样产生的？这和其他神经官能症发展类似，从儿童时期，报复就开始了。不过，非常坏的人性体验却并不多，即使有，也可能存在一定的补偿因素。儿童可能会被纯粹的耻辱、暴行、冷落、嘲讽和恶劣的掩饰打击到，他们对这些非常敏感。有些人在集中营过了不知道多少年痛苦的生活，这些人对我们说，他们要想活下来，就只能依靠自己柔弱的感情，尤其是对自己和他人的同情。就像我们刚刚说过的那个小孩，我认为他在那种环境下必须要经过这种痛苦才能最终活下去。他为了得到人们的喜欢、关爱和同情，就要做一些对结果没有针对性的、引起人们同情的事，但不管是哪种柔弱的要求，都被他们最终放弃了。所以，他们逐渐认为，他们根本就不能得到真正的情感，甚至这种情感就从来没有存在过，直到最后他们不再奢望了，甚至还产生了轻视之心。但爱、亲切、人与人之间的温情都是我们所需要的，因为这些能够刺激我们美好特质的发展，所以这个过程的影响是非常大的。恰恰相反，如果我们认为自己不够可爱，就会产生非常沉重的悲伤，我们在第九章就要讨论这个问题。报复型的人想要将这种悲痛从根源上去除，他们所使用的方式是简单而粗暴的。对于自己的不可爱，他已经深信不疑了，所以他不再顾虑这一点，他也不再焦灼地希望，至少在他自己的心里，要给内心的愤恨自由，不再拘束它们。

我们在后面将发现整个发展过程中的起点：暂时的变通和谨慎的思考可能会压制报复的表现，但同情、怜悯和感激却很少能抵消报复的表现。当人们渴望感情和友谊的时候，是什么原因导致这种压制积极（正向）情感的过程一直存在的？为了了解这一点，我们必须对他怎样求生进行深究。对未来的幻想和想象是第二种工具。不管是现在，还是未来，他都会比“他们”（想象和幻想的）更好，他们会因为他成了伟人而无地自容，他会告诉人们他是怎样被冤枉了，怎样被人误解了。他必将成为伟大的英雄（就像于连例子中的拿破仑）、领导者、虐待者和万古流传的科学家。这些幻想未必是没有来由的，促使它们产生的是那种被申辩、报仇和胜利的可理解的需求。他生活的过程由它决定，他因此可以让自己在胜利和胜利之间自由奔跑。为了等待“末日审判”，他一定要活着。那凄惨的儿童时期就产生了对胜利的需求和对“积极情感进行否定”的需求。它们从最开始就是紧密联系的。它们自始至终都没有做出改变，因为它们互相促进和加强。生存要求一个人硬化自己的情感，这样“成功将生活制服”的驱动力在发展中就不会遇到任何障碍了。有一种非常巨大的自负是与这种驱动力相伴相生的，这种驱动力在最后变成了一只巨大的猛兽，一切情感都要被它吞咽下去。同情、爱情、体恤等所有的人性关系，都被看成是通往邪恶的，看成是在压制荣誉的。这样的人将永远地感受到孤独和冷漠。

在赛门·费尼莫尔的性格中，毛姆曾认为这种人类欲望的故意的强力制服是一个意识的过程。赛门强迫自己去回绝那些能够让生活快乐的事情，如友情和爱情，都会遭到他的破坏，因为他是一个独裁者，就像生活在极权政治中一样。他不可能被任何一种刺激打动，不管是他自己的刺激，还是别人给的刺激。他用牺牲真我的方式取得了报复的胜利。艺术家在这种自大报复型的人中，就用这种方式无意识地对他们的行为进行细致的观察，进而得出结论。对他们来说，不管是同意哪一种人性的需求，都代表着软弱和卑下。当进行完这些分析后，情感就要流露出来，他会讨厌这些现象，他会因此而感到恐惧，他认为自己也变得“软弱”了。他的虐待倾向也会因为这些现象而有所增加。他本来有一定的急性自杀冲动，此时他开始转向对自己发起进攻。

直到现在，我们已经对他人性关系的发展有了一定的了解。我们可以通过这种方式更加清楚地了解他的大部分冷淡和报复。不过还有很多问题没有得到解决，主要是报复的强弱和主观价值之间的问题，还有他的“要求”有多么残忍的问题。心灵中的内在因素是我们应该重点关注的，我们还要将他们对人际关系的特征也考虑在内。这样，我们就可以全面对此进行了解。

从这一点来说，他的辩证需要是主要的刺激力。他必须要证明自己的价值，因为他感觉自己蛮不讲理。他证明自己价值的时候要利用（根据他个人的需求）他独特的能力和卓越的品质，这样他才能感到满意。他是孤独的，他是有敌意的，很明显对于这样的一个人来说，最重要的一点必然是根本不需要他人。所以，他的自负必然明显地向自足的方向发展。他将变得非常自负，他对所有的事情都没有了要求，也不能真诚地接受一件事。对他来说，接受一个结果就是一种侮辱。他把自己的一切感激之情都放弃了，他的真情实感被他扼杀了，他唯一可以利用的只有他的智力了，这是一种制服生活的能力。他的自负在智力能够达到的范围内表现为不同的程度，有智取的，有预料性的，有机警的，也有计划性的。另外，对于他来说，生活是一种相互对抗的战斗。所以，他不但渴望“坚不可摧”的神奇力量，还认为这种力量是非常必要的。实际上，他的自负的损耗非常非常大，“坚不可摧”非常重要，但他却已经难以负荷这种重要性了。然而他不能容忍自己受到一丝伤害，这是因为自负的阻碍作用。他以前有一个“硬化过程”，这个过程是用来保护他真挚的感情的，但现在他必须要将自己所有的能力集中起来保护自负。就这样，他的自负聚集、凌驾于悲痛和伤害之上。小到蚊子，大到人和灾祸，他已经不能被所有事物或者人伤害了。不过，这是一种双向的方法，对于自己受到的伤害，他并没有什么感觉，这样他就可以在很长时间内在生活中都不会受到任何巨大痛苦的伤害。另外，我们对这个问题有疑问：他报复的冲动是否会因为受伤知觉性的消失而有所降低呢？

也就是说，如果知觉没有降低，他有没有可能变得更加具有破坏性，或者变得更加凶狠呢？在他的内心中，报复的感觉一定是随之减少的，但却变成了一种正常的对犯错的愤怒，变成了有权惩治犯错的人。然而,如果“坚不可摧”的保护膜被“伤害”穿透了，那么他就要受到难以忍受的痛苦。被损害的不只是他的自负,比如，还会因为缺少赞美而受伤，他承认一些人或事给他的屈辱和造成的伤害，他的精神会因为这种伤害受到打击，虽然他对痛苦和快乐没有什么特别的想法，但他的情感仍然会因此而面临危险。

他坚信自己是神圣不可侵犯的,“轻易受不到攻击”正是他骄傲的地方。免疫与免除（惩罚）的心理就是和这种心理最为相似，甚至可以对其进行补充的一种心理。这种无意识的心理是不经任何加工的。这种心理产生的原因是他有这样一种需求：他认为自己有批评和报复他人的权利，认为别人没有权利批评和报复他。也就是说，他有伤害他人而不受罚的权利，任何人都不能对他造成伤害。我们一定要将他对别人的态度考虑在内，这样才能理解他为什么有这种需求。我们已经知道，他通过“争斗的公理”、自以为了不起的惩罚，毫不遮掩地将这些当作工具去实现他的目标，他因此而得罪了他人，不过他看起来还是没有表现出一丝敌意。然而实际情况是他只是将自己的敌意降低了不少，就像司汤达在《红与黑》中所说的那样，如果没有一种无法控制的报复性愤怒支配着于连，他的自制力本来应该是很好的，他本应该是一个非常小心的人。所以，这些情况让我们产生了一种怪异的感觉，他对人的态度中既包含着莽撞，也包含着谨慎。那些在他身上起作用的力量正好是对这种感觉的一种证明。是的，他一定要让人感觉他义愤填膺，让人知道他需要克制自己才能保持一种平衡状态。决定他愤怒程度的只是他报复冲动的强弱，另外更与之相关的是他要威胁他人，他要让人屈服在他的武力之下。这是一种非常迫切的需求，因为他发现自己不能和人和睦相处，它只是一种工具，用以维系他的需求。这个原因更为可能，因为攻击是每一个人在战斗中最好的防御方式。

另外，他攻击性的冲动需要因为恐惧而有所降低。虽然在他的内心中，他是非常伟大的，他不允许自己受到任何人、任何方式的影响和威胁。实际上，他对别人是存有恐惧之心的。这种恐惧是很多原因综合起来造成的，所以他害怕别人打击他、报复他。他害怕别人会因为他“太功成名就”而对他与别人有关系的计划进行干预。因为人们有伤害他自负的权利，所以他会害怕这些人。因为他要证明自己的敌意是正常的、应该的，所以他害怕一些人。不管别人对他表示出的敌意有多大，他的心里一定都会进行一系列的夸大。但他的恐惧并不会因为他对恐惧的否定而消失，更加强有力的自信是他所需要的。他不能将那种报复的敌意隐藏起来。对免疫的要求会转变为一种对免疫的错误感觉。他因为恐惧而感到困难似乎因为这点要求而被解决了。

自负的最后一项内容似乎和公平、正义与诚实有关系。很明显，这三者他没有一点能做到，这些品行都是他不可能拥有的。也就是说，如果一个人的潜意识中决定对自己的生活方式进行夸张，不再顾及是否真实的问题，那么他一定是一个缺乏这些品质的人。

但只要我们考虑其条件是什么，我们就可以知道，他必然相信这些品德都是他所拥有的。对他来说，不管是反击，还是更靠谱的“先下手为强”，都是用来对付身边那些行为不端的人的。这也是一种武器（应该就是这样的！），一种可以用来与他的敌对者对峙的武器。这只不过是一种利己的、合理的、机智的行为而已。另外，对于他自己的要求、愤怒、展现出的真实性，他并不表示怀疑。对他来说，这必须是“没有任何遮遮掩掩”的，也是一定没有错误的。

还有一点原因在很大程度上让他对自己的诚实坚信不疑。他会因为其他方面的原因而说这一点是非常重要的。他发现他身边有很多人都在演戏，装作比他们实际情况还要仁爱、悲悯、慷慨。他不让自己假装得很友好，因为他本身对这种做法就非常鄙视。如果他认为应该是“至少我没有装模作样……”这种表现，他的处境就是安全的。但他要证明自己的冷淡是一种正常的要求，这就要求他必须采取进一步措施。有些行为是友善的，对他有帮助的，但他却轻易地否定了。他在理论上并不纠结于是否有和善出现，但如果他真的在一些人身上发现了这种品质，他就不能将和善和“伪善”区分了，他的混淆几乎是毫无理由的。因此，他因为这种做法再次凌驾于众人之上，认为自己不是伪善的跟风之辈。

他对爱情伪装带有一种执拗，这种执拗的根源更深，远远深于他对自我辩证的需求。当进行了一定程度的分析，他才和那些夸张型的人一样，表现出一点自谦的痕迹。这种自谦的痕迹是必要的，却被他隐藏起来了，因为这是他为了赢得最后的胜利而使用的一种武器。和其他夸张型的人相比，他的掩饰更加急切，他感到了无助和卑下。如果他因为被爱而让自己有了衰败的趋势，就会产生一种周期性的变化。我们现在已经知道，爱情的伪装是他所看不上的，此外他还鄙视那些顺服和自甘堕落的人，鄙视那些对爱的孤立无助的渴望。简言之,他的自谦遭到了他自身的厌恨和鄙视，对于别人的这种特点，他也厌恨和鄙视。

自卑和自恨所表现出的重要性是相当惊人的。自恨是非常残忍的，决定它强弱和效果的因素有两个，第一是自负对个人控制的强弱，第二是自恨被建设性的力量抵消的程度。建设力是生活中正面价值的真诚、生活中建设目标的发生和一个人对自己温情和感动的感情。在具有攻击性的报复类型中,这些因素都是不合适的，对报复没有益处，所以和一般病人相比，他的自恨显得更加恶劣。就算没有在分析的时候,我们也可以发现,他在残忍地监视着自己。我们还可以发现他对自己的摧残已经到了哪一步，知道他因为挫折而用禁欲主义的光鲜外表进行掩饰。

需要更加严肃的自卫方式来应对自恨。自卫的问题甚至也包括它的外移作用。它本来是最积极的一点，就像所有夸张的解决方式那样。除了一些人遭到了他的鄙视和厌恨外，一切让他感到憎恶和抑郁的东西都是他憎恨的对象，包括：他们的屈服、伪善和纵容，他们的生活乐趣和自发性等。“自挫”的冲动表现包括其他的挫折。他强制地让别人达到他的标准，一旦别人与这些标准不一致,他就要惩罚他们。他对别人的惩罚态度看起来是极具报复性的，但这种表现是多种表现掺杂在一起的，一方面这是一种报复的表现，另一方面这也是他对自己自责惩罚的具体化，此外，它还是他逼迫他人的一种工具，目的就是维持他的要求。这三种原因在分析中都需要进行进一步治疗。

他之所以与自恨对抗是为了保护自己，表现得最明显的一点就是，对于“没有依据内心指使而得到本应得到的结果”，他必须要将其忘记。这一点除了外移作用以外，主要的防御工具就是他“一意孤行”的铠甲，这是一件非常厚重的铠甲，根本不可能被穿透，他会因为这一点变得一点儿都不通情达理。在一些可能引发的争执中，一些本来很真实的描述被他认为是敌对性质的攻击。虽然他对这些并不伤心，但也在没有注意的时候就将反攻的意图表现出来了。当它陷入混乱之中时，就像一头豪猪一样。虽然这可能产生一些对正直的质疑，但他也估计不到这些问题了。

他要保护自己，这样才能方便他对缺点的第三种方法进行了解，这个要求是对别人提出来的。我们在对这个问题进行讨论的时候就已经重点提到这一点：对自己的权利进行夸大和对他人的权利进行否定，其中就含有报复性的原因。虽然他有报复心，但只要不是为了对抗自负的激烈进攻而保护自己，那么他对别人的要求就算是不过分的。从这一点来说，他所要求的就是，别人的行为一定要满足这一点：不能让他感到疑惑，不能让他感到罪恶。如果他相信自己有权利压榨别人，或者有权利让别人感到挫败，同时还不让这些人愤怒、责怪和抱怨，那么他就免于了解自己的压榨和摧折他人的倾向。他认为自己有让他人不期待温柔、感动和体谅的权利，而且并不是因为他对人不够友善。他在处理人际关系方面是失败的，别人有理由厌恨他，他会因为这些态度而感到疑惑，这种疑惑就像决口的堤坝，导致决口的洪水就是自责，自责冲击着他，将他的自信全部冲走。

对于自恨和自负在这种类型中所承担的角色，我们已经认识到了，我们已经得到了对他内心起作用的力量的正确认识，还可以改变对他的认识。只要我们在整体上仍然主要关注他在人际关系方面的表现，我们就仍然可以用自大、自私、无情、自利、虐待狂或者其他词语来形容他对我们不善的攻击，这些词语中的每一个都是准确的。不过，当我们得知自负系统的机器已经把他绞碎了的时候，我们就知道，他一定竭尽全力地避免让自恨将自己征服，那时我们就可以把他看作是一个被困的人在努力寻求生存之道。

对于这两种不一样的结果，我们用不同的视角去观察，那么我们是否会发现二者之间的重要性是不一样的呢？这个问题很难回答，可能是它本身就没有答案，也可能是他正在挣扎着怎样作出回答。他在与人相处时是存在问题的，如果他拒绝对这些问题进行反思，或者当这些问题微小到可以忽略不计的时候，他有可能被分析打动。另外，如果真的这样，他就可能变得更好相处。这是因为他的人际关系非常不稳固，所以在尽量与他们不接触这一方面，他是积极而又非常焦躁的。不过，客观的原因还是存在的，所以我们在分析中第一个解决的问题就是来自他心灵方面的问题。我们知道这些问题正在用多种多样的方式让他产生了自大的报复心，这是显而易见的。实际上，如果他的自负和他自负容易被攻击的特性没有被我们考虑到，我们就不能对他自大的程度有所了解。另外，如果我们率先不知道他为了保护自己而与自恨对抗，我们对报复的强度也不能有所了解。更明确地说，这些并不只是强化的因素，他本身就有敌意，就有攻击性，他会因为这一点变得富有强迫性。虽然我们想直接解决敌意的问题，但我们必然是失败而且白费力的，原因就在这里。只要这种将敌意转化为强迫性的原因不被消灭，病人就不可能有兴趣了解敌意，也不会有兴趣对敌意进行反思。

比如，报复性的胜利是他所需要的，这确实是一种有敌意的攻击趋势。他需要辩解自己的看法，这样就变得具有强迫性了。这种愿望并不是在最开始的时候就带有神经官能症的性质的，因为他的出发点是人类价值体系中较为不重要的方面，所以他一定要对自己的存在和价值进行证明。他接下来需要做的就是重新建立自负，并保护自己不受隐藏着的自卑的侵扰，所以这种愿望的必要性越来越强大了。同理，正直和已经形成的自大（具有攻击性和斗争性）都是他所需要的。他为了不让任何自疑和自责产生，也要变得更加具有强迫性。最后一点,他非常需要让“自恨”外移，于是有一些现象因此而产生，这包括：他鸡蛋里挑骨头的性格、他征讨和指责的态度，另外产生的还有所有让这些态度转变为强迫性的因素。

就像我在一开始说的那样，如果用来阻止报复心的一般力量不起作用了，那么报复心的发展基本就变得极快。促使阻碍不成的主要原因就是心灵内的因素。当温和的感情被放弃，从儿童时期就被认为开始了一个硬朗化的历程。待人的态度和举动必然需要这个过程，它代表着对抗外人和保护自己。他要让自己失去对痛苦的知觉，然而自负的易受攻击性却强化了这一点，所以发展到极致的时候成了“不容易被攻击”的自负。第一个受到环境干预的是他对人间温情和情爱的盼望（付出和回报），但是为了追求胜利，它又被牺牲了，最终他因为接受了自恨的审判而被冰封了。他被这种自恨污染为不讨喜的人。所以，他会转而攻击别人，希望证明自己仍然是讨人喜爱的。他的潜意识有这种想法：“很明显，他们应该喜爱我。但他们在痛恨我的时候真是不遗余力，所以这至少说明，他们对我是存在畏惧之心的。”另外，在有的时候，正常的自私心理可以促成报复性的冲动。但因为个人的福利遭到了他的轻视，所以这种心理一直都处于低谷状态。甚至在一定范围内，他虽然可能有其他恐惧感，但那种可以“免疫”和“不容易被攻击”的自负将其制服了。

就阻碍作用的消失来说，我们要特别提及一个因素。就算他真是一个具有同情心的人，他也很少同情别人。很多原因造成了他同情心的缺乏，最主要的是他与人交往中带着敌意，另外还因为同情心是他所缺乏的。不过嫉妒可能是让他冷酷无情的最主要原因。这种嫉妒是带有恨意的，是非常普遍的，而非只是因为一项优点。一般来说，它产生于他感到生活将他排斥在外。是的，他是迷茫的，那些能够让他生活得更有意义的成长、快乐、创造、愉快、爱恋等事物将他排斥在外了。如果我们追寻最简单的思路去考虑，我们就会想问：他是不理会自己的生活了吗？他是因为控制力强而对所有事物都不需要了吗？他因此而感到自傲了吗？他有没有可能对各种真实（积极）的感情进行抵制？如果是这样，他为什么还要嫉妒他人？但这就是事实。很明显，就是不通过分析我们也知道，他不会轻易承认这个事实的，因为他的自大绝不允许他这样做。但经过了一番分析之后，他可能会将一些相关的结果说出来，和其他人相比，他的状况可能是最差的一个。他也可能知道自己并没有其他的理由，只是因为别人一直是愉快的，或者对有些事情非常感兴趣，这才是他对别人愤怒的原因。他可能并没有直接地说出一种理由，他认为这些人想要侮辱他，使用的方式就是脸上的快乐。如果他感受事物的方式是这样的，那么结果不只是对快乐的摧残和报复性冲动的产生，而且还有一种奇怪的无情，所以他对别人痛苦的同情心被压制住了。我们可能从他的嫉妒中想到“鸠占鹊巢”这个词语，在他看来，不管是谁，只要他们想要得到自己想要的或者不要的事物，他们都会非常容易地得到，然而对他来说，不管他怎么想要这些事物，他都得不到。就这样，他的自负受伤了。

但这只是一种浅显的解释。我们在分析中会逐渐发现，虽然他嘴上说生活是一颗酸葡萄，但实际上他还是非常想要的。我们要记住，他是个又贫又弱的人，他是不情愿地对生活发起进攻的，这只是用来顶替生活的一个替代品罢了。换句话说，他对生活的“浓厚兴趣”并没有被消灭，只是被压制住了而已。在分析刚开始的时候，这个想法还是有希望的，而且比我们想象得还要多些，它的真实性是可以被证明的。这种浓厚的兴趣和真实性是证实治疗征兆的关键。如果他心里认为他不需要更好的生活，那我们又怎样能够给他提供帮助？

这是一个和分析者对待病人态度有关的解释。就这种类型来说，大部分人可能都有被迫服从的反应，也有可能是彻底拒绝的反应。但分析者是不可能被任何一种态度伤害的。很明显，如果分析者愿意接纳他为病人，分析者就有意向对他提供帮助。如果分析者也是被逼的，他就不会勇于解决病人的问题。如果他被分析者在内心中拒绝了，那么他就得不到分析的结果。但如果这个病人被分析者了解，分析者不理会病人相左的意见，同时病人又在痛苦中挣扎，那么病人就会得到分析者的同情和礼貌的对待。

我们来总结一下这三种夸张的解决方法，制服生活是它们共有的目的。这三种方法也可以用于制服焦虑和恐惧，他们的生活因此而具有了新的意义，他们还可以从中得到一些生活中的兴趣。在达成这种“支配”（制服）的想法时，他们所使用的方式是不同的：通过让命运与他们的最高标准相一致的方式；通过自我崇拜和运用神奇力量的方式；成为坚不可摧的人，用报复的胜利者心理来控制生活。

和这一点相类似的是，情感环境中有非常明显的差别：从偶尔出现的真情和对生命的欢欣变成冷淡，最后变成战栗。这种情感情况是比较特别的，起决定作用的是他们对自己积极（正向）情感所表现的态度。在某些情况下，自恋欲这种情感具有虚假的产生基础，在情感的丰富性的作用下变得友好而大方。在完美主义的情境中，友好是非常明显的表现，这是因为他本该如此。在自大报复型的情境中，有一种制服和敌视友好的迹象。浓厚的敌意都可以在这些情境中发现。不过在自恋欲的情境中，敌意可以被宽容所控制；在完美主义的情境中，他向敌意投降了，所以敌意并没有被他表现出来。在自大报复型的情境中，敌意的表现最为明目张胆。从我们已经讨论过的原因来看,敌意的破坏性变得更大了。对他人期望的范围包括：需要诚恳和崇敬，到需要尊敬，直到需要顺从。对崇高的“真诚”信仰到对生活中的所有问题都非常谨慎地“解决”，是他们潜意识中对生活需求的基础，这样他们就认为一旦自己受到了伤害，就应该得到应有的补偿。我们可以想象到，根据这种分类的级别，治疗的机会是逐渐减少的。不过我们一定要在这里记住,这些分类只是说明神经官能症的发展方向。实际上，其他原因对治疗的机会也有一定的影响。在这一点上，最主要的问题是：非正常的心理趋势的牢固性到底是怎样的？促使他们不平衡发展的原因是什么？所隐藏的动机有多大？

第九章　自谦型的解决方法：渴望爱

内在冲突的第二种解决方法是我们现在要讨论的问题，也就是自谦型的解决方式。在本质上，这是和夸张的解决方式完全相反的一种过程。只要我们对与夸张型相反的性质有所了解，我们就非常容易掌握自谦型的解决方式了。所以，对于夸张型的性质，我们要简要地回顾一下，然后集中讨论这些问题：哪些事情是被他荣誉化的？被他厌恨和鄙视的事情都是什么？他压抑了自己的什么？或者培养了自己的什么？

被他培养和荣誉化的事情，是他身上所有具有征服倾向的事情。从他人际关系的角度来说，“征服”包含这样一种意思：在某些领域超越他人，表现得非常优秀。他们想要控制并支配他人，想要让别人对他产生依赖。从他人对他的态度中也可以看到这种心态。他总是想要别人对他顺服或尊重，他想要别人贬低自己，不管是不是崇敬、尊重或者赞赏都是如此。让自己屈服、讨好和依靠他人是他非常厌恨的事情。

另外，能让他感到骄傲的事情包括他能对突发事件应对自如。实际上，他真的就这样做了，没有他做不到的事情，或者不应该有他做不到的事。他一定要主宰命运，而且他认为自己已经正在做了。他会因为无助而感到慌张，所以只要是他身上的无助倾向，都是他所厌恨的。

对他个人来说，理想自傲的自我就是征服的意义。凭借理智和意志力而支配着灵魂，他不可能发现那种存在于他身体内的潜意识力量，这种力量是一种受意识控制的力量，除非他被一种强有力的力量控制。不管是对自身冲突的认识，还是对他不能立即解决（征服）的所有问题的认识，都可能放肆地阻碍他，有一种隐藏着的羞耻就是痛苦。在分析中，认识个人的自负未必是不容易的。但有一件非常有代表性的事情，不管是哪一种让他必须应该被控制的事情，他都不去在乎，也就是他不顾及需要被了解的应该。他不可能被任何事情控制。只要有可能，他就会把一种虚构保持住，他可以命令自己去行动。所以，对他而言，不管是哪种外部因素，都是无力的，那些让他感到无力的事情都是他所厌恨的。

我们可以在自谦型的解决方式的各个分类中发现一个相反的现象，这一点非常重要。他无法有意识地发觉自己是优于他人的，这样的情感是不可能在他的行为中有所表现的。恰恰相反，他有这样一种倾向：看低自己并向他人屈服；依赖并讨好他人。和夸张型相比，他对无助和痛苦的态度是完全相反的，这是最明显的一点表现。无助和痛苦是他所厌恨的，这种厌恨有了一定的发展，他甚至会不经意间就夸大了这些情感。当然，如果有人羡慕或者称赞他，或者有一种让他处于优越地位的态度，他就会感到不好受。保护、帮助和宠爱才是他所需要的。

我们可以在他对待自己的态度中发现这些特点。他有一种（与他的应该不一致的）失败的普遍意识，这一点和夸张型完全相反，所以他有一种犯罪、自卑或者卑下的感觉。自恨和自卑是一种失败的感觉引发的,是一种被动的“外移”,他被别人控诉或者鄙视了。与之相反，自负、自大的夸张情感和自我荣誉化都被他否定或者弱化了。不管是哪一种自负，都被特别严格而普遍地控制和限制了。这一点并没有被有意识地感知到，所以的确真实地存在着这种否定。那个自我是屈服了的自我,他是一个没有权利去偷渡的人。和这种态度相一致的是，他心中的每一种因为他的利益而产生的雄心、胜利和报复，都被他压制住了。简言之，所有夸张的态度和驱动力都被他控制着，这样他就能让他的“自我放弃”向着更明显的方向发展，内在的冲突就可以通过这种方式得到解决。只有处于分析中的时候，我们才能清晰地看见这些冲突的驱动力。

逃避自负、优越和胜利是一件焦虑的事情，这可以表现在很多事情中。竞赛中对胜利的恐惧是最容易被发觉的。比如，有一位病人的依赖性已经达到了病态的程度，在某些时候他的网球技能是非常不错的，或者他在下棋方面表现得很好。当他将自己很优秀这一点忘记的时候，他就表现得一切正常。但如果他意识到自己必须将对手击败，他的表现就突然失常，在下棋中，他可能就将一种明显可以胜出对方的步骤忘记了。甚至在还没有开始分析的时候，他已经知道他对胜负的无感可能是一种原因，但他不敢采取这种做法。自己打败自己可能让他感到愤怒，但他是不自觉地进行这个过程的，所以他没有办法去阻止。

其他情境下也可能出现同样的态度，这种类型的特点是：他强大的能力是他自己所不知道的，所以他就不善于加以利用。特权在他的心里是一种负债，一般情况下，他卓越的能力是他所不了解的。当需要使用这些能力的时候，他不能在合适的时机加以发挥。不管在哪种条件下，他都感到非常紧张。比如，在还没有明确地确定权利的时候，就算他的仆人给予了他正常的帮助，或者他提出了合理的要求，他都感觉自己在占别人的便宜。他感到“惭愧”，所以他尽可能地不去请求别人，或者带着惭愧的态度去请求别人。有的人在实际上对他形成了依赖，他对这些人都感到无助。甚至当他被人羞辱的时候，他也没有什么感觉。那些想要占便宜的人正想着让他去当冤大头，这一点是非常常见的。他没有一丝防备之心,当他发现自己被人戏耍时已经过了很长时间了。接下来，他会立刻就对那些欺负他的人和他自己感到非常愤怒。

相对于他在“比赛”中表现出的恐惧,他对胜利的恐惧更严重，如在众人瞩目的时候产生的恐惧和对成功和夸赞的恐惧等。在众人面前表演是他非常害怕的一件事。当他经过千辛万苦取得成功后，他会不相信这是真的。他感到害怕，认为这是好运，或者轻视这件事。如果他认为是好运，他就会认为“发生了一件成功的事情”，而不是认为“我取得了成功”。对他来说，成功和他内心中的自信是反比例关系。他生活中的成功并没有让他的自信增加，他反而因为成功而变得更加焦躁，有的时候甚至已经达到了惊恐的程度。比如，一名演员或者音乐家，因为害怕而推辞了非常丰厚的报酬。

另外，所有“大胆的”想法、感觉和态度都是他必须要避免的。他的自贬过程是在潜意识中进行的,这个过程的整体性非常强。所有的自大、自夸和优秀都是他要避免的，有的时候他的避免程度已经超越了一定的限度。对于他已经知道的、已经做完的和他做出的好事，他全部都忘记了。对于自己的事情，他一般都认为他是可以做好的。比如，当他接受了人们的邀请以后，他基本都会高兴地赴约，或者他深得一些有魅力的女孩子的喜欢，而他认为这都是一些自卖自夸的心理。“每一件我想做的事情都是自大的。”如果一件事被他完成了，他就认为是自夸或者是运气好的缘故。在他看来，他的想法和态度都太大胆了，所以他会非常容易地就将自己的想法和信仰丢弃。被他放在前面的是那些所有顺服的坚定想法。所以，他非常容易向反对方的势力屈服，这和风车非常相似。对他来说,大部分“坚持自我”都是为所欲为的。比如，当他受到了无理的惩罚时他应该为自己辩解，他有权利点餐，他有权利要求涨工资，在签订条约时他有权利对自己的权利多加关注，他可以追求令人喜爱的异性等。

我们可以通过间接的方式认识已经存在的资产和成就。但在感情上，我们是不太容易感知到它们的。“病人好像感觉我是一个好医生。”“我的好朋友说我是一个杰出的小说家。”“大家都认为我魅力非凡。”有些时候，他甚至会否定被人真心实意地称赞:“老师夸我很聪明，但他们可能有所误解。”在财产方面，可能也存在这样的心理，这些人对金钱没有什么感觉，虽然他们比较富裕，虽然他们凭自己的劳动获得了金钱，但他们还是感觉自己太穷了。这种谦虚是过度的，背后隐藏着一种恐惧，这种恐惧是所有平时的观察和自我观察都能产生的。只要他一抬头，这种恐惧就马上产生。一种非常强悍的限制维持着它，不管到底是什么原因让自贬的作用发挥出来。这种限制是不允许自己圈定的狭小范围被打扰。他可能是容易满足的人，想要得到更多的东西并不符合他的想法。在他看来，所有的愿望、努力和各种原因的追求，都在残忍而危险地对命运发起挑衅。他不想改变自己的形体，所以他无须注意饮食或者做操；他不想完善自己的外表，所以他不需要穿得华美。它却不是最重要的一点。最后他需要改善自己，却并不需要分析。他之所以进行分析，可能都是因为被逼的。我们在这里不对特殊问题和某种恐惧的处理进行讨论。他竭力保持着自己，不想做半点分析，让他这样做的原因可能是更困难的。一般来说，对他而言，“浪费那么多时间”是一件非常“自私”的事情，可见他持有相反的态度对待分析价值的信念。

有的事情被他轻视为“自私”的，有的事情被他看作是“大胆任性”的，这两者基本都是可以理解的。在他看来，只要是为自己考虑的事情都可以称为自私。他平时可以享受的事物有很多，但他认为享受就是一种“自私”。他不知道这些限制有什么作用，但却认为对愉快的“共同享受”才是“符合常情的”。实际上，不管是食物、音乐还是大自然，与他人共同分享快乐当然是一件非常必要的事情。如果不和别人分享，就没有什么意义了，就失去了事物的价值。他对自己非常抠门，不舍得为自己花钱，这种吝啬甚至已经达到了非常离奇的程度。相对于他在别人身上的极度慷慨，他对自己的吝啬实在是太过明显了。当他打破这种限制，开始为自己而花钱的时候，他就会感到慌张，虽然从客观的角度看他进行了一项合理的消费。在利用精力和时间方面，与这一点所产生的结果也是一样的。除非空闲时间所读的书对他的工作是有好处的，否则他根本不能把这本书读下去。他不能允许写个人的书信占用他的时间，但却暗自让两人的约会占用时间。对于他的财产，他基本不会进行规划或者处理，当然别人有需要的时候除外。同样，他不会注意个人形象，当然为了别人的时候除外，如为了约会、聚会或者工作的时候就会注意个人形象。相反，如果他人可以从某人或者某物中受益，他就会竭尽全力去做。比如，如果有人希望某种交往，他就会去提供帮助；某人想要得到某个职位，他也会去帮忙。但如果他自己有这些需求，他就根本不会采取任何行动。

虽然有不少的敌意产生于心中，但除非有些困扰侵袭他的情感，否则他是没有什么表现的。另外，争斗是他所害怕的，甚至人与人之间的正面矛盾也是他所害怕的。一方面，他将自己的翅膀剪短了，他不可能是，也不再是一个好斗的人了。另一方面，他感到恐惧，他害怕别人对他产生的敌意，所以他宁可选择屈服，他宁可将追求放弃，名义上是为了“了解”情况。当我们对人性的关系进行探讨时，就会对这种恐惧形成更深的了解。但有一点和其他限制是一样的，实际上这也被其他限制所包括了，这就是“攻击性”的限制。他自己对他人、看法和原因的厌恨，是无法保持下去的，在必要的时候，他会与之争斗。他不能长久地坚持一种敌对态度，也不能将自己对他人的厌恶有意识地表现出来，因为在潜意识中，报复的驱动力必然停留着，它所表现的形式是间接的伪装的形式。他不可能明确提出要求，也不能对别人施加惩罚。对他来说，就算批评、控诉和责怪是恰当的，这也是一件非常困难的事情。他甚至不能将一个严苛的、幽默的嘲讽或者精短的批评用风趣的方式表现出来。

总的来说，我们可以认为，他的限制存在于“胆大任性”、攻击性和自私三个方面。如果我们对限制所掩饰的范围进行研究，就会知道对于个人的发展、战斗力、防御力和个人的利益来说，这些限制所起的是残忍的阻挠作用。对于所有促进个人发展和自尊的事情，这些限制都起到阻碍作用。有一种退缩的过程就是由限制和自贬组成的，他身心的发展因为这个过程而被人为地降低了，这让他感觉，自己和一名病人在梦中看到的是一样的：有一个人在梦中受到了残酷的惩罚，他畏缩着，他将自己团成一团，他变得非常贫困，他被贬到了最愚昧的程度了。

因此，如果自谦型的人不打破限制，任何保护的、夸张的或者攻击的行动都不会被他采用。然而，他会因为打破限制而自责和自卑，他会产生慌张感（内心不安的感觉），甚至有一种罪恶感。如果他自卑的程度非常明显，那么他就会因为讥讽而感到恐惧。因为他的自我感微乎其微，他的范围是非常狭小的，只要是超出他范围的事情，他都容易产生对讥讽的恐惧。如果这是一种完全有意识造成的恐惧，它就会有所表现。如果他在讨论中大声地发表自己的见解，有一种为公出差或者产生写作的雄心，那么这就被人认为是可笑的。但这是一种大部分都滞留在潜意识中的恐惧。

不管怎么说，那种无法抵抗的强悍力量似乎是他总也不能感受到的，让他堕落的主要原因也是这一点。对于嘲讽的恐惧和夸张的类型是完全相反的，这在自谦的倾向中特别明显。自我吹嘘和胆大任性都可能是夸张类型的表现，但荒唐和可笑是他所不了解的，也可以说，别人认为他应该这样，他却不知道。

他不仅仅在为他人做事的时候没有障碍，他还根据他内心的趋势，认为自己应该是对他人有益处的，认为自己应该是体贴、最善解人意、最大方，以及最富有同情心、爱心和最具有牺牲精神的人。实际上，在他的内心里，牺牲和爱是密不可分的，爱就是牺牲，他应该为爱而将所有都牺牲。

就这样，“限制”和“应该”的统一性似乎是显而易见的，但二者之间的矛盾早晚都会出现。我们可以推测，这样的人一定对那种自大、攻击性和报复性的性格感到非常讨厌。不过他们的态度在实际上是分开的，他对它们是讨厌的，但又悄悄地或者公然地有崇敬之情，他没有对虚幻的自大和自信不作出区别的理由，没有理由不区分自我心中的强横和他自己的实力。我们很容易就知道，这种过分的谦虚经常让他感到烦恼。有些攻击性的能力是别人拥有但却是他不具备或者不能使用的，他非常羡慕这种能力。不过我们逐渐发现，这种解释是不全面的，有一个和我们描述完全相反的问题，这个问题所隐藏的价值更大，在他身上也发挥作用。我们还发现，攻击性的人所拥有的夸张驱动力是他所羡慕的，但他却压制了这种驱动力，主要是因为人格整体性的缘故。对于自己的攻击性和自负，他持否定态度，但如果别人具有这方面的特点，他却是非常羡慕的。他的依赖性是病态的，这一点扮演的角色是很重要的，我们将要在第十章讨论这种可能性。

病人是可以面对冲突的，因为他足够坚强，所以让人们注意的是他的夸张驱动力。没有任何恐惧的“绝对性”也应该是他拥有的。对外,他可以反击侵犯他的人,因为他要追逐利益。对于自己的“胆小”、无能、屈服等倾向，他在根本上是鄙视的，这是比较相符的一点，所以逆战是他经常面临的处境。如果他会因为做了某事而被责怪，但不做某事也会被责怪。如果别人想要借款或者其他要求被他拒绝了，他就认为自己是一个令人讨厌的人，但如果他答应了这些要求，他就认为自己是“容易被欺骗的人”。如果他身临其境地为被侮辱的人考虑,他就会感到恐惧,而且感觉不会被人喜欢。

只要这种冲突是他无法避免的，就要对它进行研究，“攻击性的暗藏情感”就会受到阻碍，他就需要变得更加顽固，继续被自谦困住，同时他顽固的自谦也因此而得到强化。

从目前我们探讨的内容来看，他是这样一种形象：他不断地压抑自己，让自己缩成一团，尽量避免夸张型的行为。另外，就像前面说的那样，我们在后面也会进行详细的描述，有一种鄙视他或者告诉他的力量，这种力量是事先设置好的，他屈服于这种力量。他很容易感到害怕，为了缓解这种痛苦的情绪，他花费了自己的大部分精力,我们在后面即将知道这一点。为了了解它的发展，我们先考虑哪些原因促使他向这方面变动，然后我们再对基本条件的细节和含义进行进一步的讨论。

有些人在后来才趋向于使用自谦型的解决方式，对于早期的冲突，他们一般使用“亲和力”进行解决。在情况比较典型的时候，与夸张的类型相比，早期环境的特点是不大一样的。后者在标准的限制下成长，享有早期的崇拜，可能受到了苛责的对待，可能受到了侮辱和欺负。自谦类型则是不一样的，他在成长中受到了保护，有兄长的保护，有外人羡慕的父母的保护，有漂亮的母亲的保护，有仁爱并蛮横的父亲的保护，因为恐惧随时都可能发生，所以这种状态是不太稳定的。但有一种情爱是他比较容易得到的，这就是“甘为下属”的忠诚。比如，有位母亲长期忍受着痛苦，她的孩子可能会感觉到自己不能好好地照顾母亲，且是一种罪恶。有一些家长在受到了盲目的崇拜时就变得友好和大方。有一位兄长的地位可能比较高，只要夸赞他或者讨好他，他就会保护或者爱护你。有些小孩就是在这种环境下成长的，长久以来，他们会因为背叛他为需要情感而进行的挣扎，他会将自己的敌意压制住，将自己好斗的气势丢弃，将追求感情的需要放弃。他变得屈从，他不再愤怒。他学着喜欢所有人，对于让他感到敬畏的人，他感到无助，但他对这些人确实是崇敬和依赖的。他能敏锐地感知到别人的紧张和敌意。为了对某些事物进行掩藏,他需要一定的缓解。对他来说，最重要的事情就是让别人感到高兴，所以他试着让自己拥有一种惹人喜欢的特点。在青春期的某些时候，他在某段时间内是叛逆的，与一种热烈而又具强迫性的雄心壮志结合在一起。这些夸张驱动力是为了追求爱情和庇护，最终被他再次放弃了。有时，甚至在初恋的时候，下一步的发展也受到叛逆和雄心被压制的程度控制，受到屈服或爱情行为变化的程度控制。

自谦型和其他神经官能症一样，早期发展产生的需求要通过自我理想化来解决，但能够使用的方法却只有一种。他理想化的形象基本围绕着“惹人喜欢”这一点进行，就像无私、善良、谦虚、大方、悲悯、神圣、伟大等特点混合在一起，被荣誉化的还有无助、苦难和悲苦。与自大报复型相比，他的生活要依靠情感，这种情感可能是高兴，也可能是痛苦，可能是对个人或者整个人群的普遍情感，例如自然、艺术或者各种价值观念。他形象的一部分就包括一些深刻的情感。当他呈现出自我放弃的趋势时，已经形成的“内在驱使”才能得到满足。他与他人基本冲突的解决方法已经不能满足这种自弃趋势的发展了。所以，面对自负变重的矛盾，他一定要发展一种态度。他自己选定的价值具有惹人喜爱、神圣等特点，所以他的骄傲之处也在这里。一个康复的病人这样对自己说：“我认为自己必然拥有美好的品德，这是一种谦虚的看法。”虽然他对这种自负持否定态度，虽然他的行动并没有表现出这种自负，但神经官能症的自负被他用间接的方式表现出来，比如，容易被攻击、保全脸面、逃避等行为。在其他方面，所有的感觉都被神圣和惹人喜爱的形象压制住了，不管是哪种自负的痕迹，他都会将其去除，最终却过犹不及了，所以从这里产生了一种退缩的过程，他变得不重要了，变得无助了。他不能让荣誉化的自我和他自己形成一个整体，他只能将自己感知为一个因为顺服而牺牲的人，除了无助和不重要，他还感觉到自己的罪恶，感觉到自己不被人喜欢、不被人需要，感到自己的无能和愚蠢。他就像一条丧家之犬，每时每刻都在提防是否有人想要欺负他。所以，他解决内在冲突的方法就是把自己从自负中摘除。

和我们间接追寻的两种因素非常相似的是，这种解决方式有一个缺点。第一，这个过程是退缩的，就像圣经中的词语那样，他是一项“罪行”（与自我对抗），个人的才能被它掩盖住了。第二，“限制夸张性”使他为自恨而无辜地牺牲的方式与之关系匪浅。对于这个因素，我们可以发现，在很多自谦型的病人中，他们在分析开始后因为自责而感到极端的恐惧。对于自责和恐惧之间的关系中，这种类型一般是不会被发现的，他的恐惧和慌张的事实是唯一能感知到的。一般来说，他的自责倾向是他能够发现的，但他并没有进行深入思考，只是认为这是从良心中产生的真实地对待自己的一种现象。

他很容易就接受他人的责怪，对于这一点，他是有所感觉的。不过这些责怪是没有任何依据的，他在后来才感觉到这一点。相对于责怪他人，他更加容易承认自己犯错。实际上，他对承认罪责和他人指责这个缺点的反应，经常是在快速而自主的情形中发生的，所以他声称的原因根本顾及不到这一点，他不知道他在责骂自己的时候有多么积极。自卑和自责充斥在他的梦中，“执行死刑的梦”是最典型的自责的例子。在梦中，他被判决处以死刑，他不知道是什么原因，但却接受了，所有人都不关心他，任何人都没有对他表现出仁爱。也有这种可能，有一种幻想是因为他做了一个梦而产生的，他扭曲了这个梦或者这个幻想，在抑郁症的恐惧中，这种被扭曲的恐惧是有所体现的：咽喉疼痛变成了肺结核，头疼变成了脑瘤，胃病变成了胃癌。

他自我扭曲和自责的强度在进行分析的时候变得更加明显。他可以被所有有关他困惑的讨论击倒。他感觉对敌意的突然领悟让他成了一个万恶不赦的伤人凶手。他可能发现自己非常想要让别人奋力地完成一件事情，这让他感觉他是一个剥削者，习惯于对人进行抢夺。当他知道自己在时间和金钱上非常混乱时，他就产生了一种对“衰败”的恐惧。因为焦虑，他可能感觉自己就像那种精神混乱的非正常人类。如果这些反应表现的方式是公开的，那么他的情形在刚开始的时候就变得更糟糕了。

所以，我们首先要有这种感觉，相对于其他类型的神经官能症，他的自卑和自恨来得更加凶猛和剧烈。但我们对他更加了解的时候，当我们对比临床经验和他的情况时，我们就将这种可能性放弃了，因此我们只能了解到，他对自己的自恨只是更加无能为力罢了。大部分夸张型可以使用的用来回避自恨的有效方法，对他来说都是不能控制的。虽然他用特殊的“限制”和“应该”而努力地试着承受，但和任何一种神经病一样，他的想象和借口对这种病症进行了掩饰和装饰。

在防御自责方面，他不能用“自以为是”的方式。因为如果他真的这样做了，就与他的自大和自夸的限制相违背了。他不能像拒绝他人那样，有效地厌恨或者鄙视他人，因为他是最能够“体谅他人”和最“宽容”的人。不管是控诉他人，还是某种对他人的敌意，都能让他产生实际上的害怕（要比让自己再次获得自信心更甚），原因可能是他对攻击性进行了某些限制。当他对别人产生需求的时候，他就因为这个原因不得不尽量不与他人发生冲突。

我们即将发现这一点。最后，纵观各种因素，他就是一个不善于争斗的人，这不仅体现在他对待别人的关系上，而且还体现在他对自己的攻击上。换句话说，他不能防卫自己的自卑、自我扭曲和自责，这和他攻击别人的原理是一样的。不管什么事情，他都竭力忍受，他等待内在的暴行进行审判，他对自己变弱的情感因为这种暴行而被强化了。

当然，自卫是他所需要的，他也寻找与他实际相符合的自卫方法。他可能因为自恨的袭击而产生恐惧。不过只有他的特别防卫没有恰到好处地发挥作用的时候，这种恐惧才会产生。免于夸张的态度不但是自贬过程的一部分，还是让自己保持限制范围的一种方式，也是缓解自恨的一种方式。当我们对这个过程进行描述的时候，自谦的类型遭受到攻击的时候表现出的行为特点可以被我们加以利用。比如，他会对罪行进行过分的承认，他想要缓和并把自责的士气挫伤："你说的做的都是对的……不管怎么说，都是我的错……全部都是我不对。"他想要将合适的再保证引出来，他使用的方式是抱歉或者表示懊恼。他在祈求同情，用着强调自己无能为力的方式，他使用的方法都是缓解的方法，自责的痛苦被减少了。他在心里将罪恶感和无能为力夸大了，他的所有状况都不太好。简言之，他的痛苦是他一再强调的。

还有不同的方法可以将内心的紧张消除，这些方法被称为是被动的"外移作用"，主要表现出来的情况就是，他认为自己被人控诉、鄙视、猜忌、压迫、蔑视、辱骂、剥削后被极其残酷地对待。但这不像主动的外移作用那样，这种外移作用只能缓解焦虑，在主动去除自责方面，它并不是那么有效。另外，（和外移现象一样）从多种理由看，他和他人的关系被阻碍了，对于这种阻碍，他是非常敏锐的。

不过，一切的自卫方式，都不能改变他的处境，他的内心还是危险和不安的。有效的再保证仍然是他所需要的。甚至自恨维持在中等程度的极限时，他认为自己的所作所为是没有意义的，或者他还认为他为自己的努力是没有意义的，一切都只是自贬罢了。他因此而变得缺乏安全感。所以，根据他平时的形式，他想要自己的内在位置得到加强，就得要求别人让他产生这些感觉：被赞扬、被渴望、被接受、被需要、被喜欢、被认可等。因为别人才是给予他帮助的重点，所以他对别人的需求不只是被强化了很多，同时还具有了狂乱的特点。“爱”对这种类型的吸引力到底是怎样的，我们现在要开始探讨，积极的感情包括同情、情爱、温柔、感恩、被认可、性爱和被需要等，我们认为“爱”是它们的“公分母”。至于爱的吸引力和它对个人爱情生活的影响，我们将要在单独的一章用更严谨的方式进行讨论。爱在人类关系中发挥的作用，是我们现在唯一要讨论的问题。

在夸张的类型中，他需要人们，因为他要对自己的权力和虚假的价值进行证明。他的自恨也需要人们来当作安全之岛，然而他比较容易借用智慧的力量，同时让自负给他提供大力支持，因此和自谦类型相比，他需要的自负并不特别普遍和急切。自谦类型对他人期许的基本特点，就可以用这些需要的性质和强弱来进行说明。大体上来说，自大报复类型的欺望是邪恶的，当然如果他能进行反面证明除外。真正意义的独立类型（我们在后面还会提到这一种类型）对善和恶都没有期待。自谦型则对善良存有期待之心。从表面上看,他在人性中主要品质方面的信心是坚不可摧的，事实也是如此，他比较敏锐，容易感受到他人身上令人喜爱的特点。但他有一种强迫性的希望，至于是真是假，他根本不能分清。一般来说，他不能将真善和伪善清楚区分，只要是温情或者关爱的表现，都容易将他收买。另外，他从内心的驱使得知，他应该喜欢所有人，不管是谁，他都不应该存有疑虑。最后一点，敌视和可能产生的争斗，让他存有恐惧心理，所以对于说谎、非正义、剥削、残忍和狡猾等特点，他可能会放弃、鄙视、忽视或者用解释的方式将其消除。

如果他有明确的证据证明这些特点是他所具有的，他就会每每感到奇怪。即便是这样，对于欺骗、羞辱和剥削的倾向，他还是会拒绝相信。他经常感觉有人对他进行了辱骂，但他的基本希望并不会因为这一点而有所改变。虽然他的个人经验是苦不堪言的，他知道自己未必能得到其他特殊团体或者个人的友善对待，但对于他个人的希望,他仍然有意识或者无意识地坚持着。从这一点看，他有一定的盲目性，当内心狡诈的人与他的“盲目”结合时，他的同事和朋友就会感到非常奇怪。但这只能说明，感情上的需要是非常庞大的,证据的存在性已经被忽视了。他对别人的期望越高，他就越有将别人理想化的趋势。所以他的信心并不是针对所有人的，他的态度只是有玻利耶那（过于乐观）的性质而已。他不太可能因为这种态度而大感失望，同时他的人际关系会因此而变得更加不安全。

下面我们简单地讨论他对别人的希望。第一点，他必须感受到自己被人接纳和信任，不管是什么形式的，只要是有好处的接纳和信任，就是他需要的，比如赞扬、关爱、感恩、爱情、同情、情爱或者性的需要等。它因为比较而更加清楚明了，就如我们一贯认为的，很多人都认为这是值得的，就像“赚钱”一样。同时，“爱”的货币同样可以衡量自谦类型的价值，“爱”在这里是一个具有普遍意义的术语，各种形式的接纳和信任都可以用“爱”来表示。他的价值和被人需要、被喜爱、被爱和被想要有些相似。

另外，因为他不能接受独处，哪怕只是一小会儿也不可以，所以他需要朋友，他需要与人交际。他很容易就感到失落，就像把他从生活中割裂开了一样。当这种自暴自弃处在某个范围内时，他可以承受这种痛苦的感觉。不过，一旦自卑或者自责变得非常急切的时候，他的失落感就立刻转变成一种不知名的恐惧。如果他对他人的需求变得狂躁，这种表现就更加准确了。

对朋友的需要是他最希望的。在他看来，孤独和不被人需要以及不被人喜欢是画等号的。所以，他存在一种暗藏着的羞耻，那就是“需要朋友”。这些羞耻包括：一个人去度假或者去看电影，别人在周末的时候参加社交活动，而他却只能一人度过。人们对他的关爱是他自信心的依靠，“需要朋友”就是对这一点的最好证明。他还需要别人对他的所作所为表示关心，或者表示有意义。对于自谦型的人来说，他需要能够为他烹饪、缝纫和修理花园的人，他需要一名给他弹钢琴的教师，需要相信他的随从或者病人。

但他需要的不只是这些感情的支持、帮助，更加充分的帮助也是他所需要的。在他看来，他需要的帮助是最合适的。部分原因是，对他帮助的需要基本是无意识的；部分原因是，一些看似独立和唯一的需要集中了他的一些帮助。比如，与老板交谈，为他的职业提供帮助，与他一同去或者为他购物、将钱借给他等。另外，他好像认为他“希望得到帮助”的期望是非常恰当的，因为很多普遍的需求都暗藏在这种期望的背后。不过如果我们通过分析对事情的全部有所了解，我们就知道，他对帮助的需求和他希望众人为他服务是一样的。大家应该给他提供动力、为他工作、对他负责、给他生活的意义，或者直接管理他的生活，他就可以用这种方式生活。当我们对这些需要和愿望有了一定的了解之后，我们就非常清楚对于自谦型的人来说，“爱”具有怎样的吸引力了。它是一种缓解焦虑的方式，不仅如此，如果爱缺失了，他和他的生活就没有意义了，也没有价值了，所以对于自谦型来说，爱是解决方式的内在部分。对于这种类型的感觉来说，爱是绝对不能缺少的，就像他的呼吸不能离开氧气一样。

很明显，这些希望都被他带入分析的关系中了。有一点和大部分自夸类型相反的是，他在祈求帮助的时候会使用他的需求和无助的戏剧化的方式。大体上来说，他希望“爱”能够治疗他。他愿意分析工作占用他的全部精力。我们在后面就会明白，他非常想要被鼓励，他想要支援和救赎，而且必须是也只能是来自外界（对于分析者来说）的，来自“被宽容和信任”的。他希望自己的罪恶感能够被分析者用爱的方式消除。如果分析者是一个异性，这种爱就是性爱。在一般的情形中，这种爱是特别的关照和友情，这是更为普遍的。

和神经官能症经常出现的类似，需求会转变为要求。也即是说，他认为所有他应该有的品德都是他有权拥有的。对爱情、情爱、体谅、同情和帮助的需求会变成："我有享受爱情、情爱、体谅和同情的权利。我有让人为我做事的权利。我有享受幸福的权利，尽管这并不需要亲自去追寻。"不用说，和夸张类型相比，这些要求的潜意识性质更强烈。

有一个重要问题和这一点关系密切：到底是什么东西成为自谦型建立的基础？对于这些要求，他是如何保持的？他尽力让自己变得让人高兴，是最为实际的基础，也是最有意识的基础，因为人们会因此认为他是有用的。他可能因为他的气质、他的神经官能症结构和状况的不同而有所不同。他可能是顺服的、体谅的、对人有所帮助的、体贴的、迷人的、容易觉察到别人期望的、愿意自我牺牲的。当然，至于他对别人的作用，他可能会过高地估计了。这种关心和大方可能别人一点都不喜欢，但是他却忘记了，他不知道自己在进行一项有条件的施舍。他在思考的过程中忽略了自己被人讨厌这项特点，所以他认为自己的所作所为是完全友好的，也就是说他认为即使他要求别人报恩，那也是理所应当的。

他的要求有另一种基础，这一点对别人来说是被逼迫的，对他来说也是不利的。在他看来，因为他害怕孤单，所以别人应该在家里和他做伴。因为他讨厌噪音，所以所有的人在房子周围走路的时候都应该轻手轻脚的。所以他的神经官能症需求和痛苦受到了不太合适的刺激，他对这些要求的维系是在潜意识中以痛苦为代价的，不仅是压制了“想要制止痛苦的动机”，而且还可能用不恰当的方式夸大痛苦。这并不是说，他的痛苦是假装的，目的只是让人看而已。它要用更加深刻的方式对他造成影响，因为大体上来说，他一定要对自己，对自己的满足，证明自己有让这些需要被满足的权利。他必然认为自己承受着过度而特殊的痛苦，所以他有得到帮助的权利。换句话说，个人因为这个过程感到痛苦，他实际承受的痛苦都没有这种痛苦强烈，没有一种战略价值是它所具有的。

第三种基础是，他认为自己受到了虐待，他认为自己受到的伤害需要得到他人的弥补。这个破坏性过程也归属于潜意识的范围。他在梦里梦见自己遭到了严重的损坏，甚至无法修补了，所以他认为，不管是他的哪一种需要，他都有要求得到满足的权利。想要对这些报复型的原因有所了解，我们一定要先对他用来解释被虐待的内容有一个详细的研究。

如果说到典型的自谦型，那么就可以认定，他整个生活态度中特别的暗藏情绪就是被虐待。如果我们想用两三句话对他的特点进行解释，那我们就可以这样说，他一方面对情爱有着渴望，但另一方面却又经常受到虐待。第一，就像我们所说的那样，他不能让这一点经常被人利用，他对别人过分热情的帮助，他对自我的牺牲，都成为别人利用的对象，因为这些都能让人取得利益。因为在他看来，他是没有价值的，在为自己辩解这方面，他是无能为力的，所以在有些时候，这种虐待可能根本就不能被他感知到。虽然别人对他可能并没有坏的想法，但他却因此而经常不敢大胆做事，这可能是他畏缩过程和这个过程产生的原因。实际上，在特定方面，他的运气要比别人好。不过就算是这样，他的“限制”性心理也不容许他对这些优点有所了解，他一定要对自己说（实际上，他也经常有这种感觉）：和别人相比，你的情况可一点都不好啊。

另外，如果他的很多要求都不能得到满足，他就感觉自己受到了虐待。比如，如果他帮助了别人，但对方没有及时向他说“谢谢”，他就感觉对方虐待了自己。在要求受挫的方面，他的反应和受到不公正对待产生的自怜反应不太一样，他没有感觉到非常愤怒。

他对自己的虐待因为自我贬低、自卑、自我扭曲和自责而被强化了。和其他原因相比，这种现象可能更加痛苦。如果他的自弃越强烈，那么外在的优良条件胜出的可能性就越小。对于自己悲惨的境遇，他经常对人说起，他希望别人能够因此而更加同情他，或者给他更多的希望。事实上，他的悲惨可能并没有他说得那样严重。但不管怎么说，在这种感觉背后潜伏的，一定是他真真切切的自弃。我们很容易就感觉到，在自责突然出现后，被虐待（抛弃）的感觉立刻就跳出来了。比如，当他在分析中得知他的自责是因为他的困难而产生的，他就会立刻回想生活中遇到困难的时候，不管这些困难是发生在他儿童时期的，还是他在曾经的医疗或者曾经的工作中所经历的。他会夸大别人对他所犯的错误，他会长久地记住这些，就像他曾经做了很多次似的。在他和他人的关系中，也经常发生类似的状况。比如，如果他对自己的了解不太透彻，或者他对别人不那么体谅，那种自己受到虐待的感觉就会闪电般地出现。总的来说，无论他能不能在实际上战败他人，或者他已经从盲目跟从的需求转变为利用他人了，他都害怕犯错，这就像逼着他承认自己被牺牲了一样。由于与自恨对抗的一种自卫就是“认为自己遭到了伤害”，所以它的战略地位一直都没有变，它一直在严格地防守着。自责的程度越邪恶，他就变得越狂躁，他就越要夸大地证明别人对他犯下的错误（也就是别人冤枉了他）。另外，他会越来越“深刻”地感受到这种“错误”。有的时候，这种需要就这样被人相信了，所以他可以在短期内得到一些帮助。他有一种彻底做个牺牲者的防御体系，这种体系因为接受，或者因为认定自己得到的帮助和施舍是一个性质而飞快地走向坍塌。与之相反，探寻罪恶感的可能性急剧增加了，所有被虐待感觉的突然增加都是有好处的，只要他知道这件事也有他的参与，而且他看待这件事（错误或者冤枉）的方式是没有错误的，也就不再感到自责，那么我们就可以在分析中看到，他的冤枉（错误）已经退缩到合适的比重了，甚至已经确实不再是冤枉了。

自恨被外移了，这个过程是消极的，甚至连被虐待的感觉都被它超越。但我们从一种更紧密的观测中发现，他不但认为自己被虐待是存在某些原因的，还发觉他自身的某些事物愿意接受这种被虐待的感觉，他甚至对拥有这种感觉存在强烈的渴望。这说明一个事实：被虐待也是起一定的作用的，他的夸张驱动力被压制住了，被虐待的作用就为其提供了发泄的通道，同时也掩饰住了这些驱动力。他因此而感觉自己的优秀是超过别人的，他会认为即使他对人发起攻击，那也是合理的。最后一点，它伪装了他敌意的攻击，因为就像我们将了解的那样，痛苦是大多数压制和敌意的表现。所以，我们认为，他感觉或者发现冲突的障碍就是被虐待，通过他的自谦是可以解决这种冲突的。然而，被虐待感觉的执拗性可以被各个因素的分析降低，当他能够面对这种冲突的时候，这种感觉就不见了。

在一般情况下，被虐待的感觉不但不会停下来，还会一天比一天强烈，只要这种被虐待的感觉没有消失，它就会引起他对别人报复仇恨的增加。这种报复型的敌意是潜意识的,也是非常庞大的，它需要被深深地压制住，否则他就会进入一种危险的境地，所有的主观价值将成为他生活的主宰，他的友善也会被损坏，他崇高的理想化形象也会被摧毁，他会因此而认为自己不得人喜欢。另外，他对他人的一切期许也是和这一点背道而驰的。他有一种“内心指使”是让他成为最宽容的人、最体谅他人的人，但被虐待感却是这种内心驱使的一个障碍。所以，当他感到怨恨的时候，他不仅会对别人发起攻击，还会对自己发起攻击，所以在这种类型中，敌意破坏性因素就是这种怨恨。

一般来说，这种怨恨会被普遍地压制住，但还是会有偶尔出现的“严正申斥”，它是以缓和的面貌出现的。当他感觉自己被驱赶到无望的悬崖时，紧锁的水库闸门就会打开，一冲而出的就是猛烈的责备的洪水。虽然在他的深深的伤痛（不高兴）中，这种表现非常准确，但他经常将这些放弃，他不能清楚真正的意思到底是什么，因为他实在是太过烦恼了。不过，最有特点的方法就是他对报复的怨恨的表达了，这也是非常不好受的，所表现的方式就是通过让身心症状增加，或者表达抑郁感、痛苦感和颓废感。如果病人的报复心在分析中再次勃发，那么他可能表现出不太显著的愤怒，即使如此，这也会伤害到他。他会因此而变得乖顺，他还会将自己并没有被分析治愈这一点表达出来，他的情况变得更糟了。在上一次交谈中他到底受到了什么打击？对于这一点，分析者可能是知道的，分析者也试着让病人对这项内容有所了解，不过对于了解能够缓解他痛苦的各种关系，可能无法让病人提起兴趣。他的痛苦是他不断强调的内容，他好像一定要让分析者知道他的抑郁情绪越来越糟一样。他想让分析者因为感受到他的痛苦而产生负罪感，不过他的这种想法是一种无意识过程。所以，另一种作用和痛苦相伴相生：如果别人生气了，他唯一有效的应对方法就是，让别人因为注意到他的痛苦而有负罪感。

他待人的态度因为这些原因而产生了两种奇怪而又矛盾的情感：从表面上看，他是乐观的、纯真的信任，但他真正隐藏的情绪却似乎充满了不理智的愤怒和质疑。

有些内部紧张感是因为报复心的增加而产生的，这些紧张变得非常庞大，他拥有的感情和烦闷并不是问题所在，真正的问题是他要保持住正常的心理平衡。内心的紧张程度决定他能不能做到和能坚持多长时间，当然周围的环境也是一项决定因素。如果我们分析他对别人的依赖感和他的无能为力感，那么相对于其他神经官能症类型来说，他对别人的依赖则是最重要的。这种环境对他来说绝对是顺畅的，不会给他制造一些限制，也不会给他增加负担，同时还能根据他的结构而让他的各种需求都得到满足。如果他的神经官能症比较轻微，那么他想要让生活获得满足的方式有：为他人作出牺牲。为他人做贡献。如果他想要将自我忘记，那么他可以选择对他人有益的生活方式，这样他就可以得到一些满足，因为他认为自己是被需要、被想要、被人喜欢的。不过，他的生活所建立的基础仍然是危险和不安的，就算是处于最好的内外部条件下也是如此。他的病人不需要他照顾了，或者与世长辞了；他对某一种主张持极力坚持的态度，但这种主张却失败了，或者对他来说已经没有意义了。对正常人来说，是可以安然地度过这段缺失的，但他却濒临“崩塌”，他的焦虑感和无能感会变得更加明显。还有一种基本来自内部的危险紧逼，有很多原因导致他不愿意承认对攻击自己或者他人的敌意，所以他无法忍受的内在紧张是不可能产生的。换句话说，他有着猛烈的被虐待的感觉，他因此而没有办法让自己一直保持安全。

另外，我刚才所说的顺畅的因素可能并不含有普通的情境（条件）。如果环境条件非常恶劣，他内心非常紧张，那么他的处境就不只是非常悲惨，他的心理平衡也接近崩塌了。不管是惊恐、失眠、食欲不振或者其他哪种症状，只要这些症状出现了，那么主要的特征就是将堤坝冲塌了,被淹和泛滥系统的敌意。一切不堪的、对他人积累的责怪都是为了让人去注意，缺乏理性和公开的报复成为他的要求的一大特点，他具有有意识的自恨，这种自恨已经达到了不能克制的程度，这个时候彻底的绝望是他的心理状态。我们一定要注意，他的惊恐是非常强烈的，他还有危险的自杀倾向，和一些极度软弱但又对讨好他人非常渴望的情况比，这种情况是不太一样的。神经官能症发展的主要内容是它的初期和后期部分。如果我们认为，他一直都压制着后期出现的破坏性影响，那么我们就错了。是的，一个好看的理由在做掩饰，我们看见的紧张只是一部分，实际情况会更多，在后期发展的只有挫折和敌意的突然急剧增加。

我们要在病态的依赖性中讨论其他有关自谦型的解决方法，所以一些有关神经官能症的痛苦的评论是我非常愿意使用的，这样我们就可以总结这种结构的大体面貌。不管是哪一种神经官能症，它引发的真切的痛苦要比平常人所能看到的多很多。自弃和对夸张阻碍的枷锁对自谦的类型造成了一种限制。他对人的情感存在两种矛盾，也对自谦的类型造成了某种限制。这并不是为了个人的私欲，而是一些真实的痛苦，当然也不是为了让人印象深刻而进行了一系列的伪装。另外，他的痛苦还是发挥了一些作用的。我建议，将由这种过程产生的痛苦称为神经官能症的或机能性的痛苦，我已经提及了这些作用的部分内容了。比如，他要求的基础就是这种痛苦变成的，不仅仅是渴求关爱、同情和关照，同时还要让他有一种自己已经有权得到这些的感觉。他的解决方式需要用痛苦来维系，只有这样，整合作用才能发挥出来。他表达报复的特殊方式也是痛苦。是的，这样的例子有很多。比如，夫妻双方有一人患上了精神病，并且在对另一个人发起攻击的时候就使用这种武器，或者将这种负罪感（为了脱离）强加给儿童，儿童的正常发展就受到了阻碍。

对于他那非常惨痛的打击，他要怎样处理？他是不是不想对所有人的感情都不造成伤害呢？他已经成为周围人的负担了，但他可能对此还一无所知。不过他未必不想坦然面对，因为他可以因为自己所受的同情而不被责罚。简言之，他想要让别人因为他的痛苦而宽宥他。在他看来，他所有的需求、颓丧和狂躁都可以因痛苦被减轻或者免于惩罚。不是只有他的自责被痛苦平息下来了[①]，别人对他的责怪也因为痛苦而被免除了。另外，他需要被原谅，这将转变为要求，他有让别人"体谅"他的权利，因为他是痛苦的。如果别人对他还是那么苛责，那么就太不近人情了。他人一定要给予他帮助并同情他，不论他做了什么都应该如此。

痛苦可以通过另一种方法让自谦的人不被责罚。它提出了一些借口，这些借口全都不能真正地取悦生活，也不能达成伟大的目标。就像我们看见的那样，他焦躁地与雄心和胜利避开，但因为他仍然需要胜利和成功，所以他还是会有雄心。他的心中充满痛苦，痛苦保持着这种伟大成就的可能性，不管是有意识的还是潜意识的，他的脸面都需要保全，让他因为奇奇怪怪的疾病而感到痛苦是不应该的。

最后一点，他的想法会因为神经官能症的痛苦而破碎，他可能在潜意识中做出这种决策来戏弄自己。这是一个有意识的过程。

---

① 亚历山大把这种情况称为"惩罚的需要"，并列举出了很多确证的实例，在认识心灵方面，这是一大进步。不过我的观点跟亚历山大有些许的不同。我认为并不是所有的神经症患者都会利用痛苦来消除心理上的罪恶感，只有自谦型的人才会这样做。而且普通的痛苦也无法使他的罪恶感消除。他内心的严格控制非常之多，而且非常牢固，所以他不禁又要自责。

很明显，在悲痛的时候，由于这个过程产生的吸引力的影响比较强烈。更为普遍的是，在此期间能够进入意识中的只有恐惧的反应，比如，身体的、精神的、道德的衰败所引发的恐惧，或者不努力的恐惧,或者害怕年纪太大而无事可做的恐惧。这些恐惧说明，人们健康的那部分所希望过的生活是完整的。如果因为想要使某部分分崩离析而产生了恐惧感，那么在潜意识中，这种趋势也是要发挥作用的。人们甚至还没有对自己的整体健康受到的损害有所了解，比如，他什么都做不了，他士气低沉，他对人存有恐惧心理等。突然有一天，他感觉到自己正处于衰败的过程中，他可能对自己衰败的原因有所察觉了，他才可能恍然大悟。

当他悲痛的时候，他可能感觉“被毁灭”的感觉所拥有的吸引力是巨大的，他逃避所有的困难都可以使用这种方法：对爱情的努力是没有希望的，所以将其放弃吧。为了满足矛盾的“应该”引起的企图是非常强烈的，也将其放弃吧。因此，就可以通过接受失败而让自己摆脱自责的困扰。这种方式可以用来引诱他从消极（不抵抗）中寻求解脱。它的积极性不如自杀倾向，在这个时期，自杀倾向出现的次数很少。他彻底停止了奋斗，任凭自毁之力肆意扩展。

最后，众人对他进行了残忍的攻击，对他来说，“让自己崩溃”就是最终的胜利，他使用的形式可以是“死在攻击者的家门口”。不过，更为普遍的是，这不是真正意义的痛苦，只是想要通过被人进行侮辱的方式将自己的要求提出来。他因为陷得更深而变得更加危险。总的来说，虽然这只是一种潜意识的过程，但它在病人的心中代表着某种胜利。当我们在分析中揭露它的时候，我们就知道，像软弱和痛苦的荣誉化等事物都被昏乱的部分真相掩盖住了。痛苦可以用来证实崇高。如果在理解方面非常敏感的人所生活的世界是卑鄙的，那么如果他让自己崩溃，他还有什么能做的？他到底是为了维持自己而努力呢？还是沉沦于俗世而让自己感到委屈呢？他能做的只有宽宥别人，他们要牺牲自己，为此他们要使用殉道这种冠冕堂皇的理由。

一切“神经官能症的痛苦”的作用，都是对它的执拗性和深度的说明，整体结构的极端需要是它们（作用）产生的原因。想要对这些作用有所了解，就一定要看它们的背景。仅仅从治疗方式的角度来说：如果没有对整体的性格结构做出彻底的改变，那么它们（痛苦的作用）就是完全不可能缺少的。为了对自谦型的解决方式有所了解，我们就必须对整体面貌进行思考，也就是全面思考整个人格的发展史，考虑所有的他在某个特殊时期进行的过程。如果我们对这个话题的理论进行简单的研究，我们就知道这些理论是不太合适的，主要原因是，他们的注意力集中在某一方面，他们的观察是片面的。比如，对心灵内或者人际关系方面的因素的重视就是片面的。不过，只有当我们对人际之间的冲突引发的特别心灵变化过程有所了解时，我们才能对它的动力变化有所了解，如果我们只是从这些角度进行某一种观察，我们是不能做到这一点的。人性关系原有的方式决定心灵中的形象，同时也使人性关系的方式发生改变。人们因此而变得更加具有破坏性和强迫性。

另外，和弗洛伊德与卡尔·梅宁哲的某些理论一样，病态的情形是非常明显的，例如，自己寻找痛苦、陷入罪恶感无法自拔、“被虐待”的变态等。接近正常人的特点被他们忽视了。使得有些需要，如战胜他人、亲近他人、宁静的生活等，是由恐惧和软弱决定的，所以它们之间是没有差异的，不过正常人态度的源头也被包含在内了。比如，攻击报复型的夸耀性自大好像还没有这种谦虚和他对自己能力的低估（暂时认为虚假的基础就是这一点）更靠近正常人。因为这些特点的作用，神经官能症患者和自谦的人相比，前者倒不像是“正常人”了。他的防御并不是我要在这里说的，就像刚刚说到的那种特点，他和自我的脱离是这种特点的原因，下一步的病理发展也是由此引发的。我只想说，如果我们对整体解决方式的内在缺乏了解，我们可能会错误分析整个过程。

最后，神经官能症的痛苦是一些理论过度重视的，主要问题就是这一点，不过他们隔离了这种痛苦和一切的背景。这样做的结果是，有不合适的压力存在于战略计划中，所以阿德勒将痛苦看作人们逃避责任、取得不正当优越感和吸引他人注意的方式。在狄奥戴尔·莱克看来，为了获得爱情，为了表现报复，坦白的痛苦已经成为一种工具了。法兰兹·亚历山大则认为，消除罪恶感是痛苦的作用之一。现实的观察是这些理论的来源。但是，因为他们没有对整个人格体系进行深入探究，所以得到的结论仍然是需要探讨的，虽然众人已经对这些理论有所相信了，认为自谦型简直就是在承受痛苦，或者说快乐只是出现在悲苦的时候。

能对病况的过程有整体性的了解，不局限于认识到了理解理论的重要性，而且还认识到分析者对病人的态度也是重要的。他们的愤怒会非常容易地就表现出来，相对于别人，同情和体谅是他们更需要的，这其中的原因是他们的需求是隐性的，另外还因为某种“欺骗心理”的标记作用。

第十章　非正常的依赖性

在三种解决自负系统内在冲突的方法中，最让人感到不满的一种就是“自谦”。每种解决方式的不足都是它所具有的，不仅如此，一种比他人更加不快乐的主观感受也是这种解决方式的产物。相对于其他神经官能症，自谦型的实际痛苦可能并不大，但由于他承受了很多痛苦，所以在他主观心理中，他要比别人悲惨得多。

另外，有一种很大的依赖性是他对他人的需要和期许形成的。虽然痛苦是每一种强制的依赖性的特点，不过还有一种不幸是更为特殊的，原因是他和别人的关系必然因此被割裂。但唯一能让他感受到生活真实性的还是爱（普遍意义上的）。如果从性爱的特别意义角度来说，在他的生活中，“爱”扮演的角色是特别的，也是非常有意义的，所以我们会专门讨论这方面的问题。这样做的结果就是产生一些重复，但这是无法避免的。我们可以通过这种方式获得一个对整体神经官能症构成的个别明显要素进行清晰观察的好机会。

这种类型是性爱诱发的，这种成就被认为是等级最高的。通向天堂的道路除了爱没有其他的了，那里没有寂寞，也没有痛苦。人们不会感觉自己无能，也感觉不到罪恶和挫败，也不需要为自己负责。在那里，残忍的人间斗争是绝不存在的。所以，支持、体谅、同情、情爱、庇护、鼓舞等含义都是爱所体现出来的。他因为爱而感觉到了自己的价值，他生活的意义也是爱给予的，爱是弥补，也是支援。人们经常被划分为无产的和有产的，这是一点儿都不奇怪的。这并不是根据社会地位和经济因素划分的，而是根据是否有与婚姻相符合的关系来划分的。

他期望被爱的所有事物都有爱的意义的寄托。所以，有些精神医学作者对依赖者的爱描述的比重比较大，所以这又被他们称为依赖性的、口头上的、寄居的色情。人们的确将注意力放在了这方面。针对典型的自谦型的人（也就是自谦倾向显著的人）来说，被爱的吸引力和爱的吸引力是一样的。在他们看来，“爱”代表着失去，代表着让自己陷入狂喜的感情中，同时和另外一个人组成一个整体,在此过程中还要将他自身并不具有的统一性找到。所以，有力而深厚的根源滋润着对爱的渴望，渴求一致性和渴求施与就是这种根源。如果我们对这种根源不加以考虑，那么他的情感和情感的深度就不能为我们所了解。人类最强大的刺激力就是对统一性的寻找，对于“内在分裂”的神经官能症患者来说，这一点显得更为重要。大部分宗教形式的主要内容似乎都是，希望一种比我们更加崇高的事物能够让我们顺服（或者奉献给这种事物）。虽然对正常渴望的讽刺正是自谦的“奉献”，但它拥有和放弃一样的能力，它不但出现在对爱的渴望中，还在其他的很多方面也有所体现。我在此书中认为，如果要给被虐待的现象一个基础的解释，就可以使用对“自灭”的渴望，这可以看作他癖好中的一个因素，非常想要让自己失落在不同的情感中，比如，走失在“泪的海洋”中，陷入负罪感中，迷失在对大自然的欣喜若狂中，或者在睡觉的时候微微地呼吸，沉迷于极其兴奋（性高潮）的渴求中，经常使自己走失在对死亡的渴望中，也就是遗落在自我最终的毁灭中。

我们来透视更深的一层。不仅是他在寻求满足、和平和统一的愿望中存在着爱对他的吸引力，他完成理想化自我的唯一方式就是爱。理想化自我拥有一种惹人喜爱的特点，他可以在爱中得到这个特点，他可以在被爱中得到理想化自我的最高级证明。

对他来说，爱的价值实在是特别的，所以在众多决定自我评价的因素中，“惹人喜爱”排在了首位。在这种类型中，我已经说过了，他前期对情爱得到的需要就是培养惹人喜爱特点的开始。对于这种需要来说，精神方面的宁静是非常重要的。夸张的行为因为惹人喜爱特点的愈加明显而越来越被压制住。“被压抑的自负”所覆盖的唯一特点就是惹人喜爱。“被压抑的自负”的表现不管是哪一种怀疑或者责问，他都非常敏感。如果关怀可以用他对别人的需要或者用他的大方来表达，那么当不被认可或者激怒他人的时候，他就感觉自己被伤害得很重。因为他评价自己的唯一要素就是这种惹人喜爱的特点，所以他的关爱或者大方被拒绝，就好像把他的整体都拒绝了一样，他会产生一种完全没有意义的想法。

惹人喜爱的特点是怎样从严格的应该系统被执行的。我们可以在分析中对这个过程进行更加密切的研究。同情心不应该是他唯一所拥有的，他可能会拒绝谅解别人。除了自身感觉到痛苦以外，被伤害的感觉一定会让他用自责的方式责怪自己太过小心眼或者不够大公无私，特别是嫉妒的痛苦不应该轻易地对他造成伤害。对于一个非常容易恐惧被拒绝或者被抛弃的人来说，这是一种无法达成的“驱使”。他最大限度能做的只是竭尽全力坚持“宽容大度”的托词。所有发生的冲突都是他的错误造成的。他是应该更加的慈悲、体贴和安稳的。他实际具有的和他的“应该”之间是存在差别的，一般来说，夫妻关系很容易成为被“外移”到的地点。他知道他在焦躁地希望自己的妻子和他的要求相一致。有两种最重要的应该存在于这方面，分别是：他应该让他的妻子爱他，他应该能让所有的爱情关系都发展到绝对和谐（和睦）的程度。如果他进入某种关系并且难以控制住自己，或者他知道如果他确实将这种目标达成了那也是完全为了他的利益的时候，这种解决方式就会被他的自负当作一种可耻的失败，同时他还会被要求处理好这种关系。但另一方面，不管惹人喜爱的特点是怎样的虚伪，一种神秘的自负都将其掩盖住了，所以它们成为其他暗藏的要求的根基。他因此而有享受独特的挚爱的权利，对于我们在上一章提到的诸多需要，他也可以令其得到满足。在他看来，他有被爱的权利，这不仅是为了他（这可能是一种真实的关怀），也是为了他的帮助和软弱，为了他的牺牲自我和悲痛。

有一种冲突的倾向产生于“要求”和“应该”之间。他一定会深陷进去，因为他没有解脱的办法。如果有一天他被辱骂了，但他本身没有犯错，此时他就可能下了责骂他夫人的决心。但如果从对自己有益的需求和对他人进行控诉的角度来说，他的这种勇敢正是他所恐惧的。同时让他感到恐惧的还有他对“让自己迷失”

的这种希望，因为这件事有一种达到了极端的变动，占统治地位的是他的应该和自责。不管是什么事情，他都不应该怨恨，他应该是安宁的，他应该是忠诚的、体谅的。总之，错误都在他身上。同理，他正在犹豫怎样对妻子进行评价。有的时候，他的妻子是强悍而惹人喜爱的，但有的时候他的妻子是残酷、没人性和令人疑惑的。所以不管是作出哪种决定，他都没有办法，他就像掉入了云里雾里一样迷茫。

爱情的关系被他带入了内在情况中。虽然这是一种不太稳定并且不太安全的危险境况，未必真的有不幸的祸事发生。如果他不是很有破坏性（消极），如果他有一位夫人，而且这是一个比较正常的女人，同时相对于他的神经官能症来说，夫人对他的依赖性和软弱是非常爱护的，那么他就可以因此而拥有幸福。就算是这样，他的夫人也会对他有一种累赘或者负荷的依赖性，不过他会因而感到安全和强大。此时，这可以称为是一种成功的神经官能症解决方式。自谦者最好的特点就表现在被保护和被爱护方面。但对于将他心中的困难搞清楚而言，这种情况所起的作用是阻碍性的。

这种情境是偶然的，那么它会经常发生吗？分析者并不能作出最终回答。那些“不太顺畅”的关系才是分析者注意到的。在这样的关系中，夫妻二人相互折磨，依赖对方的人就逐渐缓慢而痛苦地让自己置于危险中，不断地毁灭自己。此时，那种病态的依赖性就是我们要讨论的。它的出现不仅局限于性关系方面，一些和性没有关系的内容中也可能体现出它的特点。比如，教师和学生之间，父母和儿童之间，医生和患者之间，指挥者和仆从之间的关系。但表现得最为明显的就是爱的关系，所以只要我们了解了它们在爱的关系中的表现，我们就比较容易了解它们在其他关系中的表现，哪怕是忠实或者感恩的“合理化”将其掩饰住了也是如此。

对配偶的错误选择可能产生病态的依赖关系。更准确地说，我们就不应该讨论选择的问题。实际上，自谦型的人只是“沉迷于某种类型了”，并不是作出了选择。很明显，能够吸引他的是更加强壮、更加优秀的同性或者异性。正常的对象是他根本就不去理会的，他爱的是一个超然脱俗的人，如果他所爱的人在经济、地位、声誉或者特别的天赋方面具有一定的吸引力，他就容易爱上外向的自恋欲类型。他和这种人有一个共同特点，那就是拥有一种“有希望”的自信。自大报复型的人也是他比较容易爱上的，因为这种人可以不顾及是否骄傲和礼貌的问题，敢于公开地将自己的要求提出来。多种因素综合作用的结果是，具有这些性格特点的人是他最容易迷恋的。因为他非常缺乏的特点似乎正好是这些人所拥有的，所以他喜欢对他们作出过高的评价，同时因为他自身缺乏某种特点，所以他对他自己是鄙视的。他想要追求独立、自足、优越感的保证，他需要勇气来“夸赞”和“自大”，他对攻击性有一定的渴望，这几种因素可能都和这种现象的产生有关系。对于他的需要，只有这些在他看来是最强大和优秀的人，才能满足。用一位女患者的幻想来说，如果她处在一间着火的房间中，或者正在一艘遇到不幸的船只上，或者她正在夜间与一名贼匪交锋，那么能够解救她的人只有那些胳膊强壮的男人。

他被迷惑了，他被蛊惑了，这种迷惑的强迫性因素就可以用其中的原因来进行说明，那就是他的“夸张驱动力”受到了压制。就像我们所知道的那样，他对夸张驱动力的否定一定是竭尽全力的。不管他隐伏的自负是什么，不管他所拥有的征服驱动力是什么，对他来说，这都是外在的。不过，与之相反的是，他感觉自己的本质是自负系统被压制住的无助。另外，他处在“退缩过程”的结果下，他是非常痛苦的，所以他要用攻击性和自大的方式来将生活制服。对他来说，最有价值的事情就莫过于此。在他的潜意识中，甚至在他的意识中，他都认为他有足够的自由并可以表达出这些来。就像西班牙在16世纪征服了秘鲁和墨西哥那样，他认为自己的残忍和骄傲和这一点是一样的，那么他就一定是“自由自在”的，世间众人都要对他俯首。不过这种特点是他不能得到的，所以他才沉溺于具有这种特点的其他人。他“外移”了自己的夸张驱动力，对别人的夸张驱动力充满崇拜之情，他人的自大和自负能够让他确确实实地感到被触动了。他不知道，想要解决自己的冲突，就只能依靠他自己，他试图用爱来解决这些冲突。他爱上的人是一个自负的人，他要和这个人组成一个整体，他要利用这个人的所有来生活，来获得一定的补偿，这样制服生活的过程就有了他的参与，制服生活的能力也就不需要被他获得了。如果这种关系正在发展中，当他发现泥土是神像脚的制作材料时，他就不再有兴趣了，因为他没有办法将自负转移过去了。

另外，他不会被具有自谦特点的女人吸引，他不会对自谦特点的女人产生性爱的兴趣。因为和其他人相比，她身上具有更多的真爱、同情和谅解，所以他可能对她有喜欢之情，但那只是朋友之情。如果二人进行了深入的交往以后，他甚至可能开始讨厌她。他自己的软弱是能够从她身上发现的,因为她就像是一面镜子。就这样，他开始看不上她，他至少会表现出愤怒。他还害怕他会深深地依赖对方，让他感到恐惧的是这样一种想法，他一定要做一个更强大的人。对于这种女人的优点，他根本就不能作出点评，这完全是一些负面情感作祟的结果。

如果一个人的自负比较显著，那么让依赖者感到有吸引力的就是那些自大、报复的类型。不过如果从依赖者真实的个人利益角度来说，他有害怕他们的原因。他们明显的自负就是这种吸引力来源的一部分，但更加重要的因素是，受他制约的自负可能被这些人击倒。最初的时候，自大的一方所做出的攻击可能是粗俗而野蛮的，从毛姆的《人性的桎梏》中可以看到，这种现象和菲利普与密特莉第一次相遇时的情况有些相似，同样的例子也可以参见斯蒂芬茨威格的《狂乱》。在这两个例子中，愤怒是依赖者最先产生的反应，最先产生的反应还有对攻击者（两个例子中都是女性）报复的冲动，但他们在同一时间又感到迷乱了，所以他被绝望和深情“引诱”了，到后来，得到她的爱就成为一种带有刺激作用的兴趣了。所以他将自己损坏了（或者接近损坏）。《人性的桎梏》和《狂乱》两本书的描述是非常戏剧性的，但实际上未必如此，依赖关系经常因为侮辱的行为而引发，它可能是暗藏着的，可能是更加精妙的。如果侮辱行为并不存在于这种关系中，我们可能会感到非常奇怪。它所包含的内容可能只是自大的冷淡、对人的关心、待人不够热情、开玩笑一般的嘲讽，还有对方所拥有的一些职业、声誉、知识等方面都有些不能打动他等。因为他们总感觉自己“被拒绝”了，所以“侮辱”是可以包括这些事情的。我已经说过了，对于一些自负的人来说，他们需要具有“让每个人都喜欢他”的特点，“被拒绝”就是一种侮辱。我们可以通过这种现象发生的频率知道遗世而独立的人对他拥有的吸引力有多大，侮辱性的回绝就会由他们的冷淡和不可利用构成。

“自谦者”在追求痛苦，对于因为侮辱产生的每一种痛苦感觉的理解，他们都牢牢地抓住，这些事件强化了他们的此种做法。实际上，对于病态依赖性的真正理解，最能起妨碍作用的就是这种痛苦了，其他的错误观念都没有这种效果，因为这其中包含的真实性只有一点点，所以它很容易产生错误。我们知道对他来说，痛苦具有很多神经官能症的意义，就像磁铁的吸引作用一样，侮辱的行为对他吸引力很大。错误的地方在于，有一种太过简单的因果关系建立在这两种事实之间，对痛苦感觉的理解决定了这种磁铁般的吸引力。我们分别提及的其他两个因素就是原因：他本身拥有的“施予”（或者顺服）的需要，和他人的攻击性与自大对他产生的吸引力。我们现在理解了这两种要素的比我们曾经知道的更加密切的相互关系，他希望自己的灵魂和身体都是舍己为人的，但他这么做的时候都是他的自负被破坏或者不能占主导地位的时候。换句话说，之所以最开始的攻击性对人有吸引力，不是因为他被伤害了，而是因为“自屈”和“自我摆脱”的可能性产生了。

用一名病人的话来说:“那些让我的自负颤抖的人，让我从自负和自大中解脱了。”或者说:“如果我能被他侮辱，那就说明我是一个俗人。”另外，他可能还会说:“如果我想要爱，那么我就只能这样。”说到这里，我们可能想起一个故事，那就是比才的《车夫》，她的爱情被激发的时候，就是她没有被爱的时候。

很明显，他将自负放弃了，目的是追求爱情，这是病态的。（就像我们即将要知道的那样）尤其是自谦类型中比较显著的，他能去爱的时候，就是他感到堕落或者已经真的堕落的时候。但对于正常人来说，我们知道，真正意义上的谦虚和爱是可以共存的，前面所说的现象就不再是神秘的和稀有的。我们最开始相信的和这一点非常相似。另外，我们发现，在夸张的类型中存在的区别更大。夸张类型的人在潜意识中认为，他必须将很多神经官能症的自负都抛弃才能获得爱，所以他们恐惧爱。换句话说，爱和神经官能症的自负是敌对关系。自谦型和夸张型之间的差别是，后者不需要爱，反而将爱当作危险的东西看待，他们逃避爱。不过对于夸张型的人来说，解决所有问题的方法就是向爱屈服，他们认为生命需要这种做法。对于夸张型的人来说，只要他们的自负受到了损坏，他们就会顺服，但这将促使他们成为感情的奴仆。在司汤达的《红与黑》中，马蒂尔德对于连是存有爱情的，这个例子就可以说明这种自负的过程。自大的人对爱的恐惧具有稳定的基础，这一点正好得到了说明。对他们来说，这种自负实在是太过警醒了，所以他们让自己尝试感受情爱的感觉。

虽然病态依赖性的特点是我们可以从任何一种关系中都能进

行研究的，但在自谦型和自大型中，这些特点的性关系最为明显，因为一般来说，这两种客体（夫妻）之间的关系比较长久，这种关系引发的剧烈冲突，发展的程度也比较完整。自爱欲的或者遗世独立的人容易不管什么原因就厌恶对他做出的需求，他们也比较容易将其放弃。[①]但虐待狂的人则容易让自己局限在他的牺牲者身上。同样，依赖者并不容易从自大报复型和自己之间挣脱出来。他没有对这些困难做出丝毫准备，这是他本身缺陷的缘故，就像一艘军舰，它只具有在平静的水域中航行的能力，但却非要去想象怎样在狂风怒吼中的海洋中航行。不管是他人格构成中的哪种切点，都可以被感觉出来，这甚至代表着被摧毁和被灭亡。他是不够坚强的。同理，自谦者可能过着不错的生活，不过他一旦要面临这种关系的冲突，那么暗藏在他身上的所有神经官能症因素都将起作用。对于这种过程的解释，我要根据依赖者的角度进行描述。为了更加精简一些，我假设攻击的对象是男人，自谦的对象是女人。实际上，虽然自谦和女性没有什么关系，很多例子都证明了这一点，当然男性也和攻击性没有什么关系，但这种关系在我们的文化背景中是非常普遍的。总之，两者都是明显的神经官能症现象。

最吸引人注意的首要特点是，这种女人非常专注地对待这种关系。她活着的唯一中心就是对方，所有的事情都围绕着他转，那个男人对她的积极或者消极态度决定她的情绪，不管是什么计划，

① 请参考法国小说家福楼拜的《包法利夫人》，包法利夫人的两个情夫都逃走了，他们都变得令人讨厌了。另外，还可以参考卡伦·荷妮的《自我精神分析》，这本书对克列黑作了分析。

她都不敢有，就怕男人不再邀请她，或者害怕没有机会和男人一同度过一个美妙的夜晚。她所关注的事情就是如何了解他，以及怎样帮助他。对于这个男人一切的希望，她都在努力地满足。她所害怕的只有一样，害怕反对，或者害怕失去这个男人。同理，她的其他兴趣也没有意义了。她的工作没有什么意义了，当然如果是和这个男人有关的都是例外。就算是对于她有所成就的职业，或者她喜欢的工作，这种情况也会发生。很明显，这对前者的损坏最大。

这名女人忽视了她的其他人际关系，比如，她的孩子和家人都被忽略了，她可能离开这些人了。如果这个男人的可用性不再了，就逐渐变得只能用打发时间的方式对待这种友情了。如果这个男人又出现了，所有的争斗顿时就停下来了。因为他会逐渐地让她越来越对他产生依赖感，所以他可能促进其他关系的损坏。她对待自己亲友的方式都要根据那个男人的脸色决定。那个男人对人们的诚信呈现轻视的态度，并将自己的猜忌强加给她，所以她逐渐进入了一穷二白的状态。另外，她的私利一般都是出现在低潮的时候，而且逐渐地沉下去。她可能会债务缠身，她的健康、尊严和声誉有受到损害的危险。如果她习惯了对自我进行分析，那么她可能就不再对认识自己感兴趣了，取而代之的是她想要认识男人的动机，想要帮助男人。

在一开始的时候，困难就会出现。不过有的时候在短期看来，这还算是一件幸运的事情。对于神经官能症来说，两个人似乎是比较合适的，女人需要被降服，男人则需要胜利。男人明确地提要求，女人就屈服了。女人屈服的时候都是自负受到了损伤的时候，但男人由于各种理由却不会存在这种情况。这两种气质是完全对立的，在二者之间，或者说得更明白一些，在两种神经官能症的结构之间，冲突是早晚都要发生的，“爱”是情感方面的主要问题，也是主要的冲突。爱情和亲近是女人强调的，但真实的感情却是让男人感到非常害怕的，对于男人来说，这种感情是无力的，是下流的。在男人看来，女人对爱情的执着看法完全是一种伪装。是的，就像我们已经知道的那样，这不是对他一个人的爱。对于女人来说，因为男人能够刺激她，所以男人可以满足她的需求。如果她的情感被男人伤害了，就相当于她被男人伤害了。所以她就会有一种被虐待或者被忽略了的感觉，接下来她就会感到焦虑，她的依赖感就得到了强化。还有一种冲突在这里产生：她因为男人做的任何一件事而更加依赖男人。对于男人来说，她依赖的态度是一种惊吓，男人会因此而感到不高兴。不管是自己的哪一种软弱，男人都会害怕，同时也会鄙视，对于女人的软弱，男人也持鄙视态度。对女人来说，这就代表另一种“回绝”，因此更多的依赖性和焦虑感就产生了。她“绝对的需求”被看作是“强迫”的，所以男人必须将其击败，这样男人才能将自己的胜利感和征服感一直保持住。她认为自己是可以“帮助”男人的，而且这是一种强迫性的看法。她认为，如果男人的自负受到了打击，她就应该“谅解”对方，但男人的自负却因此又被伤害了。实际上，她一生都不能真正谅解男人，哪怕她一生都在认真而努力地做这件事也是如此，她基本是做不到这一点的。另外，有很多需求存在于她的“谅解”中，所以她不能真正地原谅和宽容男人。在她看来,不管她是什么态度,这都是正常的，也是善良的。女人有一种道德的优越感，这一点被男人感觉到了，所以男人变得非常生气，想要将女人虚伪的掩饰撕烂。因为两个人在本质上都是认为自己是非常正确的人,所以他们很难把这些关系说完整。所以男人认为女人带着伪善的道德面具，女人开始认识到了男人的残酷。只要用建设性的方式撕烂女人的伪装，这其中的好处是显而易见的。不过这个过程的进行基本是嘲讽或者诽谤的形式，所以女人被伤害了，女人需要更多的依赖，因为她感到更加缺乏保障了。

有一种毫无益处的猜想就是，质疑这种冲突对他们是不是有好处的。是的，在有些时候，某种“软化”也是男人能够接受的,某种“倔强”也是女人能接受的。但更多的时候，他们各自的神经官能症需求将他们束缚得非常紧，他们厌恶的人和事也将他们束缚得很紧，这种情况是越来越坏的，在很长一段时间内，这种恶性循环的作用是无法停止的，所产生的结果就是相互折磨。

她面对的缺点和挫败是有区别的，他们之间就像猫和老鼠一样，退缩的同时又聚在一起，相互吸引而又不断追赶。有些粗俗无礼的攻击可能是由于美好的性关系产生的。由于夜晚太令人愉悦了，他们可能忘记了约会，他将自己的自信表现出来了，但转眼间就被他用来与她对峙了。对于相同的游戏，她可能也想玩,但她显然没有男人成功，因为她一直处于被压制的状态。在这个游戏中，她自己永远都是一种工具，如果男人对她发起攻击，她可能感到颓丧。如果男人的感情是真切的，她却有可能因此而沉溺于虚无的期望中，她感觉当今天过去了，一切就都好起来了。男人感觉这没有什么值得怀疑的，认为自己有做好很多事的权利。给他自己、他的亲朋好友权利或者要求金钱支持，可能都是男人想要的。男人有权要求女人为他工作，就像打字或者做家务。男人认为自己的要求的重要性是毋庸置疑的，还认为女人对他的工作应该是有所帮助的。另外还有一些关于时间的安排，他想要自己的需求不被批评和分裂，他注意到自己缺乏朋友，或者当他不高兴和烦躁的时候，一定要有能让他心理宁静的人，等等。

无论他想要什么，他都认为他就应该得到这些。他不会称赞别人，不过如果他的愿望没有得到满足，他就会挑刺，他就会发怒。他声称自己没有任何要求，用那种与我无关的态度来说，他认为女人太过小气、鲁莽、不体谅、没眼光，更何况各种各样的虐待都是他所要承受的。但另一方面，女人的要求被他敏锐地感觉到了，他发现这完全是神经官能症的要求。她的占有欲表现在时间、情爱和同伴方面，在美食和性的渴望方面，她实在过于放纵。所以，他用自己的理由压制住了对女人的需要。所以他认为，女人一点儿都没有受到挫折。一种比较好的处理方式就是对她的需要不理不睬，这样女人就会为自己的这些需要感到羞愧了。实际上，这是一种非常高超的技巧，通过将痛苦压制住并让欢乐的气氛消失也包括在内。女人会因此感到自己不被需要，感到对方不欢迎自己，不管是身体上，还是精神上，她都会后退。男人的忽略和轻视态度是女人不能理解的，也是最为有害的一点。虽然女人的能力和特点的确是男人非常赞赏的，但男人很少表现出这一点。此外，就像我说的那样，女人的软弱、不诚实和狡诈是男人看不起的。男人需要积极地“外移”他自己的需要,所以他开始变得非常苛刻，喜欢诋毁别人。如果女人批评他了，他为了将女人所说的一切都清除，就会表现得非常蛮横，或者为自己的做法找一个理由，那就是为了报复女人。

在性问题上的差别，我们发现最大的一点就是：唯一且显而易见的接触就是性关系。也可以说，如果他被禁止做爱，他就让女人在这方面感到挫败,被认为最强烈的就是这一点。对于女人来说，爱的唯一证明就是性，因为男人太不温柔了。也可以这样说，让女人感到屈辱和堕落的唯一方法就是性。男人可能知道，对于自己来说，女人只是一个“物件”，只不过这个“物件”拥有性的属性罢了。至于自己和其他女人的性关系，他会进行一番夸耀，夸耀的同时还不忘对女人的诽谤，他会说这个女人和其他女人一比，就是不性感也不迷人的那一个了。堕落的内容包括性交，因为男人进行了性虐待，也可能是因为柔情和甜蜜都是不足的。

女人对于这种虐待的态度是矛盾的。我们很快就知道，这种反应并不是静止不动的，这个过程是变化的，女人将要面临的冲突会更多。第一，因为她要一直面对攻击性的人，所以女人是“无能为力”的，她不能与男人对抗，也不能保护自己，更没有办法有效地对男人发起反击。对女人来说，最简单的方法就是屈服，所以女人变得很容易有一种犯罪的感觉。对于男人的很多指责，她都是非常同意的，如果那些指责包含了部分真实的内容，就更是如此。

充当了重要角色的是男人的“服从”态度，在特点上，这也是有一定变化的。这种变化仍然是女人要称赞或者讨好别人的一种,对其起决定作用的是她对完整降服（或者抛弃）的渴望。当然，她这样做的时候都是自负受到了伤害的时候。所以，她可能秘密地对男人曲意逢迎，还积极地与男人配合。显然，这是潜意识中进行的一种过程，她的自负被压制住了。她的某种行动是不可阻挡的，这是一种潜伏的、恭敬的行动，她想要将自己的自负牺牲掉。这种行为在性行为中变得更加清楚。她会因为激情和纵欲而筋疲力尽，她所处的地位是非常屈辱的，男人对她打骂、撕咬并侮辱。她只能通过这种方式获得彻底的满足。这种冲动的寻求全部屈服的行为（所使用的方式就是自我堕落），对于其中理由的说明，这种方式要比其他被虐待的病态解释更加充分。

让自己堕落是情欲坦白表现的结果，这种驱动力所具有的威力是非常强大的，这个过程就是一个很好的证明。这种表现可能出现在幻想中，一般来说和手淫是分不开的，性的快乐因为唤醒而减少或者退化，这些幻想包括在大庭广众之下裸体，在众人面前被殴打、捆绑、强奸等。梦也是这种驱动力表现的地方，可能梦见自己赤身裸体地摊在臭水沟中，她的丈夫把她抬起来，或者梦见她的丈夫对待她的方式和对待妓女的方式是一样的，或者梦见自己在卑微地请求她丈夫。

由于伪装得过度，这种自我堕落的驱动力可能表现得并不突出。不过如果观察者的经验丰富，那么还是可以发现很多其他的方式中也有这种驱动力的存在，比如，焦躁地，或者非常急切地想要对丈夫的不轨行为进行清理（或者遮掩），认为自己的责任包括承受丈夫的指责，委屈或者顺从地服侍丈夫。因为在她看来，爱和谦虚的一种表现就是顺服，所以除了性关系以外，她一般都处于被压制的状态，这是一种让她衰败的冲动，不过她好像一点都不知道。如果这种冲动依然存在，那么就有一种屈从是被强制执行的，在不知不觉间，这种屈从的“堕落”行为就发生了。这就是她在很长时间内都没有注意到丈夫攻击行为的原因，不过别人认为这种行为是非常罪恶的。也可能是，她已经知道了，但由于她没有真正地在意这件事，所以她的感情没有感知到。她的注意有的时候被朋友们唤醒，但她也只是被激怒了而已，哪怕她知道朋友们真心关注她的幸福，或者她对丈夫攻击行为的真实性已经有所了解了。实际上，真的是这样，她在某方面的内在冲突就这样被非常详细地展示出来了。一旦她想要摆脱这种现状，她就要做出非常大的努力，就算是这样，对于男人所有的侮辱和委屈的态度，她也未必能想起。她希望她可以借助这种力量而站得更加稳固，希望这能够对抗她的丈夫。她并不知道这些努力都是毫无意义的，除非她经过了长时间的徒劳的尝试。

她一定要理想化身边所有的需要产生的对象。因为如果她想要找到那种“统一性”，就只能到那些她所寄托的人身上去寻找，所以成为对象的男人应该让她感到骄傲，另外她一定是个顺服或者屈从的人。这种迷惑是有意识的，虽然它会消失，但她虚构了一种荣誉的幻想给他，这种幻想将使用更加精妙的方式保持很长时间。她可能在后来对他进行更加具体的了解，从多个角度找到其中的问题，这样她才能对他做出理智的、合适的、全面的了解和判断。但是，有一件事可能会一直存在，那就是他被“荣誉化”了。比如，她当时宁愿这样想，虽然他面临困难，但他的大部分做法是没有错的，另外相对于别人来说，他知道得更多。她自己的全面屈服和对他的理想化这两种需要是相互促进的。另一个很难将“破坏性”消除的原因是，她个人的“自我”被她弱化到从“她的”眼光审视他，看她自己或者看别人的范围。

这就像两个人之间进行竞赛或者游戏。当她不能兑现自己的赌注时，事情就有了一定的变化（就是危险的时期），这个过程可能变得更长了。在很大程度上（虽然不是全部的），被当作达成目的的方法就是她的“自我堕落”。他和她自我屈服（或者抛弃）合为一体，希望找到内在的整体性。他为了得到这种结果一定接受她的“为爱屈服”，并且会报答她。不过实际上，就像我们已经知道的，他一定用一种神经官能症的方式这样做。从决定性的角度来说，他让她失败了。所以，她不在意这一点，甚至暗暗地喜欢他的这种做法，但对于“回绝”和爱情上外表的或者内在的挫折，她是难以忍受的。她感到害怕，她有怨恨之心，她对“支援”的急切渴望也是如此，另外还包括她的自负，她应该让男人对她产生爱情，她要让这个目标实现。另外，就像很多人那样，对于自己的目的，她很难轻言放弃。所以当她面对她的愧疚时，她只有焦躁、绝望和颓丧的反应。她一心想要尽快将希望捡起，而且执拗地认为（不管是哪种反例，她都不认同），他早晚都会爱上她。

从这点来说，冲突开始了。最先出现的是短期冲突，但没过多久就被消灭了，并且看起来变得越来越长久。一方面，她感到失望，她想要改善这种关系，这对她来说是最好的培育关系的方法，但对男人来说却是依赖性的增加。两个人在一起了，但对于重心，他们都忽略了，也就是说女人的战斗是为了自己的完美。她越来越小心地讨好他，达到他的要求，认为所有的错误都是自己犯下的，不管是哪种粗俗的行为，她都不去恨，她谅解他，把自己的不高兴都掩藏起来了。所有的努力都是让最终目标走向错误，但她却不知道，反而认为她在“改善”这些错误。同理，对于虚假的想法，她仍然固执地、极端地坚持着，她深信事情“变好”了。

与此同时，她也怨恨他。因为她的念想会被摧毁，所以这原本是完全被压制着的。所以这种压制是隐隐约约被人发现的。对于男人的无礼（指攻击性的无礼），她开始怨恨，她不希望自己受到的对待也是这样的。报复性的倾向因为这一点而再次居于第一的位置。真正的怨恨还是迸发了，但对于这种压制的真实性，她还是一无所有。她不想让自己被剥削，她变得更加严苛。很明显，他的报复的表现方式大部分都是间接的。她把自己的痛苦哭诉给别人听，她对别人的依赖性一天比一天强。她的目的中已经有报复性因素在发挥作用了，曾经这些因素的存在形式是暗藏式的，但现在却突然增加了不少，就像癌细胞正在扩散一样。她还是希望他能爱她，但这种希望却急剧地转变成报复性的胜利了。

从多个角度来说，这对她都没有好处。虽然这只是潜意识的过程，但这个问题非常重要，以至于被尖刻地割裂了，真正的不幸（也就是不高兴）也开始了。同时，因为这是一种潜意识过程，但由于一种猛烈的动机在发挥作用，这种“报复”努力向“快乐的目标”奋进，这样他和她之间的关系就更加密切了。甚至在他爱上她的时候（这是有可能的，只要她还是在严重的自毁生活中，他不是过于顽固），也就是她成功的时候，她都不能从中受益。她对胜利的需要不但得到了满足，还被减弱了，她的自负也得到了回报，然而她的兴趣却不再了。对于他对她的爱，她可能存有感激之情，但这实在是太迟了。实际上，一旦她的自负被满足了，任何男人都不能激起她的爱意。

但是，如果她加倍努力，当这种情况在本质上没有发生变化时，它就转而进攻自己，这种进攻是非常猛烈的，它就开始了交叉射击的历程。她感觉自己被剥削了，因为她知道“屈服（放弃）”已经没有价值了，还知道这一点让自己吃了不少亏，她会开始厌恨自己。最后一点，至于她的爱，她也开始逐渐了解到这在本质上就是一种病态的依赖（不论她使用哪个术语）。这种认识是正常的，但在最开始，她会感到自卑。另外，当她指责自己的报复倾向时，她会怨恨自己，原因是她具有这些倾向。最终，她会残酷地伤害自己，或者诋毁自己，因为她没有办法得到他的爱。这种自恨总有一定程度会被感受到。不过，因为它被“外移”的方式基本都是被动的，所以它的特点之一就是自谦型。这说明，她感觉他在虐待她，所以她对待他的态度出现了新的伤口。她突然被自己虐待引发的怨恨赶走了。这种自恨是非常恐怖的，所以爱情的滋润和保证是必不可少的。或者为了让自己能够更好地承受虐待，它需要强化自己，这种情况的基础就是整体性的自毁。所以让她成为自毁执行者的是她的对象（或者丈夫）。因为她鄙视自己，而且厌恨自己，所以她被屈辱、被折磨、被驱赶。

自恨在此期间所充当的角色可以用两位病人的自我观察（他们都希望自己能摆脱依赖性）来解释。第一位病人，男性，他对一位女人有依赖感，他想要知道他真实的情感到底是什么，所以他决定进行一次短期度假。这是一种可以理解的目的，但实际证明这大部分是没用的，有一部分原因是，这个问题因为强迫性的因素而不易于理解；还有一种原因是，对于个人的问题，人们基本都没有切实地感受到；另外，没有察觉到的还有这些问题和情况之间的关系，人们只是简单地进行了想象，同时想要“验证”他到底有没有爱着其他人。

在这个例子中，他既然决定去探求原因，就一定能得到结果，虽然他不可能将问题的答案找出来。他想要验证的感情确实是存在的，实际上，他被感情卷进去了。最初，他有这种感觉：女人实在是太残忍了，以至于他想寻找一种对女人的严重惩罚都找不到。没多久，他的感觉又变了，他认为女人的友好是应该变化的，他想要付出自己的所有。这些感情都是非常极端的，并且经常交替着出现，不管是哪种感觉，他都感到是非常真切的，所以他会将相反的感觉暂时忘却。但这种过程持续了好几次以后，他才知道自己具有矛盾而又相对的感情。因为这一点，他知道真正的感情并不是这些极端的情况。也只有因为这一点，他才能对这两种情感的强迫性有清晰的认识。此时，他认为需要被理解的问题就是这两种情感。至于对这两种情感的理解，我们可能从以下零碎的分析中产生奇怪的感觉。从本质上来说，他和他内在过程的关系要比他和对象之间的关系更重要。

对于感情的剧烈变化，我们可以从两个问题中分析出来：他把对方的侵犯或者攻击，夸大为她是非人类一样的巨大猛兽，这是为什么？他心中的矛盾非常明显，但他用了很长时间才看清，这又是因为什么？以下关系都是由第一个问题指引我们发现的：自恨正在没有缘由地增长，被女人虐待的感觉也在增加，他将自己的自恨外移了，并因此而厌恨女人的报复性。但这三个历程被我们了解以后，第二个问题就比较容易了。他的情感变得相对而有矛盾的时候，就是他的情感价值被用来表现他对女人的爱恨的时候。实际上，让他感到震撼和惊异的是一种大脑中的报复性，也就是一种“找不到足够剧烈的惩罚”这种感觉。他通过对女人的渴望来缓解这种焦虑，目的就是保住自己。

还有一个女病人的例子，她有两种感觉，一是给她丈夫打电话的冲动，二是保持独立的倾向，她就在这两种感觉之间犹豫不定。有一次，当她拿起电话的时候，她知道一旦她打了这个电话，情况会变得更坏。她是这样想的：像尤利西斯那样（荷马史诗奥德赛中的主角，在特洛伊战争的传说中，他是有勇有谋的英雄）被人捆绑在柱子上，我是有这种想法的？但他绑住自己的原因是为了拒绝瑟茜的诱惑，瑟茜（奥德赛传说中的女巫）有法力，能将人变成猪。[①]所以，她发现，自己有一种自甘堕落的想法，这种想法

① 至于这里所说的病人，她混淆了 Siren（希腊神话中的另一个海上女神）和瑟茜，不过她的发现的真实性是不受影响的。

的驱动力就是被她丈夫侮辱的剧烈冲动。她认为这件事是确确实实存在的，认为这件事对魔力造成了破坏，所以她能够对自己进行分析了，于是她问了自己一个相关的问题：就在刚才，这种冲动变得非常剧烈，这是为什么呢？接下来，他感到前所未有的自卑和自恨，曾经的事情一件件地回想起来了，她因为这些事情而开始对自己发起攻击。后来，因为她想要离开他了，所以她感觉轻松了不少，情绪也安定下来了。在自我分析之后，她知道她和他绑在一起的原因了。如果有下一次分析，她在分析开始就会说："对于我的自恨，我一定要了解得更具体一些。"

"内在的混乱"会因为上面提到的因素而有一定程度的增加：对成就的希望减少了，还要付出多倍的努力，报复和厌恨就是由这些引发的，对抗自我的不利影响和对自我的伤害也是与之一同产生的。内部的情形逐渐变得不容易防御,她处在成败的关键时刻。有两种不同的做法是这种情况产生的，两者之间的胜出所依法则是它的依据。就像我们在前面所说的那样，消灭（或者毁灭）就是其中的一项因素，为了解决冲突，这种类型能够使用的最后一种方法就是这一点。她可能一下想到这些：自杀、自杀的危险、自我抢救、真实的自杀。可能会生病，甚至因病身亡。她可能变得非常鲁莽，比如，处于无意识的事情中。她的丈夫可能遭到她报复性的攻击。相对于对她丈夫的伤害程度，她对自己的伤害更大。也可能，她可能只是在不知不觉间失去了对生活的兴趣，她变得懒散、不注重仪表、不想去上班，而且越吃越胖。

还有一种按照正常路径发展并尽力避免这种情况的办法。有的时候她会知道自己真的已经崩溃了（或者说是神经混乱了），她必须需要的勇气就这样获得了。上面提到的两种做法在有的时候会一同进行下去。从中解脱是一个非常痛苦的过程，正常的或者神经官能症的根源就是解脱的力量和动机。比如，可能是刺激性质的建设性自利；可能是她丈夫的愤怒越来越大，原因是她丈夫让她感觉被“骗”了，不仅仅是她确实受到了虐待；也有可能是自负因为竞赛中失败而受到了损伤。但另一方面，对于所有恐惧的可能性，她都持对峙态度。所以，与很多人和事发生冲突或者有所接触是她竭力要避免的事情，她独立特行，依然故我。这种做法就是在逃避，和宣布她被击败了是一个意思。然而同时发起反抗的是另外一种自负。二者经常相互争斗，比如，某些时候她认为自己可以离开丈夫，但有时候她却不想走，宁可忍受所有的屈辱。这就像是两种自负之间的斗争，而她却对这种斗争感到恐惧，会有怎样的结果呢？导致结果的因素有多种，大多数都在她自己身上，不过也有很多因素暗藏在她全部的生活境况中。比如，一项比较重要的因素就是朋友或者分析者的帮助。

如果她有明确的摆脱困境的计划，那么以下这些问题对她的行动价值产生决定性作用：她使用了各种方式才将其中的一种依赖性摆脱，那么她会被另外一种依赖性纠缠吗？或者说她的情感是小心翼翼的，它们有没有被封锁或者弱化的趋势？因此，从外表看，她是“正常”的，但实际上，她对生活是存有恐惧之心的。或者说，她的改变是完全而彻底的，她确实变得更加坚韧了吗？她可能了解这些可能性中的任意一个。她想要摆脱“神经官能症的困境”（这些困境是危险而痛苦的），很明显，这些“分析”就给她提供了最好的机会。不过，如果她在争斗或者努力的时候，能将充分的建设力使用了，同时真切的痛苦感逐渐变得成熟，那么她对自己的努力和为独立而进行的奋斗，就可能持有真实的态度，内在的自由也可能为她所获得。

我们一定要解决病态依赖性的问题，这是最复杂的问题之一。只要我们对人类心理性质的复杂性进行否定，同时在解释这种依赖性的时候坚持使用一种简单的方法，那么我们很难了解它。在对它进行整体性的解释时，我们不能将其定性为“受虐狂”的多个分支。如果它是真实的存在，那么它一定不是原因，而是其他诸多因素综合作用的结果。它并非软弱的绝望者表现出来的彻底的颠倒的虐待狂，也不能说只要我们对寄居和同存进行重点关注，或者让自己沉落在神经官能症的驱动力方面，就能对其本质有所了解。它不是由痛苦和自毁强加在自己身上的一种冲动，当作单独解释的原理来看待。最后一点，我们不能这样看待整体状况，将它当作自恨和自负外移作用的结果。如果我们对整体现象的唯一根基原因认定为其中的某种因素，我们必然只能看到其中的个别现象，而且这种现象是不能说明整体所具有的特点的。特别是，静止现象的原因就是这样的解释。实际上，静止未必是病态依赖性的存在条件，病态的依赖性是一个过程，激素的因素都参与了这个过程。我们可能注意到，重要性在变弱，某种因素可能会对另一种因素起决定或者强化的作用，当然也有可能是相对立的。

依赖性的整体状况和上面提到的这些因素都是相关的，但这些因素似乎都太消极了，对于其中的热烈的特点，则不能做出相关的说明。情爱（或者浓烈的感情），可能是集聚在内心中的，也可能是突然产生的。但如果没有满足生活的意愿,也就是没有情爱了。神经官能症是不是这些愿望发生的前提？这根本无所谓。追寻“统一性”的驱动力是彻底的屈服（放弃）和与对象结合，这是一项自身不能分割出来的因素，如果想要对其有所了解，就要从整个自谦的人格结构中入手。

第十一章　退缩：渴求自由

第三种解决内在冲突的方法，就是从内心中的战场上退却，声称这是和自己完全没有关系的。如果这种“不考虑”的态度能够持续下去，如果他能奋发，那么他就认为内心中的冲突根本没有对他造成困扰，在外表上表现出非常安宁的感觉。因为只要他想达到这种效果，就必须通过积极的生活才可以达到，所以对于这种解决方式，“退缩”是最好的名称。在某种程度上来说，它是最彻底的一种解决方式。也正是因为这一点，它发挥作用的过程一般是比较顺畅的。另外，在对正常情况的感知方面，我们都比较愚钝，所以经常认为退缩是一种“正常”现象。

退缩是拥有建设性意义的。我们想象一些年纪比较大的人，对于雄心和成就之间的第一要务，他们都已经有一定的了解了，他们变得世故圆滑了，所使用的方式就是减少要求和降低希望，他们变得富有智慧了，因为将不需要的事情都放弃了。在众多人生观和宗教中，将不用的事物放弃，都被看作对崇高的追求，是一种维持满足的方式。比如，将性欲和个人意志的表现抛弃，将俗世间对财富的渴望放弃以达到近距离接触神明的目的，将对某种事物的短期的、热切的希望放弃以达到永生，将个人的满足和奋斗放弃以获得暗藏在人们内心中的内在力量等。

但是，我们要在这里对神经官能症的解决方式进行讨论，从这一点来说，“退缩”的含意是：建立一种没有冲突的宁静。追求宁静在宗教体验中并不包括放弃努力和奋斗，而是让这些努力和奋斗用于更高级的目的。但对神经官能症患者来说，这就是将努力和奋斗搁置的意思，建设性是这个过程所缺乏的。所以他的退缩是一种畏缩的过程，是受限制的过程。不仅如此，生活和成长的过程也被削减了。

我们在后面会发现，神经官能症的退缩和正常的退缩是不一样的，这种退缩却并不像我上面说的那样简单。虽然积极的价值是包含在我们的描述中的，但从我们能看到的范围来说，这都是某种过程产生的消极特点。如果我们对另外两种主要解决方式进行回忆，就会更加清晰地看明白这种情况。我们可以发现一种比较狂热的情况存在于那两种解决方法中，这就是对某种事物的追求和要求，同时还包括对从事某种追求的殷切情感，这和是否爱以及是否征服是没有关系的。我们可以发现希冀、愤怒、绝望包含在其中。甚至对于自大报复型来说，虽然他冷酷如冰，将其他感情浇灭了，但他仍有一种热切的希望，是一种被鞭策着的希望，那就是功成名就、胜利和权力。相反，如果长时间维持着退缩的姿态，生活就进入了低谷状态，那是一种没有热情，也没有冲突和痛苦的生活。

所以，我们就不用对这一点感到奇怪了，神经官能症的退缩的基本特点是对愤怒起到限制性作用，或者区分一些被规避的、不想要的或者不希望做的事情。退缩是所有神经官能症患者共有的性格。我们将要在这里讨论的，是以“退缩”为主要解决方式所做的横切面的分析。

神经官能症患者从自己内心的战场上逃跑了，最直接的表现就是：他是自己的旁观者，是生活的旁观者。这种态度被我们称为内在紧张的一般解决方法。他的态度是非常明显的，也是非常广泛的，比如，脱俗（对别人的事情不管不问），所以他同时也在旁观别人。对他来说，生活就是一场戏剧，他就像坐在戏院的座位上，看着舞台上的表演。此外，这出戏似乎不能让他感到兴奋，他的态度就是这种表现。虽然作为一名观众，他称不上是好的，但他可能是最敏感的。在第一次会议上，他通过一些合适的问题，发觉了自己的形象，这是一种富有坦率性的观察，一般来说，他会进行补充说明：不管是哪一种看法，都已经没有意义了。因为他没有一项亲身经历过的发现，所以这一定是必然的。他在旁观自己，这句话的意思是，他不主动参加自己的生活，同时拒绝还是存在于他的潜意识中的。他试图在分析中将一种态度保持下去，他可能关心这一点，但他的关心对象也只是让人感到陶醉的娱乐，而且是十分短暂的，并没有什么变化。

但他发现了自己的冲突，在他是用智慧规避危险的时候，如果他遭到袭击，或者被攻占了，他就像曾经那样感到极度的惶恐，感到十分的痛苦。但小心是他大多数时间内的表现，他不可能被任何一件事情打动，只要他和冲突有一点靠近，他就不再关心整个主题了。也可以说，他在劝服自己否定这一点，证明这个冲突和真正的冲突是不一样的。如果这种“规避”战术被分析者了解到，分析者就会告知他：“看，你面对的危险生活原来就是这样的！”但分析者所说的话却未必能为病人所理解。对于病人来说，他的生活不是这样的，面前的生活只是他观察到的一种而已，他没有积极地参与这样的一种生活。

第二种和“不参加”关系密切的特点是，不愿意奋斗，缺乏对追寻成就的努力。因为这两种态度的综合是“退缩”者最明显的表现，所以我们要对比讨论这两种态度。很多神经官能症患者都会积极地参与完成一件事，但如果他们在完成它的过程中遭到了阻挠，他们就会非常生气，不过退缩者却有着截然不同的表现。他对胜利和奋斗的拒绝是无意识的。对于其中的资产（或者优点），他会降低或者进行某种否定，他不去争取。就算有反证摆在面前，他都不会做出某种改变，只是感觉到更加烦恼而已。分析者要做的是让他再次充满雄心吗？他想要自己成为美国总统吗？如果他在最后也被迫知道自己原来也是有天赋才能的，他可能会感到非常奇怪。

另外，他曾在自己的想象中写出优美的乐曲，同时还具有写作和绘画方面的天分。将希望和奋斗放弃的替代方式就是这一点。他可能在某个主题方面的看法是独特而不凡的。但精进的精神和对文字和构架的组织以及对主旨的贯穿都是写文章所要求的，最后还需要修改和润色，所以他在写文章和著述方面还是一事无成。他可能在自己的想象中拥有一种不清晰的方法，他想要写戏剧或者小说，但他一直等着灵感来光顾他的大脑，这个时候的情节就比较清楚了，同时写作也变得比较顺畅了。

他最善于给自己的无所事事找理由；一本花尽心思写出来的书，一定是一本好书。但无论如何，我们平生看到的普通的书不还是有很多吗？如果对某种事物过于专注，就是意味着对另一种需求的减少，我们的思想范围和兴趣不就因此而受到了限制吗？对于自己的个性来说，参与竞争和政治的场合不就是一种破坏活动吗？

奋斗是他所厌恶的，甚至所有的活动都被他的厌恶波及了。彻底的懒惰就是这样形成的，所以琐碎的事情，比如购物、写作和读书，都被他拖延下去了，内部的抵抗性也可能被违反了，所以他在做这些事情的时候是迟缓的、厌倦的、懈怠的、效率低下的。有些重大活动是他不能避免的，就像把堆积如山的工作处理掉，他会在着手工作之前就产生厌恶情绪。

接下来发生的，不管问题重不重要，他都缺少目标和计划性。实际上，他到底想用生活来做什么，这个问题是他从来没有考虑过的，他也放弃了对这个问题的思考，就像这是一件和他完全无关的事情一样。这一点和自大报复型是相对的，二者的对立性非常明显，自大报复型则进行了长远的、精密的计划。

我们在分析中发现他的目标不光是有限的，同时还是消极、被动的。他认为所有的障碍症状都应该被分析清除，比如，他在陌生人面前忸怩，在人多的场合突然没有了勇气，同时还感到害羞。或者，他的一些惰性应该被分析清除，比如，他没有耐心读书。他可能有更为广阔的对目标的看法，如果用具有特点但不具体的角度来说，他可能认为这是一种“宁静”。不过这对他来说不过意味着完全没有困难或者没有激动、怒气和烦忧而已。还有一点非常确定，他可以非常容易地得到他想要的东西，他不需要承受痛苦，也不需要付出辛苦，不过分析者却是应该付出努力的。毕竟，他不等同于专家。请求分析就像是去看牙科医生，或者请医生注射，分析者要将问题的解决方式告诉他，他很愿意耐心地听下去。分析者可以和最好的病人少说一些。分析者在揭露病人的想法或者使用催眠术让病人快一些将实情叙述出来的时候，应该就像X光机器一样，这样病人的任何努力都是不需要的了。每当遇到一个新形成的问题时，他就一定要做很多工作，愤怒是最初的反应。就像前面说的那样，对于自己的事情，他漠不关心，但对于“不断更换”的努力，他却是非常关心的。

我们可以对退缩的本质进行更进一步的了解，那就是限制和愿望。关于对愿望的限制，我们已经在其他类型中看到一些了，但这只是针对某种愿望的压制，比如，希望胜利，希望和人亲密交往等。愿望的不稳定性同样是我们所熟悉的，原因是他所希望的内容决定了他的愿望，在这里，这些特点仍然是存在的。这种愿望是自发的，也因为“内心驱使”而变得不够清晰。具有退缩倾向的人会相信没有愿望或者没有希望会更好，这种相信有时候是有意识的，有时候是无意识的。有时候他会因此而对生活的前景感到悲观，认为不管付出怎样的努力，那都是白费力气的，或者认为没有值得他去努力做的事情。更为普遍的是，当他粗心、懒惰的时候，他就会感觉有些事情是必需的，但对于详细而富有生气的愿望来说，这些事情还是没有刺激作用的。虽然他可能对某一种愿望或者爱好产生了浓厚的兴趣，甚至那种“事不关己”的状态都被压制下去了，但这兴趣没持续多长时间就不见了，新的“万事无所谓”和“所有的事情都不重要”的想法又重新兴起了。在个人的生活和职业生涯中，都存在着这种“没有希望”的想法。比如，对求职或者将要升迁的愿望，或者对婚姻、房子、车子和其他钱财的愿望等。在他看来，想要这些愿望得到实现是一项非常沉重的负担，实际上他就是这样做的，他的另一种愿望是不希望被打扰，这个愿望也受到了破坏。我们在前面曾说过三种基本特点，愿望和畏缩就和这些特点的关系非常密切。当他对生活进行旁观的时候，就是他没有一种强烈的愿望的时候。如果他没有愿望的驱动力，他就不可能对任何目的产生渴求的心理，最终的结果必然是，不值得花费力气去实现任何一种愿望。有两种显著的“神经官能症的要求”就这样产生了：生活不应该受到打扰；生活应该是安逸的、没有苦难的，也是不需要浪费力气经营的。

他不想对任何事情有依赖感，他特别在意这一点，他不想让依赖达到不能缺少这种事物的程度。他不会感到任何一件失去是不可缺失的，他可以喜欢农村中的某块土地，喜欢某种饮料，也可以喜欢一个女人，但就是不应该依赖这些事物。当他发现某个人、团体或者事物对他的意义重大，而且他会因为这种事物而感到痛苦，他就立刻从这种感情中退缩。不管是谁，都不应该认定是他必须要拥有的，或者认为这是一种理所应该的关系。如果这两种想法是他所质疑的，他就会马上退缩。

在人性关系上，“不参加”的原则仍然在发挥作用，这就像他让自己去旁观生活，或者退缩到愿望中一样。“断绝关系”是最主要的特点，也即将他与别人的关系拉远。对于疏离的和短暂的人际关系，他是可以享受的，但他不会将自己的真情实感付出。他对别人不应该产生依赖感，他不应该需要别人的帮助和陪伴，也不需要和女人发生关系。保持这种状态最简单的方式就是断绝关系。和其他神经官能症类型不同的是，从别人那里获得更多的或者好或者不好的东西是他所不希望的。就算是在非常危急的时候，他都不需要帮助。另外，只要是和情感无关的事情，他在帮助别人方面都是很积极的。但他不指望也不希望别人感激他。

对他来说，“性”充当的角色具有很大的差别。“性”在某些方面是他和别人交往的唯一方式。所以，他倒是拥有不少短暂的性关系，但他的退缩仍然是必然的。在他看来，沉溺于爱情和性关系不是同一回事。他一定不让别人拖累他，这一点可能是他所知道的。他使某种关系结束的理由可能就是让好奇心得到满足。所以，他会说，好奇心就是为了拥有某种全新的感觉，他和女人们交往的原因就是这一点。当然，如果这种全新的体验已经被他得到了，那些女人对他就没有吸引力了。在有些时候，他对女人的反应，就像是面对一位志趣相投的朋友，或者就像面对一张新的风景画。对于他的“断绝关系”，他找到了一个理由充分的借口：既然已经知道，好奇心是不可能被她们引起的，那么就转而关注其他的事情。相对于其他人，他在触及那种事不关己的生活态度时，要显得更加完全和自觉，有些时候“渴望生活”的虚假表象就这样形成了。

他在有些时候可能会排斥“性”，他的生活中将不会有“性”，对于这方面的愿望，他基本已经全都熄灭了。不管是哪一种性爱的幻想，他都不再拥有了，他的性生活所具有的，只不过是一些没有结果的幻想罢了。所以，他和他人之间真实的交往大多只是一些寡淡的友好的关心而已。

当他和别人的关系保持在持续的状态时，他一定让这种关系呈现出一定的距离（也就是合适的疏远），自谦型的人想要和他的对象或者伴侣合为一体，前者和这种现象完全不同。他对“性”持排斥态度，他有很多保持疏离的方法。他为了满足自己的性需求，会和一个陌生人长久地保持一种亲密的关系。与之相反的是，对于彼此之间的关系，他会付出努力使之仅维持在接触的程度上，对于和性伴侣分享其他的感受[①]，他是做不到的。他即使结婚了，那么他对待他太太的态度可能是非常热情的，但对于他自己，他从来没有真心地想述说。对于属于自己的时间，他可能会坚持认为这是他必须应该拥有的，他还坚持要一个人去旅行，他还可能坚持只有在周末或者旅游的时候，这种关系才能保持下去。

我想在这里加一条评论，我们在后面就会了解其中的意义。他怕被人影响他的情绪，这一点不同于积极情感（正向情感）的缺乏。恰恰相反，他可以不需要这般小心，当然是在脆弱的感情能够被他大部分抑制住的情况下。他有着自己深切的情感，但这只是他

① 这种特别的现象已经被弗洛伊德观察到了，他认为这种特点是属于爱情生活的一部分，并且只有男人才有这种特点。弗洛伊德在解释这种现象的时候，试图使用男人对待自己亲生母亲的态度来说明。

自己的事情，不是别人的事情，而且这种感情只停留在他内心的深处。自大报复型在这方面和这种情况也是不一样的，虽然自大报复型也会与人疏远，但他们的潜意识督促自己不用拥有任何积极（正向）的感情。除了这一点以外，他不希望别人将他拉入冲突和愤怒中去。不过自大型比较容易愤怒，如果他们与别人进行一场较量，他们一般都比较逞强。

对于各种压力、势力、强迫和束缚的过敏，是退缩者的另一个特征,他“断绝关系”的要素也是这一点。甚至当他想和别人交往，或者在参与某个团队活动以前，他都对长期的束缚感到恐惧。他大脑中一直在思考一个问题:“我应该如何拯救自己。婚前恐惧就会转变成一种惊慌心理。”

强迫（或者被逼）的事情是他所厌恨的，它的范围比较大，任何一种契约都可以包括在内，比如，租约或者其他长期契约的签订等。也可能是身体上带来的任何一种压力，甚至可能是腰带、扣子或者鞋子;有可能是敌对的见解。别人希望他做，或者“可能”希望他做的事情，也是他厌恨的，比如，圣诞礼物或者信件。他厌恨的事情甚至可能是别人要求他在规定的时间内付清账款。风俗习惯、交通规则、政府干预和条约都可能是这种厌恨包括的内容。虽然这些战斗没有他的直接参与，但因为他并非一个战士，而且他有着叛逆心，对于他人的希望，他可能有意识或者无意识地通过没有反应的意志进行消极抵抗。

他对“强迫”的感觉非常敏锐，其中的原因可能来自他的惰性或者愿望退缩。因为他不喜欢动弹，所以别人对他的希望在他眼中就是一种强迫，哪怕这是一种对他有好处的希望也是如此。下面谈到的这些和愿望的退缩之间有着更为复杂的关系：只要是愿望强烈的人，他都有恐惧的原因，因为那些人会通过自己的决定去利用他，逼着他去做什么事情。如果对于达成自己的愿望或者爱好，他从来都没有成功过，那么当他真的追求这些爱好的时候，他就很容易感到别人的愿望使他顺服了。我们可以从生活中的一个例子来进行说明：一个人被邀请参加舞会，这场舞会举行的时间是晚上，正是他和女朋友约会的时间，所以他不想参加这场舞会。最后他确实和女朋友去约会了，他女朋友的愿望实现了，但是女朋友所使用的“强迫”手段却是他所厌恨的。对于这个过程，自以为聪明的病人做出了这样的点评：“我们生来就对虚无充满了厌恨之情。别人的愿望会在你自己的愿望平息之后闯进来。”实际上，我们还可以做一个补充说明：突然冲进来的不只是他们已经存在的愿望，还有他们外移到别人身上的愿望，甚至还有他们声称的愿望。

在分析的过程中，如果对强迫的敏感引发的实际困难比较大，那么病人不但会变得更加消极，还会产生对抗的心理。他可能在很长时间都对此感到怀疑，认为分析者想要对他施加影响，同时想要把他按照预设的形式进行打造。他越是猜疑，他的惰性就越是阻止他对所有的暗示进行体验，就算是他经常被要求这样做也是如此。因为分析者对他施加了不合适的影响，所以他就会反驳对其他神经官能症观点的所有问题、表述或者分析所进行的隐藏的或者直白的攻击。想要对这一点进行分析，就会面临多种困难，他对冲突的厌恶就是主要的原因，他的猜忌时不时就表现出来。

他可能单纯地这样想：这都是分析者喜欢的，都是分析者的偏见，所以没有必要对他们进行干扰，最终把它当作不重要的事情并放在了一边。比如，如果分析者暗示病人“你要反省你和其他人之间的关系”，那么病人立刻就警醒地认识到分析者想要让他融入群体中去。

最后一点，厌恶在发生改变，退缩也同时发生，他会厌恨所有的事情，这种差异体现在强弱和形式上。惰性越明显，他就越不敢努力或者冒险做出任何一种改变。他不想做出改变，宁愿忍受当前的工作、住所、用人或者配偶等方面的现状。对于当前的状况，他不可能想到这事是能够变好的。比如，他可以将家具重新布置一番，他可以争取更多的休息时间，帮助妻子将困难解决掉等。不过如果他被暗示可以做这些事情，他就会视而不见。促成这种态度的原因不只是懒惰，还有另外两种因素。因为他希望的东西很少，所以不管在什么情况下，他进行改变的机会基本都可以忽略不计。另外，他还有这种想法，认为这都是一些不能改变的事情。他们的性格特点是，大家都是这样的，这就是命运，生活就应该是这样的。有些问题是大多数人都不能容忍的，但是他们却不会发牢骚。他们对事情很有忍耐力，这和自谦者的殉葬精神如出一辙。但二者之间只是表面上相似罢了，它们有着不一样的根源。

到现在为止，“讨厌改变”的例子还在被我们讨论着，但这些都是外在的，我们不可能认为退缩的基本特点就是因为这些原因造成的。他们用犹豫的态度对待身边想要改变的事物，这一点在有些条件下是显而易见的。但对于其他一些退缩的人来说，乐于行动却是相反的主要表现。从每一个病例来说，对于内在的改变，所有的病人都是明显厌恶的，这种特点几乎是所有的神经官能症患者具有的，不过在想要改变或者解决特别的问题时，厌恨才可能发生。比如，对于病人某种特别的主要解决方法，分析者想要将其中的某项因素清除的时候，病人就会表现出明显的厌恶情绪。这一点在退缩型的病人身上也是如此。但他们的解决方式的性质中,有一种不容改变的“自我”观念,这种观念的影响是非常深刻的,所以他们不想对自己做出本质上的改变。在积极的生活、愿望、计划和努力当中，以及从努力和行动中，这种解决的特质是退缩。不管他讨论了多少“演变”的问题，或者他对演变做出了明智的称赞，在他看来，所有的事情都是不能发生改变的，他对自己的认识也从这一点中有所体现。他的想法是，揭示过去才是分析的目的。他认为，一次性将他的问题解决才是这么做的目的。分析是一种过程，但他在最开始并不知道这一点。他不知道，我们在这个过程中讨论问题的角度是崭新的，在我们对分析的本源有所收获之前，在能让他的内在状况做出改变之前，我们要对新的关系进行一番了解，我们要发现新的意义。

全部的退缩态度可能是有意识的。在病人看来，这个时候的态度就是一种高明的智慧。但从我们的经验来说，更为普遍的是，对于这种稀松平常的态度，病人都没有感知到它的存在，只是对其略知皮毛而已。因为他们在看待这个问题的时候，使用了不同的看法，所以他在考虑这些问题的时候运用了其他的思路。最为普遍的是，对于“断绝关系”的态度，以及对强迫（被逼）的敏感，他是能够感知到的。但当挫折让他产生反应的时候,他就变得冷漠、发怒、怨恨、懈怠。对于退缩者所拥有的特点，我们就可以从这里观察到。

对分析者来说，对基本特点的认识有利于对全部的病情进行快速的度量。如果我们注意到其中的一个特点时，我们就要寻找其他的方法，我们的确可以用合适的方法将它们找到。我一直都在谨慎地说明，这些特点并不是一组没有关系的内容，它们之间的结构是彼此交叉的。至少从基本构成的角度来说，它们是非常和谐统一的，就像被刷了漆一样，这幅图画显示出同一种颜色。

对于这幅图画的动力变化，我们可以进行一番探索，当然我们也要讨论它的历史和意义。我们要将所讨论的一切进行一番总结，我们要说的是,“退缩”就是从内心中的冲突中退缩，这是一种主要的解决冲突的方法。在看第一眼的时候，我们可能有这种想法，对于自己的勃勃野心，退缩者可能从根本上舍弃了，他自己也经常强调这一点，认为整体发展的开端就是从这里开始的。从他的雄心有了显著的变化来说，这种挂念似乎也被他的病理证明了。他在年轻的时候经常做一些费力的事情。他可能非常聪明，经济方面的阻碍都被他扫清了，最终给自己谋取了一定的地位。他可能在上学的时候有着伟大的野心，在班级表现优秀，不论政治活动，还是参加辩论，他都比别人强出一截。至少在某段时间内，他是积极的，很多事情都能激发他的兴趣。比如，他在那段时间对传统持有反对态度。他不断地发展,他会设想将来的事业和成就，等等。

接下来，有一段比较艰难的时期出现在他面前，他感到焦躁、抑郁，他感到自己是失败的，他性格叛逆，他因为生活状况不佳而感到绝望。当这段时间过去了以后，他生活的曲线呈现出平直状态，大家都认为他变了，他能够“适应”了，能够安稳地进行工作了。大家对他的评价是：他凭着年轻的双翼飞向太阳，但最终又落到了地球上，大家都认为这个过程是正常的。但经过一番仔细的思索，就发现其中令人担心的问题。他好像已经对生活没有了热切的希望，很多事情都不能引起他的兴趣，他好像不太会利用自己的天赋了，也不懂得怎样抓住良好的机会了。他身上到底有了什么变化？

就是这样，各种不幸的灾难和剥削将会剪短人的翅膀，但我们要知道，这种条件下的环境并不是特别艰苦的，环境不算是各种问题的原因，起决定性作用的因素是一些精神方面的压力（比如，伤悲）。不过人们可能觉得这个答案不是那么令人满意，所以很多人都被我们想起，他们虽然也有过内在骚扰的经历，但他们最终却成功逃出来了。实际上，冲突的存在并不是这种改变的原因，冲突的强弱也不是其中的原因，原因是他和他自己之间取得了某种平衡。对于已经发生的人，他们知道内在冲突是什么感觉，在解决问题的时候使用了退缩的方法，但他们为什么选择这种解决方式呢？这种方式为什么是他唯一的选择？这是他曾经的历史问题（距离现在比较远的历史）。我们讨论到这里的时候就一定要先对“退缩”的性质做一番了解。

一方面，自谦驱动力和夸张驱动力之间的内在冲突是我们先要注意到的，对于这两种类型，我们在前三章曾经进行过讨论，有一种驱动力被压制着，另外一种则比较明显。如果占据优势地位的是“退缩”，那么这种冲突的经典形象就不太一样了，不管是自谦的倾向，还是夸张的倾向，它们都没有被压制。如果我们对这些表现和意义比较熟悉的话，我们就可以比较容易地对他们进行观察和了解。实际上，如果我们一定认为夸张和自谦是神经官能症的分类，那么退缩到底属于哪一类呢？我们根本就不能做出决定。我们只能说，不论是从接近于知觉，或者接近较为强烈的意义，一般来说，两种倾向之间必然有一个占领主要地位。在整体类别中，广泛性决定个别差异，但有的时候，二者看起来是均衡的。

他想象中伟大的幻想，或者一些普通的幻想，以及他想象中自己能够承担的重任中，都可能存在夸张的表现。另外，他经常有意识地认识到自己超越了他人，他的行为中就存在夸张的尊严的一些表现。这是一种对自己产生的情感，他很容易在这种情感中变成骄傲的自我，他的退缩受到了他认为骄傲（这一点可以和夸张的类型形成对比）的品质的鼓舞。让他感到十分自负的有：他对自己脱俗的独立（与他人断绝关系）、自己的“禁欲”、自立、自给自足、对强迫的厌恶、让自己与竞争无缘等。对于自己的要求，他是非常清楚的，所以他能够有效地维持这些要求。然而，这些要求内部存在着差异，这些差异产生的原因是他要保护自己脱离俗世的生活天地。他认为他有禁止他人进入他密室的权利，他有让别人不打扰他、不指望他做任何事情的权利，他认为自己不需要对任何人负责，也不需要为生活而奔波。最后一点，有些因素虽然已经基本退缩了，但却转变而且继续发展着，比如，对声誉的追求，或者公开的叛逆等，夸张的倾向也表现在这些因素中。

但积极主动已经不是夸张倾向的特点了，因为他将自己的雄心壮志放弃了，也是因为他把所有野心的目标的追求或者对这个目标的努力都放弃了。他下定决心不去回想这些目标，也不打算达到这些目标。就算他开始做一些有意义的工作，但一旦进入工作状态，他就带着鄙夷的态度，这就会总是和身边的人所期望或者所喜欢的事情相违背。反叛类型的特点就是这样的，复仇和报复的胜利并不是他所追求的，他只是想做一点积极的事情，或者做一件有攻击性的事情。有些驱动力是为了真正地征服他人，但遭到了他的舍弃。是的，成为领导者，影响或者控制别人，这些想法对他来说都是可恶至极的，这一点和他的超凡以及对他人疏远的关系是一致的。

但另一方面，如果占主导地位的是自谦的倾向，退缩者就有将自己低估的趋势。他们胆子不大，认为这并不太划算。如果我们没有彻底掌握发展成熟的自谦型的解决方式，我们一定会错误地认为，他们的这些态度就一定是自谦型的表现。对于别人的需要，他们一般都表现得非常敏锐，所以他们在帮助别人或者为大众的目标而努力的时候耗费的精力非常多。他们一般不防卫攻击和欺骗，他们不愿意谴责别人，宁可自己被人责怪。他们不想让自己伤害他人的感情，同时他们对这一点要求非常严格，所以他们也有服从的特点。但和自谦的倾向不同的是，服从的倾向并不一定需要情爱，对其起决定作用的是要避开冲突。另外，他们还暗藏着一种情绪，就是“恐惧”，这种“恐惧”产生的原因是害怕自谦倾向的隐藏力量。比如，有一种恐慌的感觉存在于他们的内心之中，别人可能会超越或者全面压制住他们，好在他们与别人的关系冷淡而疏远，这一点才没有形成。

和我们对夸张倾向的认识有一点相同的是，与其说自谦倾向是一种积极的、有活力的驱动力，不如说自谦倾向是一种态度。这些驱动力因为对爱的追求而具有狂热的特点，不过因为退缩的作用，他决定不想要或者不再指望其他的人和事，他有一种不希望被人连累的情绪，所以这种渴望正是他所缺乏的。

我们现在已经知道，从自谦驱动力和夸张驱动力之间的冲突退出的意义到底是什么。但去除了这两种驱动力之间的积极因素以后，这两种力量就不再是敌对的了，所以它们之间也就不能形成冲突。我们可以对当前提到的三种解决方式进行一番对比，我们会发现希望将其中的一种冲突去除并形成人格的统一是这三种方法的共同特点。在退缩的解决方法中，他希望这两种冲突的力量能够统一在一起，他这样做的原因是他已经将对荣誉的积极追求放弃了。当然，他还必须得是理想化的自我（这说明，自负系统和“应该”的作用仍然持续着），但对于实现理想自我的积极驱动力，他已经放弃了，也就是他不打算付出实际行动使其实现了。

这种“加固”的倾向，也可能是他的真我产生的，他还是想要成为自己，但除了将冲动、奋斗、鲜活的愿望和努力压制住以外，他还要压制自我实现的自然驱动力。从他的真我和理想化的自我这个角度来说，真实的存在是他所注意的，但怎样取得或者怎样发展，却是他所忽略的。但他还是想要成为他自己，这样他才能将感情生活上的自主性保持住。从这一点来说，和其他的神经官能症相比,他与真实自我之间的距离不能称得上很远。在宗教、艺术、自然（非人格）方面，他的个人感情都比较强烈。如果我们对比他和自谦的类型时，这种保持的能力就更加明显了。同理，自谦的类型并没有对积极和真实的感情进行压制，不仅如此，这些感情反而得到了增长，不过因为爱是他们的一切，也就是把自己送给别人，或者让自己向他人投降，所以他们在这里已经被扭曲或者变得戏剧化了。他希望把自己的感情丢掉，最后再通过与他人的合作寻找统一。但退缩的类型却想要把这些感情掩藏在内心中，那种与人交往的想法正是他所讨厌的。虽然他只有一个模糊的观念来认识这其中的真实意义，但他希望自己是“我自己”。实际上，他对自己是不了解的，他甚至被自己弄得迷糊了。

有一种退缩消极或者静止的特点是这种“固定化”的过程带来的。我们一定要在这里将一个重要的问题提出来，这种静止的状态是以消极为特点的，新的观察可能会加强这种情况。但这一点对所有的现象都是适合的吗？毕竟没有人能通过虚无（对一切进行否定）而孤独地生活，我们对退缩的了解是不是有缺漏呢？追求一些外部的积极事物，是不是也是退缩者要做的呢？为了寻求宁静，他们是不是可以付出任何代价呢？实际上真的是这样的，但消极的特点仍然是存在的。在另外两种解决方式中，除了对整体性的追求之外，某种刺激力也是存在的，这种刺激力是一种强烈的对积极事物的追求，生活被这种追求赋予了意义。对征服的追求就是其中的一种，对爱的追求是另外的一种。对某些积极目标的追求是不是也同样存在于退缩的解决方式中呢？

如果在分析的过程中产生了这样的问题，认真倾听病人所说的事情将会非常有益。一般来说，我们不是很清楚的事情可能从他的口中说出来，对于这种类型的人是如何关注他们自己的，我们一定要密切关注。我们已经知道，他和其他人一样，他会合理化并修饰自己的需要，所以有一种优越感是这些需要所表现出来的。不过我们一定要在这方面进行一个区分。有的时候他会明显地给他的需要找一个理由，比如，他会说自己缺乏努力奋斗的精神是因为他已经凌驾于竞争之上了；对于他懒惰的解释，他选择了对体力劳动的轻视这一点。如果继续进行分析，更多的解释则不是用这些"荣誉化"的修饰来进行的，它们当然就会不见了。但还有一些没有这么简单就被放弃的东西，这主要是因为它们对他有显著而真实的价值。这一切都是和他自由或者独立的讨论有关的。实际上，如果从自由的角度来对退缩的基本特点进行分析，就会发现它也是合理的。他的自由会被任意一种强烈的"依赖性"压制，他的自由也会因为任意一种需要而减少。所以，这些需要必然是他所依赖的，他很容易被这些需要指引而对其他的事物产生依赖感。如果他对某种追求比较专心，那么不管是哪一种他感到有兴趣的事情，他都不能自由地去从事。特别是他对"强迫"的敏锐，这一点将变得更加显著。自由是他所希望的，所以压力是他所不能承受的。

所以，当这个问题在分析中被讨论的时候，病人会立刻强化自己的防御。人类不是天生就渴求自由的吗？当一个人因为压力而从事某事的时候，他对这件事的态度不应该是事不关己或者精神不振的吗？如果他的亲朋好友要一直做那些被人希望做的事情，不会感到枯燥乏味吗？分析者想让他顺服，想压制他，让他进入另外一种状态，就像是一排难以分清的房子，他就要成为其中的成员之一吗？“统一控制”是他所厌恨的，因为他不能忍受动物们都被关在笼子里，所以他不会去动物园，他做的事情都是他想要去做的事情。

让我们对其他的一些依据进行一番讨论，然后在后面继续讨论一些遗留的问题。我们从这些依据中得知，他所谓的自由就是“随心所欲”。这里的一个漏洞被分析者发现了，病人完全不知道什么事情是他所希望的，因为他们会经常全力以赴地将自己的愿望封锁住，他们最终将什么都做不成，或者变得什么都没有。但因为他从根本上就是认为别人——不论是法规或者是一个人——都不应该干预他的自由，所以他并没有受到这一点的阻碍。这种心态的重要性因为其他某种因素而变得更加明显，我们暂且不讨论这些因素是什么，他一定会对这种心态采取防御措施，一直到最后一道防线。我们暂且这样定义他对自由的概念,这是一种消极的“回避”，这绝不是为了建设“自由”，而是为了“回避”自由。不过，这对他来说却有一种吸引力，这种吸引力是其他解决方式所没有的。因为自谦者需要依赖或者依靠别人，所以自由是自谦者非常害怕的。对于这种具有自由特点的倾向，则是夸张型的人鄙视的，因为他们对胜利和征服有着更加强烈的渴望。

对于自由的这种吸引力，我们要怎样做出解释呢？哪一种内在的需求是它产生的原因呢？它的意义是什么？我们要回忆那样一些早期的病例，他们对“退缩”解决方式的使用一直坚持到最后，这有助于我们对这些问题加以解决。我们在这些病例中发现，这些人在他们的儿童时期经常遇到一些阻碍性的势力，这些势力是非常猛烈的，他们根本无法触及，这使得他们没有办法发起公然的反抗。另外，他们的家庭对他们紧紧相逼，对他们进行情感上的关心，则会让他们的个性不能得到发展，他们必然感觉自己被压制了。但另一方面，对于一些感情，他们接受得不情不愿。比如，有一名极度关注自我的父亲，儿童的需要是他所不了解的，他强迫儿童去了解他，他可能在感情上支持儿童，或者是他父母具有不稳定的情绪，有的时候对他们百般关爱，有的时候动辄就发怒并打骂他们。总而言之，对于这些直白的或者潜藏的要求，一定要有一种环境去满足，他们的个性是不被这种环境所重视的，他们被这种环境吞噬了，所以这种环境是不可能刺激并鼓励他们的人格发展的。

所以，这些儿童在短期或者长期内感到非常烦忧，他们想要得到关怀和情爱，但却得不到，身边的束缚是他们所厌恨的，这些儿童就处于这两种环境中。所以，为了将这个早期的冲突解决，他就要从中退缩。为了让这种冲突不再起作用，他就要将自己和别人之间的感情距离拉得远一些。他已经不想和别人发生争斗了，也不指望别人给他以情感关怀了。所以，他们和他相对的感情不可能对他造成困扰了，他能够与这些感情和谐相处了。另外，当他退缩到自己的世界中以后，他将自己的个性从那种全面被阻隔而且被吞噬的环境中拯救出来了。所以他的统合性是从早期的与人断绝关系（离群）中得到的，因为他内在生活的完整性被保存下来了，所以这一点包含的意义非常重要。他内在独立的可能性是避免被奴役的自由带来的，但对于帮助他人或者抵抗他人的情感，他必须要抑制住。他生来就需要被人体谅，需要与人分享经验，需要同情、庇护和情爱。他有一种需要是，依赖他人达成自己的心愿，他必须要退缩到这种需要中。但还有一点更加深远的意义，这说明他一定要让自己保持高兴、痛苦和伤心。比如，他经常努力让自己克服对狗或者黑暗的恐惧，他很可怜，他失望了，他不想让自己的努力被人们知道。他（不由自主地）练习让自己不把痛苦表现出来，甚至他真的已经感受不到痛苦了。他不想让别人帮他，他也不需要他人的同情，这不是因为他对真实性问题存有怀疑，而好似因为就算他可以在当前得到这些，他们也会被吓住了，把这些当作一种紧急的警告。对于这些需要，他必须进行特别的压制，在他看来，只要是和他有关的事情，他都有必要让别人无从得知，这样他的希望才不会遭受挫折，也不会变成对别人形成依赖的工具，他认为想要得到安全的保证，就必须要这样做。他开始把所有的希望都收回来,退缩过程的特点也开始显现。他知道，自己非常喜欢外套，喜欢某种玩具或者一只小猫，但他不能把这些说出来。因为恐惧的缘故，他逐渐发现，自己想得到安全就需要什么都没有。自己的愿望越少，在退缩的时候就越安全，别人就更加不容易控制他。

直到现在，我们仍然没有讨论退缩本身这种情况，但退缩产生的环境已经被我们讨论到了。就算情况没有发生任何变化，但对将来的发展来说，仍然留下了一个危险的隐患。我们不去亲近他人，活在真空中，在没有任何接触的环境下是不能成长的。同时，情况也不能维持在停滞的水平上，它如果想要变好，就需要合适的环境，不然它自身的动力将成为这种情况发展的依据，就像神经官能症发展中的那样，恶性循环就会出现。为了将"断绝关系"的状态维持下去，他一定要和自己的希望做斗争，一定要压制住自己的希望。但从愿望中退缩的作用是双重的，他会变得对别人不太依赖，但也会变得更加软弱，同时他的活力会被削减，他的方向感会被损坏。别人对他施加了期许或者希望，但他却不善于反对，不管是哪一种力量，也不管是哪一种障碍，他都必须付出几倍的努力进行防御，用哈利·斯塔克·苏利文的名言来说：他一定要"制作一种精良的机械工事，用来让自己和他人的关系保持疏远状态"。

在早期发展中，心灵中的过程是早期发展的主要强化因素的来源。与此同时，起作用的还有促使别人追求荣誉的需要。如果他自始至终都坚持早期的"断绝关系"，那么他和别人之间的冲突就能够被这种断绝关系清除。但他的愿望是不是真的能退缩是他解决方式的可靠性的决定因素。这种过程在他年纪还小的时候是不断变化的，还没有发展成决定性的态度。对他来说，排在第一位的并不是对内心宁静的追求，他还是想从生活中获取更多。比如，如果他被强烈地吸引了，他就会再次开始一种亲密的关系，所以引发他的冲突是非常容易的，同时更多的统合也是他需要的。他不但在早期的发展中被割裂，而且变得缺乏自信，变得和自我疏远，所以他感觉自己没有做出任何准备来面对真实的生活。只有当他和别人的情感距离保持在安全的范围内，他才能与人交往。如果他和别人相处得过于亲近，那么他就会受到压制，当然他还对争斗产生退缩心理，因此他会遇到阻碍。所以，他在自我的理想中被鞭策着将所需要的答案找到。他可能由于个人方面的多种理由，真的想要了解野心。不过当他遇到困难的时候，他就非常容易地将这种探求舍弃。荣誉化已经形成的"需要"就是他理想化的形象，它是自足、缄默、独立、安静、脱俗于情感和欲望的自由、公平和禁欲的综合体。对他来说，"公平"是"不做出承诺"和"不侵犯"所有人的权利的理想化，报复心的荣誉化属于那些攻击性的类型，和这一点并非一样。

他被和这种形象一同存在的"应该"引入了新的危险中。为了将他内在的自我保护起来，他本来就需要与外面的世界进行斗争，但现在这种非常恐怖的内在暴行也是他必须要对抗的。他对内在活动保护的程度决定究竟有怎样的结果。如果它的猛烈达到了一定的程度，而且他的潜意识决定要捍卫它，那么他还是只能将一些内在的活力维持住。牺牲是他唯一能够依靠的，我们在开始的时候就对一些限制进行了讨论，这些限制会被强化，也就是需要牺牲，同时还要从积极的生活中退缩。对于那些接近于自我实现的驱动力，他会压制住，只有这样，内在的活力才能被维持住。

没有一种临床证据说明，相对于其他神经官能症来说，这种内心的驱使会变得更加严重或者急切。他迫切地需要自由，差别就在这里，所以他会因为内心的驱使而感到烦扰。一方面，他在应对内心的驱使时，试着外移内心的驱使。因为他所有的攻击都是受限制的，所以他所能采用的方式都是消极的，这就说明别人在这方面的感觉或者别人的希望中，都需要有命令式的特点，需要坚决地被执行。另外，他深深地相信，如果他人的愿望不能被允许，那些人就会对他发起残酷的攻击。这说明，他不仅在本质上外移了自己的"应该"，同时还外移了自己的自恨。就像他不能让自己的"应该"得到满足而对自己发起攻击一样，别人也会对他发起尖锐的攻击。另外，外移作用的表现之一就是这种对敌意的猜测，所以他在弥补的时候不能使用相对的经验。比如，他在长时间内都有这种感觉，分析者对他是有耐心的，是谅解他的，但他却处于被监视和控制之中。所以在他看来，如果公开地对分析者发起反击，那么分析者就不会再理会他了。

他本来就对外部世界有着很强的敏感性，此时这种敏感性又得到了强化。外界环境施加的压力是可以忽略不计的，我们现在可以知道这其中的原因是什么了，外在环境仍然在强迫他。另外，在他外移了"应该"以后，他内心的不安减少了，即便如此，还是有新的冲突进入他的生活。对于别人的希望，他应该是允许的，别人的情感是他不应该去伤害的。他应该将自己的独立保持住，也应该将人们猜想的敌意打消。他待人的过程中有一种双重的矛盾，这种冲突就在矛盾中有所表现。在一些变化中，它是服从和违背相结合而产生的奇怪的产物。比如，对于某种要求，他非常有礼貌地答应了。但在兑现的时候，他可能就忘记了，或者一而再再而三地推托。有一些阻碍就是这种忘记造成的，所以不管是约会还是他应该要做的事情，他都需要用记事本记下来，只有这样他的生活才可能是有条理的。也可能是这样的，看起来他已经去做了，去服从别人的愿望了，但他心里却对这些行为进行故意的破坏，他可能对这些没有一点感觉。比如，一些比较明显的规则，类似于按照时间规定或者将自己心中所想的说出来，是他在分析中必然遵守的，但他却不了解、消化分析中讨论的事情，所以分析工作成为一种白费力又没有效果的工作。

在他和别人的交往中，这些冲突必然造成一种压力，他在有的时候会认为这是一种非常严重的压力。但是，无论这种压力的存在是否被他感知到，这种压力都会逼迫他有这样一种趋势：从众人中退缩出来。

在一些没有被外移的“应该”中，他正在消极地与他人的希望进行抵抗。他只是单纯地认为，自己应该去做一些事，只要他一这样想，就会立刻变得完全没有精神。这种不合作态度存在于潜意识中，如果说他本身就不喜欢某些活动，就像不喜欢参加聚会、不喜欢写信或者付款等，它的重要性就没那么大。但如果他对个人的愿望越是竭力地削弱，那么不管他做什么事情，不论这些事情是好的或者不好的，他就越会在其他的事情上有所表现，例如读报、刷牙、工作、散步、吃饭或者进行性生活等。所以，他会消极抵抗所有的事情，一种普遍的惰性就这样产生了。因此，要么局限于小部分的活动，要么就让某些活动在压力的条件下进行。所以，他变得不努力，没有成绩，容易变得懒散，或者因为长期的疲惫而感到痛苦。

如果这种内在的过程在分析中变得清楚了，我们就发现这个过程的保持需要两个因素，只要病人不向他的“自主精力”求助，那么他就知道，这种生活方式是彻头彻尾的浪费，同时人们也不会对其感到满意，而对于那种改变的可能性，病人还是不了解的。这主要是因为，就像他感觉到的那样，如果他没有努力地鞭策自己，那么他基本就不能做任何事情。惰性的作用是非常重要的，另一个因素就存在于其中。在他的内心里，精神的麻痹已经变成了一种痛苦，这种痛苦是不能改变的，他在让自己免于自卑和自责的时候都要利用这种痛苦。

由于其他来源的因素，那些懒惰的不正确鼓励也有所增加。这和他解决冲突的过程中使用“稳固”（停顿）的方式一样，他试着让自己的“应该”不再发生作用。所以，对于“应该”带来的困境，他想要躲避。他不想和人接触，同时又对所有事情都不能产生追求的愿望，这就是其中的一个原因。他的潜意识中有一句名言：只要什么事情都不做，那么所有“应该”或者限制就不会被触犯。他一直遵守着这一点。有的时候他会这样想，别人的权利可能会被任意一种探求侵犯，所以他要用“退缩”的方式对其进行合理化。

心灵的内在过程在很多方面对那种“断绝和别人的关系”的原本解决方式起到了强化作用，所以有很多连累就这样产生了，这些都促成了退缩形象的形成。有些积极因素存在于自由的吸引力中，要不是这些因素的存在，这种情况的治疗是比较困难的，因为他们能改变动机的次数少之又少。对于这些病人来说，如果占据主要地位的是这种积极的因素，那么和其他人相比，他们对内心驱使的坏处的了解可能要更加密切一些。如果形势发展得顺利，他会因为被现实情况奴役而很快就将内心的驱使找到，这样就可以对它们展开精确的攻击。是的，他们并不能被这种想法和态度本身驱赶，但这却有助于逐渐地克服这一点。

如果我们现在来讨论统合性的维持这一论点，同时对人格的整体构成进行回忆，那么有一些观察就是非常切合的，也是意义深远的。第一，如果观察者是机敏的，他们就会注意到那些真正和人们断绝关系的人所具有的人格统合性。对于我来说，我现在总算是对其有所了解了。这种构成的内在与中心部分却是我以前并不知道的。超然的、退缩的人可能会不顾实际情况，有一些影响因素是非常强大的，对于这些因素和密切的接触，这些人总是持有谨慎态度，但他们的反抗却是大胆的，所以这些人可能会懒散、无用甚至不好相处。不过，他们的主体观念和感情还是或多或少地具有最基本的真实和坦率。不管是权利、成就，还是献媚和“爱情”都不能收买或者诱惑他们。

另外，在内在一致性需要的维持中，我们可以发现另一个决定基本特点的因素。第一，我们发现统合性是用限制和逃避的方式来取得的。接下来，我们又发现，追求自由的需要也对他们起决定性作用,但我们不知道此时的意义到底是什么。我们现在只知道，他们需要的自由是让自己不受牵连、不被影响、不被压制、不承受压力。为了保护他们的内在生活，让自己不被肮脏的东西污染，他们需要有野心和竞争的自由。

我们可能会感到迷惑，对于这个问题的重要性，病人是不会讨论的。实际上，他们多次间接地表示，希望能够将“我自己”保存下来；他害怕他的个性会因为分析而消失，害怕经过分析后，他和别人就没有什么区别了；害怕分析者根据分析者和他自身两种模式来重塑他。对于病人所说的这些话的意思，分析者经常不能够完全领会。这些话在间接暗示，病人想要将真实的“神经官能症的自我”保存下来，病人想要将伟大的自我理想化。病人想要将自己目前的情况保持下来，他们已经明确表达出这个意思了。但他们强调要做自己，也在说明他们急于将真我的整体性保存下来。不过，对于他为什么坚持这一点，他并没有做出具体的说明。想要让他能对这个久远的道理有所了解,就一定要经过分析。他需要知道，如果想要将真我找到，就一定要将自己（神经官能症中的荣誉化的自我）放弃。

三种完全不同的生活方式因为这个基本历程而产生。永远的退缩（退缩和退缩引发的所有问题）是第一种，这一点自始至终都被执行了。第二种是反叛的类型，也就是自由的吸引力将消极的对抗转化为积极的反叛。第三种，占据主要地位的是衰败的过程，浅薄的生活因此而开始。

对于自谦型和夸张型来说，第一种形式的个别差异，和行动中退缩出来的程度关系密切。他们和别人之间有一定的情感距离，不管这种距离有多远，有的人还是可以帮助自己的亲人朋友，或者为那些在工作上和他们有交集的人做事。另外，他们可能是没有私心的，所以他给别人的帮助一般都是有用的。相对自谦的类型和夸张的类型，他们对报酬的期望并不大。和自谦型不同的是，如果他们乐于助人这一点被人错误地看作是“应该”，同时如果想在帮助以外得到更多，他们就会大为恼火。

无论是不是被限制了行动，很多类型的人都能将他们的日常工作做好，就算这和他们心中的怠惰相违背，并且在一般情况下被认为是一种压力也是如此。这种怠惰在积攒了很多工作的时候，在需要主动地支持或者反对什么而战斗的时候，就变得更加明显。按照惯例，处理事情的动机一般都是混合型的。除了传统和经济方面的原因以外，我们暂时不去考虑他们退缩的特点是怎样的，一般来说，还有一种需求对别人来说是非常有好处的。另外，另一种让他们那种“无能”感消失的工具就是日常生活的事物。他们基本不懂得怎样将空闲时间利用起来，对他们来说，和别人交往就是一种压力，其中根本没有任何可以让人愉快的因素。他们虽然喜欢独处，但却不喜欢努力。甚至内在的阻碍作用都可以发生在读书方面，所以他们对那么不太耗力而又有好处的活动非常专注，比如，听音乐、做梦或者享受大自然。对于自己对“无能”所感觉到的隐藏的恐惧，他们都不太了解，即便如此，他们还是会无意识地组织工作，这样空闲的时间就减少了。

最后一点，占据主要地位的可能是和怠惰相伴相生的对常规工作的憎恶。如果他们的经济陷入困境，那么他们可能会偶尔出去谋个工作，也有可能是相反的情况——依靠他人的接济生活。如果他们可以遵循一种合适的方法，那么对于自己的需要，他们可能会进行严格的控制，这样他们就可以随心所欲了。不过“癖好”可能是他们所做的事情具有的特点。或者说，彻底的怠惰可能让他们顺服，在果卡洛夫所难忘的奥布洛摩中，就对这种结局进行了精巧的说明，这个人很容易感到愤怒，甚至连一定要穿鞋子这一点都是如此。他的朋友邀请他参加环游各国的旅游，并且将所有的东西都给他准备好了，这时奥布洛摩想象自己身处瑞士和巴黎的山脉中，但我们却对一个问题犹豫不决：他会不会去？肯定是不会去的。

就算没有出现这么极端的情况，就像奥布洛摩和他的仆人在后期的命运一样，散播的“怠惰”所带来的危险也是非常严重的。第三种类型浅薄的生活中的一种变化就是这一点。因为这种怠惰不但对做事情持反对态度，而且还抗拒思想和感觉，感觉和考虑就变成了全面的反对，一些间断性的思想可能就通过分析者的补充说明或者交谈而表现出来，但由于没有耗费力气在这样的事情上，没过多长时间它就不见了，可见这种怠惰是非常危险的。有一些积极或者消极的感觉，可能因为信件或者拜访而产生，但它们同样会很快就不见了。他回信的冲动可能在看到这封信的时候产生，但立刻回信并不是他会做的，因为他在没过多久以后就忘记了这件事。我们可以在分析中清楚地看见有关怠惰的思考，它经常成为分析工作的一种阻碍。因为怠惰的作用，一些简单的精神分析操作会变得非常困难。无论在这一个小时内进行什么讨论，他都会很快就不记得了，这是因为病人把讨论的内容当作了与大脑不同的事物，并不是因为特殊的“阻碍作用”见效了。他有的时候会在分析中感到混乱和无能为力。当进行讨论或者阅读的时候，一遇到有一点困难的问题，他就会有这种反应。因为在他看来，如果要把他前后听到的和读到的综合在一起，这一定是一件非常有压力的事情。对于这种缺乏目标的混乱，一位病人曾经在梦中有所表现。他梦见在全世界不同的地方，都有他的存在，他根本不知道要去哪里，他不知道前面是哪里，也不知道下一步该怎么走。

如果怠惰持续发展，那么个人的感情也会越来越受影响。如果想让他有所反应，就需要更强的刺激。他不可能因为公园里的一片美丽的树林而产生某种情感，鲜艳的夕阳才是他所需要的。有些悲哀的因素就是这种感情方面的怠惰引起的。就像我们知道的那样，为了保证自己真实的感情，退缩的类型所进行的限制是惊人的。但如果行为太过偏激了，那么本来想要保存的活力就可能被这个过程扼杀了。所以，一旦他的情感生活进入了麻木状态以后，相对于其他病人来说，他会对这种情感的衰竭感到更加痛苦，他急切想要改变的事情也包括这一件。如果我们继续进行分析，他能够基本变得比较活泼时，就能在偶然间感到自己的感情正朝着有生命力的方向发展。他甚至对了解自己枯萎的情感感到憎恶，但这只是他怠惰扩展的一种表现罢了。所以，只有让这种怠惰减少，才能让感情发生变化。

如果一些活动能够被保持住，同时生活的条件也比较顺畅，那么这种长期退缩的情况可能就成为一种永远都不会改变的现象了。退缩的类型有很多特点，可以总结为：将希望和士气压制住了，对改变的厌恨，对内在挣扎的憎恶，对事物的忍耐力等。不过，自由对他的吸引力是一个特别存在的因素，这些特点会受到它的影响。实际上，退缩者是一个反叛的人，但是他被征服了。直到现在，我们已经通过讨论知道什么样的特点是消极对抗内在或者外在的压力产生的。不过，它可以在任何时间内转化为积极的反叛。决定它是否会转变的是个人需要迫切挽救生活的程度的强弱，以及自谦倾向和夸张倾向的相对力。他会因为夸张的情形越强而越活泼，但也容易对生活中的限制感到不满。当然，如果占据主要地位的是对自己的不满意，那么这种不满就是“为了丧失或者得到什么又失去而产生的反叛”。

他会对工作和家庭等身边的情况感到不满意。所以，最后的结果是他忍无可忍的，在对抗它的时候使用某种明目张胆的方式。他可能会辞职，可能会离家出走，对于和他有关的所有人，他都可能发起攻击；对于风俗习惯和法律法规，他可能会发起抵抗。“不管你希望我做什么，那都和我没有一丁点儿关系。”他总是带着这样的态度对待任何人。不管是粗鲁的形式，还是文雅的形式，他的表现都是如此。从社会的角度来说，这是自私心态的一种发展。如果他主要针对外部世界发起这种反抗，那么从本质上来说，这并不是一项有建设性的行为，虽然他发泄了自己的精力，但他可能会被驱使而距离自己越来越远。

但这种反抗可能是一种内在的过程，大体上是对内在暴行的抵抗。所以，它的发泄作用只是发生在某个范围以内的。此时，它一般是逐渐发展形成的，并非一种暴政式的反抗。在革命和演变两个词之间，后者显得更合适。所以，对于自己身上的枷锁，他可能感到更加痛苦，他知道自己被严重地限制着。这种生活方式是他非常不喜欢的。虽然他显得中规中矩，但对于身边的人，他是非常讨厌的，这些人的生活标准和道德要求都是他所讨厌的。对于“做他自己”这一点，他倍加推崇。就像前面说的那样，这是一种神奇的混合物，其中包含着对抗、自夸和真切的因素。如果他可以发泄自己的精力，凭借自己的天赋，他一定会有所成就的。在《月亮和六便士》一书中，毛姆对画家斯特里克兰性格的描写就是对这种过程的一种解释。斯特里克兰所崇拜的画家是高更，类似的变化历程是其他画家也经历过的。很明显，现有的天分和技巧决定了创作物的价值。另外不需要多说的是，这不是唯一一种能变得有所成就的方式，之前的创造力遭到了限制，这只不过是一种让被限制的创造力自由发挥的方式而已。

“发泄作用”在这些情形中还是遭到禁止的。这种退缩的特点是一些已经解脱的人仍然没有摆脱的。对于“和别人断绝关系”这种心理，他必须要谨慎地对抗。他们在与人交往的过程中仍然带着争斗和防御的心态。除了创造性的一些事情以外，个人的生活不能让他产生一点关心的心理，所以这是一种有刺激性的创造力或者生产力。这正好说明他们没有将自己的冲突真正地解决，只不过是采取一种可行的协约（或者妥协）方式而已。

在分析中，这种过程也是可能发生的。因为最终的解决方式是在最后产生的，所以这被一些分析者[①]看成一个不错的结果。但我

① 请参考丹尼尔·史奈德在1943年纽约医学会所发表的论文《精神症模式的发展：创造性的胜利及性力的扭曲》一书。

们一定要记住，这只是解决方法的一部分而已。完全的分析已经从人格结构的整体中退却出来了，结果不只是抒发了创造力，而且还使人们将自己和自己以及自己和别人之间的完整的关系找到了。

积极的反叛在理论上的结果说明，在退缩的结构中，自由的吸引力所具有的意义是非常重要的，同时与保留自主的内在生活关系密切。与之相反，我们将会发现，一个人与自己越是疏远，那么他的自由将变得越没有意义。如果他从积极生活成长的积极关心中退出，如果他从内在冲突中退出，那么他就会进入另外一种危险中：与真情实感的疏远，一种对虚无的恐惧由于“无能”感（在长远的退缩中，这已经成为一个问题了）的存在而产生，他的内心因为这种虚无而感到无尽的烦躁。他迷失了方向，最终就只能随大流，因为努力和奔向目标的行为受到了压制。有些“破坏性”的要素因为强调生活的安逸、没有痛苦、没有冲突性而产生。尤其是当他沉溺于财富、成就和淫威的蛊惑中的时候，这种“破坏性”就更容易出现。“长期的退缩”是指一种受限制的生活，但却未必是绝望的，认为在维持生活的时候还是有一定的依赖性。但对于个人的自主性和生活的深度，他们还是忽略了，退缩的消极性仍然会保持很长时间，其中的积极价值减少或者消失了。这时，退缩就成了一种绝望。所以，全部生活的内容都被波及，最后一种类型的特点就这样形成了，那就是浅薄的生活。

就拿这种人来说，他们在与自己疏离的时候使用了离心的方法，不管是感情的强度还是深度，他们终将都会失去，所以他在与人交往的时候不问是非，所有人都可能是他的“知己”，也能是“美女”或者是一个“好人”，只是有的情感脱离的时间太久了，最终就不那么浓厚了。他甚至不去探查真相。他可能因为一些很小的问题，就不再对人们感兴趣。所以，“与我无关”的心态是从“与人断绝关系”发展而来的。

同理，他的兴趣或者享受可能变得非常浅薄，他生活的主要内容可能就变成了讨论政治、吃喝玩乐、性生活以及惹是生非。“本质”的概念已经被他放弃了，事物的表面才是他的兴趣所在。他不再自行判断，也不再拥有自己的看法，而是变得一直随大流。“人们”的想法经常让他感到震撼。所以，他的信心已经不在了，不管是对他自己的，还是对别人或有其他价值的。他开始质疑（成为怀疑主义者）人类行为的善恶，质疑人生的价值。

我们一定要区别三种形式的浅薄生活，它们之间的差异主要是因为各自强调的重点不同而产生的。有一种就是对“乐趣”的强调，也就是重视享受愉快的事情。退缩型的特点就是“无欲无求”，和这种类型相比，对兴趣的强调则是一种强烈的生活趣味。但兴趣并不是它发展的动力，有一种众所周知的“无能”感是他必须要清除的，为了达到这个目的，他一定需要采取转移快乐的方式。有一首名为《胜利的源泉》的诗歌，对这种追求乐趣的特点进行了描述，这个安逸的人说道：

啊！我要一个家。
这个家是百万富翁住的，
一个讨人喜欢的女孩在玩闹；

没有那婉转清脆的声音被我听见，
我们每天都把美元当作玩具。

不过，这首诗所描写的不仅仅是安逸闲散的一群人，收入不多的社会阶层也被包含在内了。毕竟，这只是金钱的问题。如果说到乐趣，从奢华的夜总会、鸡尾酒直到歌剧院，都可以去追求“乐趣”，当然对乐趣的追求也可以是在家里喝酒、打牌或者聊天。从其中的一个部分来说，集邮、品鉴美酒或者看电影都可能是取得乐趣的方式,所以只要生活中“唯一”的真正问题并不是这些事情，那么这都是正常的。社交化未必是它所需要的,但阅读有趣的故事、看电视、听收音机或者幻想（也就是所谓的做白日梦）都可以是它的内容。如果把乐趣进行了社交化，那么一定要避免两件事：严肃的对话和独处。前者被看作是一种非常不好的事情。“容忍”和“大度”就被游戏人生的人所遮盖住了。

第二种是对声誉和取巧的成就的特别关注。退缩的特点在于将努力和奋斗压制住，甚至将它们消灭。它有着非常复杂的动机：某种愿望就是其中的一方面，那种因为富裕而非常舒服的生活正是他想要的。某种需要是另一个因素，提高对自我的评价就是其中的目的。因为在这种浅薄的生活中,自我评价在以前是基本没有的。但是，因为内在自主性失去了，这一点就可以实现了，所使用的方法就是在他人眼中将自己抬高。人们可能因为某本书有畅销的可能而写书，可能为了钱而结婚，可能为了某种利益而加入一个政党。享受（乐趣）并不是他在社交中最为强调的,社会阶层（政治、商业等）或者得到某种声望和地位才是他重视的。想要敏锐和逃避追捕就是其中唯一的道德。《罗摩拉》是英国作家乔治·艾略特的作品，他通过狄托将这种投机者的形象描写得绘声绘色。我们可以在他身上发现，对于冲突，他是逃避的；对于那种懒散的、舒服的生活以及日复一日堕落的道德，他是非常注重的。后者的出现并不是偶然的，他必然会一天比一天堕落，这是由他的个人品质决定的。

“容易被改变”（容易盲从）的机器人是第三种形式。因为真正的思考和知觉都失去了，所以他的人格基本被压平了。对于这种人的性格，美国小说家马昆德曾做过描写。这种人非常容易盲目地跟从别人的意见，遵循别人的习惯和规范。身边的人所希望或者认为正确的事情，都是他所相信、感觉、执行和考虑的。相对于其他两种类型，这种人感情衰竭的程度虽然比较明显，但并不算严重。

对于这种“极度盲目”的现象，弗洛姆曾经做过细致的叙述，同时还将它社交的意义发现了。如果包括其他两种形式的浅薄生活，这一点的意义是非常重要的，这是因为这是最常见的一种生活方式。弗洛姆的这一点发现是正确的，那就是和一般的心理性疾病相比，这一点是有所差别的，这些人和其他神经官能症患者的不同之处就是没有被明显地推动着，冲突对他所造成的烦扰也不是非常明显的。焦虑和抑郁的一些特殊“症状”一般是他们所没有的。总的来说，不管是哪种困难或者障碍，都没有将他们困住，但他们还是少了什么东西。弗洛姆所得出的结论是：这些表现只是一些小问题，并非神经官能症。他不认为这些缺陷是本来就存在的，而是因为在早期的生活中，他被淫威压制才产生的。我将其称为浅薄的生活，他认为是小问题，这其中的差别只是我们取了不一样的名字而已。但某些现象意义的区别引发了这种命名的区别。实际上，有两个有意思的问题是弗洛姆提出来的。第一个问题是，浅薄的生活是像我说的那样，是神经官能症的结果，还是一种和神经官能症无关的现象？第二个问题是，有的人已经陷入了浅薄的生活，那些深度和道德的自主性的确是他们所缺乏的吗？

这是相互联系着的两个问题。我们先看看分析观察到底产生了怎样的结果。因为我们经常要求对这种病人进行分析，所以我们所做的观察是有益处的。如果这种浅薄的生活的发展历程是完善的，那么治疗的动机也就不会产生了。但如果这种生活的发展是不完备的，那么由于他们的身心都遇到了问题，同时工作上一而再再而三地失败，加上他感到抑郁和烦忧，同时自己的“无用”感一天天变强，所以他们就会希望对自己进行分析。对于自己一天比一天变差的状态，他们可能是知道的，所以对此感到非常烦恼。我们在分析中对他们的第一印象，是一种凭着好奇心的态度得出的结论，但这只是一种表象，心理上的好奇心是非常缺乏的，他们可能会做出不诚恳的解释，能够让他们感兴趣的似乎只是声望和金钱方面的问题。这一切都让我们想到病历上的很多内容。我们曾经对进入退缩状态的一般步骤进行过描述，和这一点相似的是，在青春期或者青春后期，总之是一段较早的时间内，他们也曾积极地努力过，在感情方面，他们也有过一段痛苦的经历。这并不能说明，弗洛姆的观点要比这种状况的病发初期还要早，而是说明，神经官能症的结果很可能就包括这种现象。

如果我们继续进行分析，那么就会看到这种现象：有一种阻碍性的矛盾存在于他们的清醒和梦幻的生活之间。他们情感的深度和狂热度已经被他们的梦境清楚地展现出来了。那些被深深埋下的悲痛、自恨和对别人的厌恶、自怜、焦虑和失望一般都会被这些梦表现出来。也就是说，他们的外表是和正常人一样的，很多深入的情感和冲突都是存在的。如果我们想要唤起他们对这些梦境的兴趣，那么他们就把这些梦的特点放弃。他们生活的两个世界似乎是完全隔离的。我们越来越清楚，虽然存在着那种一般的无所谓的浅薄，但他们对那些永远留在逃避自己内心深处情感的环境是非常渴望的。他们只是扫一眼那些外界和自己的感触，然后将双眼紧闭，就好像什么都没有发生一样。在清醒的生活中，很多后期的感情会从被抛弃的深度中走出来，他们会因为某些会议而流泪，突然涌现出来的还有一些思乡情绪和宗教的情节，不过它们又不见了。这些观察是从后期的分析发现的，这与那些“小问题”的想法是不一致的，而且还说明，他们已经下定决心要从自己的内在人格中逃走。

有一种不太好的结果就是因此把浅薄的生活当作神经官能症过程，预防和治疗会因此而有比较积极的希望。现在，如果浅薄的生活出现得比较频繁，要把它当作一种阻碍，我们要付出一定的代价才能防止它继续成长。和普通的神经官能症预防方式相比，它的预防方法基本上是一样的。对于这方面的工作，则需要多方面的配合。显然，更多的预防工作特别需要学校来进行。

对于退缩型病人的治疗来说，第一点要求是，不要因为它是本身存在的或者认为它是被培育出来的而忽视它，一定要将此种情况看作是神经官能症的阻碍。如果将其看作是培育出来的，那么就说明这是一种不能改变的状况，或者说明精神医生并不能解决这个问题。和其他神经官能症相比，人们很难理解它，人们不会对它产生兴趣，主要原因有两点，虽然个人的生活会被这个过程中的很多阻碍压抑，但这种表现是非常不突出的，所以治疗也是无须着急的事情。第二个原因是，认识到这种巨大的阻碍存在产生的背景，但没有想到这个过程是和它有关的。唯一被精神分析医生所熟知的因素就是“和人断绝关系”的心理。但退缩的范围更广，特别的困难和问题是治疗上的一些特点。想要成功地将这些困难和问题解决，就只能对它的意义进行全面的了解，对全部过程的前后变化有充分的了解。

第十二章　神经官能症患者的人际关系困扰

直到现在，虽然心灵内的过程一直是本书所强调的，但人际间的过程是不能和这种历程相分离的。因为这两种过程在实际上必然会相互影响，所以我们不能将它们分开。甚至当我在开始介绍“追求荣誉”的时候，就已经将很多因素都了解了。例如，优越于他人的需要，打败他人的需要等，这些和人际关系是直接相关的。有些神经官能症要求是由于内在需要而产生的，所针对的对象大多是别人。我们所讨论的内容不应该仅仅局限于神经官能症的自负方面，至于人们的关系将受到他的缺陷（或者容易受到攻击）怎样的影响，也是我们应该考虑的问题。对于单独的一个心灵，内心可能被“外移”，我们已经有所了解了。这个过程从根本上把我们对人的态度进行了修正，我们已经知道这是怎样进行的了。对于每一种内在冲突的主要解决方式，我们也在最后进行了讨论。同时我们还对人们关系体现出的特别形式进行了分析。我们想要在这一章从个别问题回归到普遍问题上，我们要系统而又简明地研究这个问题，在原则上，我们和他人的关系是怎样被自负系统影响的？

第一，神经官能症患者因为自负系统而变得“自我中心”，他把自己从别人中分离出去了。“自我中心”并非指自私或者自吹自擂，也不是指只对个人的利益进行考虑，我们一定不要对这个概念产生误解。虽然神经官能症患者曾经自私又无情，但他们也可能不是自私的。不管是哪种神经官能症，在这方面都是没有什么特点的。不过他总是极度地以自我为中心,他们只是关心自己罢了。但这不一定会明显地表现在表面上。他可能为了别人而活，他可能贪心又孤独。但不管怎么样，他的个人生活一定需要依靠他的个人信仰（他理想化的形象），对于自己的原则（也就是他的“应该”），他一定要固执地坚守。结果就是，他不但变得在感情方面孤立了，而且很难看到别人和他是不一样的，别人也是一个有权利的个体。有一个重要的利害关系就是他自己，他必须要服从于这一点。

所以，虽然别人的形象没有被扭曲，但也变得模糊了。不过，还有一些自负系统中的因素，更强烈地阻止他在度量别人的时候参考别人的实际情况，从而他将积极地扭曲别人的形象。我们不可能镇定地说，我们对别人看法的模糊程度与对自己看法的模糊程度是一样的，所以就把这个问题放弃了。因为他提到将人们对自己的看法（如果自负系统中所产生的这种因素被我们注意到了，那么我们可以从扭曲中得到更为精准和普遍的看法）和扭曲了的对别人的看法之间进行了简明的对比，所以即使这有可能是正确的，但误解很容易因此而产生。

有一种造成扭曲的实际原因是，在自负系统中神经官能症患者用自己造成的“需要”来观察别人。这些需要可能直接就针对别人了，也可能对他看待别人的态度造成间接的影响。因为奇怪的帮助是他所需要的，人们可以从中得到神奇的力量，所以称赞是他所需要的，他可以因此而将众人转化成称赞他的观察者。因为他有胜利的需要，所以众人都被他看作是仇人或者门众。因为他有一种义正词严的需要，所以他把众人当作容易犯错的人，或者是有缺陷的人。他有对人造成伤害却不想受到惩罚的需要，所以众人被他变成了“神经病患者”。他又把众人变成卓越的人，因为他有看贬自己的需要。

第二，他看待别人的眼光是“外移作用”，自我理想化并不是其中的一个步骤，所以被理想化的是别人。对于自己的暴虐，他并没有感觉到，但却认为别人在施暴。自恨的外移是外移作用中最重要的一点。如果占据了主要地位的是自恨，同时自恨还有积极的趋势，那么人们就被认为是卑鄙并且应该受到责难的。不管什么事情出了问题，都是别人犯下的错误，众人应该也是有缺点，应该被改造或者做出改变，因为他们都是不能相信的。他一定要为大家负起伟大的责任，因为众人的品质太差。如果占据优势地位的是“消极”的外移作用，那么他就会遭到别人的审讯，他会被人责怪和挑剔。他被人们影响而变得卑鄙恶劣。他受到了众人的虐待、强迫和威逼。他不被人们喜欢。人们不喜欢和他在一起。他一定要满足别人的希望，他一定要讨好别人。

这些神经官能症患者是被扭曲了的，在他们看待别人的很多因素中，“外移作用”的影响力最大，最难发现的就是这一点。因为他自己的感受就是他所凭借的，他用外移作用的角度看到的就是别人，如果想让别人产生反应，就一定要用这种方式。对于他对自己做的事情，他不认为应该有所回应。

难以辨别外移作用的原因是，有些反应是因为“需要”表现出来的，或者是“需要”受到挫折的时候表现出来的，外移作用很容易和这些反应混合在一起。比如，如果说到对别人暴怒的行为，我们基本认为其中的原因是“愤怒自己”的外移，这个观点很难获得支持。只有在分析了特殊的情况以后，我们才知道，他之所以生气是因为他的要求受到了挫折，从本质上来说，他在对别人生气。当然，最为根本的是，这两种因素是可以被他的暴躁所证明的。当我们对自己或者别人进行分析的时候，这两种可能性会被我们永远关注到，也就是说我们不能过度地偏重于其中的一种，不能将另外一种可能性放弃。我们要想逐渐知道我们的人际关系将会受到“外移作用”怎样的影响，受到的影响有多大，就一定要使用这种方法。

不过，就算我们知道了这一点，我们和他人之间的关系也多少存在一些“可能有”的想法,外移作用的发生是不受这一点阻止的。如果我们想要在自己内心中感受到这种“外移作用”发生的过程，想要将“外移作用”抛弃，就一定要“收回”那些“可能有”的或者被扭曲的想法，同时从自己身上找原因。

“外移作用”扭曲了别人的形象，我们大概可以将这种情况分为三类。如果赋予了他们可能没有或者只有一点儿的特点，那么扭曲作用就有可能发生。在神经官能症患者看来，他们是彻底理想化的人，他们是完美无缺的，就像神一样拥有至高的权力。不过他们也可能被神经官能症患者当作卑鄙和罪恶的人。也可以这样说，他们有可能被病人当成矮人，也可能被病人当作伟人。

人们本身就具有的一些优缺点也可能被外移作用忽视。他将自己对说谎和剥削的限制转移到了他人身上，所以对于那些带有撒谎和剥削的不善意图，他根本就不能发现。他也可能不能将别人的友好和真诚识别出来，因为他的积极情感被压制住了。所以，他很容易把别人看成是虚伪的人，他谨慎地提防着对方，怕别人的“阴谋”将他欺骗。

第三，对于别人确实具有的一些品德，他的外移作用也有可能敏锐地察觉到。所以,如果一个病人认为自己具有基督的美好品德，但对于自己显而易见的抢夺特质却并不了解，就很快被人认定为伪善，在爱情和善良方面的虚伪尤其如此。还有一名病人，他有一种显著的习惯，那就是“对背叛的坦白和不忠”，但如果这些特点是在别人身上，他就能够敏锐地感觉到。我们对外移作用的扭曲能力的理解似乎和这些实例是不一致的。或者说“人们因为外移作用而不那么灵敏，又或是能够敏锐地感觉到别人的这些特点”，这种说法是不是更准确一些？但我却不这样认为。一些品德带给他某种人格意义，他在识别这些品格方面的敏感性已经摧毁了人格意义，这些品德变得不清不楚，有些人虽然具有这些品德，但他们却看起来并不像是一个人，而是一种特殊的被外移了的表现。所以，这是一种偏激的对整个人格的解释或者观点，人格必然会被扭曲。很明显，因为病人自身可以长时间在这种“事实”中躲避灾难，我们很难识别这些外移作用，病人们认为自己的所有观察都是对的。

我们在这里提到的因素包括：神经官能症的需要、对待他人的表现和他的外移作用，这些是让他难于和别人交往的原因，至少是很难发展亲密关系的原因。对于这一点，神经官能症患者本身并不知道。如果他对这一点是有所了解的，那么在他看来，由于他待人的表现是正确的，所以他曾经认定的需要，或者因为需要而产生的要求，都是合理的。因为让他外移作用反应的只有他对别人已经存在的态度，所以他经常知道自己并不存在这些困难，反而发自内心地认为自己过着舒适的生活。这是一种错误的感觉，虽然这一点是可以理解的。

只要在条件允许的情况下，他的家人就会努力地试着和他（家中最神经质的一员）和谐相处，但这种努力面临的最大阻碍就是他的“外移作用”。因为别人的实际行动和他的外移作用的性质基本是没有任何关系的，所以这并不足以构成对别人的攻击。比如，在喜好争斗的刚直者面前，人们习惯于顺从，但这并非是责怪他或者侵犯他，根据他的需要满足他的衣食住行等。不过，他的自责是他们的努力引发的，所以他开始厌恨别人，因为他要把自己的这种罪恶感清理干净。

这些扭曲作用的结果就是，人们会被神经官能症患者更加肯定地认为是“不可信”的。虽然他可能非常相信自己在观察他人方面是非常敏锐的，这些人是他认识的，他永远都会对这些人作出正确的评价，但这些看法的真实性最多只有一部分而已。有些人认为自己真的对自己和别人的情况是有所了解的，对于他们来说，如果在改变自己对他人的评价时不加入强迫性的需要，那么就不会因为“批评的智慧”和“观察”而认为别人是“靠谱的”。就算神经官能症患者普遍认为别人是“不靠谱”的，但只要经过敏锐的观察训练，他还是有可能比较准确地将别人的行为描述出来，甚至还能将一些神经官能症的反应描述出来。不过，如果他认为“不靠谱”的感觉都是扭曲作用产生的，那么在为人处世方面，就一定带有“猜疑”的心态。所以，他通过对别人的评价，凭借观察和结果而得到的形状的持久力并不长。这种作用中参与的主观因素非常多，他的心态很快就被改变了。对于自己本来敬佩的人，他可能会非常容易地发起进攻，也可能不再对他们有一点关心之情，对于另外的一些人，他可能突然就作出了比较高的评价。

这种内心质疑的表现方式有很多，和个别神经官能症构成无关但是非常普遍的就有两种，一种是不知道自己对待他人的态度是怎样的，另一种是不知道别人是怎样对待他的。他可能认为别人是他的“朋友”，但朋友原本的深刻含义已经不在了。他可能会暂时怀疑自己对别人的所思所想、所作所为，怀疑自己对别人的忽视，怀疑自己的所有论点、谣传和误解，不仅如此，彼此之间的关系也可能发生震动。

对信心或者信赖的质疑是第二种对别人产生的广泛的不安感。不管是极度信赖或者是极度不信赖，都有所表现。另外，不去发自内心地对别人值得敬佩的地方进行了解、对自己的缺点进行了解，也是一种表现。如果这种不安感变得更加强烈，那么这些事会让他变得没有什么感觉：对别人可以做或者不可以做的、合适的或者不合适的事情。虽然他们交往了很长时间，但这种情况还是如此。

在他对别人不安的感觉中，他经常会做出不好的打算，不管是潜意识的，还是有意识的。这是因为他的恐惧会由于自负系统的作用而增加。因为就算他受到的刺激不小，他的恐惧也不可能突然就增加，这一点和他扭曲别人的形象是不同的，所以他的恐惧感和不安感的关系是非常密切的。一般来说，他对我们造成伤害的能力和我们无能为力的程度决定了我们恐惧的程度。自负系统都可以因为这两种因素的作用而被强化不少。不管他在表现上是多么自信和夸张，人们都会感到他的内心是脆弱无力的。他最初削弱自我的方式是通过与自我脱离、自卑和因此而产生的内在冲突（他会被这些冲突割裂，从而对自己发起进攻）。还有一种主要原因是他的易受攻击性和弱点正在逐渐地变强。他可能变得更加容易被攻击、更加脆弱，导致这一点的原因有很多。自负系统不允许他的自负被伤害，也不允许他产生自卑心理和罪恶感。这种特点也是他的要求所具有的，所以他必然要受挫，这是命中注定的。他的内心摇摆不安，所以遇到阻碍是非常容易的。别人的样子看起来比以前还要恐怖，这主要是因为外移的作用，也是因为这种作用和其他因素而产生了对别人的敌意。他待人的心态是具有防御性的，这些恐惧都可以解释这一点，不管他采用了攻击性的方式，还是讨好式的方式。

如果我们对目前所提到的这些因素进行了详细的研究，我们就会明显地发现，他们和基本焦虑的构成要素之间存在共同特点。

我要再强调一次，基本焦虑是一种孤独和无力感，这种感觉产生的原因是他对人们充满敌意。实际上，这主要是人性关系受到自负系统的影响，基本焦虑被它强化了。我们认为，这在成年的神经官能症患者中是基本焦虑。但如果从它原本的形式来说，这并不是基本焦虑，它是从长期的心灵内的过程所得到的增加物中产生质变发展而来的。它已经成为一种混杂的对待人的态度，对其起决定作用的是一些比最开始还要复杂的因素。小孩子在有了基本焦虑的时候就会寻找应对他人的方法，成年的神经官能症患者也是如此，二者之间是非常相似的。我们所说的“主要解决方式”就是他要找的方法。实际上，自谦、退缩、夸张这些解决方式是新的，在结构上，它们和从前的解决方式是不一样的，虽然这些和亲近、对抗或者与人疏远的早期解决方式有一定的相似之处。虽然人性关系的形式也是由他们决定的，但决定心灵的内在冲突是他们的主要目的。

我们对这些现象进行整合，虽然基本焦虑被自负系统加强了，但因为需要施加在别人身上的“过分的重要性”是由它引起的，所以神经官能症患者在以下方式中，需要用别人来对他的自夸的虚假情感（崇敬、爱情或者嘉奖）进行证明，他们变成不能缺少的了，变得非常重要了。他有一种辩解的迫切需要，这是因为他神经性的自卑感和罪恶感产生的。但“自恨”不但引发了他的这些需要，同时还让他变得更加确信这种辩解是不可能在自己身上找到的，他只能从别人身上找到。对于自己特有的价值，他一定要向别人证明。他一定要告诉所有人，他是那么美好、那么成功、那么幸运、那么有才能、那么有权力、那么聪明，还要告诉别人，他能够帮助别人，他愿意为人们做事。

另外，不论是他做的，还是他需要的，他的目的都是为了追求辩白，抑或是为了积极地探求荣誉。这些刺激力可能都是从别人身上得到的。表现得最为显著的类型就是自谦型，他几乎任何事情都不能亲自动手，或者基本上不能做任何事情。如果没有攻击或者战胜他人的动机，没有给人留下好印象的动机，那么富有攻击性的人还会这么努力、这么积极吗？对于背叛的类型来说，主要目的是把自己的精力释放出去，对于自己的叛变，他需要有一些对象存在。

最后但不是最次要的一点是，神经官能症患者需要别人帮助他，这样他才能和自己的自恨对抗。实际上，对于自己理想化的影响，他已经从别人身上得到了证明，他对自恨的反抗会因为他对自己辩白的可能性而被强化。另外，在很多精妙而显著的方式中，他需要一种焦虑，这种焦虑是被人在缓解他的自卑和自恨的攻击时产生的。最为重要的一点是，他的外移作用是他自卫的方式，但在没有他人作用的情况下，他根本不能有效发挥这种手段。所以，他的人际关系因为自负系统而显得不够和谐：他认为自己和别人的距离太远，他开始恐惧、质疑并仇恨他们。但他在诸多方面还是需要别人的。

一般来说，所有对人性关系造成阻碍的因素，都可能在爱情关系上发挥作用。从我们目前的研究看来，这种观点是无须证明的，但我还要对这一点进行说明，因为这种错误的观念是很多人都具有的，认为只要夫妻（或者配偶）之间的性得到了满足，那么所有的爱情都是美妙的。事实上，虽然在有些人看来，如果神经官能症是性关系的基础，那么紧张就会被暂时缓解，这可能有助于彼此之间关系的维系，然而人性关系不能因为性关系而变得更加正常（健康）。如果对婚姻或者其他类似关系引发的“神经官能症困难”进行研究，那么对我们目前所说的原理来说，是没有任何好处的。但对于性和爱对神经官能症患者所具有的效果和意义来说，心灵内的过程所施加的影响是特殊的。所以，我们要通过提出有关这种影响的特点的普遍观点来总结本章所描述的内容。

对于神经官能症患者来说，爱情所有的意义随着个人解决方式种类而有所不同，所以不能对此作出结论。但有一个广泛存在的障碍性因素，十分确信自己是不被人喜爱的。我们在这里并不认为其中的原因是他认为自己不受人们的喜欢，而是认定原因在于他的观念，这就相当于，他的潜意识相信他没有被人爱过，或者没有人爱他。他可能认为别人因为喜欢他的样貌、声音，或者为了答谢他的帮助而喜欢他，或者是因为他能够提供性满足而喜欢他，喜欢他的原因不是从根本上喜欢他，谁让他本来就不被人喜欢呢？如果这种想法和他的实际行为不一致，那么他就可能在不同的情况下将这种想法放弃。这个人可能真的是寂寞的，他对别人有依赖，或者只是自作多情罢了。

不过，就算这个问题被认识到了，他也未必去解决，他的应对方式有两种，但都是不太清晰的，是矛盾的，但他却未必能注意到。一方面，就算他对爱情没有特别的喜欢，他可能还是会存在这种错觉:他一定在一个正确的时间、正确的地点，遇到一个“全心全意”爱他的人。另一方面，他表现出的态度和自信是一致的，在他看来，可爱是一种特点，它和现有的可爱特点不是完全没有关系的。另外，他分离了可爱和人格，所以他认为他不会因为未来的发展而产生某种变化。所以，他的态度有一种“天命论”的特点，认为他的不可爱是一种神奇的但又不能改变的事实。

对于怀疑自己可爱这一点，自谦型的表现最为明显。而且，我们还知道，最认真培养自己可爱特点的就是这种人，至少在样貌等外观上是否可爱是一定的。不过，虽然他对爱情的兴趣浓厚，但不会（自主地）对这个问题的本源进行探讨：他到底是因为什么原因而相信自己是不可爱的?

原因有三点。第一种原因是神经官能症患者爱的能力受到了损害。因为我们在本章中提到了很多因素，包括对自己的过度关心、过于脆弱（对别人的批评或者攻击太过敏感）、对他人感到过于恐惧等，所以他的这种能力必然是会受到损害的。我们虽然可以分辨“我们真的可以爱”进而“认为可以爱”之间的关系，但对我们中少数人来说，这一点的意义是重要而又深远的。不过，实际上，如果我们全面发展了爱的能力，那么我们就不会因为我们能不能爱这个问题而感到担忧了。所以，“别人真的喜欢我们吗”这个问题就没那么重要了。

第二种让神经官能症患者感到自己不被喜欢的原因是自恨和自恨的外移。不管是真的自恨或者是对自己的轻视，只要是他对自己感到不满意，那么他就有可能不相信别人喜欢他。

在神经官能症中，以上这两种因素是广泛而又剧烈的，在治疗中，“不被人喜欢”的感觉是很难清除的，这一点正好得到了解释。对于这种感觉，我们已经发现它存在于病人之中了，我们还可以将它对爱情生活的影响检测出来。但它能做的只有让这些因素降低，低到不太强烈的程度。

第三种因素就比较间接了，但由于各种原因，这也是需要提一提的。也就是爱情自身能够给予神经官能症患者的（没有瑕疵的爱）要比他们对爱情的希望少很多。另外，还有一些事情是与爱情所能给予的没有关系的（比如,他的自恨是不能被爱情治愈的）。此外，因为他的希望并不能被他所能得到的爱情满足，所以对于他“确实”不被人喜欢这一点，他很容易就能发现。

爱的期望有很多种类。总的来说，这种满足是许多神经官能症都需要的，他们自己一般是和这些需要矛盾的。比如，就自谦的类型来说，所有的神经官能症都需要这种希望带来的满足。如果让神经官能症患者的需要被“爱”满足，就会让人们不但对爱有渴望，而且还急切地需要。所以，我们同样可以在爱情中发现，有些不和谐的问题存在于人性关系中，如果需要的东西越多，那么需要的能力就越差。

如果过于清楚地区别爱和性，那么就如同把爱和性看得过于亲密（弗洛伊德的看法就是这样的）一样，这也是不正确的。性兴奋或性欲与爱的感觉经常在神经官能症患者中脱离，所以我想要特别解释，性在神经官能症中所充当的角色。在神经官能症中，性仍然发挥着作用，很明显，它是一种工具，用来满足和异性接触的愿望，同样也用来满足肉欲。另外，在很多方面，性的作用是完美的，自信感能够被它增加。这些作用在神经官能症中变得非常显著，它们所充当的角色是非常重要的。消灭性紧张只是性行为的一个作用，消除不是由性带来的多种精神紧张也是性行为的作用。

所以，在“被虐狂”的模式中，它们成为一种工具，用来清除自卑。在“施虐狂”的模式中，他们通过性堕落或者对他人进行折磨的方式来实现自我折磨，所以它们成为普遍的缓解焦虑的方式之一。这种关系是他们并不了解的，他们处在这种特别的紧张或者焦虑之下，但他们似乎并不知道这一点，他们只能感觉到性欲和性冲动在猛烈地增加。不过，这些关系可以被我们在分析中清晰地看见。比如，有这样一位病人，每当他感到自恨的时候，那种和女人上床的想法或者幻想就会突然出现。每当他把自己感到非常自卑的一些缺陷讲述出来的时候，他就产生一种虐待的幻想，他想折磨别人，想让那些比他还弱小的人感到痛苦。

另外，占有优势地位的往往是自然性的作用，也就是建立亲密的人性交往。这个事实是非常有名的，对于孤僻者（和他人断绝关系的人）来说，与他人进行交流的唯一方式就是性，但这并不意味着是人类的亲近行为。这可能表现在仓促中，人们开始性关系是比较仓促的，并不给自己找出两人共同点的时间，或者不给自己建立喜欢和关爱关系的机会。当然在后来，情感上的关系也可能因此而产生，但这是一个可能性不大的事情。因为这种需要在最开始的时候是非常急切的，这一般就说明，他们正在受到过分的限制，所以不能使正常的人性关系成长起来。

最后一点，性能力和自信之间的正常关系，转移到自负和性能力之间的关系上。性对象的选择、性经验及其变化、性的作用（让人着迷或者高兴）都成为“自负”的问题，它们不再和享受与期望有关系。个人因素在爱的关系中越来越少，越来越多的是纯粹的性因素。对于“被人喜欢”的关爱在潜意识中，对“迷惑”的关心存在于意识中，前者越来越变成了后者。

“性能力”在神经官能症中的作用逐渐增强了，但比正常人更普遍的性活动却未必产生。也有产生的可能，但他们一定要同时将更重的限制责任承担起来。不管怎么样，因为他和正常人之间的差别太大，所以我们很难将他们放在一起比较。虽然在“正常”的范围内，性欲的频率和强度、性兴奋和性的表达方式的差别非常大。不过，有一点差别是非常显著的，我们曾对想象的问题进行过讨论，这一点与之非常类似，那就是神经官能症都需要用性能力来解决。所以,性能力所具有的重要性是“不正常”的。另外，性的功能因为同样的原因而非常容易地受到了阻挠。比如，产生恐惧、各种各样的限制、同性恋等复杂问题的存在，还有性变态等。还有一点，因为神经官能症的需要和限制决定了（至少在某种程度上起到了决定作用）性行为（幻想和手淫也包括在内）和性行为的方式，所以强迫性是它们一般都具有的特点。神经官能症患者会因为这一切的因素而出现以下情况：并非按照他想要的那样和别人发生性关系，而是因为他应该讨好性伴侣。因为被喜欢和被需要的特点是他必须要具有的，因为他的某些焦虑是一定要被缓解的，所以他必须对自己潜在的能力进行证明。换句话说，他实际的感情和愿望并不是性关系的决定性因素，起决定性作用的是一种对某种强迫性需要满足的驱动力。就算他和他性伴侣的堕落是没有意识的，但他性伴侣的存在形式已经不是一个独立的个体了，而是一个“物品”，这个物品正好具有“性”的特点（弗洛伊德）。①

神经官能症患者对这些问题细节的处理是非常复杂而又烦琐的，同时变化的范围还非常大，所以我们不能对各种可能性都进行一番描述。至于性和爱这方面的特别阻碍，它只是所有神经官能症障碍中的一种表现，它们附带的表现是非常繁杂的。同理，个人的神经官能症性格不是唯一确定这些变化的因素，他已拥有的或者找到的伴侣也是其中的一种因素。

这种限制好像是没必要的，因为我们已经从分析中得知，大家基本是无意识地进行伴侣的选择，并且可以多次感受到每种想法是否正确。不过，我们趋向于走上另一个极端，认为是自己选择了每一个伴侣，这是一种错误的想法。它的验证需要通过两方面来进行。第一，我们一定要把谁“做出选择”的问题解决。如果说得明白一些，“选择”这两个字包含的意义有做出选择的能力、知道自己选择的伴侣能力怎样。在神经官能症患者中，这两种能力都已经降低了很多，如果我们所讨论的那些因素还没有扭曲他对别人的印象，那么他才能做出选择。所以，“选择”两个字的意

① 如果我们在讨论这个问题的时候借用了道德的观点，那么性关系的价值标准应该是英国哲学家约翰·麦克穆雷在他的著作《理性与情感》中所描述的真情实感。

义和实际是不相符的，在这里是非常不合适的，因为它的意义过于狭窄了。“伴侣的选择”是一个术语，它的意思是，神经官能症的需要对个人产生了显著的吸引，人们因此而有某些个人感觉，包括控制和剥削的需要、他的自负、屈服或者顺从的需要等。

这种意义是有限制性的，就算如此，神经官能症患者“选择”伴侣的机会也非常少。他结婚的原因是他必须要这样做。他和自己的关系是疏离的，或者和别人的关系是疏离的，所以他会非常巧合选择一个熟悉的人作为结婚对象。他因为自卑的缘故而感到低下，所以他对自己的评价是他根本就不能和那些吸引他（如果只从神经官能症的因素来说）的异性亲近。这些限制都是心理上的，除了这些意外，他本来认识的合适的对象就不多，所以对于“选择”只在偶然的条件下发生，我们就能理解了。

这其中牵扯到的原因是非常复杂的，我不打算在这里再次讨论对这些原因产生的性经验的无限变化和性爱，我们要讨论的是，神经官能症患者在性和爱这方面态度的大体趋向。他可能趋向于将生活中的爱清除，可能否定或者缩小了爱的意义，甚至否定爱的存在。所以，对他来说，他对爱并不是十分渴望的，他把逃离讽刺为自欺的软弱。

在退缩、独立型的人中，这种趋势所发挥的作用的表现形式是神秘却有决定性作用的。在这些人中，对于性能力（性欲）态度的不同就是个人差别之间的表现。在个人的生活中，他可能清除了爱和性的真实可能性。所以，对他的生活来说，好像并不存在爱和性。或者对他个人来说，爱和性的意义已经完全没有了。他不羡慕也不反对别人的性经验。如果别人因为性而感到烦恼，他还能体谅这些人。

还有一些这样的人，他们在年轻的时候拥有的性关系非常多，然而他们有一种“想要和人们断绝关系”的盔甲，这种盔甲并没有被他的这些性经验刺穿，也是没有任何意义的，没过多长时间就会消失，同时还没有一点儿类似的想象（性欲）被留下来。

有一些孤僻者也是想要和人断绝关系，对他们来说，性经验可能是愉快的，或者是重要的。和他发生关系的女人可能有很多，他总是非常谨慎，不管是在潜意识中，还是在意识层面中都是如此。不管与患者感情上的纠缠发生了，这种性接触都是短暂的，很多因素决定了这种性接触的性质。自谦或者夸张趋向的广泛性和这一点也是有关系的。他对自己进行的评价越差，那么和他进行性接触的人就越可能是教养或者社会地位比他还要低的人，比如，是妓女。

另外，有些人的结婚可能非常偶然。如果他们的结婚对象也是性格孤僻的，那么他们之间的关系就保持在恰好而又疏离的地步。如果他的结婚对象和他之间并不存在共同点，那么这一切就必然是他要忍受的了，对于丈夫或者父亲的职责，他一定要负担起来。他想要接触两人关系的时候，一定是他在悄悄退缩，而他的配偶却有暴躁、虐待狂或者积极趋势的时候，不然这种关系就会发展得神经错乱。

爱最容易被自大报复型用更加富有争斗性和破坏性的方式破坏了。诋毁和揭发（揭露）是他对爱的一般态度。他的性生活主要有两种可能，一种是为了削减精神或者身体上的紧张而偶尔地进行性接触，这样的性生活是非常贫乏的。还有一种是性关系对他非常重要,能够由他自由肆意地驰骋。此时,性虐待（能够让他满足的，并且是最能让他兴奋的）可能是他非常喜欢的，他也可能在性方面非常保守，或者极度拘束，或者在对待他的伴侣时使用一般的虐待方式。

另一种关于性和爱的广泛趋向是偏向于从现实生活中将爱（偶尔也包括性）排除,在他的想象中,爱却被放在了最明显的位置上。所以爱的感觉是完美而尊贵的，相比之下，实际的满足就显得浅薄和下流了。对于这种现象，霍夫曼在《霍夫曼故事集》中进行了精彩的叙述。他把爱称为“为了和上帝相连而对无限的追逐”。这不只是一种妄想，它生根于灵魂之内，“通过人类天生的敌人般的狡诈……也通过爱，借着自己的愉快，就可以像上帝答应我们的那样，抵达存在于我们心中的神圣的清净国土”。所以，想要让爱实现，就只能在幻想中。他的解说是，对于女人来说，唐璜就是个色鬼，原因是“那些对丈夫不贞的受害新娘，她们的男朋友对她们的每一个快乐都进行了剧烈的打击，所以她们的快乐都破碎了……”这说明邪恶的敌人被伟大的一方打败了，诱奸者的地位得到了提高，已经高于我们狭小生活之上了，超越了大自然和造物者。

我们要在这里提及第三种可能性，也是最后一种可能性，那就是在现实生活中，过分强调性和爱的作用，所以生活的主要价值是由性和爱组成的，他们因此而被荣誉化了。我们在这里可以大致地对征服性和降服性进行区分，自谦型的解决方式演变成了降服性，我们已经在相应的章节提到这一点了。在自爱欲的类型中，征服性发生了，当某种特别的原因存在时，他“征服”的驱动力就会在爱这一方面集中出现。所以“成为理想的情人”和怎样“变得不能抵抗”就是他的自负需要集中精力注意的问题，有些女人容易被他所利用，但他已经不再对这些女人感兴趣，他为了证明自己的胜利,就一定要制服那些难以得到的人（不论他的理由是什么）。在性行为中，胜利是可以被完成的；在感情方面，他的目的也可能完全被屈服。他的兴趣会因为这些目的的达成而突然变少。

这些解释已经被压缩成几页了，我对它们是否将心灵内的过程和人性关系影响的强度和范围表达出来的信心并不大。当它巨大的威慑力已经完全被我们知道后，我们就必须把和优良的人性关系对广义的神经官能症和个人发展的有利影响和所包含的一些希望进行更正。这种希望包括对人类环境、性行为和婚姻以及参与各种团体（社区、职业或者宗教团体）活动变化的期望，在免除个人神经官能症困扰方面，这些都能够提供有利的帮助。在治疗分析中，“希望”的表现是相信“病人和分析者是否能建立良好关系的因素就在于重要的治愈要素”，也就是将儿童时期存在的不利因素消除。[①]这种观点的成立需要某些分析专家坚持的前提条件，他们的观点是，神经官能症基本是人性关系方面的问题，在进行治疗的过程中可以借助良好的人性关系。但至于其他的一些希望，就没有这种具体的条件了，它们的基础是对人性关系在生活中重要因素的观点的了解（从根本上来说，这种了解是对的）。

不管是对于小孩，还是对于大人，一些真实的希望（或者运气）都是合理的。就算那种自我狂妄的态度可能表现出来，那些对特别权利的要求或者容易被虐待的真实症状也被表现出来，那么他对合适的人类环境所产生的反应还是非常灵活的。他的忧愁可以因为环境条件较好而有所缓解，他的信心也因此而增加，敌意因此而减少，虽然他已经被神经官能症的恶性循环缠得紧紧的了，但环境条件的好转还是能让他从中逃脱出来。当然，我们一定要对“程度”的问题进行补充说明，也就是他的问题的程度、患病时间的长短、特点和良好人性影响的程度决定他将有怎样的结果。

如果自负系统和它的影响没有那么深刻，或者我们比较乐观地说，如果“自我实现”还具有生命力或者意义，那么上面所提到的对于这个人来说，成年身上仍然存在内在成长的良好效果。比如，我们可能经常有这种感觉，如果妻子因为接受了分析而有所改善，

① 请参考1943年的《精神医学》所发表的“精神分析疗法中的转移关系”。对于分析中的治愈，本文也有所提及，这是指病人能够发现在自己曾经的经历中，某一部分的自我被压制住了。如果想要让病人对这一点能够适当地感知到，就需要依靠分析者和病人之间的交往关系。如果真的能这样，那么事实就不断地“不能继续被扭曲”，所以病人能够从自己和分析者之间的关系中“再次找到自我”。

丈夫的正常发展也基本恢复了。此时发挥作用的因素有很多，一般来说，被分析者（妻子）都会把她丈夫对这种病情的感觉说出来，而她丈夫则把对自己有利的部分挑出来。当她自己进行决策的时候，就会认识到这是一些“可以改变的”事实，然后就会产生一种克服困难的动机。只要正常人和神经官能症患者相处的时间足够长，那么就算是没有分析，病人也有变化（变正常）的可能。另外，促使他成长的重要原因还有很多，如价值观的再定向，被人喜欢的感觉，拥有的感觉，都能够“使外移作用减小，同时面对自己的困难”，有可能“接纳具有建设性的公正合理的批评，并从中受益”，等等。

不过，这种可能性要远远小于我们一般的认识。如果分析者本来就认为，病人只有非常小的可能性恢复，或者认为自己的经验不够，那么从理论上来说，我就会武断地认为，千万不要盲目地自信，病人恢复的可能性微乎其微。我们经常发现，一些人为了将内在冲突解决，执拗地使用“应该”系统和“要求”系统，他们总是“自命不凡”，而且容易受到攻击，他们利用自恨的外移作用，用制服、降服和逃离的方式建立和别人的关系。“关系”本来是一种桥梁，是用来相互喜欢、促进成长和交流的，但它却成为一种工具了，用来满足神经官能症的需要。从根本上来说，这种关系对神经官能症患者的影响是让内在紧张性增加或者减少，也根据需要的满足和挫折来决定。比如，如果夸张型的人处在领导地位，或者处于被人讨好献媚的环境中，他们就会感觉非常兴奋和舒适。如果自谦型的人认为自己是被人欢迎和需要的，认为自己并不孤独，那么他们就会过着愉快而活跃的生活。只要我们对神经官能症的痛苦有所了解，就一定会想让这种主观价值得到改良，但改良并不标志着个人的“内在”发展了。他们只是偶尔声明自己对人类的环境是适应的，这样虽然神经官能症患者的病症没有任何变化，但他们还是会认为自己过得比较舒服。

对于非人格的“希望”方面，这种观点也是适用的。比如，有些变化是基于经济条件、政治体制或者其他情况的，这些变化也适用于这种观点。很明显，个人的成长会被极权政治不断阻挠。另外，从根本上来说，阻碍人性的发展就是它的目的。相反，如果一个人生活在民主政治中，那么在实现他的自由方面，他就能够得到尽可能多的条件，人们值得为这种整体而努力。不过，个人的发展不可能因为外在情况呈现出最好状态而有所改变，相对于一个能够让它良好发展的环境，它的价值是比较低的。

对人际关系重要的过高估计并不是这一切希望的错误，对“心灵内因”震慑力的过低估计才是这种希望的错误。人际关系虽然非常重要，但却不能在一个人的内心中扎根，“自负系统”使人们失去了对真我的表达，也清除了人际关系。所以我认定，对于人性发展来说，自负系统是一个劲敌。

“自我实现”的目的并不是唯一的，可能是个人发展的特殊天分，个人潜能的演变和发展是全部过程的核心。所以，这种发展的目的包括为良好人性关系的建设而努力。

第十三章　工作中的神经官能症困扰[①]

有些困扰是在我们的工作和生活中产生的，它们的原因有很多，有可能是经济或政治等外在的环境压力让人变得寂寞、焦躁或者有其他不适。一个在现代社会中经常出现的例子就是，作家要解决的困难是他在表达自己的时候一定要学习新的词汇。传统的环境也可能是这些困扰的来源，比如，人们可以因为舆论而超常发挥出自己的求生能力，这种能力可能要比他们真正需要的强大很多，一个非常好的范例就是城市中的商人。不过，另外对于墨西哥和印第安人来说，这种状况（态度）却没有任何作用。

我们并不打算在这一章对外部的困扰进行讨论，体现在工作方面的神经官能症障碍才是我们要讨论的问题。所以我们要讨论的话题的中心是：我们对待他们的态度经常是和神经官能症的工作障碍联系在一起的，比如，感到极其优越或者特别自卑，还有平等待人等。虽然我们不能在实际上将这些和工作自身的困扰真正地、彻底地分开，但我们可以在这里尽可能地省略它，将“心灵内因”对工作或者和人们对工作的态度当作我们研究的重点。最后一点，

① 这一章的很多内容都来源于《精神病工作的阻碍》一书中的论文，题目为《工作上的禁制》。文章刊登在 1948 年美国《心理分析杂志》上。

在平时的生活中，神经官能症的阻碍并不是特别重要的，如果工作压力变大，人们需要有主动、预见、承担、细心、聪明机智等能力来处理各种事务，那么这种困扰也会突然急剧增加。所以，那些需要智力开发的工作，也就是广义上的创造性工作是我们讨论的对象。对于科学理论和艺术品方面的示例，也同样适用于医生、律师、商人、家庭主妇、教师、母亲或者协会组织人的工作。

一些表现在工作中的神经官能症困扰的范围是非常广泛的。就像我们现在所知道的那样，我们未必是从意识中了解到这些障碍的，其实在工作能力和创造性的缺乏方面多有体现。其他的表现则是和工作有关联的各种精神痛苦，比如，过度紧张、疲惫、衰败、恐惧、惊恐、焦躁或者抑郁心理等。人们会因为这些而有痛苦感。在这一点上，有一些要素是非常广泛的，也是非常显著的，这是各种神经官能症的共同特点。除了一些困扰是各种工作本身就具有的外，同样还存在其他困扰，不过这种困扰可能并不显著。

在创作中，一定要具有的主要条件可能就是自信心。不过，无论一个人的态度看起来有多自信或者实际，自信心一般都是摇摆不定的。

能对工作中遇到的所有困难都进行合理评价的人并不多，一般来说不是低估就是高估。人们也很少能够对自己从事的工作进行适度的评价。

有些工作是非常困难的，这些工作的条件或者环境是很严苛的，和一般人的工作类别相比，这些工作更严格、更特殊。

由于自我中心的作用，一些神经官能症患者心中并不关注工作自身。一些问题往往是和工作自身没有关系的，而是和他们自己有关系的，比如，怎样进行或者完成工作的问题。

一般合适的工作都能让人感到满足和有趣，但也常常是不完美的。因为强迫性、冲突和恐惧在工作中的表现太多了，也可能是因为人们的主观感觉就是这些工作是非常没用的。

我们暂时先将这些共同点搁置，并不对此进行讨论，同时对工作困难自身的表现方式进行具体的讨论，这样我们就明显感觉到，这种表现在不同的神经官能症中存在相似之处多于差别的现象。对于已经存在的困扰，以及在困扰中的那种痛苦，我已经有所提及了。同时，这份工作是否能完成的特别条件是有区别的，长久的奋斗、计划、接受帮助、冒险分配他们工作等能力是有区别的。跟人解决内在冲突的方法不同是产生这些差别的主要原因，我们要分类讨论这些问题。

夸张型的人不管自己特别的天赋，对于自己的能力和天分，他们都作了过高的评价。当然他们也容易犯这种错误：认为自己所做的事情是唯一有用处的事情，所以对于其中的特点，他们会做出过高的评价。如果有的人不赞成他的意见，他就认为这些人根本就不了解自己（就像是和不懂道理的人讲道理一样），或者认为这些人不信任自己，因为他们嫉恨自己的才能。不管是严格的，还是发自内心的批评，他全都认为这是彻底的恶意指责。同时，他需要把自己的怀疑消除，所以对于各种批评的真相，他们不能进行具体的思考，只是一心想要使用任何方式将其清除。同样地，（无论任何形式的）称赞是他们的工作所需要的，这是一种没有尽头的心理。他们趋向于这种看法，自己有享受这种称赞的特权。所以如果没有别人称赞他，他会感到非常愤怒。

与之伴随而生的是，他信任他人的肚量也是不足的，至少对于和他同龄的人是这样的。他们可能对贝多芬或者柏拉图带有崇敬之情，但对于和自己一个时代的作家或者哲学家，他就很难赞赏了。他越是这样，那些大事对他的那种毫无逻辑的意义就越会形成一种恐吓。如果有人当着他的面称赞其他人的事迹，他就明显地表现出敏感。

这些人有一个特点，那就是对所有事物的控制欲，这是最后要说的一点。这种控制使他迷迷糊糊地相信，只要他用自己的优越感和意志力走在这个世界上，他就是坚不可摧、战无不胜的。有一个座右铭是：如果在解决困难的时候使用了正确的方法，那么你将一直前进。这句话在美国的很多办公厅内都会出现。我猜测，第一个说出这句话的人，一定是个夸张型的人，不管怎么说，至少也应该是一个愿意进行实际行动的人。他自己的“战胜”是需要被证明的，这样他就变得聪慧，同时他就会有这样一种动机，如果一件事是别人不敢尝试或者让别人退缩的，他就一定要去试一试，所以他经常面临一种险境，低估自己的困难。所以，他基本不能马上和别人达成一致。只要是疾病，他就一眼能看出来。只要有一点提示，他就能完成所有的论文或者演讲。如果汽车出现了某种故障，他一定能比所有的汽车修理师做得更好。

对于自己的工作特点和能力，他的评价过高了；对于别人需要处理的困难，他又评价过低了，他不顾及他人的批评，这些因素的综合正好证实了一个问题，对于工作上的困扰，他一般是不会理会的。这些困扰因为自恋的、完美主义的或者自大报复型而有所差别。

“想象”可能控制着自恋的类型，他会把上面的各种标准彻底表现出来。假设人们具有一样的天分，那么在夸张型中，他一定是冒进、最积极的一个，但他也可能同时面临各种困扰。他把自己的精力和兴趣分散在各个方面就是其中的一种。比如，一个女人认为最完美的女主人、母亲、家庭主妇就是自己，与此同时她还是一个时尚的女人，在会议中她是积极的一个，她一定是一名杰出的作家，她一定要参与政治。再如，一个商人，很多企业都受他的管理，除此之外，很多政治和社交活动也有他的参与。到最后，当他发现自己一事无成的时候，他就认为这种错误的根本原因是他在多方面发展了自己的天分。对于那些比他还不幸的人，也就是只有一种天分的人，他会谦虚地表示羡慕。实际上，他可能真的过多地分散了自己的能力，但他失败的主要原因并不是这一点,基本的前提是他从来没有对自己能力的范围有所了解。所以，减少他的活动就成为暂时的解决方式，但这基本不能长时间起作用。他很快就恢复了以往的想法，认为自己做的事情并不像他人那么少，同时他可以并且做得很完美了。对他来说，减少活动暗含着“卑下、脆弱”和“失败”的意思，他认为做一个能力有限的人是不上进的，所以他不能忍受这一点。

对于其他自恋欲的人，他们可能不是在很多活动上分散自己的经历，而是在一些“开始”上分散自己的精力，但很快他又将各个探求都放弃了。如果一个年轻人资质好，同时还比较聪明，对他来说，上面的这些就像是对实验和时间的需求，将自己最大的兴趣挖掘出来。只有对他们的全部进行仔细的检查，才能知道这种简单的解释正确与否。比如，他可能有一副非常感兴趣的样子，想要努力地去尝试，在最开始的时候看起来有大好的前途，但没多长时间就不知道忘到哪里去了。就这一点来说，他们在追求一个目标的时候，就像是做农活或者写诗，然后又开始学习医学和护理学，但都是有始无终，在最开始的时候激情满满，但后来就没有什么兴致了，这一条曲线不可谓不陡峭。

不过，成人身上也可能出现同样的过程。他们可能为一本书作提纲，为一个公司做组织工作，对商业上的重大目标进行计划，从事研究发明事业，但只要过不了多长时间，他们还是一无所成，就没有什么兴趣了。他们最开始想象的形象是崇高的、光荣的、全都是有成就的，但只要他们真的面临困境了，他们原来的兴趣就会消失。不过，对于他们在躲避困境这一点，他们的自负不允许承认，所以保住面子的最好方法就是不再感兴趣。

兴趣的飘忽不定是自恋欲类型特点形成的原因，其中有两点因素，一是他不喜欢注意工作的细节，二是他讨厌一直进行努力。在学龄儿童的神经官能症患者中,第一种态度是非常常见的。比如，他们在写作文的时候可能想象力非常丰富，但他们的潜意识中却在抗拒这件事，根本没有心思仔细写作或者正确地拼写。如果成人身上也有这种轻率的特点，那么工作的特点也会被损毁。在他们看来，他应该是聪慧的，应该是有计划性的，但要让普通人去完成“工作的细节”。所以，如果这个想法可以被实现，那么他可以顺利地分配别人完成工作。同时，如果他的僚属能够实践他的意见，那么这项工作将会顺利地进行下去。不过，如果需要他自己亲自完成这件工作，如设计服装、写论文或者拟订法律规章等，他们就会在进行真正的考虑工作（进行考虑和核实、再核实和重新组合）之前，认为是为了让自己得到满足，才去完成这项工作的。同样的事情可能发生在病人的分析中。除了一般意义的“自大”以外，我们发现还有一个因素起决定作用，那种对自己的具体审视是他们所害怕的。

因为同样的原因，他们不可能一直保持奋斗。“坐享其成的优越感”是他们自负的特殊记号，这种光荣是奇怪的，也是不一般的。他可能认为平时生活中的下贱工作是一种屈辱，对此非常愤恨，此时人们的想象就会被这种光荣魅惑。相反，他们的努力可能是时有时无的，如果情况紧急，他们就非常谨慎而且体力强盛、精神充足，他们可以举办一场人数不少的舞会，有的书信已经堆积了几个月，但他们却可以一口气就写完……这种努力是间断性的，也是发散性的，他们的自负可以因此而得到满足，但他们的自负却可能被这种持续的努力而玷污。只要持之以恒，只要遵守规则，那么就一定能成功。但如果他们的努力不足，他们就会这样安慰自己：如果我真的全力去做了，我完成的事业将会更加伟大。无尽头的权力让他们产生了错觉，他们已经深陷其中了，对于那种一直奋斗的情况，人们会非常小心地、隐藏地厌恨着。如果有一个想改建花园的人，那么不管他是不是想要，他都会在最短的时间内知道，想要让花园在一夜之间成为万紫千红的伊甸园是不可能的。如果他一直进行栽培、修建工作，花园就会逐渐欣欣向荣。当他持续地写论文、教书、办公或者研究报告的时候，他同样会得到这种让他清醒的经验。只要不是神仙，都会遇到时间和精力的极限，同时人们只能在这种有限的范围内从事有限的事情。无限精力和无限成就的错觉仍然是自恋类型的人所根本不能摆脱的，他们一定会对那些让他清醒的事情持有小心的态度，他不想让自己坦率地面对这个事实，就算是为了需要也不可以。如果这种经验真的被他体会到了，他就一定会非常愤怒，感觉自己被嘲讽或者被侮辱了。

总而言之，我们可以这样说，不管自恋型的人有多强的能力，他真正发挥出来的工作能力一般是让人不满意的。他基本不知道怎样去工作，这是他的神经官能症导致的。与之相反的是完美主义类型的人所遇到的困扰，他的工作总是例行公事，他非常小心和细致地应对细节方面的工作。使他受限制的是“他应该做的事情和怎样做”，所以在自主性和独创性的发展方面，他是没有精力的，所以他总是不温不火、不慌不忙。他非常容易精力疲惫（特别是完美主义类型的家庭主妇）或者工作过度，因为他对自己的要求太严格了，最终的结果就是他经常发牢骚。另外，他对待别人也是非常严格的，就像对他自己一样严格，所以别人也感觉受到了限制，尤其是这样的人作为行政长官之后，这种情形就更为强烈。

自大报复型的人也具有自己的优缺点。在众多神经官能症患者中，最为杰出的工人就是这种人。如果一个人情绪冷淡，那我们称他为“沉迷于工作”就不太恰当了，我们应该说他们热爱工作。在他看来，只要不是用在工作上的时间，都是浪费的，哪怕是一分一秒也是如此，这是因为他们的雄心非常宏大，另外他们在工作上的表现是百无聊赖的。这不是说明他对工作存有喜爱之情，而是说基本没有什么事情能让他感兴趣。当然也不是说他不会因为工作而感到疲倦，他似乎是不知道劳累的，就像是一架经过了润滑的机器一样。但他的工作仍然有可能是没有结果的，虽然他聪慧、效率高、判断力强，同时还比较敏锐。对于这种“变差”的区别，我们并不在这里进行讨论，这些人已经有投机的趋向了，能够让他们感兴趣的只有工作以外的收获，如成就、胜利和声望等。这一点与他所从事的行业无关，不论是制作肥皂、刻模板还是写论文都是这样。除了伟大的荣誉以外，就算工作本身让他感兴趣了，他也只是对自己范围内的事情感兴趣而已，对于工作或者问题的中心，他是不会触及的。比如，如果他是社会服务者或者一名教师，他就会对社会服务的方法和教学感兴趣，但他不可能因此而喜欢别人或者喜欢小孩。他写不出对自己的评价，但是能写出文章来评价他人。对于可能发生的事情，他是能够解决的，所以在论文的最后，他没有把自己的看法写进去。简言之，他好像只是对主要的事件存在支配或者战胜的欲望，而不是想要让它变得丰富。

他的自大不允许他相信别人，同时他的创作能力也是不足的，所以他时常无意识地将他人的看法挪用了。不过，这些看法在他那里还是没有活力的，或者是僵硬的。

和大部分神经官能症患者相比，他有能力进行详细的计划，他能够清晰地对未来进行预见（在他看来，他的预测总是对的），所以在出谋划策方面，他可能是非常优秀的。不过，他的能力因为很多因素而降低了。因为他是自大的，他看不上别人，他认为唯一有能力担起责任的人只有他自己，所以他会在分配工作的时候遇到麻烦。同时，他倾向于使用极权的方式进行组织活动。他不会使用激励的方法，而是使用威逼和剥削的方式。他不擅长引起动机和欢乐，而是将其消灭。

他能够忍受短期的失败，因为他有长久的打算。不过，一旦严峻的考验来临，他就会感到慌张，他自己总是生活在胜利和失败的环境中。当然，让他感到害怕的是"可能就要失败了"。不过因为他应该是能够凌驾于恐惧之上的，所以非常愤怒自己的胆小。另外，在有些情形中（比如，考试），那些主考官会让他感到非常愤怒。类似这样的所有情绪都处于被压制的状态，他身心的症状会因为这种内心的混乱而产生一定的反应，比如，心悸、头痛和肠绞痛等。

相对于夸张的类型，自谦型在工作方面的困扰基本是相反的。他们习惯于制定一个过低的目标，或者对自己的能力和工作价值的重要性进行过低的估计，怀疑和自责经常让他感到折磨。他坚决不相信自己能够将不可能的事情完成，"我不能……"经常让他屈服。他永远都是这样想的，哪怕工作的特点未必是痛苦的。

只要是为别人工作，自谦型的人都会感到心安，而且表现得非常好。比如，他们可以当社会服务者、护士、家庭主妇、秘书、大师的学生、管家等。此时，已经存在的困扰都在上面提到的两种特点中有所表现了。他们和别人一同工作与自己工作之间，有着很大的区别。比如，一位人类学的野外调查工作者，他和当地的农民一同工作的时候就会非常聪明，但如果他要对自己的发现进行系统性的描述时，他就感到一片糨糊。一位社会服务者和他的助手一同工作的时候，他可能很快就能承担工作，甚至还可以独当一面，但他可能对做报告和评价感到非常惊恐。一名艺术系的学生，如果有他的老师在他身边，他就能很好地画画；但如果他一个人画画的时候，他可能就把自己学到的知识全都忘记了。此外，这种类型的人所处的阶层可能要比他们自己真实的能力低一些，同时那种抑郁不得志的表现是绝对不可能出现在他们身上的。

由于各不相同的原因，他们会为自己做事，他们上升的地位可能是需要写作或者做公开演讲的，他们会被自己的雄心（他们不会公然承认的）鞭策着去做那些更加倾向于独立性的事情，最正常且最充分的理由可能是：他们可能被自己已经具有的才能督促着表现得更恰当一些。但人格构成中的“退缩过程”造成了一道狭窄的分界线，每当他们想要跨过这条线的时候，那些真正的困扰就会出现。

另外，就像夸张型需要“完美”一样，他们可能需要“完美”，只不过是夸张型因为自己得到的优越感而窃喜。没有止境的自责是夸张型的特点，所以他们总是寻找自己工作中的不足。甚至是一些比较不错的行为（可能是演讲或者举办了一次宴会等），他们都会对一些自己已经忽视的事实加以重视，但对于自己本打算要说的内容，他们却不确定地加以重视，同时只有他们自己过于消沉或者过于无礼才是他们要强调的。所以，他们基本陷入了一场几乎没有可能取胜的战役中，他们在这场战役中努力地追求完美，但他们同时又把自己击伤了。另外，他们对“特别”的需求还被一种特殊的原因强化了。如果他们对业绩有所追求，那么他们就会因为自负和雄心获得的业绩而感到自己是“罪恶的”，要想让他们从这种犯罪感中走出来，就只能依靠最后的成就（如果你做不了完美的音乐家，那你就去擦地板吧）。

此外，如果他们违背了这些限制，至少是他们知道自己已经违反了，那么他们就变得具有自毁倾向。我们所说的竞赛过程与之非常相似，如果这种类型的人知道自己会取胜，那么就不可能再比下去了。所以，他们将处于进退两难的境地，也就是必须抵达高处但又必须让自己明显不如人的矛盾中。

自谦驱动力和夸张驱动力之间存在一定的冲突，如果到了这种已经有所表现的时候，那么“上下两难”的境地将更加显著。比如，一个美丽的东西让一名画家驻足，所以画家立刻就想到了一幅华丽的画面。他开始动笔了，他在画布上的第一笔看起来非常好，众人都为之感到兴奋。但第二笔却没有那么好了，或者没有他想象的那样完美，他就会立刻开始对自己发起攻击（反对）。所以，他想要把最开始的那幅画进行修改，但最后却更不好了。此时，他就变得非常狂躁，虽然他没有停止修改，但色彩更加阴暗、更加没有生气了。没多长时间，这幅画就被毁了，他很失望，就将这幅画舍弃了。但没过一会儿，他开始另一幅画的创作，不过他所经历的只是这种难以忍受的痛苦的一种重复而已。

同理，一名作家可能在短时间内写得非常流畅，在他知道这件事的发展一直很顺利以前都是此种状态。突然有一刻，他知道自己的这种满足是一种危险的信号，就在这时他开始找碴儿，也许是对他在某种特定的场所应该的表现进行一番思考，就真的遇到了麻烦。不过，只有当破坏性的自卑将他阻挠的时候，这种麻烦才明显地表现出来。不管怎么样，他一定会变得懈怠无力，在一段时间内不能好好地写稿子，甚至在愤怒之下，撕碎了以前写的几页。他可能会做噩梦，在他的梦里，他被逮捕了，被关在一间房子中，此时正好有个疯子向他靠近，那个疯子想要杀了他。他愤怒自己的行为，这个梦境正是一种对愤怒的残忍表达。[①]

我们在这两个案例中（当然我们还可以据此举出更多的例子）发现，有两种步骤是明显不同的：冒进创作的心态和自毁的心态。我们此时讨论这样一种人：他们的自谦趋向占据优势地位，而夸张的驱动力却被压抑了。那种显著的前进的历程正是这种人非常缺乏的，自毁倾向并不特别也不是那么激烈。冲突是隐蔽的。工作中进行的内在过程繁杂而又漫长，因此我们并不容易区分或处理其中牵扯到的因素。虽然工作上的困扰在此时的痛苦和不适是非常明显的，但我们还是很难直接了解它。只有在解释了全部的人格构成以后，这些困扰的性质才逐渐清晰。

如果这种类型的人正在从事创造性的工作，他就会发现自己根

① 我想要提出他们不能得到希望的“伟大”所做出反应，我在《工作上的禁制》中引用了这两个例子。

本不能全身心地投入。他很容易就内心一片混乱，或者很容易就不能尽兴思考，他的思维发散在各种平常是小事上，他变得烦躁、暴动，他可能开始乱写乱画、打游戏、打电话，这样就可以打发时间了，他甚至可能去用锉修指甲或者拍苍蝇、蚊子等。他讨厌自己。虽然他看起来工作得很卖力，但没多久他就进入疲劳的状态，所以他只能停止工作了。

他会没有任何感觉地就遇到两种长时间的困扰：对自我的贬低和没有能力对普通问题进行处理。就像我们已经知道的那样，他需要降低自己，这是他自贬的原因，这样做的目的是不必违反所有“肆意妄行”之类的限制。自贬就是一步步地损坏、咒骂、猜疑，他的精力都可以被这些事情浪费，但他却对此毫不知情（比如，有位病人将自己想象成两个又矮又丑的恶人，弯腰驼背，嘀嘀咕咕，两人之间不断对骂）。对于自己所读到的、看到的、想到的所有事情，他都会忘记，甚至当这个问题是以前曾经出现的，他都不知道自己是怎样应对的。只要是用来写论文的资料，都已经具备了，如果想让它们再现，只需要进行一番搜索工作就可以了，但如果他需要这些的时候，他可能根本不知道应该怎样使用了。同理，如果有人请他在讨论中发表自己的看法，他在最开始会感到自己被压制了，进而没有什么话可以讲。想要让他能够对所讨论的话题有所评价，就需要慢慢地开始。

换句话说，他需要将自己降低，智力的开发因此而受到阻碍。最终的结果是他在工作的时候带着无用而且还没有价值的、压抑的情绪。夸张型的人会认为自己的所有行为都是最重要的，而且在有的时候不能忽视它的客观重要性。但自谦型的人经常感到歉意，哪怕是他做的事情的客观重要性是很大的。其中一个显著的特点就是，他只会做自己“必需”的工作。从他的角度说，这并不是说他和退缩型的人一样对“强迫”感到非常敏感。不过他会认为这是肆意妄行，野心太大。不管他想要做什么事情，这种感觉都会跟随着他。他甚至不能认为自己能把一份工作做好，其中的原因不仅包括他在实际上被胁迫着去追求严格的完美，还包括在他看来，这种意思就像对命运发起粗鲁而骄傲的挑战。

在工作方面，他是无能的，这其中的原因是，所有带有保护、侵略和制服含义的事情都存在某种限制。一般来说，我们一说到他在侵略方面有一定的限制，就会想到不管是什么事情，他都没有要求，也不去控制或者支配别人的态度，他的这种态度体现在精神上或者无生物的问题上。就像那种无助的黏着不懂的拉链和没气了的轮胎，这种态度同样体现在他对自己的看法上。导致他遇到困难的原因并不是没有结果。原本就很好的看法可能会出现，然而他却不去抓住、处理和掌握。这些看法不能被他审核、整理和重组。这些精神起到了维持和攻击过程的作用，虽然他们在字面上是有所表现的，但在一般情况下，我们并不知道。如果我们想要对存在的这种事实有所了解，就一定要让普遍的“压制攻击”的心理对他们进行某种限制。不管怎么说，缺乏勇气表达自己的看法都不可能是自谦型的人的特点，他们本身就具有充足的勇气。一般在早期，“限制”就开始起作用了，这样他就能得到并了解自己的结论，或者对自己的看法心存恐惧。

这些困扰造成了迟缓的、没用的、无效的工作和一事无成。对于这一点，爱默生的话可能会被我们想起，我们之所以一无所成，那是因为我们贬低了自己。不过如果痛苦的问题牵涉进来了，那么就那个问题来说，他被逼迫着达到最完美的情况让他具有了完成某事的可能。对于他苛刻的要求，不仅仅是所做工作的特点应该进行满足，而且还需要使用最合适的工作方法。比如，有一名学生是音乐系的，如果有人问他“你的练习是不是有计划的”，他却非常紧张地回答“我不知道”，那么对他来说，练习的计划性就是在钢琴前面稳稳地坐着，一直坚持八个小时，几乎不寝不食，全神贯注地进行练习。因为这太专心了，所以他是不能坚持长久的，因此他就会对自己发起攻击，认为自己只是喜欢音乐罢了，实际上一点都不了解音乐，也不会在这方面有所成就。然而事实是，他在用心地研究一支曲子，在练习乐谱，同时还在练习两只手的运指。换句话说，他工作上的用心已经达到了。如果我们把这么严格的“应该”牢记在心，那就很容易想起自谦型的人，因为没有使用有效的工作方法而自我寻找。最后，对这种困扰的整体面貌再进行一次全面的叙述，他不应该知道，就像他的左手不知道右手正在干什么一样，虽然他能够顺畅地工作，能将一些有意义的事情完成。

如果他要开始写论文这样的创造性工作，他会感到非常孤立，同时也感到无力。他讨厌理解主题，这样他对文章的构思根本就无法开始。所以，他不可能事先将提纲拟订出来，也不能将资料在大脑中组合，这样就草草地开始写作了。实际上，对于别人来说，这可能是一种可行的方法。比如，夸张型的人在这样做的时候是明目张胆的，哪怕是他的初稿，他也会感到太好了，还感觉根本不需要进一步的修改了。不过自谦型的人却是相反的，他们根本不可能将一篇自我感觉良好的初稿记下来，他们一定会非常挑剔，不管是思想、文体还是组织结构方面都是如此。哪怕是自己文体的一点儿不灵活或者不清晰、不流畅等，他都会非常容易地观察到。他的挑剔可能是非常恰当的，然而他们的潜意识中存在一种自卑，这种自卑的阻碍性非常严重，所以他根本不能继续评论下去。他可能会对自己说："看在上天的面子上，还是赶快写吧，你一定会写完的。"就算是这样，也是没有任何帮助的。他可能会声势浩大地开始写作，写一两句，就将一些和主题有关的内容记录下来，但也只是这样罢了。只有当写作浪费了他很多的时间和工作以后，他才会反思："那么你到底想要写什么呢？"只有这样，他才能将提纲大致地写出来，然后再具体地写，然后……他就要这样一点儿一点儿地写下去。由于冲突而引发的被压制的焦虑就逐渐地减少，但当他的文章就要大功告成的时候，就要发表或者印刷的时候，他的焦虑又突然急剧增加了，因为此时文章应该是没有任何缺陷的。

这种过程是非常痛苦的，两种相对的原因可能产生急性的焦虑：如果事件变得困难了，他就会感到烦恼，但就算事情发展得很顺畅，他还是会感到烦恼。他在遇到难题的时候会休克、晕厥，也会感到恶心和四肢无力。不过，如果他知道工作进行得非常顺利时，他就又会损坏工作，甚至比平时更严重地损坏工作。我们可以举例说明，一位病人的“限制心理”正在弱化，但他还是具有破坏性的反应。在他的论文就要写完的时候，他发现已经写完的几段有自己熟悉的标记，他突然就想到，自己一定早就写过这些了。他开始对自己的桌子进行检查，他的确将那几段的草稿找到了，而且写得还不错，就是前几天才写的。所以他又用了两个小时,重新整理一遍早就整理好但却没有理解的思想。这种“忘记”让他感到很奇怪，所以当他对为什么会“忘记”进行思考的时候，他就想起他曾经很顺利地将这几页写完了，并且认为这是一种希望将限制克服的信号，认为这正好说明自己是可以迅速地将论文完成的。虽然事实上，这些想法的基础是非常坚定的，但由于他没有完全理解或者记住，所以他的“自毁”行为还是会出现的。

如果我们对这种类型的人在工作中面临的恐怖问题有了一定的了解，那么工作和他之间的关系就变得更加清晰了。

首先，他在对自己感到困难的工作开始之前就有一种恐惧或者焦躁的感觉。因为冲突也被包含在其中，所以他因为这种工作而有“不能进行”的感觉。比如，有这样一名病人，每当他必须要开会或者演讲的时候，他都会感冒；或者每当他就要上台的时候，他都会有恶心的感觉；或者每当他要逛街买圣诞礼物的时候，他都会感到没有精力。

他为什么只能将工作分批次进行？我们要对这一点进行研究。他在工作的时候非常紧张，这种紧张是很容易就继续上涨的，所以长期的压力是他所不能承受的。精神上如此，心理上也是如此，不管是从事哪一种工作，都会出现这种情况。他可能会先将一个抽屉整理好，而拖延另一个抽屉的整理工作。他可能在院子里翻土、除草，但很快就不做了。他可能进行了半个小时或者一个小时的写作，却非要不再写了。不过，同样是一个人，如果他与别人合力完成一件工作，或者为别人工作，他就不会虎头蛇尾地做这件工作。

其次，我们需要知道他为什么在工作的时候注意力不集中。他经常怪自己对工作没有真正的兴趣，这一点是非常容易理解的，因为他像一名被强迫的小学生一样，很兴奋地去做一件事情。实际上，他的兴趣可能是真诚的，也可能是诚恳的，然而他所知道的却没有工作的过程那样令人感到兴奋。我们已经说过他有一点儿不太严重的注意力不集中，除了这一点以外，除了打电话或者写信以外，因为他需要讨好别人，或者需要让自己被人喜欢，所以对于家人或者朋友提出的要求，他很容易就去满足。和自恋型的人相比，这其中的理由是不一样的，结果仍然是他在各个方面都分散了自己的精力。尤其是在他年纪不大的时候，对他来说，性和爱所具有的吸引力是强迫性的，虽然他不怎么从爱的关系中得到快乐，但这却说明一种对他所有要求都满足的希望。所以，有一点是不奇怪的，如果他不能承受工作中的困扰，那就会被爱情吸引。在有的时候，他会进入一种不断往复的循环:工作的时候，当某些事情被完成以后，他就又会陷入爱情的关系中了，有时候这种表现属于依赖型，接下来工作放弃了，或者成为不可能的了，他就从爱情中跳出来，继续从事工作，这种循环就这样进行下去。

总而言之，如果自谦型的人能够自己一人做创造性的工作，他就基本要失败。他们不但永远处于困难之中，偶尔的时候也会处于焦躁和压力之中。有些痛苦就是由这种创造性的工作引发的，痛苦的程度是各不相同的。不过，痛苦与痛苦之间的距离是很近的。当他开始确定一项计划的时候，他可能会感到非常高兴，就好像始终在考虑计划中的各种意见一样，就好像他被矛盾的“内心驱使”支配了一般。在他就要完成某种特定的工作时，在短期内，他可能感到满足和刺激。但没多长时间，他就有失去了工作即将结束的满足感，同时还失去了自己正在工作的感觉，所以就变得对外界的成就和称赞不那么理会了。因为他不认为自己能够在不考虑内心困扰的情况下将工作做完，所以对他来说，渴求或者重视工作中的满足和赞扬是可耻的。很明显，对他来说，永远将这些困扰的存在记住也是可耻的，这些困扰很可能产生一种危险：他将“一无所成”。最初，他可能不敢独自一人从事工作，他可能在工作中有始无终。因为工作中将会遇到各种阻碍，所以工作本身的特点将会被阻碍。不过成功的机会也是有的，他体能好，天分也不错，凭借这两点，他就能够很好地把一些事情做完，虽然他偶尔也会表现得不太好，但一些持续性的工作还是被他完成了不少。

对于退缩型的人来说，和夸张型与自谦型的人相比，那些阻碍工作的枷锁，在性质上的差别是非常明显的。这种类型的人和自谦型有一定的共同点，他们将自己实际的能力低估了。自谦型的人之所以会低估，那是因为他们认为想要保证安全，就一定要在依赖他人的情况下工作，同时他感觉这是被需要和喜欢的。另外，主要的原因还包括固执地坚持自负和攻击性。退缩型的人之所以低估，主要是因为他们可以通过这种做法从积极生活中的主要部分中逃离。他的工作出业绩的条件与自谦型工作出业绩的条件是完全相反的。他们能独立地做好工作，因为他们是孤单的。同时，他们很难为老板工作，这是由于强迫性敏感的缘故。他们可能不太适合生活在具有特别规则或者法律的环境中。不过，他们会自己与这种环境相“适应”的。对于那些与他们自己不适应的条件，他们会去忍受，这是因为希望和期望都被压制住了，也是因为他们讨厌“变化”。他们不想被卷入冲突中，同时还缺乏斗志，所以虽然能在情感上让自己严格地和别人断绝关系，但他们还是能够和大部分人和谐相处。就算是这样，他们还是没有任何成果的，也是不快乐的。

如果从爱好的角度来说，如果一定要工作，那么因为他认为自己太过容易让他人的期望束缚住，所以他一定是一个独立自主的工人。比如，他内心的压力可以被这种外界的压力所缓解，对于自谦型的人来说，喜欢服装的发行和配送，以及喜欢艺术品都必须是有一个范围的。如果没有一定的范围，那么他就感觉自己被逼迫着去改进自己的作品，这种改进还是没有止境的。范围可以让他对作品的严格标准有所降低，也能让他去把自己想做的事情做完，或者去付诸实际行动，同时如果有人期望他的作品，他也可以为这些人而工作。但对于退缩型的人来说，这种范围却代表着彻底的对“强迫”的憎恨,很多潜意识的反对都是因此而产生的，他会变得没有精神、懒散、反应迟钝。

他对“强迫”有一种敏感的感觉，这种态度只是其中的一种解释罢了。不管是哪一种他想到的、希望的、需要的或者要去做的事情，这种态度都是要使用的。对于他需要面临的每一种要求，这都是要使用的。比如，如果他想要把某件事情做完，他就一定要开始工作等。

他最大的阻碍就是懒惰，我们已经对它的意义和表现进行讨论了。它越是普遍，就越具有渗透力，那么病人就会更加趋向于在行动中使用想象。有些没有成果的工作就是惰性引起的，这一点和自谦型的工作无成果是不一样的，首先起决定作用的因素是不一样的，其次它们的表现也是不一样的。矛盾的“应该”对自谦型的指引无处不在，所以自谦型就像关在笼子中的被捕的小鸟，只能焦躁地扑扇着翅膀。退缩型的人虽然没有进取心，但却不会没有精神，不过不管是精神方面，还是身体方面，他们都表现得非常愚钝。他们可能总是拖延，或者必须要在记事本上记下每一件需要做的事情，这样才不会忘记。另外，还有一点是和自谦型相反的，只要他开始做自己的事情，情况就会立刻发生逆转。

比如，一名尽忠职守的医生，他在医院中必须要使用记事本，他必须记下他将要进行检查的每一位病人，需要参加的所有会议，一切应该完成的报告和书信，每一个处方药的名称。不过，一旦他下班了，他会非常主动而又积极地读自己喜欢的书，他会弹钢琴，还会写哲学方面的文章。他在做这些事情的时候，都是非常活跃的，而且还非常享受。就这样，对于自己的存在和正常的事情，他在房间里的时候都能感受到。同时，比较明显的是，他为了保住自己真我的完整，他的正常只有在他和众人完全不在一起的时候才能出现。他不想出版自己的书，也不想成为有名的钢琴家。

这样的人越是不想和期望相一致，就越会趋向于减少为别人做事或者减少与他人合作的机会，同时只要有时间方面限制的工作，他都会减少。他把生活的标准制定得很低，就是为了做自己喜欢的事情。如果在自由程度较大的环境下,他的真我能够迅速地成长，那么这种变化就可能让他从事具有建设性的工作。所以，创造性表现的可能性被他发现了，不过对其起决定作用的是他所依靠和具有的天分。不是所有的人都能够离家去航海，也不是所有人都是高更。但如果合适的内在条件是不存在的，那么危险也就因此而产生，他就会彻彻底底地成为一个狂躁的个人主义者。对于那种和众人不一样的生活，他会感到非常喜欢；对于那种出乎人们意料的事情，他会很高兴地去做。

对于生活浅薄型的人来说，工作并不会成为一种问题，它一般只是有点变化的过程的一部分。被压制和舍弃的是，努力地理想化的自我和自我实现。因为他没有动机去发展他潜在的天分和才能，也没有动力去追求更加伟大的目标，所以工作变得没有任何意义。工作成为一种难以逃避的祸害，“美好的生活”被它掐断了。在有些时候，他也可能把工作策划过，但因为他一直都想着去做，所以就算是完成了，也感觉并没有参与其中。有些时候，工作变成了一种工具，他可以用此获得威望和名利。

弗洛伊德发现，有很多神经官能症障碍是表现在工作方面的。在治疗分析中，他为了让病人“将这些目标实践以对这些阻碍的重要性有所认识”。不过他认为动机、目标、工作态度是不应该和这种能力相混淆的，这种能力也不应该和完成工作的前提和所做工作的特点相混淆。所以他看到的只有工作过程中显而易见的冲突和障碍，结论就是据此而得出的，其中有一点就是“这种方式是用来正面面对工作的困扰的，但它的形式主义太严重了”。只有当所有被提及的因素都被我们考虑了以后，我们才能对那种已经存在的困扰的宽泛性进行一番了解，当然这只是换了一个说法罢了，全部人格的表现就是工作上的特征和阻碍（而且必须是）。

当工作中所提及的所有因素都被我们讨论了以后，我们可能还发现存在着其他因素。我们知道,对于工作方面的神经官能症障碍，如果用一般的方法去考虑，那是错误的，也就是说，对“神经官能症自身”的阻碍进行思考是错误的。正如我们在最初所说的那样，那只是一种有限制的、有条件的、小心的综述才引起的所有的神经官能症。除非我们不能对个别特殊的阻碍形成正确的认识，每一个神经官能症的构成都可能引起各自的困扰和特征。这是一种非常正确的关系，所以当我们对某一个特殊的构成有所了解的时候，我们就会立刻预测出可能出现的困扰具有怎样的特征。同时，特殊的神经官能症个人是我们治疗的对象，我们所针对的不是“一切”神经官能症患者，所以我们可以从这种精确性中将个别困难找到，同时也有可能对特别的困扰进行更加彻底的认识。

我们很难表述所有工作上的神经官能症障碍造成的痛苦。不过，不是所有工作中的神经官能症障碍都能引发意识上的痛苦，有可能很多人已经遇到了困难，但是他们自己却并不知道。正常人的精力必然会因为这些阻碍而白白浪费，有的精力在工作的过程中浪费了，还有一种浪费就是不敢做与自己的能力相符合的工作，不能将自己的智慧开发出来，自己完成的工作（作品）的特点被损坏过。从个人的角度来说，这就说明他不能在生活重心方面让自己感到满足。这些人的损失要用“千”来计量。对于人类来说，工作中的困扰将是很大的一块损失。

这种损失是一个事实，我们不需要再对其进行争论，即使如此，有的人还会对神经官能症和艺术之间的关系感到迷惑。说得更直白一些，也就是对神经官能症和艺术家的创造力的关系感到迷惑。他们可能会问：我们暂且承认有些痛苦是神经官能症导致的，尤其是工作方面的痛苦就是这样产生的，那么艺术创作必须要具备这些条件吗？如果这样，大部分艺术家就都是神经官能症了。如果对艺术家们进行分析，那么不就会减少甚至破坏他们的创造力了吗？如果我们对这些问题进行分类处理，对其中所涉及的因素进行具体的讨论，那么我们至少能得到一些认识。这一点是毫无疑问的，每个人自身具有的天分和神经官能症是没有关系的。近代教育的结果已经表明，如果让大部分人经过适当的刺激，这些人都能够画画，不过这并不是说所有人都能成为伦勃朗（荷兰画家）和雷诺阿（法国画家）。这只是说明，虽然天分是优秀的，但未必能让自己有所表现。就像这些试验，很明显，天分的发挥必然受到神经官能症的阻碍。一个人越是不自知（神经过敏），那么他被胁迫的可能性就越小，就越不可能努力地去服从他人的愿望，越不会要求完美或者“应该”，那么他的天分也就越有可能表现出来。分析的经验表明，“创作”的一大阻碍就是神经官能症因素。

直到这里，如果过于担忧艺术创作，就可能对天分的程度进行不清晰的考虑，或者低估了天分，也就是对某种特殊环境下艺术表现的能力进行了过低的估计。不过，我们开始考虑第二个问题：我们暂时承认神经官能症和天赋本身并没有关系，那么艺术家的创作力不就是神经官能症的表现吗？如果想要对这个问题进行回答，就一定要搞清楚一个问题：确定哪些神经官能症因素对艺术创作是有好处的。很明显，自谦型对艺术创作是没有好处的。实际上，如果一个人具有自谦型特点，艺术创作根本就不能让他产生兴趣。他们自己很明白，非常透彻，从灵魂深处感知到，自己的一双翅膀（个人的能力）已经被神经官能症折断了，所以自己被阻碍着，不能将自己表现出来。经过分析以后，害怕自己失去创造力的人，是那种明显具有夸张驱动力的人，还有退缩型中反叛类型的人。

那么他们到底害怕什么？按照我的说法，他们认为，就算“想要胜利”（制服）属于神经官能症的一种，那么这也算是一种驱动力，他们创作上的热情和勇气可以通过这种方式得到，对于他们在创作过程中遇到的所有困难，他们都可以克服。或者，在他们看来，只有将自己和他人之间的枷锁解开以后，或者对于别人的“希望”的困扰严词拒绝以后，他的创造才是有可能性的。他们（无意识地）害怕那种伟大的胜利的感觉将离他们而去，哪怕只是离开了一点点，他们都害怕。所以，他们要使用自疑的方式将自己压倒，因此他们就会感到自卑。或者，以叛逆型为例，他们认为除了进行自疑以外，还可能成为一种自动运转的机器，对人绝对服从，这样创造力也就没有了。

因为从真实的可能性的意义来说，他们的心里还存在另一种极其恐惧的想法，所以我们可以理解这些恐惧。然而，不正确的推理过程是这些恐惧产生的根源。有些病人还处于神经官能症的冲突中，只能进行“二者选其一”（犹犹豫豫）的思考，那么真正能解决冲突的方法是他们想象不到的。此时，我们可以发现在这些病人中，他们的情绪处于两种相对极端的境况中，一直犹豫不定。如果能够适当地进行分析，那么自卑和顺服就一定能被他们感觉到，或者被他们所经历，不过这种态度的存在是短暂的，这两种极端之间所存在的强迫性因素，是他们一定能够消除的。

更加深刻的争论就在此时产生了，这个问题是值得考虑的，相对于其他问题来说，这个问题显得更加重要。如果神经官能症的冲突能够被分析所解决，人们因此而变得更加愉快，那么他内心中过度的紧张性是不是也可以被消除了呢？他是不是可以变得对“现状”十分满意呢？那么创作的内在刺激力是不是也会因此而不见了呢？这是一个具有双重意义的讨论，我们不能草率地将其中一种忽视了。有一种非常广泛的争执存在其中，内在的痛苦和紧张是不是艺术家们都需要用来将创造的欲望激发的？对于这种说法的正确与否，我并不知道，不过，如果这是正确无误的，那么我认为，神经官能症的冲突未必是所有痛苦的来源吧？在我看来，就算没有神经官能症的冲突，生活中本来也是充满痛苦的，对艺术家来说更是如此。因为他们在不协调和痛苦、协调和美丽之间的敏锐性是很强的，同时他们“感受感情”的能力也是很强的。

另外，还有一个特别的论点是包含在这种争论中的，创造力可以由神经官能症的冲突形成。对这一论点持赞同意见的原因，主要是从我们做梦的经验来说的。我们知道，潜意识的幻觉在梦里可以将内在冲突的解决方法创造出来，我们在短期内会受到这种冲突的困扰。由于梦中表现的形象是非常简明、扣题的，对中心问题进行了一般概述，所以这一点和艺术创作的成品非常相似。所以，在条件相同的情况下，如果一位艺术家是有天分的，那么他们就会将自己的表现方式应用在这种环境中，并且在他的作品中也有这样的表现。不过在同一环境中，他为什么不去谱曲、绘画或者创作诗歌呢？从我个人的角度来说，这种可能性是可以相信的。

不过，我们要通过下面的讨论对这个假设进行修饰和限定。一个人在梦里可能得到各种各样的解决方式，这些解决方式可能是神经官能症的，也可能是建设性的，二者间的范围是非常大的。不过艺术创作的价值和这个事实是没有关系的。我们可以认为，就算一名艺术家所有的方法都是特别的神经官能症的解决方法，他还是会寻找和他统一的方法，因为使用这种解决方式的人还有很多。不过我非常想知道，就像（西班牙著名画家）达利的油画和萨特的小说对一般正确性的表达一样，我们暂时不对伟大的艺术才能和心理学方面的理解能力进行讨论，那么它就会因此而减少吗？大家不要误解，我的意思不是说神经官能症的问题不应该出现在小说或者戏剧中。恰恰相反，在有些时候，当很多人因为神经官能症问题而感到苦恼的时候，他们却因为艺术表现（所涉及的神经官能症问题）的帮助而对神经官能症的存在和意义有所察觉，同时还可以对他们形成发自内心的理解。当然我的意思不是说，如果说到心理问题小说和戏剧，结局都应该是欢喜的。比如，《推销员之死》这部小说的结局就不是欢喜的，然而我们也没有因此而感到烦乱，同时也没有感到困扰。这部小说对生活方式进行了描述，也是一部社会的控告书，除此之外，还对一个沉溺于想象中（有些带有自恋欲解决方式的感觉）同时还不曾面对或者解决自己问题的人的最终结果进行全面的阐述。如果作者的立场是我们所不知道的，或者说唯一的解决方式就是作者所提到的或者倡导的一种“神经官能症的解决方式”，那么我们就对这件艺术品感到烦扰和迷惑。

可能有另外一个问题可以从刚才的讨论中找到答案。由于艺术创造力可能被神经官能症的冲突或者解决方式所损害或者失去灵敏性，所以我们一般不能武断地下结论，创造力可以被神经官能症的冲突和解决方式引发。对于大多数艺术家来说，这些冲突和解决方式给工作带来的影响都是不好的。虽然有一些冲突能够激发创造力，但有的冲突却能压制或者减少艺术家的能力，有的冲突甚至能够损坏艺术家工作成果的价值，那么在这些冲突中，我们应该怎样画出一道是非分明的界限呢？决定这条界限的因素就是“量”吗？我们根本就不能说艺术家的工作因为他们具有的冲突越多而获得越多的益处。难道说冲突太多了就没有好处，只有一点儿冲突就是有所帮助的吗？如果真是这样，那么“一点儿”和“太多”之间是怎样区分的？

显然，当我们对“量”的问题进行思考的时候，一定会感到无从下手。我们来换个方向对神经官能症的解决方式和建设性的问题其中的含义进行讨论。不管艺术冲突具有怎样的性质，他都不可能深陷在那些冲突中。为了摆脱冲突，或者为了防御冲突，他一定要拥有充足的建设性事物或者能力，并对他的愿望施加影响。换句话说，不管这是一些怎样的冲突，他的真我的作用必须要非常活泼才可以。

我们通过这些讨论可以得知，一般人经常对神经官能症对艺术的价值持认可态度，这是毫无根据的。艺术家的神经官能症冲突对他们的创造欲望和动机具有促进作用，这种可能性是非常肯定的。另外，创造的主题可能就是他的冲突和他为避免冲突寻求的解决方式。比如，有一位画家想把他对山色的感想表达出来，那么他就会表达出他个人内心挣扎的感觉。不过，这种才能给了他一种深入透彻的感受，给了他所有的表达能力和自发的欲望，只有当他的真我还存在的时候，他的创作才可以进行。不过，这种能力在神经官能症中因为“与真我疏离”而处于危险的边缘。

有一个论点是“神经官能症的冲突是艺术家们必备的动力”，我们现在可以知道这一点到底错在哪里了。他们最多只是让暂时性的动机发动起来了，他们对真我的追求以及他追求真我而耗费的精力，才是创作力和创作的刺激力。如果我们直接并简单地将这些精力从生活的经验中转移到必须要证明的一件事情上，也就是对他是或者不是进行证明，那么他的创造力就一定会被损害。相反，如果在分析中，艺术家再次对“自我实现”的驱动力和欲望进行追寻，那么他曾经的创造力就会恢复。同时，如果能早一点发现这种驱动力，就绝不可能存在神经官能症对艺术家价值的争论了。实际上，艺术家能创作的原因未必是神经官能症，神经官能症和创作是没有任何关系的。“艺术家自我的表现，艺术家的创作，就是艺术的自发性……”[①]

① 请参考约翰·马克慕雷所著《理性与情感》一书。

第十四章　精神分析治疗途径

虽然有些急性困扰是神经官能症促成的，它们在有的时候看起来是很安静的，但它的本质既不是静止的，也不是非急性的。这种过程是通过依靠自身动力而发展的，也是一种通过自己残忍的逻辑,对全部人格构成逐渐渗入的过程。这是一种冲突产生的过程，也是一种追求解决冲突的需要。不过，个人找到的解决方式都是人为的解决方式，所以又会有新的冲突产生，接下来又要寻找新的解决方式，这样才能让生活过得非常顺畅。所以，这个过程也在促使他与真我更加疏远，同时对他人格发展也是有害的。

对于进入神经官能症以后的严重性，我们一定要有所了解，这样才能与不应该的乐观避开，才能进行预防工作，或者比较容易治愈。实际上，所谓的“治愈”只是削减症状，比如，失眠（多种原因）、恐惧的消除。不过，对于个人发展而使用的错误过程，我们却不能“治愈”。我们在这里不能对精神分析的“目的”的种种方式进行讨论。很明显，不管是哪位分析者，他的观念是各种目的的根据，这是在对神经官能症的重点进行研究后转变而来的。比如，只要我们认为神经官能症是人际关系障碍的主要原因，我们就会在治疗中将帮助病人和他人建立良好的关系当作注定目的。

如果我们对心灵内在过程的性质和重要性有所了解，就可以从一个整体的角度对这种“目的”进行概括性阐述。我们希望帮助病人把自己找到，凭借这种可能性向“自我实现”的方向奋斗。虽然自我实现的中心就是建立良好人际关系的能力，但创作天分和自我负责也包含在内了。从首次到最后一次会谈，分析者们都要把分析工作的目的牢牢记住，因为他应该做哪些工作和工作中的心态都是由这个目的决定的。

为了能对治疗过程中遇到困难的程度进行大致的估计，我们一定要将病人估计涉及的所有内容都考虑在内。也就是说，所有的能够对人格发展形成障碍的态度、驱动力和需要都是需要克服的。如果想让他获得发现自己真正潜能并发展这些潜能的机会，就一定要在最初将对自己的错觉和对幻想的目标舍弃。想要让他不对自己产生敌意，产生坚定的自信心，就一定要让他将错误的自负放弃。想让他感觉到自己的真情实感、愿望、理想和信仰，就一定要让他的“应该”的强迫力量失去。想要让他的人格有“真正的整合”的机会，就一定要让他面对已经存在的冲突。

这种说法是绝对没有错误的，而且分析者也是非常清楚的，但即便如此,病人也不会这样想。他坚持认为无论是自己的解决方式，还是自己的生活方式，都是正确无疑的。他认为想要让自己将满足与和谐找到，就一定要坚持他的方法。他内心的价值和坚定都是自负带来的。如果这些“应该”是不存在的，他的生活将一片混乱。如果有一名客观的第三人在场，他一定告诉他这是一些虚假的价值，不过只要病人认为这是他唯一拥有的价值，他就一定会依靠这些价值。

另外，对于病人的主观价值，他们一定会牢牢地掌握住。因为如果他不这样做，他的全部精神世界就会受到损害。简而言之，他为了将内在冲突的解决方式找到，其中的特点就是“胜利或者制服”，“自由”或者“爱”，对他来说，这些方法不但是正确的、明智的、良好的，同时也是唯一安全的办法。他的“整合感”就是这样产生的。当他与冲突对峙的时候，他会看到一种恐怖的、被分离的形象。自负带给他的不只是意义和价值的感觉，同时还能与想要诱惑他深深陷入的自卑和自负的可怕危险进行对抗。

在分析中，病人用以了解冲突和自恨相对抗而使用的方式，因为他的全部人格结构而有所不同。对他来说，这是一种非常有效的考验。对于夸张型的人来说，他们不想对自己的恐惧、无力感进行了解，怜爱、喜爱、同情或者帮助是他们所需要的。对于自谦型的人来说，他们会非常急切地抛开自负，并不考虑自己的利益。对于退缩型的人来说，他们会假装成一种礼貌的懒惰，或者假装不感兴趣等,为的就是不让自己产生冲突。不管是哪一种病人，避免冲突的结构是双重的，他们不想让冲突流露到表面上，也不想对冲突的去向有所了解。有的人为了与冲突避开，选择理性的思考或者隔离。还有一些人的防御面比较宽泛，其主要表现方式为：在潜意识中不愿意明确地思考，紧紧抓住潜意识中的一种嘲讽的想法（不严肃和否定的态度）。杂乱的考虑和怀疑（别人的好意或者人生价值）在此时使冲突的问题更加扑朔迷离，所以对于那些冲突，他们根本就无法感受到。

不管是自卑的体验，还是自恨的体验，病人都在尽力避免，逃避了解那些从来没有被满足的“应该”就是主要的问题。相对于他“内心的驱使”来说，有的罪行是无法原谅的。他会在分析中反击，就是为了不去了解这个缺点。所以，只要一种暗示是和这些缺点相违背的，他就认为这种责怪是恶性的，自卫的行动就被迫采用了。在这种征战中，不管他是宁静的，还是好斗的，效果都是一样的：防止他对真相进行适度的探查。

病人的危险是一种对恐惧和焦躁的主观感觉，每一名病人都有保护主观价值和逃离危险的急切需要，这正好表明，他不管自觉的善意，所以不能和分析者亲密配合，他需要进行自卫的原因也可以用这一点来说明。

直到现在，“保持现状”[①]一直都是他自卫态度的目标。这一特点在分析中是非常明显的。比如，在对退缩型的病人进行分析的时候，病人在分析的初期需要把自己的独立（与他人断绝关系）和“自由”完整地保留下来，他的对策是不渴望、不争斗，他对分析的态度完全就是由这一点所决定的。不过，如果是自谦型和夸张型的人，尤其是在刚开始进行分析的时候，还有其他一些阻挡分析进行的因素存在着。这和他们在生活中非常想对完全的胜利、制服或者爱进行追求的积极目的一样，他们在分析中同样会追寻这些目的。所有阻碍的东西都应该被分析清除，这些阻碍物包括：他们对胜利或者永不失败的全面追求，不能抵抗的诱惑力，

① “抗拒作用”的定义就是这一点。在本书第十章中，已经提到了对抗拒作用的处理。

神奇的意志力，庄严不可侵犯等。所以，这不只是病人自卫的问题，同时还是分析者和病人积极对立的问题。虽然说演变、发展和成长都是二人谈论的问题，但他们所说的却是不同的事情。真我的发展是分析者关注的问题，完成“理想化的自我”则是病人考虑的问题。

病人对精神分析动机的追寻会被这一切阻挡的力量影响。人们想要被分析，这是因为他们存在一定的障碍，比如，抑郁、工作方面受限、恐惧、头痛、性方面的困扰、各种类型的不断失败等。他们之所以接受分析是因为，有些痛苦的生活是他们根本不能解决的，比如，丈夫或者妻子的不忠，想要离家出走等。他们寻求分析治疗的原因也可能是恍恍惚惚间认识到有些阻碍困扰着他的发展。似乎这一切的阻碍都已经成为进行一次分析治疗的充分理由了，但却不是进行深入检查的理由。根据刚才说到的这些理由，我想要问一句：受到困扰的人是谁？由于病人想要幸福或者发展，那么受到困扰的是病人自己吗？还是病人的自负？

是的，我们不能对此进行非常确切的区分，但我们一定要知道，自负在产生一些难以忍受的痛苦这一点上，所充当的角色是非常重要的。比如，对于有的人来说，因为他“征服所有”的自负受到了伤害，所以他不能忍受“对街上车行道的恐惧”。有些神经官能症要求一种公平的对待，那么“被丈夫抛弃”就成为一种要忍受的挫折了，她会感到非常的不幸（她会想“作为妻子，我是那么贤惠，我有要求他一生忠贞的权利”）。有些“性问题”在一般情况下并不会对人造成困扰，但对于一些认为自己“非常正常”

的人来说，这简直不能忍受。如果人的发展受到了限制，那将是非常痛苦的，因为他“想要坐享其成的优越”似乎已经不存在了。下面的这些事实可能有自负的表现，比如，人们会因为自负被伤害而有一些小困扰，像羞怯、扭捏、害怕演讲、双手发抖等而去求助于医生，但对于一些比较大的障碍，他们却很容易地忍受过来了。不过实际上，当他用了分析的解决方式以后，这些大的困扰所发挥的作用也是有限的。

另外，人们可能因为受到自负的阻碍而不向分析家求助，实际上这些人确实需要帮助，同时也有可行的帮助提供给他们。不过他们的自负是“独立”和“自足”的，认为所有的帮助都是可耻的，认为不应该“沉迷或者纵容”，不管是什么困扰或者问题，他们都应该自己克服，或者说，他们有一种自负是“征服自我”，不管是哪一种神经官能症的困扰，这种自负都不允许他们拥有。他们最多只能在对亲人、好友的神经官能症进行讨论的时候，才去求助于分析者。此时，不管是哪一种可能性，分析者都应该去注意，对于自己遇到的麻烦，他们可能会通过这种方式间接地提出来。所以，他们因为自负而不能正确地对自己的困难做出估计，所以他们不去求助于分析者。当然，不是所有的特别的自负都不允许他们考虑求助于分析者。每一种因素在内在冲突的解决方法中都会将他去寻找分析的动机压制住。比如，退缩倾向严重的人，可能宁可在自己的麻烦或者困扰中静静等待。或者说，他的自谦型特点不允许他用“自私的”方式给自己求利益。

在病人对分析怀有的希望中，阻碍力也是发挥作用的。对于这一点，我们在对分析工作的一般困扰讨论时，已经提过了。我在这里再重复一次，一方面，他希望分析对自己的心理结构不做出任何改变，同时有能力将困扰（阻碍）因素清除；另一方面，他那种“理想自我”的无限权力可以借助分析而实现。另外，和这些希望相关的不仅是分析的目标，而且还有完成目标的方法。他对分析作出的合适评价非常少，与之相关的因素也很多。当然，和其他新工作一样，只要他没有被报复阻碍，病人就一定要及时学习与之相关的各种事宜。夸张型的人习惯于低估自己遇到的困难。退缩型的人变得麻木，这是他本身的怠惰和动机的缺乏所引起的，他不指望分析家能把神奇的线索交给他，但在等待的过程中却非常有耐心，当一个旁观者是他非常感兴趣的。如果占据主要地位的是病人的自谦倾向，就因为他的处境非常困难而艰苦，非常希望得到帮助,所以他会更加希望分析者手持魔法棒来拯救他。不过，这一切的想法和希望，都是隐藏在合适的期望之下的。

很明显，这种希望有一定的阻挠作用。无论是病人对分析者的期望，还是希望自己能够利用分析得到他想要的结果，都会损害他那种振作精神发奋工作所需要的精力动机，因此分析过程变得难以解释而又非常神奇。不用说，合理化的解释是没用的，因为他内在的需要根本就没有被触动,暗藏在“解释”之后的要求和“应该”就是由这些需要决定的。只要病人存在这些特点，他就是希望接受短期治疗的。不过往往有一个事实被病人忽视了，这些治疗结果改变的只有症状。他被严重地诱惑着，认为一下子就能够达到完美和正常的水平。

在分析工作中，这些障碍的力量有多种形式的表现。虽然是为了让病情迅速地为分析者所了解，对他来说，认识这些是非常必要的，不过我们只是将其中的一部分提出来罢了，同时我没有计划在讨论这些的时候浪费所有的精力，所以分析的技巧并非是我们在这里的兴趣所在，我们要知道的是到底哪些内容是分析治疗过程中的因素。

病人可能变得喜欢嘲讽、具有攻击性、喜欢与人争执。他在表面上可能谦恭有礼，但这只是他让自己躲起来的方式罢了，实际上他的逃避让人根本想不透,忘记或者舍弃主题。他可能非常马虎，在讨论一个主题的时候根本不经过大脑思考，就好像自己和这个主题没有一丝关系一样。他可能会自卑或者自恨地进行诅咒，用这种方式来暗示分析者赶快停下来。在对病人的问题进行分析时，这些困扰都有发生的可能，也有可能发生在病人和分析者之间的关系上。和其他人际关系相比，对病人来说，“分析的关系”在某种程度上是因为病人的焦躁和冲突而产生的。但它还是一种人际关系。同样，如果病人和其他人之间存在障碍，这在分析关系中也是起作用的。我们只是把一些明显的情况在这里提一下:对胜利、自由和情爱的强迫性需要，在很大程度上对关系的发展起决定作用，同时让他对指导、抗拒和强迫变得非常敏感。因此，他的自负在发展的过程中一定会因此而有所损伤，所以他很容易有耻辱感。在分析中,他会因为自己的要求和希望而认为自己受到了挫折，感到自己被咒骂或者虐待了。当他自责和自卑的情感被分析者激发出来以后，他就感觉被控诉和鄙视了一样，或者，如果自毁的愤怒正在猛烈地打击他，他很快就转向咒骂和虐待分析者了。

最后一点，分析者的重要性经常被病人高估，在他们看来，分析者不仅仅是一个通过训练和自知来帮助自己的人。不论病人多么懂得人情世故，但在私下里却把分析者当作方士来看，在喜恶方面，这些人的能力是高超的。这种态度是由他们的恐惧和希望混合而产生的。分析家所具有的能力就是唤醒他们的自卑，同时压制和伤害他们的自负,但分析者也具有神奇的医治能力。简言之，他是个方士，有能力让他们下地狱，也有能力让他们上天堂。

从多种观点来看，我们可以对这些防卫的意义进行鉴定。当我们对病人进行分析时，这些防御在分析中所发挥的阻碍作用会给我们留下深刻的印象，它让病人难以对自己进行反省，当然有的时候也不可能让病人难以对自己进行了解，难以让病人做出改变。另外，就像弗洛伊德发现并提出的“抗拒的作用”，我们在了解问题的时候需要它们的引导。当病人所需要保护或者增强的主观价值被我们所了解以后，当他们所要躲避的危险被我们了解以后，我们就知道哪些重要的力量在他们身上起作用了。

另外，虽然很多治疗上的混乱是病人的“防御”态度引发的，说得更明白一些，分析者有时候也希望这些防御的行为会少一些，不过在分析过程中，没有这种防御态度要比具有这种防御态度的危险更大。虽然过早的解释是分析者尽量避免的，但由于分析者不像上帝那样全能，所以这种事实的发生是分析者所不能阻止的，有些时候，病人会产生比他能解决的更让人感到烦恼的因素。在分析者看来，自己的讨论对病人是没有任何害处的，但病人在解释的时候却是非常焦躁不安的。或者说，有些讨论或者解释是分析者并没有进行的，但病人也会用做梦和联想的方式，对那些奇奇怪怪又没有任何好处的事情进行想象或者回忆。所以，不管防御效果的阻碍性是怎样的，这种防御还是需要一定的积极因素，这是一种直觉自卫过程的表现，是那种由自负系统产生的危险内在境况造成的。

一方面，任何一种焦虑都有可能是分析治疗产生的，因为病人很容易认定这些预示着损坏或者不完全，所以一般来说这对病人都是危险的。不过偶尔也出现例外的情况。“焦虑”的重要性只有在出现前后联系的时候才能对其作出评论，这就说明，病人在面对自己的冲突和自负的时候，比有些时候忍受的更多。此时，他为了应对这种状况，习惯用缓解焦虑的方式。好像这条道路本来是敞开的，但此时却被封闭了，感受和体验都不能让他有所收获。另一方面，迫切的焦虑也是具有显著的积极效果的，因为这可能预示着病人此时认为自己的力量是充足的，在面对突然出现的问题时，他能够更加镇静了。

精神分析治疗的道路是一种悠久的方式，人类历史上已经多次倡导了。从印度哲学和苏格拉底的观点来看，这是一种通过自知而可以继续前行的道路。它的特殊和创新之处主要在于，得到自知的方法是不一样的，弗洛伊德的才能功劳可不小。分析家帮助病人知道有哪些力量在他身上起作用，建设性的或者障碍性的。分析家帮助病人推动建设性的力量，同时抵抗障碍性的力量。虽然建设性的引导作用和障碍性的破坏作用是同时发生的，但我们还是分别对其进行讨论。

当我对本书所提及的各种主题进行一系列的演讲时，一次，我在进行第九讲时谈到了治疗，大家问了一个问题，我的答案是：我所说的所有内容都是和治疗有关的。与精神方面有关的所有知识，都可以让一个人有找到自己困扰的机会。所以，我还是要问：病人想要将自己的自负系统清除，就一定要知道哪些内容？自负系统被清除以后，将会有哪些附加的影响产生？我们可以简单地说，我在本书中所提到的所有事情都是他必须要了解的，包括他的要求、他的冲突、他对荣誉的追求，他个人特殊的解决方式，还有人际关系方面的一些因素，另外还有创造力到底具有怎样的影响。

另外，病人需要知道的不应该仅仅是这些个别的因素，同时还应该包括这些因素之间的关系和它们之间是怎样作用的。在这方面，最重要的一点是，他应该知道自恨和自负是不能分离的，他不可能只有其中的一个却不具有另一个。对于每个存在的单一性因素，他都必须要从整个人格构成的角度进行了解。比如，他一定要知道，自负的类别决定了他认为的“应该”，如果“应该”被造成或者不能被满足，他的自责就会产生，所以这些自责又逐个说明了为什么他需要保护自己免遭自责的猛烈袭击。

需要了解的不是这些因素的固定知识，而是完全地认识这些因素。

麦克穆雷说过：“在一个目标上全神贯注，一点儿都不在意与之相关的人，都是‘固定知识’的特点，我们一般将其称为‘对象性’或者‘客观性’，其实这只是非人格的……”固定知识终究是对一种事物的知识或者消息，而不是对这些事的认识或者理解。你不能从科学那里学习了解“你的”狗，科学能教给你的只是“什么是狗的一般性”。你要想了解它，就一定要在它生病的时候照顾它，和它一起玩球，教会它怎样在房子四周活动等。当然，你在了解你的狗的时候，可以使用科学告诉你的狗的一般性，不过这并不是同一件事。一般性是科学所关注的，在某种程度上是指事物的普遍特点，而不是特殊的或者个别的事物。但只要是实际的事物，它就一定始终是特殊的、个别的。在一些奇怪的方面，我们对事物的兴趣，决定我们对事物的认识和了解。[①]

有两件事包含在这种对自我的认识中。第一，对于自己诸多错误的自负，病人只是大概地有所了解罢了，也有可能是他对失败和责怪是极其敏锐的，或者他有自责的特点，或者多种冲突的特点都是他所具有的，但这些对他都不是有益处或者有所帮助的。比较有价值的一点是，对于这些因素在他身上起作用的特别方式，他能够有所了解，另外他还可以知道这些因素在他个人（特殊）的生活中是怎样详细而具体地表现出来的，这些生活包括现在的和过去的。比如，他对“应该”有一个大致的了解，或者知道“应该”在他身上起作用的普遍事实。这对病人是有好处的，这一点似乎并不需要证明。对于“应该”的特别内容，他必须完全地识别出来，这样才能让这些“应该”变成必需的特别因素，同时还要知道个人特别的生活会受到“应该”怎样的特殊影响。不过，因为多方

① 参见约翰·麦克穆雷所著《理性与情感》一书。

面的理由（他与自我脱离，他需要对不自觉的伪装进行掩饰等），必须要强调“特殊”和“特别”，病人可能具有非人的趋势，同时变得迟钝呆板。

第二，“对自己的认识”不应该只是在“智慧层面上的认识”，虽然很多从这里开始的方式都被包含在内，但在后来这一定变成一种感情的体验。实际上，这两种因素必然要混在一起，因为在总体上，这种自负不能被人普遍地感受到，对于这种个人的自负的感受，他只能从某一个特殊的事物中开始。[①]

因此，他要思考的不只是在自己身上产生作用的力量，还要感觉出这些力量来，为什么这一点是非常重要的呢？因为如果只从字面上来理解纯智慧的“理解”，那么没有一点理解[②]的意思被包含在内，这只是在说“实现”“得到”“观察”的意思。对他来说，纯智慧的理解还没有成为现实，它还没有为一个人所拥有，他身上还没有智慧发芽生根的迹象。他有很多看法是用智慧提出来的，这可能是对的，但这和一面只能反射光线却不能吸收光线的镜子是一样的，他不能把这些“知识”运用到自己身上，只能运用到

---

① 在心理分析的历史上，一种比较有效的治疗方案就是“智慧的认识”，它在那时代表着想起了儿童时期的记忆。我们可以从下面的猜想中得知，那时候是怎样对智慧的胜利进行过高的估计的：想要解决一个问题，只要对一些特点的无理性进行认识即可。后来，这又走向了另一个极端：最为重要的是一个因素的感情体验，这种重视应该是体现在各个方面的。实际上，这种观点的变化反映了大多数分析都在进步。对于感情体验的重要性，似乎每一个人都需要进行独立的感受。可以参考《心理分析的发展》《吃惊与心理分析者》和《心理治疗引发的价值变化》等书。

② 根据韦伯斯特的说法，“变成真实的行为或过程就是了解”。

别人身上。或者说，智慧的自负在诸多方面迅速地将一切都掌握住了。他可能因为创造了一件他人能够逃离或者逃避的发现或者发明而感到很骄傲。对于这种特别的问题，他开始进行控制，同时想着去改变它，所以他的报复以及被咒骂的感觉，马上就成为另外一种绝对合理的反应了。或者说，直到最后，想要让他将各种困难解决的方式只是简简单单的智力了："知道"就是"解决"。

另外，只有那种潜意识的半意识的感觉所蕴含的"不合理"的威慑力被感受到的时候，我们才能逐渐对那些发生在内心中的不自觉力量的强迫性和力度有所了解。病人可能承认，单恋让他感到失望。实际上，他可能有一种不能抵抗的自负，或者因为占据了对方身心的自负而受伤了，所以一种耻辱感就这样产生了。但仅仅这些还不够，他一定要感觉到耻辱，同时还要感觉到自负已经控制了他。在当时的情况下，仅仅朦胧地知道"他的自责和愤怒要比应该表现出的还要恐怖"是不够的，那种彻底的、愤怒的震撼力和深深的自责是他必须要感受到的。只有这样，才能看见一些潜意识过程（和它的无理性）所发挥的巨大力量，他才能够清楚地看到这些。也只有这样，他才产生一种动机，去探寻更多和自己有关的事情。

有一点是非常重要的，那就是对那些全面的感情的感受，还有全力去感受那些已经知道但并没有被体验的驱动力或者感情。比如，我们再次拿出曾经用过的例子，一位女士在不能爬上山顶的时候，甚至还害怕狗，对于恐惧自身所具有的强度，她已经彻底地感受到了。不过她发现，这也说明她已经感受到恐惧本身了。

不过，只要她对自卑的程度无法感受到，她的恐惧就不会消失。只有她对自己的无理要求全部感受到的时候，也就是感受到她想要克服所有困难的时候，她的恐惧才可以借助自卑的力量被战胜。

直到现在，我们可能被一些突然发生的潜意识的驱动力或者感觉的情感体验所吸引，这就像一种启发一样。在研究问题的过程中，它更是经常发生。比如，报复型因素中的狂躁可能是病人最先认出来的，他可能发现他自负受到伤害和这个事实是有关系的，但对于那种感情受伤的所有程度，还有报复的感情的威力，他却未必能感受到。此外，他最开始可能感觉到为当时情况所允许的，还要更加意难平或者感到被咒骂和虐待。他会感觉到这些感情对他的一些希望感到深深的失望。分析者在暗示“这是一些无理的感情”，他可能有所了解，但他还是认为这不是不合理的。对于那些他深感不合理的希望，他会逐渐地认出来。此后，他就会对它们（不合理的希望）进行了解，知道它们未必是没有害处的，而是一种非常执拗的要求。对于它们的范围和他们的幻想（不合理）的性质，他可能会及时地发现。接下来他就感觉到，当他遭遇挫折的时候，他会感觉到他的义愤是非常强烈的，感受到他的义愤是怎样被强制地压迫的。最后一点，他终于理解了它们所拥有的那种坚固而持久的力量。不过，这些还是和他那种“宁死也不舍弃希望”的感觉有很大的区别。

最后一个例子，那种自认为的“最让人高兴的做法就是逃避”可能已经被他知道了。或者说，他可能已经知道自己在有些时候有欺骗或者嘲弄别人的喜好。如果他在这方面的认识更加普遍了，那么他会知道，对于那些比他还会“逃避”事情的人，他是非常羡慕的；或者已经知道如果自己被人欺骗或者嘲弄，愤怒的感觉是难以平息的。他会逐渐发现，他其实是多么以自己假借声势和欺骗的能力感到骄傲的。有的时候，他会从内心深处感受到，它是多么诱人的宠物。

不过，如果这种冲动、感情、渴望或者其他任意一种感觉，一点都没有被病人感受到，那又会有怎样的结果呢？毕竟，我们不能将感情用人为的方式引导出来。但是，如果分析者和病人都非常相信，使感情表现出来（不论是哪一方面的），并让感情以原本的强度发泄出来，这还是有益处、有意义的，那么分析者和病人就会发现，单纯的“心力工作”和“感情参与”之间是有差别的。另外，有些因素对情感经验起到了妨碍作用，他们可能对这些因素的分析感兴趣了，这些因素在强弱、类别和程度方面是有差别的。对于分析者来说，探索这些因素对病人所有的感情的感受起到阻碍作用，或者只是阻挠病人对特别的情感的体验，都是非常重要的。病人的无能，病人不能镇定对所有事物进行感受并将分析和决断的能力失去了，是其中最为显著的因素。一名病人始终认为自己是最能谅解他人的，如果他知道自己已经变得让人讨厌或者让人感到自己被压制了，那么依据某种价值判断，他就对这种错误的态度突然有所体会了，他就不那么做了。

乍一看，这种反应好像在公平地和神经官能症的趋势做斗争，似乎想要让它发生改变。但实际上，病人在这种情况下还是进入了恐惧自责和自负的原动力中。所以，当他们有体验或者了解他们个别趋向的强弱的机会以前，特别急切地想要将这些趋势清理掉。还有一种病人，他不允许自己去接受或者利用他人。他发现他那种过度谦虚的心理在影响他，他有一种想要追寻自己利益的需要。他发现，如果不能在一种条件下有所收获，他确实就把义愤的心情表现出来了。他还发现，一旦他和那些比他的情况更好的人，或者和那些比他更具有优势的人在一起，他的身体就会感到很不舒服。所以，他就如同雷鸣电闪一般迅速地认定这是非常厌恶的。同时，他因此而不能对那种被压制的攻击趋向有所了解或者体验。就这样，对强迫性的“无私”和相对的“实取”之间的冲突的了解欲望也遇到了障碍。

有些人对自己进行了思考，同时还发现了很多内在冲突和问题，他们可能会说:“我对自己是如此的（甚至是全部的）了解，所以这应该可以更加能够帮助我实现对自己的支配。不过实际上，我总是有不安和痛苦的感觉。”一般来说在这种情况下，我们对病情形成了非常片面或者偏激的认识，同时还是表面化和浅薄的，也就是说他没有像刚才说的那样形成广泛而深刻的认识。但是，如果一个人真的对发生在自己身上的一些重要力量有所体会，而且还发现他的生活会受到这些力量的影响，那么他这些对病情的认识，是不是会对他有所帮助，是不是可以让他解脱？这有可能帮助他将自己解脱，那么会达到哪种程度呢？当然，有的时候，他会被这些认识困住，有时候他被这些因素解救出来。但他的人格到底受到了怎样的影响呢？不用说，这个问题实在是过于泛泛了，以至于根本就得不到一个满意的答案。不过在我看来，对于他们治疗的效果，我们所有人都趋向于高估了。同时，我们非常想要对治疗的原因和动力进行明确而又准确的认识，所以我们要对这种“了解”所产生的各种变化，也就是他们的界限（不足）和可能性进行某种检查。

没有一个人可以在不经过“再定向”作用的前提下对他的自负系统形成全面的认识。他在最初的时候知道，对于自己的一些想法和信念，那通通是一种幻想，“他开始质疑对自己的需求”对别人来说能够实现的可能性，怀疑是不是一部分他对他人的要求（建立在不稳定基础之上的要求不包括在内）是能够实现的。

对于那些他所不具有的特点，至少是他认为自己没有的特点，他发现正是他感到骄傲的地方，比如，他发现他的“独立性”是他非常骄傲的,但这不是真正意义上的内在的自由,只是一种对“强迫”的敏感而已。他发现，他自认为自己是非常诚实的，不会欺骗他人，但实际上他并不是这样的，因为他已经在潜意识中对自己进行了修饰和伪装，他已经发生变化了。他发现虽然自己有一种关于胜利或者打败的自负，但实际上，他连在家中当一个家长都做不到。他感觉自己对他人的爱是非常多的（这让他感觉到真是一件奇妙的事），但这些爱都是因强迫性地想要被人崇敬和喜爱才产生的。

最后一点，对于自己的价值观和目标的准确性，他开始进行质疑。可能是因为他的自责并不能说明道德感受性吧？也许他的讽刺性的看法和语言，并不能代表他已经超越了一般的见解，只是说明一种随机应变的退缩，让自己可以不用和自己的信仰相符？

他把别人当成了骗子，这是不是和他俗世的智慧（懂得人情世故）没有关系？他是不是因为想要和群体脱离而把很多人际关系失去了？是不是说每一件事情最终的答案未必是爱情或者战胜？

这一切的变化都可以称为一种价值测验和现实测验之间的次第结果。经过了这些过程，自负系统的基础就会逐渐崩溃。让病人具有“再定向”的作用就是治疗的目的，再定向过程一定要具备这些条件。直到现在,这些都是让妄想被打破的觉醒过程。不过，如果没有建设性的过程参与其中，而是只有这个过程起作用，那么他们仍然没有办法同时也绝对不会拥有全面而持久的解决效果。

在精神分析的早期，当精神病学家认为精神治疗可以采用分析的形式时，有很多人提议，要在分析之后提出一种综合性的结论。他们似乎已经承认，一定要将一些事物分离、割裂，然后治疗者给病人一些积极正面的信息，这些信息是病人生活的依据，病人能够相信并执行。当然对分析的误解可能产生一些暗示，有一些错误的信息也可能包含在内，但这些都是经过很好的直觉、感情感受而来的。实际上，对我们的分析思考来说，这些暗示的实用和准确程度要远远超过弗洛伊德的考虑，因为他没有像我们那样对治愈的过程进行了解，也即是为了提拔建设性的事物，而将阻碍性的事物放弃。我们可以从这些古老的暗示中得知，他将所有责任都推给了治疗者就是其中最主要的错误。病人自身的建设力是他所不相信的。他认为，治疗是一种突然之间的插入，能够让事情发生变化，或者让人解脱，用比较人为的方式将更多的积极的生活方式推荐给病人。

我们想起一则古代的医学名言，我们的身体上和心中都存在一种“治愈力”。如果我们的身心病了，那么医生要做的就是帮助他将对他不利的力量去除掉，这样他就有了痊愈的力量。将妄想摧毁的唤醒过程的价值要看能不能将阻碍的力量削弱，同时让我们的建设力有发展的机会。

分析者为了维持这个过程所应该做的工作，和对自负系统进行分析所做的工作是不一样的。对自负系统进行分析时，需要良好的技术训练，还要对可能存在的潜意识的繁杂性有充分的了解。另外，一个人还需要有联想、理解和发现的天分。分析者为了帮助病人将自己寻找到，还需要对一些从经验中得到的方法有所认识。比如，在这些方法中，通过梦或者其他方式，真我就可能出现在面前。因为这些都是一些不太明显的方法，所以这是一种有价值的认识。他必须要知道让病人的意识贯注于这个过程的时间和方式。不过最重要的因素是，分析者一定要具有一定的建设性，同时还要对自己的最终目标有明确的认识，最终的目标是帮助病人将自己找回来。

在最初的时候，病人身上就有很多痊愈力在发挥作用。不过在分析的时候，这其中的气势基本都是不足的。另外，在他真的能帮助病人与自负系统对抗之前，这些力量就应该开始运动。所以，分析者一定要在最开始的时候就具有坚强的意志，同时他们能对分析产生积极的兴趣,这些都是有利的条件。不管是何种原因，病人所要清除的障碍一定是他非常关心的，一般来说（不管是什么原因），他基本什么都想改变，比如，他的婚姻、他的性能力、他和孩子们的关系、他的阅读、他全神贯注的能力、社交中坦然且不扭捏等。在分析方面，他甚至对因为“自己”拥有智慧而感到奇怪，他想让分析者印象深刻，想让自己原本的心思被分析者了解到，想让分析者知道他已经能够认识自己快速变化的病情了，他想要做一个完美的病人，想要讨好分析者。因为他希望分析者或者自己的能力成功产生神奇的治疗效果，所以在分析刚开始的时候，他会很高兴甚至主动地配合分析者的工作。比如，对于自己的极度服从，他已经有了明确的认识，同时他还知道自己过于感恩他人的关心等，所以他很快就治好了这些症状。当然，他不会因为这些动机而安稳地度过分析中纷乱的时间，但足够让他安稳地经历分析的初期了。不管怎么样，初期中的困难一般是不太大的。同时，对于自己的事物，他也学到了很多知识，这些逐渐转化成一种安定的兴趣。对分析者来说，利用这些动机就像对动机性质的需要进行了解一样。同时，分析者也应该在合适的时间做出判断，将这些不能依赖的动机转化为分析的思想或者感情的客体。

真我在分析的初期就被引发了，如果这样，那么这一定是一件有意义的事情。不过，这种努力是否有价值，或者是否具有可行性，是由病人的兴趣决定的，这和做一件事情是类似的。只要病人对自我理想化的强化还占用了主要精力，同时对真我进行贬低，那么这些努力或者尝试都是没有效果的。不过，我们所拥有的经验中，关于这方面的却是少之又少的，所以还是可能存在一些比我们目前想象的还要可靠的方法。病人的梦境对初期和后期的帮助非常大。我们不能在这里对梦进行详细的讨论，但我们的基本思想还是需要进行简单的说明：我们在梦里会与真实的自我更加接近，不管是正常的方法，还是神经官能症的方法，梦都说明我们在为解决自己的冲突而努力。虽然建设力在不同的情况下是难以被发现的，但建设力却在梦中起作用。

病人可以从具有建设性的梦中，甚至在分析的开始，就知道他所生存的世界，这是属于他自己的特殊的世界。从他感情的角度来说，其逼真的程度甚至大于幻想的世界。根据自己所发生的行为，病人改用了象征（符号）的形式，在他的梦中有他对自己悲悯的表现，他那些极度的思乡、渴求和悲伤都在梦中有所体验。他在梦里为生存而奋斗。他梦见自己被关在监狱中，梦见自己想要逃出去。他在梦里正很好地栽种植物，或者发现自己所在的房间是以前从来就不知道的，或者是一间空房子。当然对于这些象征到底代表了什么意义，分析者会帮助他们去理解。另外，病人在梦中表现出来的，那些在清醒的时候所没有察觉到的感情或者渴求的意义，是分析者特别强调的。所以就会问，病人对自己感到的忧伤，是不是比他意识中所表现出来的乐观主义还要虚假？

其他的方法也可以在有些时候加以使用。对于自己的希望、情感、信仰，病人可能会对其分量太小而感到诧异。所以，对于这种让人迷乱的情感，分析者持鼓励态度。无论他使用的方法是什么，因为对自己的感情、信仰和希望的感知确实是“固有的”，是存在于天性之中的，所以用“固有的”这个形容词的时候是非常恰当的，虽然这个词经常被错用。所以，他有理由对这些固有的能力没有起作用而感到诧异。同时，如果这是一种自发的诧异，那么分析者就一定要将这个问题在合适的时间内提起。

这些好像都不太重要，但我们得到的不仅是一个一般性的真理：智慧的开始就是“诧异”。更加特殊和重要的是，病人在没有忘记的情况下了解自己和真我的疏远。这种影响可以和一个年轻人是在极权政治中成长的，当他听说了更好的生活方式以后，所受到的影响相比较。他在知道这个消息以后可能很快就进行一番思考，因为他不相信民主，所以他可能在猜疑中接受了。然而，对于那些他已经失去但却感到符合心意的事物，他可能会慢慢地去了解。

这种讨论或者谈论是必需的，也是符合时机的。只有病人在对“我是谁”这个问题感兴趣的时候，分析者才会积极地想办法让他去了解，他的感情、信仰和希望是怎样不被他喜欢，或者不为他所感知的。我们可以举一个例子，一位病人发现自己有一个非常小的冲突，他感到非常惊讶和恐惧，他害怕这个冲突会将他撕碎，害怕自己会变成疯子,其实有很多角度都可以处理这个问题。比如，理性控制了所有的事情时，分析者就会说，人们可能因为一种冲突而感到害怕，因为病人用来对抗小冲突的真我或者病人的力量是非常薄弱的。

我们可以在这里引用这个例子，一位病人因为两位女人感到很犹豫。当进行分析的时候，他会越来越清晰地感受到，他很难对自己做出决定，不管是哪种情况下都是如此，无论是关于女人的，还是关于思想的，关于工作的或者是关于生活的都是如此。即便是这样，分析者还是可以在研究这个问题的时候使用不同的观点。第一，只要普通的困难不是那么显著，他就一定要确定哪些因素影响他的决心。如果“犹豫”的影响已经非常明显了，就要将病人那种“占有一切”的自负揭发出来，这种自负类似于“我想要一个烧饼，但我也想把它吃了”。所以，他认为“进行选择”是倒退的，是可耻的。第二，从真我的角度来说，分析者可能还会暗示病人，因为病人和真我的距离太远了，所以才对自己的方向和偏爱没有感觉，所以才不能决定和支配自己。

另外，对于自己的服从，病人可能会抱怨。他常常只是希望或者期待自己做了一件事，就去承诺做那些自己不喜欢的事情。这个问题可以根据具体情况从多个有利的出发点加以解决。比如，我们想到下面这些心理是他可能存在的：他一定要与冲突避开，他不会利用自己的时间，他有一种自负，认为自己可以掌握所有。但分析者可能提出一个明确的问题：“你有没有问过自己，你到底希望什么事情？你认为哪些事情是正常的？”这是一种间接的引发真我的方式，除此之外，病人可能会有思想和感觉更加独立的表现，可能会有对自己负责的表现，或者对自己的情感很感兴趣的表现，以及表现出对自己的应该、伪装和外移作用有单独的认识，等等。对于这一点，分析者要抓住这个可以刺激病人表现的机会。这就包括，在每次分析开始之前，一定要鼓励病人对自己进行分析。另外，分析者要记下一些摘要和表现，对于病人的人际关系来说，这种方法的影响是特殊的：他对别人没有依赖和恐惧心理，所以他对人更加友好、更加同情或者悲悯。

有时候，所有的鼓励都是病人所不需要的。因为他可以在任何情况下都感到具有生命力和自由。对于这些方式的重要性，他有的时候会进行贬低，因为这表示病人在“害怕真我”，所以我们一定要分析病人的这种心理。另外，一些和病人怎样更加自主、自决或者变得积极的问题，也是分析者经常提出来的。我们需要先对和“病人有变成自己的勇气”有关的因素进行研究，然后再解决这个问题。

当病人变得足够让自己立场坚定以后，他就更加有可能对抗自己的冲突。这不是说直到现在冲突才变得明显，实际上它们早就被分析者发现了，甚至病人都已经感觉到冲突的症状了。这种现象在其他神经官能症中也会出现。想要将神经官能症的问题解决，就要从神经官能症所产生的行为和表现着手，这个过程是逐步进行的，当然要在分析中对这个问题进行研究。不过，如果“与自我疏远”的程度并没有减小，那么对于这种感觉自己所拥有的冲突，病人可能根本就察觉不到，所以会想尽办法将其解决。就像我们知道的那样，有一些因素被牵扯进去了，这样“对冲突的了解”成为一种碎裂的感觉，“与自我疏远”是这些因素中最为明显的一个。最简单的理解这种关系的方法就是将人际间的冲突考虑进去。假设有一个人和两人的关系比较近，例如他和他的父母或者他和他的两个女人，这两人正努力对他施加反向影响，那么他对自己的信仰和感情的了解就越少，他就越容易被他们多次控制。同时在这个过程中，他可能会精神错乱或者崩溃。相反，他对自己的立场越是坚定，这种反向影响就越不可能影响他，或者伤害和磨损他。

病人会慢慢发现，有很大的差异存在于自己的冲突方式之间。第一，对于一些特定场合的割裂感情，比如，和父母或者配偶的双重矛盾等，他们可能会有所了解，或者对自己思想和性行为方面的矛盾态度有所了解。比如，有一位病人知道虽然自己不习惯他的母亲，但还是要对母亲真诚。这种好像已经被他知道了，母亲对他来说是一个特别的存在。不过实际上，他了解冲突的方法就是这样的：一方面，他知道母亲受苦了，母亲没有感觉到快乐，所以他感觉对不起母亲；但另一方面母亲对真诚的要求是强烈的，是独特的，所以他又憎恨母亲。对于这种来说，这两种反应都是可以理解的。第二,他能够更加清晰地认识同情和爱的有关问题了，他应该给母亲快乐和满足,他是一个理想的儿子,但这是做不到的,所以他有一种“犯罪”的感觉,他就要更加热情地去补偿。这种“应该”（下面就要出现的）并非只出现在这种环境下，不管是在生活中的哪种环境下，他都应该是完全完美的。另外表现出来的是他冲突中另一部分内容，他要求不被人烦扰，他也是一个遗世而独立的人，他不想被人希望他做什么事情，对于那些打扰他、希望他的人，他是非常厌恨的。这里所说的发展步骤，是从“认为外部问题（他母亲的性格）是他矛盾感情的原因”到“对在特别的关系中自己的冲突进行了解”，最后到确认出他身上的存在的主要冲突，因为冲突是存在于他的内心中的，所以这些因素是在他的整体生活中发挥作用的。

第一，其他病人可能在最开始也只是将生活哲理中的矛盾找到了而已。比如，自谦型的人可能突然发现自己有严重的鄙视他人的倾向，或者说他不认为一定要“友好”地对待别人。他可能突然发现自己过分地要求特权。虽然他在最开始的时候并没有注意到这些都是矛盾的（更不要说冲突了），但对于这些要求确实和他过分谦虚，以及他喜欢所有人都是矛盾的，他可能渐渐地有所了解。所以，他会暂时感受一种冲突，比如，如果他助人为乐的行为是强迫性的，同时没有得到他人“爱”的回报，那么他就会感到自己“被骗”了，同时还感到非常愤怒。他的“感受”不在了，他变得不理世事。第二，他对利益和自负的限制态度变得更加清晰了，他会变得非常无理和执拗，所以这让他感到很诧异。他对仁爱和神圣的自负逐渐被摧毁了，他发现自己正在艳羡别人，发现自己的自私和贪婪，或者他的吝啬。对于他内心发展变化的过程，我们可以表述为“一个对自己身上矛盾逐渐变得熟悉的过程”。从某种程度来说，他发现矛盾的趋势并感到惊讶，这种态度逐渐变得缓和，其中的原因就可以用这一点进行单独的说明。从动力变化的角度来说，更加重要的一点是，在全部分析过程中，他的发展是非常繁盛的，所以这些倾向使他逐渐能从根本上坚定地对待，所以他是可以将其解决的。

一方面，对于自己身上存在的冲突，病人可能会发现。但在他们的心里，冲突的外观仍然是不清晰的，冲突的意义还是不明确的，所以他还是不能理解这种冲突。理想和情感之间的冲突，以及工作和爱情之间的冲突是他所提及的。这是一种不太容易理解的表达，因为工作和爱情并非是矛盾的，情感和理想也不是不能和睦相处的。不管怎么样，分析者都不能直接将这些冲突解决，他所知道的只是一些冲突正在这些范围内发生作用，所以他把这些冲突牢牢地记住了，他努力地去理解和病人自身有关的问题。另一方面，在最开始的时候，病人可能认为这并不是一种个人的冲突，病人把这些和他的情况放在一起进行考虑。比如，由于一些传统的因素，女人的爱情和工作之间出现了冲突，他可能会指出这一点。实际上，女人是很难把妻子、母亲的职责和工作很好地整合在一起的。她一点点地发现，有一种冲突存在于这些方面，甚至已经存在的外部困难都没有这一点重要。简言之，虽然她们可能在工作中有“神经官能症的雄心”和“追求战胜的需要”这种表现，然而在爱情中，她们更加趋向于病态的依赖性。虽然第一种表现可能受到压制，但它的活跃程度仍然可以作为一种标准对工作的业绩和成果进行衡量。从理论上来说，我们已经试图将自谦的特点倾注到爱情生活中了，但在工作方面，仍有夸张驱动力的表现。不过，这种彻底的分离在实际情况中是做不到的。有一点在分析的结果中表现得比较突出，在爱情关系中，仍然有全力追求胜利的驱动力在发挥作用，当然在他的工作中，也有克制自己的特点在发挥作用，最后的结果就是他们一天天变得不快乐。

有一些矛盾是存在于病人的“价值观”和“生活方式”之间的，病人会非常坦率地描述这些特别明显的矛盾。在最开始，他们会表现出自己非常明理、和善、过于顺服的一面，有时甚至表现得卑躬屈膝。所以，比较招人注意的就是追求声望和权力的驱动力，比如，他表现的渴望征服女人，渴望社会上的声望等，所以他可能有一种暗藏着的残忍冷漠和虐待狂的情绪。有时候，他相信自己是不能承受愤恨的，但有时候，也就是矛盾并没有让他感到困扰的时候，他的报复和愤怒是相当粗鲁的。或者说，他一方面希望能够从分析中得到一种报复力，这种力量是所有的感情都阻挡不了的。另一方面他还希望自己有隐居者一样的超然的节操，但这些态度、驱动力和信仰之间的冲突是他完全不知道的，他始终认为，和那些“道德品质过于狭隘”的人相比，自己所具有的信仰和情感的范围更大，并以此而感到强烈的骄傲，所以“分离化”达到了顶峰。但这一点却是分析者不能直接解决的，因为只要这种“破碎作用”被他维持着，他对价值和真理的知觉就会大大减少，他会将证据抛弃，同时避开所有自我的责任。所以，不管是夸张驱动力，还是自谦驱动力，都变得明显而为人所知了，但仅仅有这些显然是没有什么帮助的,除非能够对他们潜意识中“诈骗”心理和“逃离”心理进行进一步的分析。所以，对于他刚强的外移作用和夸张，我们需要进行进一步的分析，对他只存在于想象中去实现的“应该”进行研究，对他某种不稳固的原因的确信和探寻进行分析，这样才能和他的自责和自卫的技巧进行对抗。（比如，因为“我已经尽了全力，我生病了，有那么多的麻烦纠缠着我，我不知道，我感到孤独和无力，情况变好了”等）他的内心因为这一切的方法而有宁静之感，但他的道德情操也同样因为生活的发展而被削减，所以他因此而更加不能与自己的冲突和自恨对峙。虽然我们需要长久地对这些问题进行分析（让他把真实情况说出来），但这会让病人变得越来越坚强，拥有对这些冲突进行感受和争斗的勇气。

总的来说，那种“破碎性”是冲突所具有的特点，所以在分析的初期,冲突变得不太清晰了。如果我们已经彻底了解这些冲突了，知道这只是一种特别的情况了，或者说，这些冲突被发现的方式可能是非常广泛（不够特殊）、极其朦胧的。它们的出现可能是暂时的，但却因为出现的时间太多，所以不能将新的意义掌握。它们会被分割,这是经常发生的。首先,病人要逐步地发现一些冲突，然后逐渐对他特殊的冲突进行了解，所以所触及的是本质，或者是深层次的，他不但将冲突的表象发现了，还对内心冲突到底是什么开始进行了解。

这样的分析工作是非常辛苦的，人们可能会感到困扰，但这也是一种解放性的工作。当执拗性的解决方式被我们丢弃了以后，所有的冲突就都会很容易地被分析了。个人特别的主要解决方法因为价值的作用而逐渐被弱化，最后终于坍塌了。另外，对于发展得不太好，或者不太熟悉的人格来说，都已经被发现了，也得到了机会去发展。是的，比较严重的神经官能症驱动力是最先出现的，这一点是有用处的。对于自谦型的人来说，他一定要先将自私的“以自我为中心”的心理感受到，然后才有正常的“坚定自己看法”的机会。他一定要先将神经官能症的自负感受到，然后才能对真正的自尊进行逐步的了解。相反,对于夸张型的人来说，在将真正的谦逊和温顺的感情表达出来之前，一定要先对自己专有的人和他需要的人有所感应才可以。

如果这种分析工作进展顺利，那么病人在了解那种更为广泛的冲突时一定会更加直接，这种冲突存在于他的真我和自负系统之间，包含着他非常想让自己的天分发展和将理想化自我实现的冲突。这些力量一点点地积累起来，于是“主要的内在冲突”变成最明确的一个了，此时要关注这种冲突是不是还是非常突出。因为这一点非常容易被病人忽视，所以这是分析者的第一要务。因为有多种力量的聚集，所以对最有利和最混乱的阶段开始分析，其持续时间和程度是有区别的。他内心的激烈战斗可以直接用“混乱”来形容，它的强弱和他所面对的问题的重要性是相符的，基本上是这个问题的代表：他想要自己的错觉、要求和错误的自负的伟大能力保持下去吗？或者说，他承认自己只是一个俗人，具有一般人的缺点，同时还要面临个人特有的问题，还是有发展的可能的一个人吗？在我们的生活中，我认为这是最为重要的一种交互性的分歧了。

“波动起伏”和“摇摇摆摆”是这个时期的特点，它通常是连续而飞快的。病人在有的时候会向前面迸发，使用的方式是多样的，他变得感情活跃，还变得更加自主了。更为直接的是，对于应该做并且具有建设性的事，他开始进行思考。他认为应该更加慈悲和友好地对待他人。对于那种“和他人断绝关系”的很多问题，他开始去关注了，他在解决这些问题的时候依靠的是自己的能力。比如，他会很快发现，他以前没有“居于”某种地位或者没有面对自己的一些问题时，他会责怪别人。他发现，自己独立为自己做的事情实在是不多。他陷入这样一种状态：回忆起曾经的欺骗和残酷的事情，此时他有一种犯罪感，他在进行决断的时候是抑郁的，他是悔恨的，但这种犯罪感却是他压制不住的。对于自己的优点，他开始有所发现，当然一些他擅长的事情也被他注意起来了，对于那种不肯服输的战斗，他会适当地相信。

在他的梦里，他开始对自己进行准确的评价。比如，一名病人梦见了夏季的别墅，其实这说明了他的境况。这是一座长时间没有人居住的别墅，十分荒凉，但质地方面还是不错的。他还梦见自己就要挣脱自责的束缚了，他在最后坦率地醒悟了，他梦见自己是个大男孩，他和另一个男孩在开玩笑，将对方折叠起来，塞进了手提箱中，他没有想要伤害对方，他对那个男孩是没有敌意的。他的忘记导致了对方窒息而亡。在这个梦里,病人（做梦的人）正在不认真地想要逃掉，但他遇到了一名官员，这名圆滑的官员给他解说这其中的结果和真相。当这个建设期一过，就有一系列的反应发生了，一种重新开始的自卑和自恨是其中主要的影响因素。这些感情具有一定的自毁特点，是能够被切实感受到的，或者凭借报复行为被外移了，这些报复行为包括感觉被咒骂、虐待狂和被虐待狂的幻想等。病人可能在朦胧中将自己的自恨感受到了，并因为自毁的冲动而感到极其焦躁。虽然焦躁是在后来表现出来的，但他平时与焦躁对抗的防御方式有大吃大喝和性行为等，同时还有对朋友的强迫性需要，或者变得伟大和自大等，这些防御方式会变得非常积极。

病情真正的好转所产生的改变是这一切混乱产生的原因，但我们一定要维持住这种“病情好转”的状态,知道病情“反复”的原因，这样才能对其进行准确的评价。

对于自己展示出的情况，病人可能做出了过高的估计，但却将“罗马不是一天建成的”给忘记了。这就像我所说的“正常的畅饮”，既然他不能做的事情已经被他做了，那么在他的想象中，他现在就应该是一个完美的标准的典范，同时最完美和最完备的人也应该是他。虽然从另一方面说,真正的自己才是他最想做的。他知道，为了实现他理想的自我，这些好转是荣耀和最完美的理想自我实现的最后机会。当然，他还是会出现暂时性的问题，因为这些目的还是具有足够的震慑力的。对于那些仍然存在的困扰，轻度的兴奋和得意会让他进行短暂的应对，同时他也因此对当前已经凌驾了一切烦恼这一点更加明确。虽然他在总体上知道他比以前还要崇高，所以这种情况能坚持的时间必然是不能长久的。他一定会发现，虽然在很多状况的处理中，他比以前做得更好了，但还是存在很多本来就存在的困难。同时，他相信自己正处于最高峰，所以在改善自己这一方面，他已经没有心力去努力做了。

还有另外一种病人，对于自己已经存在的进展，他们可能会小心而适当地对分析者和自己承认。他们经常对“好转”的结果进行贬低，所使用的方式是非常巧妙的。然而，当发生在自己身上的问题被他们遇到以后，或者一些他们不能处理的外部境况被他们遇到以后，病情就会“反复”。这个过程除了没有荣誉化的幻想以外，其他部分的进行和第一类是一样的。上面所说的这两种人都不愿意承认自己的缺点和所遇到的困难，或者说不愿意承认自己真的没有出众的优势。他们的不情愿和勉强的境况都是可以被外移的。比如，他们会有这种想法：我对自己的接受是随时的，如果我没有达到完美，别人就会厌恨我。别人喜欢我，都是在我最大方、最有业绩的时候。

病人仍然不能应对困难是产生急性损伤的原因。在最后一种“反应”中，“发展不适应”却并非它的原因。相反，其原因来自于向建设性发展的特别行为。这些行动未必是奇怪的，病人只对自己有同情心，同时还是第一次感受到自己既不是特别出类拔萃的，也不是卑下而不能见光的。他发现，真实的自己是一个积极向上却又经常遇到困难的俗人。他知道，自负的人工产物就是这种“自我嫌弃”。或者说，为了拥有自尊，他不一定非要成为特别的天才或者英雄。对于这种态度的变化，在他的梦里也出现了。一位病人梦见自己是血统纯正的马，但却变成了瘸子，马的身体就像是在泥中被弄脏了一样。他在想：“就算是这样，我还是能喜爱它。”不过在经历这些以后，病人就变得颓丧，失去了士气，也不能去工作。最终发现原因是占据主要地位的已经反叛了的自负，急性的诅咒和自卑让他感觉到痛苦，他非常愤怒，并将其当作卑下的“过度自怜”和“自贬”。

当病人将详细的决定做出来以后，当病人能够为自己做出一件建设性的事情以后，这种反应才可能出现。比如，一位病人认为自己正在做一件比较重要的工作时，他拒绝他人在此时提出要求的时候是没有一丝焦躁而且没有任何罪恶感的。另一位病人终结了自己和爱人的性关系，因为她终于完全知道，在过去她的爱人和她自己心中的神经官能症的需要是这种性关系的基础。对现在的她来说，这种关系已经没有意义了，所以她永远都不会答应他了。

她做出的决定非常坚定，同时尽量避免对她的爱人造成伤害。在这两个例子中，在最开始的时候，病人都知道自己能够控制某种特别的境况，对此他感到自己是幸福的，但没多长时间，他就有惊恐的表现了。当他真的做了以后，他自己的独立性让他感到恐惧，他害怕这让自己变得不被人喜欢，害怕自己变得具有“攻击性”和“侵略性”，他会责怪自己是一个“只知道为自己着想的色鬼和暴虐者”，同时他在短期内会在克制自己的谦虚的范围内寻求保护。

最后一个例子的治疗是非常繁杂的，因为有一些比其他还要深刻而积极的步骤包含在内。这个例子中的主人公是一名年纪较大的哥哥，他经营着他父亲留给他们兄弟俩的事业，他可以称得上是业绩辉煌了。兄长正义感比较强，能力也比较强，不过喜欢控制别人，他有一个非常明显的特点，那就是自大。我的病人与之相比就显得过于不足了，他对兄长有着盲目的崇拜，生活在兄长的威压和保护之下。我们在经过分析之后发现了他的冲突的背面，他对兄长非常苛刻，与之公开地竞争，在有些时候，他非常有攻击性，当然他的兄长也有类似的反应。

所以，一个反应被另一种反应强化了，他们的关系很快就变得疏远了。办公室中弥漫着紧张的气氛，合作的人或者员工都支持自己的一方。在最开始，我的病人非常高兴，因为他终于能够和哥哥对抗了，能够“保护”自己了。不过他在后来发现他的兄长也是有报复心的，想要把他得意扬扬的气势熄灭。他用了几个月的时间分析自己的冲突，终于对整体的状况有了更加广泛的认识，发现有一个至关重要的问题，这个问题要比他的愤恨与争斗还要重要。他发现不只是他自己，还有其他人，都在紧张地想要把这些积极的责任承担起来，所以他决定和兄长开诚布公地讨论一次。这不是一件难事，他心里有底。不过，在后面的交谈中，他只是坚定自己的立场，没有报复心，也没有受到威胁。所以，他为以后开创了一种合作的可能，这种可能要比之前的基础更为合理。

他清楚一切进展顺利，也为之感到很愉快。不过他在这天却感到非常惊恐，同时也有恶心和晕厥的反应，最终他只能回家卧床休息。他脑子中想到过自杀，但他没有这么做，此时他终于知道人们自杀的原因了。他试图对这个问题进行理解，所以对他与兄长进行交谈的动机进行反省，同时还反思自己在谈话中的行为，但他却找不到一点支持或者反对的理由，他感到非常迷惑。然而在第二天早上，他感到非常宁静，也可以睡着了。但当他醒来的时候，他对兄长的憎恨再次出现了，因为他又想起了他在兄长那里所受的屈辱。当我们对他的困扰进行分析的时候，发现他受到了两面的攻击。

他有两种心理，一是要和兄长谈话，二是在达成第一种心理的情况下，和他安宁的生活所需要的所有（潜意识的）价值不一致。从他夸张驱动力的角度来说，他的报复心应该是早就有了的，同时他的报复还取得了胜利。一方面，他强烈地咒骂自己，批评自己在献媚，但又是纵容的。另一方面，从他仍然存在的自谦趋向来说，他应该是顺服的、谦恭的，也应该自愿处于低处的。因此他就会嘲讽地对自己发起攻击：“弟弟还想超越兄长！”如果他当前的实际情况是献媚而又自大的，那么他在以后就会感到烦扰。

虽然程度不那么严重，但也绝不是一个小问题：因为只要是想从这种长期抗争的冲突中解脱的人，对自谦和报复的余威都非常敏感，也即是说，如果这些余威的存在性被他感知到了，病人就表现出自责。

很明显，就算他没有对别人献媚，就算他没有想过报复，这些自责还是有发生的可能。但他早就下定了与这两点远离的坚定决心，他要采取积极的措施。他进行了有建设性而且又比较实际的行动，对于他生活中的“内情”，他已经真正地看到了。也就是说，他开始了解并感觉到，在这种困难的情况下，他的责任未必是一种压力或者一种负担，他个人的生活方式中必须要具备这一点。他就是他自己，环境就是环境自身，他要做的就是用真情实意去对待。

至于他在这个世界上的地位，以及他在这种地位中需要负起的责任，他是承认的。

他为了真正地“实现自我”，需要充足的力量，但他还没有开始去直面自我，直面自负系统中的冲突。这是必然要发生的一步。他突然就进入这种冲突中了，他平日的强烈反应正好可以用冲突的严重程度来说明。

病人能受到这些“反应”的控制，对于有什么事情发生了，病人并不知道。他只是感觉状况越来越不好，他感到没有了希望，难道说他的好转只是一种错觉？是因为他可能病得太严重了，所以别人也没有办法？他有暂时将分析舍弃的冲动，这种想法是他从来就没有过的，就算是在混乱的时期也没有过。所以他感觉混乱、颓丧和绝望。

实际上，所有在这些境况中发生的现象都是有建设性的，这说明病人能够和“自我理想化”与“自我实现”的选择进行对抗。此外，这两种驱动力是不能友好相处的，大约没有其他的现象和事物能够充分地证明这一点。与之相似的一点是,那些促使“反应”产生的建设性动力和发生在“反应”中的内在挣扎无法和谐相处。产生那些反应的原因是他愿意承认自己是存在不足的，是他愿意对生活在这个世界负责，而不是他愿意关注自己的真正兴趣并对自我负责。简而言之，它们（指反应而言）是成长的痛苦。

不过，只有他建设性过程的意义被病人了解了以后，这些反应的效果才可能出现，同时这些反应是有益处的。所以，最为重要的一点是，那么“反复”的现象不会让分析者感到混乱，分析者能够区分出它们（反复）的增长或减少的过程，这样才能帮助病人发现这些反复。因为这些反应的发生基本是依据可能预测到的规律，所以如果这些反应反反复复若干次以后，病人正处于上升的过程中的时候，提前给病人发出警告是合适的。这并不是预防发生下一个反应，而是在病人对即将产生的作用力有所了解之后，在与这些反应对峙的时候就不会感到孤独和无力了，这有助于病人更加客观地面对它们。此时，对于分析者来说，明确地支持“被伤害的自我”比任何时候都重要。只有当分析者在坚持明确的立场和观点的时候，他才能给病人在“奋斗”期间所急需的援助，普通的保证并不包含在这种援助中，这种援助的目的是告诉病人一个事实：分析者正在进行最终的战斗，同时还表明了自己胜利的可能性和战斗的目的。

如果病人能够理解所有反应的意义，那么他就会变得比以前更加强大，这些反应也就逐渐变得不太强烈和短暂。相反，如果在这个有利期间变得明显具有建设性，那么在他能力许可的范围内，他的发展和改变将变得更加有可能。

不管是哪种分析工作需要做，这些工作永远都是那么多，只要病人能够独立地对自己进行分析，那么成功就不远了。此时的循环作用是相反的，这就像他把神经官能症的困难推向了越来越深的恶性循环中一样。比如，如果病人将自己完美的标准降低了，那么他就会减少对自己的自责。所以，他在对待自己的时候就更加诚实了，他在反思自己的时候就不那么恐惧了。同样，病人对分析者的依赖就减少了，而且他对自己的智慧也越来越有信心了。另外，外移自责的这种需要也因此而变少了。所以，他感觉没有人可以胁迫他了，或者说他不再与人敌对了，并对人们展现出自己的友善。

另外，病人对负责“发展自我”能力的信心和勇气也越来越充足了。当我们对反应进行讨论时，我们主要关注内在冲突引发的恐惧。如果病人所要选择的生活方向已经被他彻底地理解了，那么这种恐惧就不见了。只是这种方向感就会让他的“稳固感”和“整合感”更加坚固。不过,还有另外一种恐惧存在于他前进的步伐中，我们至今都不了解这种恐惧。这种恐惧是真实的，如果神经官能症不再支持恐惧，他就不能面对生活了。神经官能症患者终究是一个魔术师，他所依靠的不过是自己的法力。只要是一种倾向于实现自我的过程，都说明要将这种法力放弃，转而依靠自己已经具有的智慧。不过，如果他知道，就算这种幻想或者错觉不在了，其实他也能生活，甚至过上更好的生活，他就可以信任自己了。

此外，不管是哪种过程，只要是因为想要成为“他自己”而进入的，都可以让他感到前所未有的满足。不过在最开始的时候，这种感觉是非常短暂的，但发展到后来，这种感觉就频繁出现，而且还会坚持比较长的一段时间。

就算是在初期，它也会比分析者所说的、比病人所想的其他事情更能让他坚信自己选择的道路是正确的。这是因为他的感觉与他自己及他的生活是相符的。对病人来说，这是一种最大的刺激力和动力，可以让他去对自己的人格发展进行研究，让他与实现自我更近一步。

有多种困难存在于治疗过程中，所以我们所说的那个时间或期间可能是病人根本不能达到的。当成功地结束了治疗过程的时候，他对自己和他人，他对工作的关系的好转都是非常明显的。不过，这些好转并不是说明可以让一般的分析工作完结了，这是因为这种确实存在的表现只是一种更加深刻（到内心）的变化而已。这种深入的改善是只有病人和分析者自己才能了解的，这些变化包括方向、目的和价值的初期变化。已经失去法力的价值包括:战胜、屈服和自由的幻想所具有的虚假价值，以及病人“神经官能症的自负”所具有的虚假价值。此时病人已经更加强大了，同时还能认真地将自己本来就具有的潜能实现。不过各种潜藏的自负、伪装、要求、外衣作用还是病人继续急于去解决的。不过，因为病人已经具有了稳定的基础，所以他能够看清这些下面隐藏着什么，对于成长来说，这就是一种阻碍。所以他愿意将这些揭露，同时还愿意将其解决，不过这种“愿意”不是（或者至少是非常小的）兴奋、狂躁得想要通过魔法来清理的缺陷。他是一个有困扰的俗人，他开始承认这一点了，他也承认生活中的主要部分就是对自己的生活进行研究。

从积极的作用来说，“自我实现”应该包括在实际行动中进行工作。从他个人的角度来说，这代表着努力争取自己的愿望、感情、信仰，这是一种更加深刻和显著的体验。所有努力就是为了让自己的智慧得到开发，使其在建设性的目标上发挥作用，就是为了在感知自己生活方向的时候能够更加清晰，这样才能对自我负责，为自己做决定。对于他人来说，这代表着努力地让自己能够和他人友好相处，能够尊重他人，将他人当作一个个体，这个个体有自己的特点和权利，要和他人发展合作和帮助的关系（相互帮助并非是为了达到目的而使用的一种手段）。从工作的角度来说，这说明工作对他来说，比使虚荣心和自负满足更加重要。同时，他的目的在于让特殊的天分被了解并得到发展，同时也可以让他变得更努力，更有业绩。

虽然他在演化的过程中使用了这些方式，但他早晚都要采取措施，这些措施是凌驾于他的利害得失之上的。他在不断地成长，他内心中的神经官能症的自我中心主义被超越了，他对自己的生活更加了解了，他对世间的所有广泛的问题都有了一定的了解。因为已经有珍贵而重要的例外存在于他心中了，所以他逐渐发现，在整个宇宙中，或者在一个团体中，他只是其中一分子。所以，他愿意并且能够用自己最善于使用的方法坚守自己的职责，他愿意在自己的团体中承担应有的责任。就像那个年轻商人的例子，这可能和他知道的其他工作集体中的普遍问题有关，这可能和他在家庭、社区和政治中的地位有关。这是一个非常重要的过程，这不仅是因为他的眼界被拓展了，还是因为他对自己在这个世界中所处的地位有所感觉了，他承认了自己的地位，他的内心因此有安稳的感觉。这种安稳的感觉来自一种“依赖感”，这种依赖感又来自他的积极参与。

第十五章　有关神经官能症的理论

我们在前面几章对一些观点演变的含义进行了讨论，这就是本书所讨论的神经官能症理论的来源。不过，对于我个人的观点，和神经官能症的全部理论发展，我要在这里进行详细的论述。有一些本能理论者对弗洛伊德的理论进行了舍弃，我所要做的与之非常相近，第一步要做的就是在人际关系上发现神经官能症的中心。总的来说，我认为引发神经官能症的因素都是一些传统的环境因素，尤其是让儿童的身心发展不畅的阻碍因素。因为没有建立起对自己和他人的基本信赖，所以小孩子有一种基本焦虑，我对基本焦虑的定义是：一种剧烈的与世人敌对的孤独和无力的感觉。为了让基本焦虑降到最低程度,所以就产生了一些强迫性过程，包括亲近、抗拒和与他人疏远等。有些行为是自发的，虽然这些行为是融洽的，但强迫性的行为却是相互冲突的。我用基本冲突来形容这些行为引起的冲突。这些冲突性的需要都和与他人相处有关系，是冲突性态度产生的结果。所以，对这些需要和态度的纵容以及对其他方面的抑制是最初的解决方式，也就是为了追求自身的“整合”。

因为心灵内的过程和一些发生在人际关系中的过程是混合的，

所以不能忽视它们，因此这是一种非常简单的结论。我们可以用不同的论点进行解释。我只是想要简单地说一点：他有一种需要培养自己的特质和态度，如果这种需要没有被我们考虑在内，那么我们就不能对他探求情爱的神经官能症需要或者所有对他人的类似需要进行讨论。

我在《自我精神分析》中举了很多“神经官能症倾向”的例子，有的例子具有心灵内的价值，比如，通过原因或者意志力达到征服的强迫性需要，或者达到追求完美的强迫性需要。从这一方面来说，在对克莱尔的病态依赖（参见《自我精神分析》一书）进行分析的时候，我对本书同一章节所讨论的诸多心灵内因进行了简单的讨论，人际关系间的因素是讨论的重点。在我看来，心理疾病主要是人际关系方面的一种障碍。

除了这个定义以外，第一个确切的步骤是对“自我理想化可能造成他人的冲突”进行讨论。我在《我们内心的冲突》一书的相关章节提到了想象的概念，我还没有对这个定义进行解释。那时我发现这只是一种奋斗而已，目的就是为了追求内在冲突。它的特殊整合作用正是对它所依赖的执拗性进行说明。

不过，在后来的几年，中心问题成了理想化形象的问题，很多新的观点都是从此发展而来的。实际上,对通向本书所述之所有“心灵内在过程”的范围来说，它确实是一种方式。如果用弗洛伊德的观点解释，我才对整个范围的存在有所了解。不过，我对弗洛伊德解释的认识只是一点一滴的，所以对我来说，这块领域仍然是陌生的。

如今我慢慢发现，神经官能症患者的理想化形象，不但组成了对自己意义和价值的错误观念，他还和弗兰肯斯坦的生成物比较相似，一个怪物将其所有的精力都吞噬了。最终，发展的驱动力和了解自己天分潜能的驱动力也被它占领了，这说明这种困难不再是克服或者解决方面的，实现他的潜能已经不能让他感兴趣了，达到理想化自我才是他努力要做的事。所以，他在追求世俗的荣誉和强迫驱动力的时候，不仅依靠战胜、权力和成功，同时那种残忍的内在系统也被激发了，他通过这种方式想要把自己打造成圣人。神经官能症的自负的发展和神经官能症的要求也是它引起的。

还有另外一个问题是理想化形象原始信仰产生的结果。当对自己的态度成为我们关注的重点时，我发现人们是怎样使用那些和他们自己的理想化相一致的无理性和强度，并厌恨和鄙视自己的。在我的大脑中，这两种对立的极端对峙了一段时间，但我最后发现，他们不但是关系密切的，而且在本质上是一个过程的两面。所以，本书要讨论的主题就这样产生了：他的实我必然会遭到伟大的自我道德厌恨。如果我们认为这个过程的本质是一样的，那么我们就比较容易治疗上面提到的两种极端，所以神经官能症的概念也就发生变化了。神经官能症在现在成为一个人对自己和他人关系的一种阻碍。

虽然在某个范围内来说，这个主题仍然是主要的，但这几年以来，它的发展方向已经有两个了。真我的问题让太多人都感到困扰，而且已经在人的思维中发挥作用了，所以我对全部的心灵过程（理想化是这个过程的起点）有了一定的了解，这是一种与自我逐渐脱离的过程。最重要的一点是，真我受到了自恨的攻击，这是我在最后的分析中发现的。我们用主要的内在冲突来描述存在于自负系统和真我之间的冲突，这样神经官能症冲突的定义就被延伸了，我对它的定义是两种互斥的强迫性驱动力之间的冲突。我逐渐发现，神经官能症的唯一冲突就是这种冲突。自负系统的阻挠力和真我系统之间的建设力就是主要的内在冲突，这种冲突也是对理想化自我完美证明的驱动力和正常人格发展之间的冲突。所以，自我实现是治疗更加倾向的目的。从我们团体临床工作的结果得知，切实性是心灵内在过程的性质，我们已经对这一点非常清楚了。

随着我们对更为特别的问题进行研究，我们的知识本身在成长。我的兴趣也开始转向到不同“类型”的神经官能症了，或者是不同神经官能症人格产生的变异，在最开始的时候，这种变异过程是否出现由对内在过程的某一方面的了解决定。不过，我逐渐发现，对于心灵内的冲突来说，这是由了解它们所使用的不同伪装方式所产生的。对于神经官能症种类的建立，这些解决方式提供了一个新的、短暂的基础。

如果某种原理上的结论被普通人所得到，他一定希望将这一点和同行业的结论进行对比。他们是怎样把这些问题发现的？因为精力和时间不足的关系，我不能仔细地阅读一些具体的文章，就是因为这个简单而直白的原因，我只能对比一下弗洛伊德的理论，将其中的共同点和不同点进行解说，虽然这些工作看起来并不多，但我在完成它的时候还是要面临诸多的困难。我们不能想通过对个别的一些观点进行对比,就抓住弗洛伊德原理的精华所在。不过,从哲学的角度来说,想要进行比较,就可能出现以偏概全的问题,这种做法实在是不明智的。所以,进行详细的论述是没有什么意义的,而且即使进行了详细论述,那么人们也会因为其中的不同点而感到非常震惊。

当我们回忆和追寻与荣誉有关的因素时,我再次有了某种感觉,这种感觉是在以前向积极的方向迈进的时候出现的,弗洛伊德的观察力让我感到钦佩。这片领域原是无人问津的,弗洛伊德作为开创者是最让我们感动的,同时他还将遇到的各种阻碍清理干净了。他的见解独到,他所没有彻底了解或者认为不太重要的却非常少。第一点就是我所说的神经官能症的要求[①]。弗洛伊德发现,很多神经官能症患者对他人的希望经常是无理而过分的,当然也有可能是急切的。不过他认为这只是口欲的一种表现,对于那种“要求”的特点,则是他所不了解的,也就是认为自己有使需求[②]被满足的权力。另外,对于他们在神经官能症中所充当的角色,也是他不知道的。虽然弗洛伊德总是提到“自负”这个词语,但神经官能症的自负特点和含义却是他没有抓住的。病人对高能力和法力存有一定的幻想,他们容易被自我和“理想的自我”,也就是限制的荣誉化和自大等所迷惑,这些都是弗洛伊德切实观察

① 最先发现心理性疾病的要求对神经官能症意义非凡的是哈罗德。在他看来,人们潜意识中的“要求”是由内心的无力和恐惧而产生的,一些广泛性的“限制”就是从这些要求转变而来的。具体参见哈罗德的著述。

② 在弗洛伊德的理论中,只有一点是和“要求”的观点比较相似的,那就是病后的“附带收获”,不过这个观点却是非常模糊的。

到的。弗洛伊德还观察到了对权势、崇敬、赞赏、完美的追求和强迫性的竞争性以及雄心。

虽然这些因素都被弗洛伊德观察到了，然而他认为这些因素是互斥的，它们之间是没有关系的。这些因素都是一种权利倾向的表现，但弗洛伊德却并不了解。也就是说，弗洛伊德并不知道这种变异中的一致性。

有三个主要的原因是相互作用的。追求荣誉的驱动力所具有的威力是非常巨大的，不过弗洛伊德并没有发现这种威力和这种驱动力在神经官能症中的重要作用。第一个原因是人格特点属于传统条件的范围，这一点是弗洛伊德以及和他一个时期的很多欧洲学者都没有充分认识到的。简言之，从这一点来说，弗洛伊德把从自己身边发现的对成功和特权的渴望，错误地当作了普通人的强烈的追求。比如，他不能认为应该去检讨追求霸权、控制和取胜的强迫性驱动力，当然如果这种雄心和一般意义上的“正常”和“已定”（公认）的形式不一致。弗洛伊德认为，只有这种雄心才能引起显著的困难，或者（发生在女性身上）当他和公认的“女性特点”不一致的时候，这才是一个问题。

第二个原因是弗洛伊德习惯于将神经官能症的驱动力解释为原欲现象（也就是本能冲动）。所以自我的另一种原欲的迷乱表现就是自我荣誉化，（比如，一个人高估了另一个“爱人”，同时还用同样的方式高估自己。一个野心勃勃的女人会“确确实实”地因为“羡慕阳具”而感到困扰。需要使“自恋欲得到满足”的表现就是需要被崇敬等。）所以，现在或者过去的爱情生活中的特别事件（也就是和性关系以及自我有关的事情），成为治疗上和理论上研究的内容，自我荣誉化、雄心等方面的特点、作用和意义已经不被重视。

第三个原因与弗洛伊德的进化论、机械论式的思考有关，这说明在表现上不但要被过去的事情限制，同时还说明只有过去的存在，不能有其他的含义，并没有任何一种真正的新事物出现在发展的过程中。我们如今看见的，只不过是过去的变化罢了。从威廉·詹姆斯的理论看，它“正好是和原来的、不变的物质的再分布的结果相等同的”。因为这种哲学前提的存在，我们可以用俄狄浦斯情结（仇父恋母情结）或者兄弟姐妹之间的仇恨没有得到解决，来解释过度的竞争性。“万能”的幻想被认为是退化的婴儿时期的“原始自恋欲”的结果。所以，只能使用的就是建立起同婴儿时期的某种原欲经验关系，最“清楚”而又让人满意的解释就是这一点，这好像和上面所提到的观点是完全一致的。

在我看来，如果重要的病症没有受到这种解释的极力阻挡，那么治疗的效果并不会明显。比如，如果有一名病人知道分析者非常容易而又频繁地让他感到屈辱，同时还知道只要和女性亲近他就有一种侮辱感。同时他还认为自己和那些拥有男子汉气概和男性反常力的男人不一样。他可能想到他受自己的父亲屈辱的事情，也可能想到性行为方面的事情。他想到了很多事情和梦境，无论是过去的，还是现在的，所以他做出了这种解释：对于病人来说，一些权威人士和分析者就是父亲的化身。所以，一旦病人感到恐惧或者被侮辱了，他就像小孩那样，流露出没有被解决的俄狄浦斯情结。

病人在经过这种分析过程以后，可能感觉自己的病症已经好了，同时也不再感觉委屈和耻辱了。实际上，他可能觉得这种分析确实有一些好处，对于自己的一些事情，他已经学到了，同时还知道自己的耻辱感是不正常的。不过，如果他的自负没有得到解决，那么这种改变就不可能是完全而彻底的。恰恰相反，这种好转只是一种表现，只不过是他的自负不堪忍受他的无理，不堪忍受他又倒退到了“婴儿期”所引起的。他可能只是又有了一系列新的“应该”，他应该成熟一些，在处理问题的时候不应该带有婴儿的想法。他不应该有这种耻辱感，只有婴儿才会这样做，所以他的耻辱感就不见了。这样一来，表面上的情况有了好转。实际上，病人的发展却受到了阻碍，他感觉自己的屈辱隐隐地被刺激着，同时他也越来越不敢与这种耻辱感直接对视。所以，病人的自负是治疗的对象，并不能在解决问题的时候使用对抗的方式。

根据上面所说的学术方面的原因可知，弗洛伊德是不可能发现探求荣誉的威力或者冲突的。有些因素是他在夸张的驱动力中观察到的，它们不但看起来“像是”，同时也“确实是”来自婴儿期的原欲驱动力。他的思维方式让自己感觉到，夸张驱动力本身就有一定的影响力，同时也是一种很重要的力量。

当我们对阿德勒和弗洛伊德进行对比的时候，这种观点就会更加明确。阿德勒的重要研究成果就是他发现“对权力和优越的追逐”这种驱动力对神经官能症是非常重要的。不过，阿德勒的侧重点是维持优越感和取得权力的技能，所以个人痛苦的含义是他不能了解的，他所研究的只是表面上的问题而已。

我们可以发现，弗洛伊德所说的自毁的本能就是求死，自恨和求死之间的相似性很大。至少我们可以发现，二者对自毁驱动力的强弱和意义都是同样重视的。不过，在一些细节方面的问题上，二者的看法是不一致的，比如，内部限制的自毁特点、自责和因此而引发的犯罪感的特点等。即使是在这个范围内，区别仍然是很大的。弗洛伊德认为，自毁驱动力的本能特征中有“完成”的痕迹，如果我们非常相信这种本能，那么这些驱动力产生的条件一定不是特别的心灵条件，我们在压制它们的时候也不能指望这些条件。它们的存在和影响一定组成了人性的象征。所以，从根本上来说，让自己受苦并摧毁自己成为人们唯一的选择，要不然就只能让别人痛苦或者摧毁别人了。总之，这些驱动力是不可能被改变的，但是可以被减轻。另外，如果我们和弗洛伊德一样，都认为有一种本能的驱动力是趋向于自毁、自灭或者死亡的，那么我们就一定会认为，自恨和它的诸多意义只不过是这种驱动力的一些表现而已。如果一个人厌恨自己，或者鄙视自己，但他还是保持当前的状态（成为他的实我），那么事实上，这和弗洛伊德的理论是彻底违背的。

当然，自恨的表现已经被弗洛伊德和支持他基本条件的人所发现了，不过对于其中一些暗藏的效果和形式，他却并不知道。就像是看起来病人对它的分析是自恨的表现，事实上，这是其他事物的表现，也可能是一种对他人的无意识厌恨。是的，如果一个病人是抑郁的，那么他潜意识中所厌恨的另一人会反对他或者对他发起进攻，他因此而感到自责。因为在他看来，自己“自恋欲得到满足”的需要已经被摧毁了。虽然这并不是一个常见的问题，然而却是弗洛伊德有关抑郁的理论的主要临床基础。简而言之，抑郁者主动地厌恨和控诉自己，事实上这是在潜意识中控诉和厌恨内射作用的敌人（有的敌意是对一些具有毁坏性的人物产生的，这些敌意已经转变为对自我和自己的敌视）[①]。或者看起来表现为自恨，“事实上”是超我的惩罚过程，而超我的惩罚过程却是心灵化的权威。另外，自毁可能重新转化成人际之间的问题，那就是厌恨他人或者害怕他人厌恨自己。最后一点，自恨有可能被当作是“超我”的虐待狂,这是因为回到了婴儿原欲的“肛门虐待狂时期”而产生的。所以，和我完全不一致的不仅有对自恨的解释，还有自恨现象的根本性质。

有一些分析专家同样一板一眼地遵守着弗洛伊德的思维方式，他们同样不支持“求死”，理由和我所认为的正确理由是一样的。[②]不过，如果将自毁的“本能特点”抛弃，那么仅凭借弗洛伊德的理论是很难彻底将这种自毁现象解释清楚的。我怀疑弗洛伊德在提出自毁本能的观点时，有没有可能是因为他感觉关于这方面的其他解释不够完整。

我曾提到过“应该之暴行”，在它和超我的需求和限制之间，有一点相似性是非常显著的。但当我们对其意义进行详细的研究时，我们就会发现其中的差别。第一，弗洛伊德认为，品德和良

① 参见 Otto Fenichel 所著的《精神症的精神分析理论》。

② 这里只讲一位学者 Otto Fenichel 和他的《精神症的精神分析理论》。

心上的正常现象是超我代表的，如果它具有虐待性，或者非常残忍，那就是神经官能症的表现。就我个人来说，无论是哪种类别，或者到了哪种程度，只要这些应该或者限制具有相同的特点，那么就都归属于神经官能症的力量范围，也就是虚假的良心和道德。按照弗洛伊德的理论，部分超我是因为俄狄浦斯情结产生的，部分超我是从本能力量（欲望的力量）产生的（具有虐待性和破坏性）。我的观点是：内心的驱使是指在个人的潜意识中，想要改正自己、改善目前状况（成为完美伟大的人）的表现。我只解释这些区别所造成的诸多结果中的一种。我们认为自负和“应该”都是特别的自负的自然结果，人们因此而知道为什么在人格结构中，某件事物的需求是如此剧烈，但这件事物在另一种性格中却是不允许的。这种可能性也可以准确地用于人们对超我或者内心驱使的需要中具有的各种各样的态度。弗洛伊德的文章中曾提到过这些态度，主要包括纵容、顺服、贿赂、叛逆等。这些态度都被综合成所有神经官能症所具有的（亚历山大就这样认为），或者和诸如强迫和抑郁的神经官能症相关的一些形式有关。第二，从我的神经官能症的理论系统来说，我认为整体特殊的性格结构对他们的特点起严格的决定作用。这方面治疗的目的因为上面提到的那些区别而产生了差别，弗洛伊德的目的只有将超我的严重性降低，但我的目的却是让病人将内部的驱使彻底放弃，并根据自身的真实信仰和期望找到生活的目标。弗洛伊德的理论中是不可能存在我所提到的这些目的的。

总而言之，我们可以认定，从这两种不同的方式中，我们可能发现一些特殊问题，但我们在进行叙述的时候可能使用了相同的方式。不过，这些问题的存在、变化和影响的解说却是完全不同的。如果我们暂且将个别的现象放下，而对整个现象之间的作用关系进行详细的研究（就像本书所讲的那样），那么我们就会发现，我们基本无法在具体操作中进行比较。

“对无止境的完美和权力的追求”与“自恨”之间的关系是这些相互关系中最为重要的一个。从古至今，二者之间的不可分离性就为众人所知。我想最好的一个例子就是“魔鬼的协议”这则故事，因为其中的寓意与之非常相似。一个人的精神或者心灵正承受着痛苦[①]。他可以被下面这些邪恶的事物诱惑：巫婆、魔鬼、男巫，亚当和夏娃故事中的蛇，巴尔扎克《驴皮记》一书中的古玩商人，奥斯卡·王尔德《多利安·格雷的画像》中诙谐的外交官亨利·渥敦等。在协议中，不但有清除痛苦的条款，而且还说明赋予无限的权力。另外，也符合“基督的教化”这个故事，如果这种引诱能够被人们抵制住，那么就是伟大的。然而却一定要

① 正如史蒂芬·芬生·贝内在《魔鬼与丹尼尔·韦伯斯特》一书中所讲述的那样，这种痛苦在有的时候表现为“外部的不幸”；有的时候，它的表现需要通过圣经中“基督的教化”所提及的那种引诱力；有的时候，它表现的方式和圣经故事中“基督的教化”的那种引诱力是差不多的。虽然它在有的时候表现得比较轻松，但和日耳曼故事中浮士德为了追求“法力的荣誉”而得到的结果一样（他为了得到权力和知识，将灵魂送给了魔鬼）。总而言之，不管怎么样，我们都知道，只要人们的精神受到了阻碍或者遇到了困惑，这种“渴望”的心理才会出现。比如，在安徒生的童话《雪女王》中，魔鬼总是先不怀好意地将一面镜子摔坏，然后通过这些碎片祸害人们的心。

在最后付出代价,（形式不一样）也就是因为丧失灵魂（就像亚当和夏娃的感情不再纯真一样）而屈服;向法力顺从。撒旦对耶稣说:“只要你对我下跪,只要你称赞我,那么我会将所有都给你。”不过,需要付出的代价（就像《驴皮记》一书中那样的）是未来的炼狱之苦,或者是今世的精神痛苦。我们在《魔鬼与丹厄尔·韦伯斯特》中知道,魔鬼手中的衰竭灵魂是美丽的,这种象征性也是可理解的。

在民俗、神话和神学中，同样的议题（对其意义的解释是一样的，只不过所代表的是不一样的）经常出现。无论善恶的基本二元论怎样变化都是如此。也就是说，人们意识中的这种想法是根深蒂固的，是从古至今延续下去的。同时，精神医学因为时间因素而对心理学有所认识。是的，这一点非常明显，本书中所说的神经官能症历程与之是相符的，人们因为精神上感到痛苦而追求无限的权力，同时将自己的灵魂出卖，因为自恨而感受到地狱般的各种痛苦。

这些问题是又乱又长的，我们用它们来比喻弗洛伊德的看法。我们发现，弗洛伊德其实并没有发现这一点，同时我们还更加清楚为什么不能发现，因为他不知道“追寻荣誉”,“追寻荣誉”是一种复合性的产物，它来自我们所说过的多种关系密切的驱动力，所以我们不能对其震撼力有所了解。虽然他很明白自毁的严重后果，但却认为这是“自主驱动力”的一种表现。

从另一个角度来说，此处所谈到的神经官能症历程都和“自我”相关。这是将真我放弃而追求理想化自我的过程，为了实现假我而对我们的天分才能不管不顾。这是一个对战的过程，对战的双方就是两种“自我”。为了调解这种争斗，我们唯一能采用的方法就是这一点。另外，这也是一种建设力，这种建设力是因为生活和治疗而产生的，目的就是为了寻找真我。从这一点影响来说，对弗洛伊德来说，“自我”的问题是没有任何意义的。在他的“自我”理念中，描绘了一名神经官能症患者的“自我”，这位患者与自己的自发力疏远，与自己可行的希望疏远，没有主见，不能对自己的看法负责任，没有和周围发生激烈的冲突（也就是现实的考验）是他唯一知道的事情。这是一种“神经官能症的自我”，但却被错误地当作了正常的有生命力的自我，此时有一个复杂的问题可能根本不会出现，那就是祁克果与威廉·詹姆斯所发觉的真我。

最后一点，我们在对这个历程进行观察的时候可以通过精神或者道德价值的视角，人类真正悲哀的所有元素都包含在其中。人们虽然因此而变得具有破坏力，但人类的历史却表明，人类的奋斗是没有停歇的，这样才便于对自己和身边的众人有更加充分的了解。人类在不断地上进，为了得到深邃的宗教体验，为了培养更加崇高的道德品质和精神力量，希望自己的伟大成就是方方面面的，希望自己的生活方式更加完善。所以，人们的这些努力是一生相随的。人们凭借自己的想象力和智慧，对没有发生的事情进行预想，人们超越了实际，也超出了自己的能力。人虽然是有不足之处的，但有限的能力却不是长久不变的。他常常为了内在或者外在的希望而追逐，这本身并不是一件悲剧的事情。但和正常的努力相比，内在的心灵过程才是神经官能症患者的努力，这才是最为悲剧的地方。此时，人们处于痛苦和压力之下，却对“无穷”

和“极限”存有追求。虽然人们的力量可能是无穷尽的，但这两者却未必是能力所及的。所以在这样的生活过程中，他将自我摧毁了，同时实现自我的驱动力被当成了实现“理想化自我”的能力了，这样他所具有的潜在能力就被破坏了。

弗洛伊德对“人性”持有悲观的意见，也正因为如此，他在人性方面的观点也都是悲观的。从他的观点来说，无论人们让自己做出了怎样的改变，必然都是不安于现状的。如果没有对自己以及教化的破坏，那么原始本能的驱动力就是他所无法超越的，生活也将是不能被满足的。无论是和他人在一起，还是独自一个人，他的生活都是不高兴的。他时而折磨自己，时而也让别人感到痛苦，生活就是这两种状态的交替。弗洛伊德对此非常确信，所以不管哪种迅速解决的方式，他都是不认可的。实际上，以上这两种交替状态产生的弊端是他思想体系中的必然存在的内容。他能做到的极限就是让这些原始欲力被比较稳妥地疏导，或者被自我控制和“提高”。

虽然弗洛伊德是悲观的，但神经官能症中和人性有关的悲惨结局却并没有被他发现。我们要清楚，精力方面的浪费是非常可惜的，但人们根本不能发现这一点，除非他经历过创造性和建设性的努力，同时障碍力和摧毁力还对这些努力造成了损害。弗洛伊德并不了解人类的建设力，不仅如此，建设力的真实性还被他否定了。因为在弗洛伊德的理论体系中，只有原欲力和摧毁力，另外还有这些力量的结合产物与副产物。在他看来，“原欲力”（本能驱动力）被提高（升华）的一种形式就是爱情和创造力。用最简单的话来说，有些正常的奋斗在我们看来是可以用于实现自我的，但在弗洛伊德看来，这只是（而且也只能是）自恋欲的一种表现罢了。

对于“宇宙和人生”的“肯定与否定”,史怀哲曾经使用了“乐观”和“悲观”两个词语。如果从更为深邃的影响来说，弗洛伊德的理论是悲观的理论，然而我们的理论（对神经官能症中悲惨结局的所有认识也包括在内）却是乐观的理论。

图书在版编目（CIP）数据

自我的挣扎 /（美）卡伦·霍尼著；贾宁译. —南京：译林出版社，2017.2（2025.5重印）
（卡伦·霍尼作品集）
ISBN 978-7-5447-6660-9

Ⅰ. ①自… Ⅱ. ①卡… ②贾… Ⅲ. ①病态心理学－研究 Ⅳ. ①B846

中国版本图书馆CIP数据核字（2016）第239815号

书　　名 自我的挣扎
作　　者 〔美国〕卡伦·霍尼
译　　者 贾　宁
责任编辑 王兰英
特约编辑 王　辉
出版发行 凤凰出版传媒股份有限公司
译林出版社
出版社地址 南京市湖南路1号A楼，邮编：210009
电子信箱 yilin@yilin.com
出版社网址 http://www.yilin.com
印　　刷 三河市中晟雅豪印务有限公司
开　　本 960×640毫米　1/16
印　　张 28.75
字　　数 296千字
版　　次 2017年2月第1版　2025年5月第8次印刷
书　　号 ISBN 978-7-5447-6660-9
定　　价 39.80元